"十二五"国家重点图书出版规划项目·新编法学核心课程系列教材

国际私法学

——理论·实务·案例
（第三版）

- 主　编　王祥修　裴予峰
- 副主编　石俭平　蔡　鑫
- 撰稿人（以修订或撰写章节先后为序）

王祥修　沈奕灵　裴予峰

贾　琳　石俭平　张正怡

范铭超　侯幼萍　田　旭

蔡　鑫　张炳南

中国政法大学出版社

2024·北京

声　明　1. 版权所有，侵权必究。
　　　　2. 如有缺页、倒装问题，由出版社负责退换。

图书在版编目（CIP）数据

国际私法学：理论·实务·案例/王祥修，裴予峰主编. —3版. —北京：中国政法大学出版社，2024.1
ISBN 978-7-5764-0468-5

Ⅰ.①国…　Ⅱ.①王…②裴…　Ⅲ.①国际私法－法的理论　Ⅳ.①D997

中国版本图书馆CIP数据核字(2024)第007768号

出版者	中国政法大学出版社	
地　址	北京市海淀区西土城路25号	
邮　箱	fadapress@163.com	
网　址	http://www.cuplpress.com（网络实名：中国政法大学出版社）	
电　话	010-58908435(第一编辑部) 58908334(邮购部)	
承　印	保定市中画美凯印刷有限公司	
开　本	720mm×960mm　1/16	
印　张	25.5	
字　数	486千字	
版　次	2024年1月第3版	
印　次	2024年1月第1次印刷	
印　数	1~3000册	
定　价	79.00元	

出版说明

"十二五"国家重点图书出版规划项目是由国家新闻出版总署组织出版的国家级重点图书。列入该规划项目的各类选题，是经严格审查选定的，代表了当今中国图书出版的最高水平。

中国政法大学出版社作为国家良好出版社，有幸入选承担规划项目中系列法学教材的出版，这是一项光荣而艰巨的时代任务。

本系列教材的出版，凝结了众多知名法学家多年来的理论研究成果，全面而系统地反映了现今法学教学研究的最高水准。它以法学"基本概念、基本原理、基本知识"为主要内容，既注重本学科领域的基础理论和发展动态，又注重理论联系实际以满足读者对象的多层次需要；既追求教材的理论深度与学术价值，又追求教材在体系、风格、逻辑上的一致性。它以灵活多样的体例形式阐释教材内容，既推动了法学教材的多样化发展，又加强了教材对读者学习方法与兴趣的正确引导。它的出版也是中国政法大学出版社多年来对法学教材深入研究与探索的职业体现。

中国政法大学出版社长期以来始终以法学教材的品质建设为首任，我们坚信，"十二五"国家重点图书出版规划项目定能以其独具特色的高文化含量与创新性意识，成为集权威性和品牌价值于一身的优秀法学教材。

中国政法大学出版社

总 序

长期以来，由于大陆法系和英美法系法律渊源不同，法学教育模式迥异。大陆法系的典型特征是法律规范的成文化和法典化；而英美法系则以不成文法即判例法为其显著特征。从法律渊源来看，大陆法系以制定法为其主要法律渊源，判例一般不被作为正式法律渊源，对法院审判亦无约束力；而英美法系则以判例法作为其正式法律渊源，即上级法院的判例对下级法院在审理类似案件时有约束力。两大法系法律渊源的不同，导致归属于两大法系的法学教学存在较大差异。大陆法系的法学教育采用的是演绎法，教师多以法学基本概念和原理的讲解为主，即使部分采用了案例教学，也重在通过案例分析法律规定；而英美法系采用的是归纳法，判例就是法源，通过学习判例来学习法学原理。

在我国，制定法为法律规范的主要渊源，长期以来，沿用大陆法系的演绎法教学模式。众所周知，法学是一门实践性、应用性很强的学科，法学教育的目标之一就是培养学生运用法学知识分析和解决实际问题的能力。为此，改变传统教学模式，引入理论和实践相结合的案例教学法成为必需。多年来，我校在这方面进行了有益的尝试和探索，总结了一套行之有效的理论和实务案例相结合的教学模式，深受学生欢迎。这套教学模式，根据大陆法系成文法的教学要求，借鉴英美法系的案例教学模式，将两大法系的教学方法有机地融为一体，既能使学生系统地掌握法学原理，又培养了学生分析和解决实际问题的能力。

为了及时反映我校法学教育改革的新成果，更好地满足法学教育的需要，我校组织编写了这套《新编法学核心课程系列教材》。这套教材具有如下特点：①覆盖面广。涵盖了现今主要的法学核心课程。②体例格式新颖。本套教材各章均按本章概要、学习目标、学术视野、理论与实务、参考文献的体例格式安排，这种体例兼顾了系统掌握法学理论和应用法学理论分析、解决实际问题能力的双重教学目标。③案例选择科学合理。主要表现为：一是案例大多选自司法实践，具有新颖性和真实性；二是根据法学知识点的系统要求选择案例，具有全面性和典型性；三是反映理论和实务的密切联系，以案说法，以法解释法学知识和原理，理论与实务高度融合，相得益彰。④内容简洁。本套教材力争以简洁的语言阐述法学理论和相关问题，解析实例，说明法理，做到深入浅出，通俗易懂。⑤具有启发性。本套教材所列学术视野，多为本学科的焦点和热点问题，可帮助学生了解学术动态，激发其学术兴趣；理论思考题可引导学生思考温习所学知识，启迪其心志。

《新编法学核心课程系列教材》吸收了国内外优秀学术成果，在理论与实践相结合的基础上，达到了理论性、实践性和应用性相统一。在理论上具有较强的系统性和概括性，在应用上具有针对性和实用性，在内容上则反映了法学各学科的新发展和时代特征。总之，我真诚地希望这套教材能成为广大学生和读者学习法学知识的新窗口，并愿这套教材在广大读者和同行的关心与帮助下越编越好。

金国华

2010 年 10 月 28 日

第三版说明

《国际私法学——理论·实务·案例（第二版）》出版后，受到了使用单位的普遍好评及广大读者的欢迎和认可。短短数年间，国际私法新理论和实践的产生以及我们对国际私法部分问题的思考和研究，尤其是2021年《中华人民共和国民法典》的施行后，大量司法解释的修改和废止，使得修订本书变得非常必要。

2022年10月召开的党的二十大，在其报告中专章论述"坚持全面依法治国，推进法治中国建设"，强调加强涉外领域立法，统筹推进国内法治和涉外法治；重申坚持对外开放基本国策，推进高水平对外开放，积极参与全球治理体系改革和建设，坚定维护以国际法为基础的国际秩序，致力于推动构建人类命运共同体。中国国际私法学界应在二十大精神指引下，对习近平法治思想的全球治理与国际法治观进行诠释和研究，科学构建中国国际私法的学科体系、学术体系和理论体系。

本次修订在保有原有教材体系的基础上，加入了部分新的国际私法案例、司法解释及学说，更新了部分资料，并修改了上一版的部分错漏之处。本次修订由王祥修教授组织安排，蔡鑫博士负责协调统稿，各章修订分工如下（以修订章节先后为序）：

王祥修：第一章、第四章；

沈奕灵：第二章；

贾琳：第三章、第十章；

石俭平：第五章、第八章、第十六章；

张正怡：第六章、第十五章；

侯幼萍：第七章、第九章；

田旭：第十一章；

蔡鑫：第十二章、第十三章；
张炳南：第十四章。

编 者
2023 年 1 月

第二版说明

《国际私法学——理论·实务·案例》出版后,受到了使用单位的普遍好评及广大读者的欢迎和认可。自2011年以来,国内外国际私法理论与规范有了新发展,加之上一版在使用过程中发现的问题,有必要对本教材加以修订。

本次修订在保持原有教材的体系、风格的基础上,注重吸收国内外有关国际私法的最新立法与研究成果:一是全面更新了资料,主要补充了如下新规则:2012年《中华人民共和国民事诉讼法》、2012年《最高人民法院关于适用〈中华人民共和国涉外民事关系法律适用法〉若干问题的解释(一)》、2013年《最高人民法院关于依据国际公约和双边司法协助条约办理民商事案件司法文书送达和调查取证司法协助请求的规定》、2014年《最高人民法院关于适用〈中华人民共和国民事诉讼法〉的解释》、2014年《中国国际经济贸易仲裁委员会仲裁规则》、2012年欧盟《关于继承问题的管辖权、法律适用、判决的承认与执行和公文书的接受与执行以及创建欧洲继承证书的条例》、2012年欧盟《关于民商事案件管辖权和判决承认与执行的条例》、2012年《国际商会仲裁规则》、2013年《美国仲裁协会国际仲裁规则》、2013年《香港国际仲裁中心机构仲裁规则》等。二是修改了上一版在使用过程中发现的错漏之处。

本次修订由王祥修教授组织、安排,裴予峰老师协调、统稿,各章修订分工如下(以修订章节先后为序):

王祥修:第一章、第四章;

裴予峰:第二章、第十一章、第十四章;

贾琳:第三章、第十章;

石俭平:第五章、第八章、第十六章;

张正怡：第六章、第十五章；
侯幼萍：第七章、第九章；
蔡鑫：第十二章、第十三章。

编　者
2016 年 7 月

编写说明

国际私法学是根据教育部《全国高等学校法学专业核心课程基本要求》的规定,针对大学本科法学专业的教学特点和人才培养目标,在借鉴、吸收国际私法实践和最新科研成果的基础上,由长期在高校从事国际私法教学和科研工作的教师精心编写而成,全书共设 16 章。

本教材全面、系统、科学地阐述了国际私法的基本理论和基本制度,主要包括国际私法的概念、渊源与历史;国际私法主体;法律冲突;冲突规范;准据法;冲突规范适用的一般问题;法律行为、代理和时效的法律适用;国际物权关系的法律适用;国际知识产权关系的法律适用;国际债权关系的法律适用;国际婚姻家庭关系的法律适用;国际继承关系的法律适用;国际商事关系的法律适用;国际民事诉讼法;国际商事仲裁法;区际私法等内容。

本教材吸收了国内外的优秀学术成果,在理论与实践相结合的基础上,达到理论性、实践性和应用性的有机统一。在理论上具有较强的系统性和概括性,在应用上具有针对性和实用性,在内容上则反映了国际私法学的发展和时代特征。此外,本教材在体例和结构上简洁、明了,具有一定新意。

本书由王祥修、裴予峰担任主编,撰写成员有(以撰写章节先后为序):

王祥修:第一章、第四章;

裴予峰:第二章、第十一章、第十四章;

贾琳:第三章、第十章;

石俭平:第五章、第八章、第十六章;

范铭超:第六章、第十五章;

侯幼萍:第七章、第九章;

蔡鑫:第十二章、第十三章。

编　者

2011 年 4 月

规范性法律文件名称缩略语

本书使用法律文件名称	法律文件名称全名
《宪法》	《中华人民共和国宪法》
《民法典》	《中华人民共和国民法典》
《国籍法》	《中华人民共和国国籍法》
《婚姻法》	《中华人民共和国婚姻法》
《民法通则》	《中华人民共和国民法通则》
《法律适用法》	《中华人民共和国涉外民事关系法律适用法》
《法律适用法解释（一）》	《最高人民法院关于适用〈中华人民共和国涉外民事关系法律适用法〉若干问题的解释（一）》
《侵权责任法》	《中华人民共和国侵权责任法》
《物权法》	《中华人民共和国物权法》
《合同法》	《中华人民共和国合同法》
《合同法解释（一）》	《最高人民法院关于适用〈中华人民共和国合同法〉若干问题的解释（一）》
《涉外经济合同法》	《中华人民共和国涉外经济合同法》
《涉外经济合同法解答》	《最高人民法院关于适用〈涉外经济合同法〉若干问题的解答》
《公司法》	《中华人民共和国公司法》
《专利法》	《中华人民共和国专利法》
《专利法实施细则》	《中华人民共和国专利法实施细则》
《商标法》	《中华人民共和国商标法》
《商标法实施条例》	《中华人民共和国商标法实施条例》
《著作权法》	《中华人民共和国著作权法》
《著作权法实施条例》	《中华人民共和国著作权法实施条例》
《著作权法实施细则》	《中华人民共和国著作权法实施细则》
《继承法》	《中华人民共和国继承法》
《收养法》	《中华人民共和国收养法》

本书使用法律文件名称	法律文件名称全名
《海商法》	《中华人民共和国海商法》
《票据法》	《中华人民共和国票据法》
《破产法》	《中华人民共和国企业破产法》
《民用航空法》	《中华人民共和国民用航空法》
《中外合资经营企业法》	《中华人民共和国中外合资经营企业法》
《中外合资经营企业法实施条例》	《中华人民共和国中外合资经营企业法实施条例》
《外资企业法》	《中华人民共和国外资企业法》
《外交特权与豁免条例》	《中华人民共和国外交特权与豁免条例》
《领事特权与豁免条例》	《中华人民共和国领事特权与豁免条例》
《民通意见》	《最高人民法院关于贯彻执行〈中华人民共和国民法通则〉若干问题的意见（试行）》
《民事诉讼法》	《中华人民共和国民事诉讼法》
《民诉法解释》	《最高人民法院关于适用〈中华人民共和国民事诉讼法〉的解释》
《民诉法意见》	《最高人民法院关于适用〈中华人民共和国民事诉讼法〉若干问题的意见》
《仲裁法》	《中华人民共和国仲裁法》
《仲裁法解释》	《最高人民法院关于适用〈中华人民共和国仲裁法〉若干问题的解释》
《信托法》	《中华人民共和国信托法》
《香港文书送达安排》	《最高人民法院关于内地与香港特别行政区法院相互委托送达民商事司法文书的安排》
《澳门文书送达安排》	《最高人民法院关于内地与澳门特别行政区法院就民商事案件相互委托送达司法文书和调取证据的安排》
《香港法院判决安排》	《最高人民法院关于内地与香港特别行政区法院相互认可和执行当事人协议管辖的民商事案件判决的安排》
《澳门法院判决安排》	《最高人民法院关于内地与澳门特别行政区相互认可和执行民商事判决的安排》
《澳门仲裁裁决安排》	《最高人民法院关于内地与澳门特别行政区相互认可和执行仲裁裁决的安排》

目 录

第一章　国际私法概述 …………………………………………………… 1
　　第一节　国际私法的概念 ………………………………………………… 1
　　第二节　国际私法的渊源 ………………………………………………… 11
　　第三节　国际私法的历史 ………………………………………………… 21

第二章　国际私法的主体 …………………………………………………… 41
　　第一节　自然人 …………………………………………………………… 41
　　第二节　法人 ……………………………………………………………… 50
　　第三节　国家 ……………………………………………………………… 55
　　第四节　国际组织 ………………………………………………………… 59
　　第五节　外国人的民事法律地位 ………………………………………… 60

第三章　法律冲突 …………………………………………………………… 75
　　第一节　法律冲突的一般理论 …………………………………………… 75
　　第二节　国际民事法律冲突的产生和解决方法 ………………………… 78

第四章　冲突规范 …………………………………………………………… 88
　　第一节　冲突规范的概念与结构 ………………………………………… 88
　　第二节　连结点 …………………………………………………………… 91
　　第三节　冲突规范的类型 ………………………………………………… 98
　　第四节　系属公式 ………………………………………………………… 101

第五章　准据法 ……………………………………………………………… 112
　　第一节　准据法概述 ……………………………………………………… 112
　　第二节　先决问题 ………………………………………………………… 115
　　第三节　准据法的确定 …………………………………………………… 118

第六章 冲突规范适用的一般问题 …… 124

第一节 识别 …… 124

第二节 反致 …… 127

第三节 外国法的查明 …… 130

第四节 公共秩序保留 …… 132

第五节 法律规避 …… 134

第七章 法律行为、代理和时效的法律适用 …… 143

第一节 民事法律行为的法律适用 …… 143

第二节 代理的法律适用 …… 146

第三节 诉讼时效的法律适用 …… 149

第八章 国际物权关系的法律适用 …… 158

第一节 国际物权关系及其法律冲突概述 …… 158

第二节 物之所在地法原则 …… 160

第三节 国有化、征收与补偿问题 …… 165

第四节 涉外信托的法律适用 …… 169

第九章 国际知识产权关系的法律适用 …… 182

第一节 国际知识产权的法律冲突 …… 182

第二节 专利权的法律适用 …… 185

第三节 商标权的法律适用 …… 187

第四节 著作权的法律适用 …… 189

第五节 知识产权的国际保护 …… 190

第十章 国际债权关系的法律适用 …… 201

第一节 合同的法律适用 …… 202

第二节 我国关于国际合同法律适用的立法与实践 …… 211

第三节 涉外侵权行为之债的法律适用原则 …… 214

第四节 不当得利的法律适用 …… 222

第五节 无因管理的法律适用 …… 224

第十一章 国际婚姻家庭关系的法律适用 … 230
- 第一节 结婚 … 230
- 第二节 离婚 … 235
- 第三节 夫妻关系 … 238
- 第四节 父母子女关系 … 240
- 第五节 扶养与监护 … 244

第十二章 国际继承关系的法律适用 … 250
- 第一节 法定继承的法律适用 … 250
- 第二节 遗嘱继承的法律适用 … 252
- 第三节 无人继承财产 … 257

第十三章 国际商事关系的法律适用 … 264
- 第一节 国际海事关系的法律适用 … 264
- 第二节 国际票据关系的法律适用 … 268
- 第三节 国际破产关系的法律适用 … 270

第十四章 国际民事诉讼法 … 281
- 第一节 国际民事诉讼法的概念和渊源 … 281
- 第二节 外国人的民事诉讼地位 … 286
- 第三节 期间、诉讼保全 … 293
- 第四节 国际民事管辖权 … 295
- 第五节 国际民商事司法协助 … 305
- 第六节 外国法院判决的承认与执行 … 314

第十五章 国际商事仲裁法 … 326
- 第一节 国际商事仲裁概述 … 326
- 第二节 国际商事仲裁协议 … 331
- 第三节 国际商事仲裁庭 … 340
- 第四节 国际商事仲裁的法律适用 … 346
- 第五节 国际商事仲裁裁决及其撤销、承认与执行 … 350

第六节　中国的立法与实践 …………………………………………… 356

第十六章　区际私法 …………………………………………………… 365
第一节　区际法律冲突 ………………………………………………… 365
第二节　区际私法概述 ………………………………………………… 369
第三节　中国区际法律冲突和解决原则 ……………………………… 370
第四节　中国的区际司法协助问题 …………………………………… 375

第一章
国际私法概述

【本章概要】 国际私法作为一个法律部门，是人类社会发展到一定阶段的产物，是随着国际民商事交往日益频繁而发展起来的。国际私法是以间接调整方法和直接调整方法相结合来调整国际民商事关系的法律规范的总和。国际私法的规范包括：外国人民商事法律地位规范、冲突规范、国际统一实体规范、国际民事诉讼程序规范和国际商事仲裁规范。国际私法的渊源是指国际私法规范的表现形式，主要包括：国内立法、司法判例、国际条约和国际惯例。自巴托鲁斯（Bartolus）创立"法则区别学说"始，国际私法已历经将近八百年的悠悠岁月。在国际私法的历史上，许多学者基于其所属国家在不同历史时期的实际需要提出了各种各样的国际私法学说，从而推动了国际私法理论和实践的发展。其中最有影响力的学说有：意大利的法则区别说、法国的意思自治说、荷兰的国际礼让说、德国的法律关系本座说、意大利的国籍国法说、英国的既得权说、美国的本地法说、美国的政府利益分析说、美国的最密切联系说。国际私法的立法经历了一个由分散立法向单行立法发展、由一国国内立法向国内立法与国际组织统一立法并重发展的过程。国际私法作为调整国际民商事关系的法律部门，将随着各国经济的不断融合和各国人员往来的不断增加而在各国的法律体系中占有越来越重要的地位。

【学习目标】 掌握国际私法的概念，理解国际私法的调整对象与调整方法，熟悉国际私法的不同称谓，了解国际私法与国际私法学的联系与区别；掌握国际私法国内渊源和国际渊源的不同表现形式；了解国际私法的历史沿革，熟练掌握法则区别说、意思自治说、法律关系本座说、既得权说、政府利益分析说和最密切联系说。

第一节 国际私法的概念

一、国际私法的调整对象

每一个法律部门都有其特定的调整对象，即调整特定的社会关系。这是划分法律部门的主要依据。

国际私法的调整对象是指国际私法所调整的社会关系。对于这一问题，在中国国际私法学界一直存在不同的认识。[1]从法学理论角度出发，我们认为：国际私法的调整对象是国际民商事关系。

我们强调作为国际私法调整对象的是一种国际"民商事关系"，而不是国际"民商事法律关系"。这既是一种法理上的逻辑要求，也是国际私法实践的必然结果。[2]首先，从法理逻辑上说，作为法律规范所调整的只能是一般的社会关系，而不应该是法律关系；一般的社会关系只有通过法律规范的调整以后才能成为法律关系。其次，从国际私法的实践来看，国际私法所调整的当然是，而且也只能是国际"民商事关系"，而不是国际"民商事法律关系"。国际私法所涉及的是两个或两个以上不同国家的当事人在进行民商事交往时，在各有关国家的法律对这一民商事关系作了各不相同的规定的情况下，到底应该适用哪一个国家的法律或哪一个有关的国际条约或国际惯例的问题；也就是需要确定应该由哪一个国家的法律或哪一个国际条约或国际惯例来调整这一涉及两个或两个以上不同国家的民商事关系的问题。如果这一涉及两个或两个以上不同国家的民商事关系已经得到了法律的调整，已经成了一种"法律关系"，那也就不需要国际私法来调整了。

既然国际私法的调整对象是国际民商事关系，那么什么是国际民商事关系呢？我们认为，国际民商事关系是在国际民商事交往过程中形成的、超越一国范围的民商事关系。理解这一概念，应把握以下要点：

（一）国际民商事关系是在国际民商事交往过程中形成的

国际民商事关系的产生和发展，是与国家自身的政治经济状况、对外经济联系的情况及其对外政策紧密相连的。国际民商事交往是国际私法关系得以产生的前提条件。可以说，没有国际民商事交往，就没有国际私法关系。13世纪~15世纪，国际私法上的一些规范和制度首先在意大利被确定下来，这与当时意大利的经济发展及其对外贸易的增加是分不开的。进入19世纪，国际私法上的规范

---

[1] 关于国际私法的调整对象，学者们的分歧主要集中在国际私法的调整对象是国际民事法律关系还是国际民商事法律关系，是国际民商事法律关系还是国际民商事关系？如韩德培教授主编的《国际私法》统编教材将国际私法的调整对象确定为"国际民事法律关系，从一个国家的角度来说，可以称之为涉外民事法律关系"（韩德培主编：《国际私法》，武汉大学出版社1983年版，第2页）。再如韩德培教授主编的全国高等学校法学专业核心课程教材《国际私法》在谈到国际私法的调整对象时，特别强调："一般认为，国际私法的调整对象就是含有涉外因素的民事法律关系，一般称为国际民商事法律关系，或称跨国民商事法律关系，也有人称之为含有国际因素的民商事法律关系"（韩德培主编：《国际私法》，高等教育出版社、北京大学出版社2007年版，第3页）。而谢石松教授著的《国际私法学》认为应"将国际私法的调整对象界定为国际民商事关系（International Civil and Commercial Relations）"（谢石松：《国际私法学》，高等教育出版社2007年版，第4页）。

[2] 谢石松：《国际私法学》，高等教育出版社2007年版，第5~6页。

与制度得以迅速发展，也与当时资本主义经济在世界范围快速增长、国际经济交往迅速扩大密切相关。

（二）国际民商事关系是"国际"民商事关系

我们之所以强调作为国际私法调整对象的是一种"国际"民商事关系，而不是"涉外"民商事关系，是因为人类社会已经进入了一个全球化、信息化的时代；而中国也随着其自身综合国力的增强、进一步的发展壮大和国际地位的不断提高，已经越来越全面地融入国际社会，从而在国际社会有了更多的利益要求，同时也需要对国际社会承担起更多的国际责任，所以需要我们不再仅仅从一个国家的角度，而是应该从整个国际社会的角度来考虑涉及不同国家的民商事关系的调整和相关的国际私法问题的处理，应该从更全面、更长远的角度来考虑我们国家和国民在国际民商事关系中的利益。[1]

"国际"民商事关系是指具有国际因素的民商事关系，既可能是有关民商事关系的主体是两个或两个以上不同国家的国民，或者在两个或两个以上不同的国家设有住所、居所或惯常居所，或者正处于两个或两个以上不同国家境内；也可能是有关民商事关系的客体涉及两个或两个以上不同的国家；或者是有关民商事行为或事件发生在两个或两个以上不同国家的境内。此外，对一国来说，即使上述因素都是外国因素，但根据"协议管辖原则"，该国享有司法管辖权或仲裁管辖权，对该国来说这也是一种"国际"民商事关系。同时，值得注意的是，"国际"民商事关系中所讲的"国际因素"是一个广义的概念，不仅指不同国家的联系，还包括一个国家内部不同"法域"的联系。

2011年实施的《法律适用法》对"涉外民事关系"并未作出界定。2021年实施的《法律适用法解释（一）》第1条对何为"涉外民事关系"作了解释，该条规定："民事关系具有下列情形之一的，人民法院可以认定为涉外民事关系：①当事人一方或双方是外国公民、外国法人或者其他组织、无国籍人；②当事人一方或双方的经常居所地在中华人民共和国领域外；③标的物在中华人民共和国领域外；④产生、变更或者消灭民事关系的法律事实发生在中华人民共和国领域外；⑤可以认定为涉外民事关系的其他情形。"

（三）国际民商事关系是一种广义的民商事关系

作为国际私法调整对象的国际"民商事关系"是一种广义的民商事关系，在采用民商合一的国家，包括所有民事关系；在采用民商分立的国家，包括所有的民事关系和商事关系。

在中国，一般认为作为国际私法调整对象的国际民商事关系，既包括国际物

---

[1] 谢石松：《国际私法学》，高等教育出版社2007年版，第4页。

权关系、国际知识产权关系、国际债权关系、国际婚姻家庭关系和国际继承关系，也包括国际公司关系、国际票据关系、国际保险关系、国际破产关系、国际海事关系等。此外，有学者还将国际劳动关系也视为国际私法的调整对象。

二、国际私法的调整方法

国际私法作为一个独立的法律部门，不仅在于它有特定的调整对象，即国际民商事关系，还在于它有独特的调整方法。国际私法的调整方法有两种：一种是间接调整方法；另一种是直接调整方法。

（一）间接调整方法

间接调整方法（indirect regulation method），是指在有关的国内法或国际法中只规定某类国际民商事关系受何种法律调整或支配，而不直接规定当事人之间具体的实体权利义务内容的一种调整方法。例如，中国《法律适用法》第21条规定："结婚条件，适用当事人共同经常居所地法律；没有共同经常居所地的，适用共同国籍国法律；没有共同国籍，在一方当事人经常居所地或者国籍国缔结婚姻的，适用婚姻缔结地法律。"这一条只是指明涉外婚姻应该按照当事人共同经常居所地（当事人共同国籍国或当事人婚姻缔结地）法律处理，并没有直接规定结婚必须符合什么样的实质要件。这种指明某一国际民商事关系应适用何种法律的规范被称为"冲突规范"（conflict rules）。国际私法的间接调整方法就是借助冲突规范来实现的。冲突规范是国际私法的特有规范，间接调整方法是国际私法调整国际民商事关系的特有方法。

（二）直接调整方法

直接调整方法（direct regulation method），是指直接规定了国际民商事关系当事人之间具体的实体权利义务内容的一种调整方法。国际私法的直接调整方法是借助"实体规范"（substantive rules）来实现的。国内法、国际条约和国际惯例中均有这种直接调整国际民商事关系的实体规范。例如，1980年通过的《联合国国际货物买卖合同公约》就是一个直接规定国际货物买卖合同当事人的权利与义务的实体法公约。用这个公约的实体规范来直接调整国际货物买卖合同当事人的权利与义务关系，这种方法就是直接调整方法。

间接调整方法和直接调整方法是两种既相互补充，又相互排斥的方法。

从整个国际民商事领域来说，间接调整方法和直接调整方法都是国际私法调整国际民商事关系所必需的手段，两者相辅相成、互为补充。这是因为：一方面，由于国际民商事关系含有国际因素，同两个或更多的国家有联系，而相关国家的法律制度千差万别、实难统一，不可能对一切社会关系都用实体规范直接加以调整，而需要冲突规范来缓和矛盾、调和冲突，从而间接调整国际民商事关系；另一方面，由于冲突规范不直接规定国际民商事关系当事人的权利与义务，没有实体规范那样的预见性和明确性。随着国际民商事交往的发展，仅用冲突规范间接调整国际民商事关系是难以满足实际需要的，于是直接调整国际民商事关系的实体法规范应运而生。由此可见，国际私法这两种调整国际民商事关系的方法同时并存，是国际民商事交往的实际情况所决定的，而且这种并存现象不会是短暂的。

从处理某一具体国际私法案件来讲，间接调整方法与直接调整方法又是相互排斥的。例如，法院在处理具体案件中的争诉问题时，只能适用一种方法，而且对存在国际统一实体法领域的争诉问题，直接调整方法应优先适用。只有在直接调整方法无法适用或不能解决问题时，法院才适用间接调整方法。

(三) 直接适用的法

在探讨国际私法的调整方法时，我们还应注意到，新近出现的一种所谓"直接适用的法"的调整方法。

"直接适用的法"是20世纪50年代后期发展起来的一种新观念、新理论。20世纪50年代后期，美国在冲突法学界，掀起了一场轰轰烈烈的"革命"。其宗旨是对传统的法律选择方法进行改造，抛弃过去概念论的冲突法体系，把工具主义和功能主义引入到法律选择过程中。第二次世界大战后，西方国家加强了对经济的控制，在私法领域，西方工业化国家的立法者都试图规范经济生活，调整其中各种不平衡的社会关系，在生产、分配、交换、消费各个环节上都有国家干预的介入。在此背景下，法国国际私法学家弗朗西斯卡基斯（Francescakis），于1958年用法文发表了《反致理论与国际私法的体系冲突》一文，首次提出了"直接适用的法"（Loi d'application immédiate）这一概念。随着"直接适用的法"这一名称的出现，引起了许多学者对其进行研究，由此而产生了许多不同的称谓。如克格尔（Kegel）所谓的"专属规范"（Exclusivnormen）、德诺瓦（De Nova）提出的"必须适用的法"（Loi d'application nécessaire）、努斯鲍姆（Nussbaum）所说的"空间受调节的规范"（Spatial Conditional Rules）、卡弗斯（Cavers）提出的"立法定位法"（Legislatively Localized Laws）、莫里斯（Morris）讨论的"特殊法律选择条款"（Particular Choice of Law Clauses）等。虽然这些概念之间侧重点有所不同，但是大致方向是一致的。

国外最先在立法中规定"直接适用的法"的是1987年《瑞士联邦国际私法》第18、19条，之后1995年的《意大利国际私法制度改革法》第17条、2001年《俄罗斯联邦民法典》第1192条、2001年《韩国国际私法》第7条、2004年《比利时国际私法典》第20条、2007年《土耳其共和国关于国际私法与国际民事诉讼程序法的第5718号法令》第6条和第31条等都对"直接适用的法"作有规定。此外，一些国际条约也有类似规定，如1980年《欧洲共同体关于合同债务的法律适用公约》(《罗马公约Ⅰ》)第 7 条、2007 年欧盟《关于非合同之债法律适用条例》(《罗马公约Ⅱ》)第 17 条等。

"直接适用的法"是国家为维护自己的主权而制定的直接调整国际民商事关系，无须援引冲突规范的一种实体法。它具有以下基本特征：①"直接适用的法"具有鲜明的公法特征。它反映了国家主权的要求，对一国的政治、经济、社会都会产生影响。因此，它在公法与私法之中，更加突出其公法的属性。国家为了维护自己的主权以及在国际民商事交往中的重大社会经济利益，便会采取多种手段进行干预，"直接适用的法"的公法特征将逐步加强。②"直接适用的法"顾名思义，可以不经过冲突规范的援引，直接调整国际民商事关系。这是"直接适用的法"的本质的属性。③"直接适用的法"的发展还不够完善和成熟，不能自成一套法律体系，因此它只是一种立法的模式。④"直接适用的法"具有不确定性。它的内容、范围是随着时间、地点的变化而不断变化的，同时在内容和形式上也会相应发生变化。⑤"直接适用的法"是一种实体法，属于内国法的范畴。在适用本国的"直接适用的法"还是国外的或第三国的"直接适用的法"的时候，都是内国法的渊源，不同于国际条约、公约等国际统一实体法。

中国《法律适用法》及其司法解释也有"直接适用的法"的相关规定。《法律适用法》第 4 条规定："中华人民共和国法律对涉外民事关系有强制性规定的，直接适用该强制性规定。"《法律适用法解释（一）》第 8 条规定："有下列情形之一，涉及中华人民共和国社会公共利益、当事人不能通过约定排除适用、无需通过冲突规范指引而直接适用于涉外民事关系的法律、行政法规的规定，人民法院应当认定为涉外民事关系法律适用法第 4 条规定的强制性规定：①涉及劳动者权益保护的；②涉及食品或公共卫生安全的；③涉及环境安全的；④涉及外汇管制等金融安全的；⑤涉及反垄断、反倾销的；⑥应当认定为强制性规定的其他情形。"

三、国际私法的定义

各国学者从不同的角度对国际私法下过许多不同的定义。其中具有代表性的有：德国学者努斯鲍姆认为："国际私法，或冲突法，从广义上讲，是处理涉外关系的私法的一部分。"[1]中国学者韩德培教授主编的《国际私法》将国际私法定义为："国际私法是调整涉外民事法律关系的法的部门。"[2]法国学者魏斯认为："国际私法是确定发生于两个主权者之间涉及其私法或公民私人利益之间的

---

[1] 韩德培主编：《国际私法》，高等教育出版社、北京大学出版社 2000 年版，第 14 页。
[2] 韩德培主编：《国际私法》，武汉大学出版社 1989 年版，第 8 页。

冲突的规则之总称。"[1]中国学者李浩培教授认为，国际私法是"指在世界各国民法和商法相互歧异的情况下，对含有涉外因素的民事关系，解决应当适用哪国法律的法律"。[2]中国学者李双元教授认为："国际私法是以涉外民事关系为调整对象，以解决法律冲突为中心任务，以冲突规范为最基本的规范，同时包括规定外国人民事法律地位的规范、避免或消除法律冲突的统一实体规范以及国际民事诉讼与仲裁程序规范在内的一个独立的法律部门。"[3]中国学者黄进教授认为："国际私法是以直接规范和间接规范相结合来调整平等主体之间的涉外民商事法律关系并解决涉外民商事法律冲突的法律部门。"[4]

上述定义，可谓各有特点、各有侧重，均反映了国际私法某一方面或某几方面的特性，但国际私法是一个不断发展的法律部门，其定义也应与时俱进。同时，给国际私法下定义必须遵循法学理论定义法律部门的一般方法，从揭示国际私法的本质属性出发，采用概括而简洁的语言告诉人们国际私法是什么。正是基于这样的考虑，国际私法可以定义为：国际私法是以间接调整方法和直接调整方法相结合来调整国际民商事关系的法律规范的总和。这个定义：①揭示出了国际私法的调整对象是国际民商事关系；②揭示出了国际私法的调整方法，既有间接调整方法，又有直接调整方法；③遵循了法学理论定义法律部门的一般模式，即调整特定社会关系的法律规范的总和。

四、国际私法的范围

国际私法的范围主要是指国际私法应该包括哪些法律规范。在这个问题上，国内外学者一直存在着最为激烈的争论。英美法系国家的学者大多主张，国际私法就是冲突法，包括对涉外案件的管辖权规范、冲突规范以及承认和执行外国法院判决的规范。法国的多数学者认为，国际私法包括国籍法规范、外国人的法律地位规范、法律适用规范以及有关国际民商事案件的管辖权规范等。德国和日本的多数学者以及受德国法影响的其他国家的学者则认为，国际私法仅包括冲突规范。

中国国际私法学者比较普遍的观点是主张把关于外国人的民事法律地位规范、冲突规范、国际统一实体规范和国际民事诉讼程序与国际商事仲裁规范都包括在国际私法范围之内。中国学者韩德培教授提出的"一机两翼"理论很有代

---

[1] 韩德培主编：《国际私法》，高等教育出版社、北京大学出版社2000年版，第15页。
[2] 中国大百科全书出版社编辑部编：《中国大百科全书·法学》，中国大百科全书出版社1984年版，第228页。
[3] 李双元：《国际私法（冲突法篇）》，武汉大学出版社1987年版，第33页。
[4] 黄进主编：《国际私法》，法律出版社2005年版，第33页。

表性。他说:"国际私法就如同一架飞机一样,其内涵是飞机的机身,其外延是飞机的两翼。具体在国际私法上,这内涵包括冲突法,也包括统一实体法,甚至还包括国家直接适用于涉外民事关系的法律。而两翼之一则是国籍及外国人法律地位问题,这是处理涉外民事关系的前提;另一翼则是在发生纠纷时,解决纠纷的国际民事诉讼及仲裁程序,这包括管辖权、司法协助、外国判决和仲裁裁决的承认与执行。"[1]这段话形象和科学地勾画了国际私法应包括的规范。

我们认为,国际私法的规范应包括以下几种:

(一) 外国人民商事法律地位规范

这种规范是确定外国的自然人、法人甚至外国国家、国际组织在内国民商事领域的权利义务的规范。它既可以规定在国内法中,如中国在《宪法》《国籍法》等法律中就有这种规范;也可以规定在国际条约中,如中国与外国签订的许多通商航海条约、贸易关系协定都规定了相互给予对方自然人和法人的民事权利。由于这种规范规定外国人在内国有权从事某种民商事活动,享有某种民商事权利,取得某种民商事地位;或者限制外国人在内国从事某种民商事活动,不得享有某种民商事权利或待遇,故这种规范是直接规范和实体规范。

外国人民商事法律地位规范之所以成为国际私法的规范,是因为这种规范是国际私法产生的一个前提。在国际交往中,只有承认外国人在内国取得了民商事主体资格,能够享有民商事权利和承担民商事义务,国际私法的其他规范才能得到适用。由于这种规范的出现比国际私法其他任何规范都早,可以追溯到罗马法中的"万民法",因此这种规范是国际私法中最古老的规范。

(二) 冲突规范

冲突规范又称法律选择规范或法律适用规范,是国际私法特有的基本规范,是指明某一国际民商事关系应适用何种法律的规范。例如,中国《法律适用法》第21条规定:"结婚条件,适用当事人共同经常居所地法律;没有共同经常居所地的,适用共同国籍国法律;没有共同国籍,在一方当事人经常居所地或者国籍国缔结婚姻的,适用婚姻缔结地法律。"这一条规定并没有指明结婚有什么条件,而只是指明结婚条件应当由当事人共同经常居所地(当事人共同国籍国或当事人婚姻缔结地)法律来确定。因此,冲突规范是一种间接规范。国际私法学就是从研究冲突规范开始的。

(三) 国际统一实体规范

国际统一实体规范,更确切地说是国际统一实体私法规范。这种规范就是国际条约和国际惯例中具体规定国际民商事关系当事人的实体权利与义务的规范。

---

[1] 韩德培主编:《国际私法》,高等教育出版社、北京大学出版社2007年版,第7页。

从整体上讲，国际统一实体规范的出现晚于冲突规范。这是由于各国在尖锐的利害冲突面前，很难达成一致的协议、制定出统一适用的实体法规范。最早的国际统一实体规范出现在19世纪末的一些国际条约中，如1883年《保护工业产权巴黎公约》、1886年《保护文学艺术作品伯尔尼公约》、1891年《商标国际注册马德里协定》等。此外，在国际惯例中也存在着大量的国际统一实体规范，如国际商会编纂的2007年《跟单信用证统一惯例》（UCP 600）、2010年《国际贸易术语解释通则》等，这些惯例虽然从性质上看不是法律，但是一旦有关国家承认，由当事人选择予以适用，就对当事人产生法律效力。随着国际民商事交往的日益频繁，调整国际民商事关系的国际条约和国际惯例也在逐渐增多。可以肯定，作为一种直接规范和实体规范，国际统一实体规范在国际民商事领域的作用越来越重要，并表现出比冲突规范更多的优越性。

（四）国际民事诉讼程序规范

国际民事诉讼程序规范是指司法机关在审理国际民商事案件时专门适用的程序规范。一国法院在审理案件时，当然要适用国内法中关于审理一般民商事案件的诉讼程序。但是，由于国际民商事案件的特殊性，仅仅适用这些诉讼程序规范是不够的，还要适用一些专门用于审理国际民商事案件的特别程序规范，其中包括国际民商事案件的管辖权规范、司法协助规范、外国判决的承认与执行规范等。

国际民事诉讼程序规范，从性质上说是一种程序规范，而不是直接调整国际民商事关系当事人的权利义务关系的规范，因此有人说它不是国际私法规范。但是，由于这种规范与冲突规范和其他国际私法规范有密切的联系，是调整国际民商事关系以及解决国际民商事争议不可缺少的法律规范。因此，对这种规范仍应在国际私法中加以研究。

（五）国际商事仲裁规范

国际商事仲裁规范是指对发生在国际贸易、国际运输、国际投资、国际金融、国际保险以及其他各种国际商事交易中的争议进行仲裁解决的规范。这种规范涉及仲裁范围、仲裁协议、仲裁员和仲裁机构、仲裁程序、仲裁裁决、仲裁费用、仲裁裁决的撤销以及仲裁裁决的承认与执行等方面的内容。

虽然国际商事仲裁规范与国际民事诉讼程序规范有所不同，但就解决国际民商事争议而言，它们都是不可或缺的主要方法和手段。因此，与国际民事诉讼程序规范一样，国际商事仲裁规范也是国际私法不可缺少的组成部分。

五、国际私法的名称

德国学者卡恩（Franz Kahn）曾指出："国际私法可以说是从书名页起就有争论的一个法律学科。"直到目前为止，不同国家、地区的学者对国际私法仍有不同的称谓。比较普遍使用的名称有：

1. 法则区别说（theory of statutes）。这一名称从 13 世纪~14 世纪开始由以巴托鲁斯（Bartolus）为代表的意大利学者使用，后被法国和荷兰学者接受和继承，并一直延续使用到 17 世纪~18 世纪。

2. 冲突法（conflicts law）、法律冲突法（the law of the conflict of laws）或法律冲突（the conflict of laws）。荷兰学者罗登伯格（Rodenburg）于 1653 年首先使用"De Coflictu Legum"（"法律冲突"）这一名称。有趣的是，该名称由大陆法系学者发明，现在却广泛流传于英美法系国家。

3. 涉外私法（foreign private law）。日本有学者认为，国际私法既然是规定内外国交往的私法关系，就应该称之为"涉外私法"。中国学者陈顾远也认为将国际私法这一法律部门称为"涉外私法"是较为适宜的。[1]

4. 私国际法（private international law）。这一名称最早是由美国国际私法奠基人斯托雷（Joseph Story）教授提出来的。他在其 1834 年出版的《冲突法评论》（Commentaries on the Conflict of Laws）一书中认为，"关于法律冲突问题，也可以适当地称为私国际法"。但是，他并没有使用这个名称来给他的这本书命名。1843 年，法国学者福利克斯（Foelix）在其著作《私国际法论》（Traité de Droit International Privé）中开始正式采用这一名称。私国际法的法文为 droit international privé。不过，福利克斯是一位把国际私法视为国际法的学者。现在，这个名称在法国和其他拉丁语系的国家较流行，在英美普通法系国家也有学者采用，但在中文、日文著作中已将上述称谓译为"国际私法"。

5. 国际私法（international private law）。这一名称最早是由德国学者谢夫纳（Schaeffner）于 1841 年出版的《国际私法的发展》（Entwicklungen des Internationalen Privatrechts）一书中正式使用的，德文 Internationalen Privatrechts 直译为英文应该是 international private law。这一名称在德国、中国、日本、俄罗斯以及东欧国家得到普遍采用。

除上述名称外，还有"外国法的适用""国际民法""国际民商法"等。此外，就国际私法的立法名称来说，德国称之为"民法施行法"、日本称之为"法例"、旧中国称之为"法律适用条例"、泰国称之为"国际私法"、中国台湾地区称之为"涉外民事法律适用法"、瑞士称之为"国际私法法规"等，中国现行立法则称为"法律适用法"。国际私法的名称真可谓五花八门，但通观国内外的国际私法著作及各国的相关立法，以"冲突法"和"国际私法"名称命名是最为广泛的。

---

[1] 陈顾远：《国际私法总论》（上册），上海法学编译社 1933 年版，第 103~104 页。

六、国际私法学

从一般意义上讲，国际私法既可以指一个法律部门，也可以指一门法律学科。前者就是国际私法本身，后者就是国际私法学。

但从严格意义上来说，国际私法与国际私法学有各自特定的含义。所谓国际私法是指调整国际民商事关系的一个法律部门，是多种国际私法规范的总和。而国际私法学是以国际私法为研究对象的一门法律学科。两者既有区别又有联系。

1. 国际私法与国际私法学的区别有：①国际私法是一个法律部门，而国际私法学则是一门法律学科；②国际私法以国际民商事关系为调整对象，而国际私法学则以国际私法本身为研究对象；③国际私法是具有法律约束力的行为规范，而国际私法学本身是没有法律约束力的学说和理论。

2. 国际私法与国际私法学的联系表现在：①二者都是国际民商事关系的产物，都以国际民商事关系的存在为前提和基础，随着国际民商事关系的产生而产生，随着国际民商事关系的发展而发展；②国际私法学既然以国际私法为研究对象，就不能脱离国际私法，而必须以国际私法为依据，但国际私法学的研究成果又反过来对国际私法的立法与实践起到指导和推动作用。

第二节 国际私法的渊源

所谓法的渊源，一般是指法律规范的表现形式。国际私法的渊源即指国际私法规范的表现形式。

相对于其他法律部门而言，国际私法的渊源具有两个显著的特点：①双重性，既有国内法渊源，如国内立法、司法判例等；又有国际法渊源，如国际条约、国际惯例等。这是由国际私法调整对象的复杂性与特殊性所决定的。②差异性，即由于各国立法者对国际私法的内容和范围认识不同，各国对国际私法渊源的认识也不尽一致。这种差异主要表现在：其一，在主张国际私法仅解决法律冲突问题的国家，国际实体法条约不构成国际私法的渊源；而在坚持国际私法还应解决当事人权利义务问题的国家，国际实体法条约则是国际私法的渊源。其二，大陆法系国家一般采用制定法优于习惯法的做法，而普通法系国家并无此做法。其三，在普通法系国家看来，判例法是国际私法的主要渊源，而大陆法系国家则不承认"法院判决"具有法的渊源的价值。

一、国内立法

在国际私法的发展史上，国内立法可以说是国际私法最为古老的渊源之一。国际私法所包括的外国人民商事法律地位规范、冲突规范、国际民事诉讼程序规范和国际商事仲裁规范,均可见于国内立法之中。

在国内法中规定冲突规范的,最早见于1756年的《巴伐利亚法典》。此后,法国(1804年)、奥地利(1811年)、荷兰(1829年)、罗马尼亚(1865年)、意大利(1865年)、葡萄牙(1867年)及西班牙(1888年)等国的民法典,也都或多或少地规定了一些国际私法规范,而影响最大的当属1804年《法国民法典》。

19世纪末、20世纪初,国际私法的国内立法开始向系统、全面的单行法方向发展。1896年《德国民法施行法》可称为世界上第一部成文的国际私法单行法规。1898年日本颁布了以冲突规范为主要内容的《日本法例》。受法国、德国、日本等国的影响,中国北洋政府于1918年颁布了单行的《法律适用条例》。

到20世纪,尤其是第二次世界大战后,各国国际私法立法有了长足的发展。一方面,越来越多的国家在民法典或其他专门法中规定了国际私法规范,如巴西、智利、阿根廷、墨西哥、秘鲁、加蓬、塞内加尔、英国、意大利、希腊等国;另一方面,各国国际私法立法继续向单行法方向发展,如泰国(1939年)、原捷克斯洛伐克(1948年)、阿尔巴尼亚(1964年)、波兰(1966年)、民主德国(1975年)、奥地利(1979年)、匈牙利(1979年)、前南斯拉夫(1982年)、土耳其(1982年)、联邦德国(1986年)、瑞士(1989年)等国,相继颁布了单行的国际私法法规。

在历史上,国际私法关于冲突规范的国内立法模式主要有:①分散立法式。这种立法模式是将冲突规范分散规定在民法典和其他单行法规的有关章节中。1804年《法国民法典》就是这一立法模式的代表作。受其影响,奥地利、荷兰、希腊、葡萄牙、西班牙等国也采取了这一立法模式。此外,在同时期采用这一立法模式的还有巴西、智利、阿根廷、墨西哥等国。②专章专篇式。到了19世纪中叶,国际私法立法出现了在民法典或其他法典中以专篇或专章形式较为系统地规定冲突规范的立法模式。这种立法模式较之分散立法模式是一个进步,它可以相对集中、比较系统地规定冲突规范。一些国家(如希腊、意大利、葡萄牙等)在修订民法典时,纷纷放弃分散立法模式,而转向专章专篇的立法模式。还有一些国家则在民事立法时直接采用了这种立法模式,至今仍有许多国家采取这种模式。③单行立法式。19世纪末20世纪初,以1896年《德国民法施行法》的颁布为标志,国际私法立法进入了法典化阶段,许多国家开始采用专门法典或单行法规的形式系统规定冲突规范,这种立法形式可以称为单行立法模式或法典化模式。这一立法模式的诞生,不仅标志着国际私法立法模式的进步,而且标志着国际私法立法逐步成熟。

中国关于冲突规范的立法,主要集中在《海商法》第十四章、《民用航空法》第十四章、《票据法》第五章、《法律适用法》等。

关于国际民事诉讼程序规范和国际商事仲裁规范的国内立法，中国主要规定在《民事诉讼法》《仲裁法》《外交特权与豁免条例》《领事特权与豁免条例》中。

中国《宪法》《公司法》《专利法》《商标法》等法律法规中，均含有规定外国人民商事法律地位的规范。

二、司法判例

判例是指法院对具体案件的判决具有法律约束力，可以成为以后审理同类案件的依据。在英美法系国家，判例是其法的主要渊源。在大陆法系国家，虽然传统上并不认为判例是法的渊源，但随着两大法系的逐渐渗透和融合，判例在大陆法系国家的司法实践中越来越重要，法院的判决被法官和律师援引来支持自己的主张是十分常见的事。

在国际私法的理论与实践中，人们对法院判例是否为本国国际私法的渊源大致有以下两种看法：

1. 在英美普通法系国家，权威的法院判例不仅是国际私法的渊源，而且是主要渊源。在这些国家，虽然在个别成文法中也有一些零星的国际私法规范，但大量的、主要的国际私法规范来自于法院的司法判例，由于这些国际私法规范（主要指冲突规范）散见在浩如烟海的法院判例中，内容零散且常相互抵触，给国际私法的适用带来许多困难。为此，一些著名的国际私法学者或民间机构便开始了系统的国际私法规范的汇编和整理工作，作为这些国家处理涉外民商事案件的权威依据。例如，英国学者戴西（Dicey）于1896年编著的《法律冲突法》系统全面地归纳整理出英国判例中所适用的冲突规范，并逐条加以阐释。后由莫里斯（Morris）等人相继修订，到2006年该书已出至第14版。美国法学会作为一个非官方的学术机构承担了美国冲突法的编纂工作。1934年由比尔（Beale）任报告员出版了美国《第一次冲突法重述》，1971年又以里斯（Reese）为报告员出版了美国《第二次冲突法重述》。加拿大、澳大利亚等国国际私法的主要渊源也是判例，但对法院判例的编纂，则远没有英美成功。

2. 在大陆法系国家，国际私法的主要渊源是成文法，不少国家在民法典或相关单行法中规定国际私法规范，有的国家颁布了国际私法单行法。但判例在这些国家的法院审理涉外民商事案件时，仍然起着不可忽视的作用，构成国际私法的辅助渊源。法、德、日等国都很重视判例的作用，在处理具体案件缺少成文的冲突规范时，法院可以援引最高法院的判例作为判决依据。事实上，许多成文的国际私法规则也是从判例直接发展起来的。有的法学者甚至认为，法国国际私法就是以《法国民法典》第3条为基础，并采用法院判例建立起来的。例如著名的"李查蒂案"（Lizardi case）、"福尔果案"（Forgo case）等在确立一些重要的国际私法规则方面均起了十分重要的作用。日本在司法实践中允许法院在特定条件下依据判例作出裁决。日本学者十分重视对国际私法案例的研究，曾编辑出版了专门的涉外民事案例汇编。在日本学者出版的国际私法著作中也将判例列为"其他法源"。

中国不是判例法国家，因此在中国，判例不是法的渊源，当然也不是中国国际私法的渊源。但是，这并不是说法院判例对中国法院审理涉外民商事案件没有任何意义。由于涉外民商事关系的特殊性和复杂性，仅依据中国现有成文法来处理涉外民商事案件是远远不够的。尽管中国国际私法成文立法在近年有了较快发展，但仍然不能满足中国涉外民商事关系飞速发展的需要，亟待通过司法判例来弥补。而在涉及适用外国法的场合，如该外国法以司法判例为主要的法的渊源，承认其判例的渊源作用并援引有关判例势所必然。此外，中国国际私法的原则、规则与制度也需要通过司法判例来发展。因此，在目前的情况下，承认司法判例在中国国际私法中的渊源地位，对指导法院的审判，发展中国对外民商事关系，维护中外双方当事人的合法权益，推动中国国际私法的立法进程均有重要意义。

在中国司法实践中，司法判例主要通过三种方式来发挥作用：①最高人民法院对有关涉外民事关系的立法或司法审判中出现的具体问题所作出的"解答""批复"等指示性司法解释，它们是司法判例的高级表现形式；②最高人民法院针对地方各级人民法院的个案请示所作出的各种"答复""批复"等，对下级法院审理同类案件无疑具有指导和借鉴作用；③最高人民法院公布的一些典型案例，对法院的审判有重要的指导作用和很大的影响力。此外，最高人民法院有关业务部门编辑出版的案例资料，也可供各级法院审理案件时参考。

三、国际条约

国际条约是由两个或两个以上国际法主体缔结的调整其相互间权利义务关系的协议。作为国际私法渊源的国际条约，是指那些含有国际私法规范的条约，既包括统一冲突法条约和统一实体法条约，又包括国际民事诉讼程序条约和国际商事仲裁条约；既包括专门规定国际私法规范的条约，又包括部分内容涉及国际私法规范的条约；既包括双边条约，又包括多边条约。根据"条约必须遵守"的原则，国际私法条约原则上只对缔约国有约束力，但是，一些重要的多边条约对非缔约国也会产生一定的影响。在不少国家的国际私法立法中，均明确规定了国际条约的优先适用，如土耳其、阿根廷、秘鲁、前南斯拉夫、波兰、原捷克斯洛伐克、德国、匈牙利等。

国际私法所包括的外国人民商事法律地位规范、冲突规范、统一实体规范、国际民事诉讼程序规范和国际商事仲裁规范都可以在国际条约中得到体现。

冲突规范是解决各国法律冲突的手段，但各国冲突规范本身如果存在着冲突，不仅会增加涉外民商事关系的复杂性和不稳定性，同时也导致了"挑选法院"（forum shopping）现象的发生，降低了冲突法的作用。为此，一些学者提出了统一各国国际私法的问题。1845年，美国学者斯托雷在其著作中第一次表达了统一各国国际私法的愿望。而最先将这一愿望付诸实践的则是意大利政治家、法学家孟西尼（Mancini）。在孟西尼的倡导和影响下，意大利政府曾先后两次试图发起制定多边条约的国际会议，但均未成功。受其影响，秘鲁政府于1878年发起召开利马会议，并签订了一个内容十分广泛的冲突法条约，但仅有秘鲁一国批准，条约没能生效。1889年，由乌拉圭、阿根廷两国发起，拉美国家在乌拉圭首都蒙得维的亚（Montevideo）召开会议，第一次通过了关于国际民法、国际商法和国际诉讼法等九个条约。这些条约的诞生，标志着国际私法统一化的开端。[1]特别值得一提的是，在1928年哈瓦那会议上通过了有名的《布斯塔曼特法典》，共计437条，对冲突规范作了全面系统的规定。此后，荷兰政府于1893年发起召开了第一次海牙国际私法会议。自此，国际私法统一化运动在欧洲大陆拉开了序幕，并取得了丰硕的成果，海牙国际私法会议也逐渐演化成目前世界上最主要的统一国际私法的政府间国际组织。

鉴于冲突规范对涉外民商事关系只起到间接调整作用，最终确定当事人的权利义务关系仍需借助各国实体法。为此，许多国际私法学者长期致力于寻求另一种解决法律冲突的途径，即通过有关国家签订国际条约的形式，制定统一的实体法规范，用以直接确定缔约国当事人之间的权利义务关系，从根本上避免因各国民商法歧异所造成的法律冲突。这种方法对消除各国民商法歧异所产生的法律障碍是行之有效的，但由于各国政治、经济利益的冲突，制定这种统一实体法规范的难度很大。不过，经过多年努力，也取得了不少成果。

目前世界上包含有国际私法规范的国际条约很多，根据条约的内容大致可归纳成以下五类：①关于外国人民事法律地位的国际条约。这类条约主要有1928年《关于外国人地位的公约》、1950年《关于宣告失踪者的公约》、1951年《关于难民地位的公约》、1954年《关于无国籍人地位的公约》、1956年《承认外国公司、社团和财团法律人格公约》、1957年《已婚妇女国籍公约》、1961年《减少无国籍状态公约》、1968年《关于相互承认公司和法人团体的公约》、1979年《美洲国家间关于国际私法中自然人住所的公约》、1989年《联合国儿童权利公约》等。②关于冲突法的国际条约。这类条约主要有1902年《婚姻法律冲突公约》、1902年《离婚及分居法律冲突与管辖冲突公约》、1902年《未成年人监护公约》、1930年《解决汇票与本票法律冲突公约》、1931年《解决支票法律冲突

---

[1] 卢峻主编：《国际私法公约集》，上海社会科学院出版社1986年版，第5页。

公约》、1931 年《关于婚姻、收养和监护的某些国际私法规定的公约》、1961 年《遗嘱处分方式法律冲突公约》、1973 年《扶养义务法律适用公约》、1973 年《遗产国际管理公约》、1975 年《美洲国家间关于支票法律冲突的公约》、1978 年《夫妻财产制法律适用公约》、1979 年《美洲国家间关于国际私法一般规则的公约》、1980 年《结婚仪式和承认婚姻有效公约》、1980 年《国际合同义务法律适用的公约》、1985 年《国际货物买卖合同法律适用公约》、1989 年《死者遗产继承准据法公约》、1993 年《跨国收养方面保护儿童及合作公约》、1994 年《美洲国家间关于国际合同法律适用的公约》、2000 年《关于成年人国际保护公约》等。③关于实体法的国际条约。这类条约主要调整的是国际经济贸易关系，内容涉及国际货物买卖、国际货物运输、国际投资保护、知识产权的国际保护等。其中最主要的有 1924 年《统一提单的若干法律规则的国际公约》（海牙规则）、1968 年《关于修改海牙规则的议定书》（维斯比规则）、1978 年《联合国海上货物运输公约》（汉堡规则）及 2008 年《联合国全程或者部分海上国际货物运输合同公约》（鹿特丹规则）；1929 年《统一国际航空运输某些规则的公约》；1980 年《联合国国际货物买卖合同公约》、1980 年《联合国国际货物多式联运公约》；1883 年《保护工业产权巴黎公约》、1886 年《保护文学艺术作品伯尔尼公约》、1891 年《商标国际注册马德里协定》、1952 年《世界版权公约》等。④关于国际民事诉讼条约。这类条约重要的有 1940 年《关于国际民事诉讼程序法的条约》、1954 年《民事诉讼程序公约》、1965 年《关于向国外送达民事或商事司法文书和司法外文书公约》、1968 年《关于民商事案件管辖权及判决执行的公约》、1970 年《关于从国外调取民事或商事证据的公约》、1980 年《国际司法救助公约》等。此外，在不同国家间还存在着大量的双边司法协助协定。⑤关于国际商事仲裁的条约。这类条约主要有 1923 年《仲裁条款议定书》、1927 年《关于执行外国仲裁裁决的公约》、1958 年《承认与执行外国仲裁裁决的公约》、1961 年《欧洲国际商事仲裁公约》、1975 年《美洲国家间关于国际商事仲裁的公约》、1976 年《联合国国际贸易法委员会仲裁规则》、1994 年《世界知识产权组织仲裁中心仲裁规则》等。

新中国成立以来，中国积极参与国际事务，特别是自 20 世纪 80 年代实行对外开放政策后，中国已经缔结或参加了许多包含有国际私法规范的国际条约。①在外国人民事法律地位方面，缔结或参加的公约有：1925 年《本国工人与外国工人关于事故赔偿的同等待遇公约》、1951 年《关于难民地位的公约》、1979 年《关于消除对妇女一切形式歧视的公约》、1989 年《联合国儿童权利公约》等。②在冲突法方面，中国于 2000 年签署了 1993 年《跨国收养方面保护儿童及合作公约》，2005 年 4 月 27 日批准该公约，该公约已于 2006 年 1 月 1 日对中国内地以及香港特别行政区和澳门特别行政区生效。③在实体法方面，中国参加的国际条约较多，主要集中在国际货物买卖、国际货物运输、知识产权的国际保护等方面，如1980年《联合国国际货物买卖合同公约》、1966年《国际船舶载重线公约》、1972年《国际海上避碰规则公约》、1974年《联合国班轮公会行动守则公约》、1929年《关于统一国际航空运输某些规则的公约》、1883年《保护工业产权巴黎公约》、1886年《保护文学艺术作品伯尔尼公约》、1891年《商标国际注册马德里协定》、1952年《世界版权公约》、1967年《成立世界知识产权组织公约》等。此外，中国还同许多国家签订了双边投资保护协定、贸易协定等，其中也包含了大量的调整涉外民商事关系的实体法规范。④在程序法方面，中国于1986年加入了1958年《承认和执行外国仲裁裁决公约》、1991年加入了1965年《关于向国外送达民事或商事司法文书和司法外文书公约》，1997年加入了1970年《关于从国外调取民事或商事证据的公约》。从1987年起，我国又加快了与有关国家谈判签订司法协助协定的步伐。截止到2009年6月底，中国已与63个国家签订了107项司法协助条约（包括已进行第一轮谈判的），其中75项条约已生效，包括49项司法协助条约、22项引渡条约和4项被判刑人移管条约。[1]

在中国，关于国际条约的适用，《票据法》第95条第1款规定："中华人民共和国缔结或者参加的国际条约同本法有不同规定的，适用国际条约的规定。但是，中华人民共和国声明保留的条款除外。"《海商法》第268条第1款规定："中华人民共和国缔结或者参加的国际条约同本法有不同规定的，适用国际条约的规定；但是，中华人民共和国声明保留的条款除外。"《民用航空法》第184条第1款规定："中华人民共和国缔结或者参加的国际条约同本法有不同规定的，适用国际条约的规定；但是，中华人民共和国声明保留的条款除外。"

国际组织在上述国际条约的形成过程中发挥了重要的作用。这些国际组织主要有联合国、海牙国际私法会议、美洲国家组织、国际统一私法协会、欧洲共同体、欧洲理事会。其中，海牙国际私法会议是目前国际上最主要的统一国际私法（主要是冲突法）的常设政府间国际组织。自1893年第一届海牙国际私法会议召开到1951年第七届国际私法会议通过《海牙国际私法会议章程》，海牙国际私法会议从性质上说还不能称之为国际组织，实际上是一种制度性的国际会议。《海牙国际私法会议章程》的通过标志着它已演变成一个常设的政府间国际组织。中国已于1987年7月3日正式加入海牙国际私法会议，成为该组织的会员国。海

---

[1] 参见司法部司法协助外事司网站："中国与外国司法协助条约缔结情况"，载http://www.moj.gov.cn/sfxzws/2009-08/26/content_1144120.htm，访问日期：2010年9月6日。

牙国际私法会议的成员国已从1951年的17个国家发展到目前70个国家[1]，并且已由少数欧洲大陆法系国家参加的会议发展成为现在由来自五大洲不同法系国家组成的国际组织。自1893年第一届海牙国际私法会议召开以来，海牙国际私法会议已通过了四十多部关于国际经济贸易、婚姻、家庭、继承、扶养、国际民事诉讼程序等方面的国际公约。这些公约比较集中地反映了各国国际私法的立法和司法实践，代表着当代国际私法的发展趋势。

四、国际惯例

在国际私法的理论与实践中，一般认为，国际惯例也是国际私法的渊源之一。

国际惯例是在国际交往中逐渐形成的不成文的法律规范，它只有经过国家认可才有约束力。在国际私法上这种惯例具有两种表现形式：一种是不需要当事人选择而必须遵守的惯例，即强制性惯例；另一种则是只有经过当事人的选择，才对其有约束力的惯例，即任意性惯例。国际私法中的国际惯例大多数是任意性惯例。

在日常生活中，"国际惯例"常与"国际习惯"互换使用，但在国际法学领域，对这两个名词应作明确区分。根据《国际法院规约》第38条第1款的规定，国际习惯是"作为通例之证明而经接受为法律者"。这就是说，一项规则要成为国际习惯必须具备两个条件：一是长期实践中重复类似行为而形成普遍的习惯做法；二是这种做法被国家和当事人认可而具有法律效力。为此，西方学者将国际习惯的构成归结为两个因素，即实践和法律确念[2]。而国际惯例则不仅包括具有法律约束力的习惯，而且包括尚不具有法律约束力的"通例"。也有学者将国际惯例作狭义理解，仅指各国长期普遍实践所形成的尚不被各国认可而不具有法律约束力的"通例"或"常例"，以示与国际习惯的区别。实际上，在国际私法领域，被各国及当事人认可具有法律约束力的国际习惯是不多见的，如在冲突法领域，虽然长期以来也形成了不少的习惯做法，如"合同的法律适用，依当事人意思自治原则""不动产物权适用不动产所在地法""当事人权利能力适用当事人属人法"等。但这些规则尚不具有普遍的法律约束力，不能称之为国际习惯。在实体法和程序法中，这类习惯也很少见，大量的是不具有强制性和普遍法律约束力的"常例"或"通例"，特别是在国际经济贸易领域更是如此。这些"常例"或"通例"只有经当事人选用，才对特定的当事人产生法律约束力。因此，

---

[1] 参见田立晓：“海牙国际私法会议及其公约的发展趋势”，载《政法论坛》2009年第3期。
[2] [英]詹宁斯、瓦茨修订：《奥本海国际法》（第一卷第一分册），王铁崖等译，中国大百科全书出版社1995年版，第16页。

人们通常所说的国际私法惯例指的就是这种广义上的国际惯例。

在国际私法中，国际惯例大量存在。在外国人民商事法律地位方面，如有"国民待遇"原则等。在冲突法方面，如有"不动产物权依物之所在地法"原则、"公共秩序保留"原则、"意思自治"原则、"场所支配行为"原则等。在国际民事诉讼程序方面，如有"程序问题依法院地法"原则等。但较多的是在长期商业实践基础上发展起来的用于解决国际商事问题的任意性实体法惯例，也就是通常所说的国际商事惯例。如《国际贸易术语解释通则》《华沙—牛津规则》《跟单信用证统一惯例》《托收统一规则》《约克—安特卫普规则》等。

中国在调整国际民商事关系、解决国际民商事法律冲突、处理国际民商事法律争议时，也依法适用国际惯例。《票据法》第95条第2款规定："本法和中华人民共和国缔结或者参加的国际条约没有规定的，可以适用国际惯例。"《海商法》第268条第2款规定："中华人民共和国法律和中华人民共和国缔结或者参加的国际条约没有规定的，可以适用国际惯例。"《民用航空法》第184条第2款规定："中华人民共和国法律和中华人民共和国缔结或者参加的国际条约没有规定的，可以适用国际惯例。"这表明中国法院和涉外仲裁机构在处理国际民商事案件时，如果在法律适用问题上，中国法律以及中国缔结或参加的国际条约对案件所涉及的问题没有作出规定，则可以适用国际惯例来处理案件。在中国司法和涉外仲裁实践中，法院和涉外仲裁机构也的确适用国际惯例对某些案件作出了公平合理的判决或裁决，维护了中外当事人的合法权益。由此可见，国际惯例也是中国国际私法的渊源之一。在国际民商事关系的法律适用中，中国法律允许在一定条件下适用国际惯例，不但是在立法上采用国际上广为流行的做法，而且也是对中国民商事立法尚不完备的一种弥补办法。这种灵活变通的规定可以促使外国人打消其合法权益能否在中国得到保护的顾虑，从而有利于国际民商事活动的正常进行。

但是，对于中国立法中所规定的可以适用国际惯例，究竟是指冲突法上的国际惯例，还是指实体法上的国际惯例，学者们有不同看法。一种观点认为，国际私法中的国际惯例除了国家及其财产豁免原则以外，主要是一些统一实体法规范的国际惯例，在管辖权与法律适用方面，对于什么案件可以行使管辖权和应适用什么法律，并没有直接肯定的国际惯例。另一种观点则认为，在冲突法上虽然还没有经过国际民间团体整理成文的惯例，但各国在解决国际民商事纠纷的长期实践中也形成了一些共同的习惯做法。如"人的身份与能力依当事人属人法""不动产物权依不动产所在地法""法律行为方式依行为地法（场所支配行为）""合同的法律适用依当事人意思自治原则"等。这些普遍性的冲突法原则已被各国所接受，可以视为国际惯例。[1] 基于这种认识，这些学者把中国立法中所指的"国际惯例"理解为既包含冲突法上的惯例，又包括实体法上的惯例。实际上，如果从广义的国际惯例来理解中国立法所称的"国际惯例"的含义，无论是在冲突法、实体法还是程序法上，都存在一些普遍性的惯例，如场所支配行为、国际贸易术语解释通则、诉讼程序适用法院地法等，这些惯例经国家认可即具有法律约束力。作为中国国际私法渊源的国际惯例，应理解为既包括实体法的惯例，又包括冲突法上的惯例。[2]

五、法律学说或一般法理

关于法律学说或一般法理能否作为国际私法的渊源问题，国际私法学界还存在不同看法。从理论上讲，法律学说只不过是学者们基于立法和实践对法律概念、法律规则和法律原则所作的阐释或提出的观点、理论、主张等，不具有法律规范的作用，一般不应作为法的渊源，但可以作为法官确定法律规则的辅助性资料。在西方国家的司法实践中，法官和律师经常援引权威学者的观点、理论或学说作为论证依据。

尽管法律学说或一般法理不是国际私法的渊源，但权威学者的学说在国际私法的发展中所起的作用则是不容忽视的。从某种意义上说，国际私法就是从学说发展起来的。18 世纪以前的国际私法就是一种"学说法"。在这一阶段，国际私法仅表现为一种学说或学理状态，只是到了 19 世纪，国际私法才进入"制定法"阶段。即使在现代，由于国际私法仍是一个正在发展的法律部门，许多制度和规则尚未定型、成熟，正处于形成和发展阶段，权威学者的学说对国际私法立法和国际民商事审判仍然具有十分重要的借鉴和参考价值。正是基于这一原因，一些国家和地区的立法把一般法理或国际私法原理列为国际私法的渊源，以弥补成文立法之不足。如《泰国国际私法》第 3 条规定："本法及其他泰国法所未规定的法律冲突，依国际私法的一般原理。"在英美法系国家，法官在判决中援引权威学者的学说作为判决依据更是司空见惯。有的法官甚至通过援引权威学者的学说，并运用法官的自由裁量权，推翻成文法或判例中的国际私法规则而创立、论证新的国际私法规则。

在中国，法律学说或一般法理不是法的渊源，当然也不是国际私法的渊源。但是，权威国际私法学家的学说不仅在实践中对法官和仲裁员的思维、判断有重要影响，而且可以作为确定国际私法原则或规则的辅助资料。

---

[1] 余先予主编：《冲突法》，法律出版社 1989 年版，第 26 页。
[2] 王常营主编：《中国国际私法理论与实践》，人民法院出版社 1993 年版，第 35 页。

第三节 国际私法的历史

一、外国国际私法的历史

（一）外国国际私法的学说史

在古代欧洲，国际私法最初形态是以学说和理论的形式出现的，故有"学说法"之称。在国际私法的历史上，外国学者基于其所属国家在不同历史时期的实际需要提出了各种各样的国际私法学说，从而推动了国际私法理论和实践的发展。其中最有影响力的有以下九种学说：

1. 意大利的法则区别说。意大利的法则区别说（The Theory of Statutes），是13、14世纪以巴托鲁斯（Bartolus，1314年~1357年）为代表的意大利后期注释法学派，为解决当时意大利北部地中海沿岸各城邦国家之间的法律冲突，而创立的一种国际私法理论，也是人类历史上第一次关于适用外国法理由的学说。

在13、14世纪，随着商品经济的发展、商业和手工业的繁荣，在意大利北部地中海沿岸形成了一些大城市，并经过与封建领主之间的长期斗争而逐渐形成了如威尼斯、米兰、热那亚、佛罗伦萨等城邦国家。这些城邦国家又都为适应商品经济发展的需要而制定了各自的法律规范，即"法则"（statuta）。同时，基于商品经济发展的需要，各个城邦国家都开始承认其他城邦国家法则的域外效力，从而在这些城邦国家境内，就有了原有的罗马法和各城邦国家各自制定的法则的同时适用，以及在各城邦国家之间的当事人进行商事交往时，各个城邦国家相关法则的同时适用，并进而产生了原有的罗马法和各城邦国家各自制定的法则之间的冲突和各个城邦国家的法则相互之间的冲突。对于原有的罗马法和各城邦国家各自制定的法则之间的冲突，基于罗马法中"特别法优于普通法"的原则就可以得到解决，而对于各个城邦国家法则之间的冲突，却无法在罗马法中找到解决的办法。

为解决各个城邦国家法则之间的冲突，意大利法则区别说的代表人物巴托鲁斯及其追随者主张从各城邦国家法则本身的性质入手，把所有的"法则"分为"物的法则"（statuta realia）、"人的法则"（statuta personalia）和"混合法则"（statute mixta）。"物的法则"是属地的，其适用只能而且必须及于制定者领土之内的物；"人的法则"是属人的，它不但应适用于制定者管辖领土内的属民，而且在它的属民到了别的主权者管辖领土内时，也应适用；"混合法则"是涉及行为的法则，适用于在法则制定者领土内订立的契约，是既涉及人又涉及物的。他在此基础上提出了许多重要的冲突法规则，如：①关于权利能力和行为能力问题，依属人法。②按照当时情况，能产生效力的契约，则依契约地法。③关于法律行为的方式，依行为地法。④关于行为的限制，依法院地法，但已指定履行地者，依履行地法。⑤关于继承的冲突，可分为两种情况：一是法定继承依物之所在地法；二是关于遗嘱执行的方式，依行为地法。⑥关于物权，依物之所在地法。⑦关于诉讼程序依诉讼地法。

意大利的法则区别说纠正了绝对属地主义的弊端，有利于当时跨城邦贸易的发展，促进了处于萌芽状态的资本主义因素的成长，具有进步意义。尤其重要的是，它所创立的一些基本冲突规范，对后来国际私法的形成和发展产生了重大影响，有些规则至今仍为世界各国采纳，所以不少西方学者把巴托鲁斯称为"国际私法之父"。

2. 法国的意思自治说。法国的意思自治说（Autonomy of Will），是 16 世纪以杜摩兰（Dumoulin，1500 年~1566 年）为代表的法国学者，最初为解决当时法国各省之间的法律冲突而提出的一种国际私法理论。

在 16 世纪的法国，一方面正处于封建制统治之下，另一方面其商品经济又有了相当规模的发展。与此同时，虽然法国当时在政治上属于一个统一的封建制国家，但国内各省却又都有其各自独立的习惯法体系。这种封建制法律制度严格的属地性和各省习惯法体系的不统一严重影响着法国当时新兴的资本主义商品经济的发展。同时，意大利的法则区别说也随着航海贸易的发展而传播到了法国。

意思自治说的代表人物杜摩兰主张把法则分为人法、物法和行为法三类，但他认为只有在不依据双方当事人的自主意思时，才有必要作这种划分。他也承认"物法"从物，凡涉及境内之物的应依物之所在地法；而"人法"从人，其效力只及于境内境外自己的属民。不过，他极力主张扩大"人法"的适用范围。特别重要的是，杜摩兰在《巴黎习惯法评述》一书中提出了"意思自治"原则（autonomie de la volonté；autonomy of will）。他认为，在契约关系中，应该适用当事人自主选择的那一习惯法，即使当事人于契约中未作明示选择，法院应推定其默示意思，以确定应当适用的法律，即根据整个案情的各种迹象来判断双方当事人意思之所在。

杜摩兰的意思自治说代表了法国新兴商人阶级的利益，在客观上有利于促进贸易的发展和统一市场的形成。因为按照意思自治原则，双方当事人可以自由选择一个习惯法作为契约的准据法，从而摆脱本地习惯法的束缚，冲破属地原则的禁锢。这样一来，先进的法国商业中心巴黎的习惯法，就可适用于法国全境。这有利于实现法国法律的统一，促进当时法国资本主义的发展。杜摩兰的"意思自治"原则，现已发展成为国际社会普遍接受的确定契约准据法的首要原则。

3. 荷兰的国际礼让说。荷兰的国际礼让说（Doctrine of International Comity），

是 17 世纪以胡伯（Huber，1636 年~1694 年）为代表的荷兰学者，为适应当时荷兰十分发达的航海贸易的需要，以解决当时荷兰与其他国家之间的法律冲突而提出的一种国际私法理论。

在 17 世纪的荷兰，一方面基于资产阶级革命的胜利而建立起了人类历史上第一个资本主义国家，资本主义商品经济得到了迅速的发展，航海贸易十分发达，拥有当时世界上最庞大的船队，有"海上马车夫"之称；另一方面其国内各省却还保留着各自独立的法律体系，其周边国家都还在实行封建制的法律制度，从而严重影响着资本主义商品经济的进一步健康发展。随着被誉为"国际公法之父"的荷兰学者格老秀斯（Grotius，1583 年~1645 年）提出的"国家主权"观念的确立，以胡伯为代表的荷兰学者看到，国家之间立法权力的划分并不使国家承担在具体案件中适用外国法的责任。

为了解决荷兰与其他国家之间以及荷兰国内省际法律冲突给商品经济的发展带来的法律障碍，特别是为了能够在防止周边封建制国家干涉的同时，全力保护荷兰在国际航海贸易中所获得的利益，他们在法则区别说的基础上，以国家主权原则和"国际礼让关系"为其理论出发点，开始寻求国际私法理论的新发展。其中"胡伯三原则"最具有代表性。

"胡伯三原则"包括：①任何主权者的法律必须在其境内行使并且约束其臣民，但在境外无效；②凡居住在其境内的人，包括常住的与临时的，都可视为主权者的臣民；③每一外国的法律已在其本国领域内实施，根据礼让，行使主权权力者也应让它在自己境内保持其效力，只要这样做不致损害自己的主权权力及臣民的利益。

这三条原则中，前两条讲的是属地原则，它是根据主权者管辖权的划分建立起来的国际公法上的原则；第三条讲的是适用外国法的根据和条件，它才是国际私法原则。所以，人们常把荷兰的法则区别说称为"国际礼让说"。

国际礼让说把国家主权思想引入法则区别说中，把适用外国法的问题放在国家关系和国家利益的基础上来考察，这是适用外国法理论的进步。它对国际私法的发展产生了深远影响，有的学者甚至认为它奠定了现代国际私法学的基础。后来，美国学者斯托雷继承了荷兰的礼让说，而英国学者戴西则接受了他们的主权观念而抛弃了"礼让"说，并发展成为保护既得权的思想。

4. 德国的法律关系本座说。法律关系本座说（The Seat of Legal Relationship Theory），是 19 世纪中期由德国学者萨维尼（Savigny，1779 年~1861 年）为适应当时德国资本主义商品经济迅速发展以及对外经济扩张日益加强的需要而提出的一种国际私法理论。

19 世纪中期的德国，经过第一次工业革命，其资本主义商品经济有了迅速的发展，综合国力大大增强，对外经济交往和人员交流日益频繁，作为后起的资本主义国家，迫切要求与其他资本主义国家共同参与国际贸易，并分享与其国力相当的国际经济贸易利益。为了适应这一社会经济发展的需要，以萨维尼为代表的德国学者，开始在传统的法则区别说理论之外，探寻新的国际私法理论。

萨维尼创立的"法律关系本座说"是在1849年出版的《现代罗马法体系》(System Des Heutigen Römischen Rechts) 一书中提出来的。他从一种普遍主义的观点出发，认为所适用的法律，只应是各该涉外民事关系依其本身性质有"本座"所在地的法律。他不讨论法律的域内域外效力问题，而主张平等地看待内外国法律，这样就能达到以下目的：不管案件在什么地方提起，均能适用同一个法律，得到一致的判决。他认为应该承认存在一个"相互交往的国家的国际法律共同体"，并且存在着普遍适用的各种冲突规范。这是因为法律关系依其性质总与一定地域的法律相联系。他把涉外关系分为"人""物""债""行为""程序"等几大类，并且认为，人的身份能力应以住所为本座；物权关系应以物之所在地为本座；债的本座应为债的履行地；行为方式则不论财产行为或身份行为，均应以行为地为本座；程序问题应以法院地为本座等。

萨维尼的"法律关系本座说"开创了一条解决法律冲突、进行法律选择的新路子，其贡献主要表现在：①它在法则区别说统治国际私法理论数百年之后，在国际私法的方法论上实现了根本性变革；②在荷兰国际礼让说之后，它又在新的基础上回归到国际私法的普遍主义；③它大大推动了欧洲国际私法成文立法的发展。不过，他认为国际社会存在一种"国际法律共同体"，只是一种幻想；而他所说的法律关系的"本座"，把复杂的法律关系过于简单化，也没有明确指出解决法律冲突问题的正确途径。

5. 意大利的国籍国法说。国籍国法说（Theory of Nationality Law）是19世纪中期由意大利学者孟西尼（P. S. Manciniavigny, 1817年~1888年），为适应当时意大利资本主义商品经济迅速发展以及保护大批流向海外移民的利益的需要而提出的一种国际私法理论。

意大利自12世纪起逐步分成许多独立的城市共和国。随着16世纪文艺复兴运动的发展，要求在政治上统一的思潮在意大利日益高涨，就是争取民族独立之一的资产阶级革命运动。同时，随着商业贸易的发展，意大利也出现了大批流向海外的移民。在此背景下，意大利学者孟西尼于1851年在都灵大学发表了《国籍乃国际法的基础》的著名演讲，主张给国籍明确的法律概念，并作为国际法的基础，每个人都应适用本民族的法律。他提出了三项具体原则：①民族主义原则，即国籍原则。凡人的身份、能力、亲属关系和继承关系，都应适用当事人本国法（即国籍所属国法），只有这样，才是尊重民族和国家主权。②意思自治原则,即自由原则。根据这一原则,合同均应按照当事人的自由意思适用法律。③公共秩序原则。他认为如果适用外国法(即当事人本国法),或按照当事人意思选择的法律,违反本国的公共秩序,就不予适用,而适用法院地法。由此可见,在孟西尼看来,适用外国法的理由是由于在特定的法律关系中应该适用外国人国籍所属国的法律,故被称为"国籍国法说"。

孟西尼的国籍国法说改变了以住所地法作为属人法的一统天下的局面,在19世纪的意大利占了统治地位,并一度风靡欧洲学术界。与此同时,该学说对其他国家的国际私法立法也产生了较大影响,如1865年《意大利民法典》、1889年《西班牙民法典》、1896年《德国民法施行法》和1898年《日本法例》等都采用了孟西尼的国籍原则,而且许多公约也采用了这个原则。不过,自第一次世界大战以后,欧洲各国又出现了"新属地主义原则",有扩大住所地法适用的倾向。

6. 英国的既得权说。既得权说(Doctrine of Vested Rights)是19世纪末期,为适应当时英国竭力维护其海外殖民利益的需要,由英国学者戴西(Dicey, 1835年~1922年)提出的一种国际私法理论。

19世纪末期的英国,一方面,作为老牌的资本主义国家,在世界各地侵占了大量的殖民地,有"日不落帝国"之称;另一方面,其综合国力开始落后于美国、德国等一些后起的帝国主义国家。为了使英国能够在与这些后起的帝国主义国家的激烈竞争中竭力维护其已经取得的殖民利益,以戴西为代表的英国学者,开始寻求新的国际私法理论依据。戴西在1896年出版的《法律冲突法》一书中,在胡伯的国际礼让说的基础上,提出了"既得权说"。他认为,凡依他国法律有效取得的任何权利,一般都应为英国法院所承认与执行,而非有效取得的权利,英国法院则不应承认与执行。其理论核心是:一国法官在承认与执行根据外国法有效的权利时,法官所做的既不是适用外国法,也不是承认外国法在内国的效力,只不过是保护诉讼人根据外国法或外国判决已取得的权利。这种学说在理论上是矛盾的,因为一国法院既然负有承认与执行外国法律所创设权利的义务,那么也就负有适用外国法的义务。但在国际私法理论的发展史上,既得权说曾产生过很大影响。该学说曾得到许多国家国际私法学者的拥护。1934年美国学者比尔(Beale)主持编纂的美国《第一次冲突法重述》,就把这个学说作为理论基础。即便是现在,保护既得权,维护国际民商事关系的稳定,仍然是国际私法的重要目的和任务。

7. 美国的本地法说。本地法说(Local Law Theory)是20世纪中期,为适应当时美国社会经济迅速发展和解决大量增加且日益纷繁复杂的州际和国际民商事法律冲突的需要,由美国学者库克(Cook,1878年~1943年)提出的一种国际私法理论。

在20世纪中期的美国，社会经济得到了迅速的发展，州际和国际民商事交往随之日益频繁，州际和国际民商事法律冲突也大量增加，而且日益纷繁复杂，通过机械的、僵化的间接规范来选择准据法的传统的冲突法制度已经无法适应这样一种社会经济发展的需要，美国国际私法学者因此而发动了一场彻底摧毁传统冲突法制度的国际私法革命。

库克于1942年出版的《冲突法的逻辑与法律基础》一书中提出并系统论证了"本地法说"。他认为，法院在审理冲突法案件时总要适用本地法。只是如果该案件中有根据外国法产生的权利时，可以把这种权利转化为内国法产生的权利予以承认，即把该外国法"并入"内国法中去。根据这个原则，法院不是使外国法产生的权利具有法律效力，而是使根据本地法产生的权利具有法律效力。这种理论与"国际礼让说"及"既得权说"不同，它主张既不适用外国法，也不承认根据外国法产生的权利，一切按自己的法律，这实际上是对外国法律采取一概否认的态度。由于他过分夸大了法律的属地性，把国家主权原则与在一定条件下适用外国法截然对立起来。因此，人们认为他所鼓吹的不过是一种滥调，是与萨维尼的理论背道而驰的。

但从理论上看，库克却有以下两个方面的贡献：①彻底批判了"既得权说"；②在研究方法上，他主张不要从哲学家或法理学家的逻辑推理中去获取应适用的冲突法原则，而应通过考察、总结法院在处理法律冲突时实际上是怎样做的，来得出应适用的规则。他认为某一法律选择之所以正确，并不在于它符合某种"固有的原则"，而在于它代表了过去的司法态度，因而也就可以预示将来应该怎么做。

8. 美国的政府利益分析说。政府利益分析说（Theory of Governmental Interest Analysis）是20世纪中期，以柯里（Brainerd Currie，1912年~1965年）为代表的美国学者为适应当时美国社会经济迅速发展和解决大量更加纷繁复杂的州际和国际民商事法律冲突的需要而提出的一种国际私法理论。

在20世纪中期，特别是经过两次世界大战以后的美国，社会经济有了更加迅速的发展，各个方面的实力都已经远远超过了其他西方发达国家，成为国际社会的超级大国，在国际社会享有了更加广泛的国际利益。其州际和国际民商事交往更加频繁，州际和国际民商事法律冲突也更加纷繁复杂。美国国际私法学界通过国际私法革命彻底摧毁了传统的冲突法制度，并在此基础之上提出了各种各样新的理论学说。

1963年，柯里将其在20世纪50年代以后发表的论文收集整理出版了《冲突法论文集》一书，提出并全面、系统、深入地阐述了"政府利益分析说"。他认为，解决法律冲突的最好方法，就是对"政府利益"进行分析。他直截了当地把不同国家的法律冲突说成是不同国家利益的冲突，同时用"虚假冲突"和"真实冲突"来区分两种不同类型的法律冲突。他还发现：在现实生活中，绝大多数冲突法案件都是以"虚假冲突"形式出现，即在冲突的双方中只有一方有政府利益。所以，在审理国际私法案件时，如果只有一个国家有合法利益，就应该适用这个国家的法律；如果两个国家有合法利益，而其中一国为法院地国时，则无论如何应适用法院地法，即使外国的利益大于法院地国的利益；如果两个外国有合法利益，而法院地国家为无利益的第三国时，则可以适用法院地法，也可以适用法院依自由裁量认为应适用的法律。十分明显，柯里是赞成尽可能适用法院地法的。而且，依这种理论，法院在大多数情况下，也会认为本国对在案件中适用自己的法律有"合法利益"，这就等于否定冲突法有存在的必要了，动摇了经过几百年发展起来的国际私法体系。因此，他的学说虽然在美国很有影响，却也受到了许多学者的批评。

9. 美国的最密切联系说。最密切联系说（Doctrine of the Most Significant Relationship），是20世纪中期以后，以里斯（Reese）为代表的美国学者为适应当时美国社会经济进一步发展和解决大量更加纷繁复杂的州际和国际民商事法律冲突的需要，而提出的一种国际私法理论。

在20世纪中期以后的美国，国内社会经济进一步发展，国际社会经济地位进一步提高，对美国国际私法理论和实践的发展提出了更高的要求。以里斯为代表的一些学者，在总结了1934年美国《第一次冲突法重述》，特别是美国区际私法革命以后的理论发展和司法实践的基础之上，提出了"最密切联系说"，并把这种理论运用到了1971年由里斯主持编纂的美国《第二次冲突法重述》之中。最密切联系说最初被作为解决侵权法律适用的冲突法原则，接着被许多国家接受为合同法律适用的重要冲突法原则，此后又作为冲突法的一般原则在各国国际私法理论中流行。该理论的基本观点可概括为：在确定某一法律关系应适用的法律时，不应机械、呆板地根据该法律关系的本座确定准据法，而要看哪一个地方（或国家）与案件的事实和有关当事人有最密切的联系，根据特定法律领域中的多个连结因素，在充分考虑到州际或国际体制的需要、法院地的相关政策、有利益关系的其他州（或国家）的相关政策、当事人的合理期望、有关法律的目的以及判决结果的确定性、可预见性和一致性等方面以后，结合每一个具体案件，灵活地选择准据法。因此，最密切联系说认为，一国法院适用外国法的理由是因为该外国法与某一具体案件有最密切的联系。这一理论不仅将外国法纳入了更为普遍的"公正和有效"的判断标准，也从根本上改写了法律关系本座说所确立的国际私法信条。

(二) 外国国际私法的立法史

1. 国际私法的国内立法史。关于国际私法国内立法的起始,中国学者争议很大,而且这种争议很难在短时期内有一个令人信服的统一结论。但学者们对以下问题的认识是一致的:通过国内立法来系统地制定成文的冲突规范,在欧洲最早的为 1756 年的《巴伐利亚法典》。不过早期真正产生重大影响的国际私法成文立法还是 1804 年的《法国民法典》。

《法国民法典》第 3 条是关于冲突规范的规定,其共有 3 款,包含了三项原则:①"凡居住在法国领土上的居民应遵守治安法律"(第 1 款),强调有关"治安法律"是绝对的属地法,凡在法国境内的一切人,不论是内国人还是外国人,都可以对他们强制施行;②"不动产,即使属外国人所有,仍适用法国法律"(第 2 款),采用了自巴托鲁斯以来法则区别说所奉行的"物法"适用原则,一切有关不动产的法律关系,概依物之所在地法,而不问该物是内国人所有还是外国人所有;③"有关个人身份及享受权利的能力的法律,适用于全体法国人,即使其居住于国外时亦同"(第 3 款),明确规定有关个人身份和能力的法律属于"人法",不但适用于法国境内的法国人,而且具有域外效力,在法国境外的法国人亦得受其支配,是对自巴托鲁斯以来法则区别说主张的"人法"适用原则的概括总结。1804 年《法国民法典》的编纂,特别是该法典第 3 条所确定的三大原则,对后世国际私法产生了深远的影响,在国际私法的发展史上有着划时代的重大意义,主要表现在如下三方面:①扩大了国际私法作用的领域,突出了国际私法的"国际"性;②在属人法方面,把自法则区别说以来一直在欧洲实行的住所地法改为国籍国法,从而催生了本国法主义;③成文的国际私法规范的确立,标志着国际私法从此由学说法进入了制定法的阶段。

在《法国民法典》的影响下,欧洲许多国家或在民法典中设立国际私法规范,或将其分散在其他法律中加以规定,如 1817 年《奥地利民法典》、1889 年《西班牙民法典》等;也有像 1896 年《德国民法施行法》那样制定单行国际私法的,如 1964 年的《阿尔巴尼亚国际私法典》、1979 年的《匈牙利国际私法》、1989 年的《瑞士联邦国际私法法规》、1996 年的《斯洛伐克国际私法与程序法》、1999 年的《斯洛文尼亚国际私法与程序法》等。

大洋洲各国深受普通法系与古老的习惯法影响,很少制定成文的国际私法法规。大洋洲的大部分国家的国际私法都是依判例和学说及国内实施的一系列公约,其中澳大利亚最为典型。

非洲许多国家采用专章式立法模式在民法典或民事诉讼法典中对国际私法问题进行规定,如 1975 年的《阿尔及利亚民法典》等;还有一些非洲国家在婚姻家庭法中对国际私法作了规定,如 1980 年的《南非家庭法典》等。

美洲国家当代国际私法的立法与司法实践呈现出五彩缤纷的局面。美国 1934 年由比尔主持完成了美国《第一次冲突法重述》，但遭到该国一些学者的猛烈抨击。于是，美国法学会在 1952 年撤销了 1934 年的《第一次冲突法重述》，并举荐哥伦比亚大学里斯教授主持起草，并于 1971 年完成了美国《第二次冲突法重述》。1986 年美国学者又对《第二次冲突法重述》进行了修订。[1] 阿根廷和秘鲁于 20 世纪 80 年代分别制定了单行冲突法法规。《委内瑞拉国际私法法典》已于 1999 年正式实施。

在亚洲，比较早的国际私法立法当推 1898 年的《日本法例》、1939 年的《泰国国际私法》、1962 年的《韩国关于涉外民事关系的法令》等。亚洲国家 20 世纪末开始出现的国际私法修立运动是为适应国际民商事交往的新发展而展开的，吸收了当代国际私法许多最新的理论研究与实践成果，时代特点较为突出。

2. 国际私法的国际立法史。导致法律冲突的主要原因是各国民商实体法的歧异，冲突法便是解决各国法律冲突的一个法律部门。然而，解决法律冲突的各国冲突法本身也是互不相同而有冲突的。因此，从 19 世纪后期开始，出现了一些国际组织从事统一国际私法的工作，并取得了一定成绩。

国际私法的统一化是指国际组织统一国际私法规范，包括统一冲突规范、实体规范、法院管辖权规范和关于法院判决的承认与执行规范等法律规范的活动。

在从事国际私法统一化的国际组织中，最有成效、最具影响的当首推海牙国际私法会议（Hague Conference on Private International Law）。

海牙国际私法会议现拥有 80 个成员和 1 个国际组织成员（欧盟）。二战后，该组织已先后制定 38 个国际私法公约。[2]

二、中国国际私法的历史

（一）中国国际私法的立法史

早在公元六、七世纪，唐朝法律（《永徽律》）便有了历史上最早的冲突规范，也可以说是冲突规范的萌芽，即"诸化外人同类自相犯者，各依本俗法；异类相犯者，以法律论"。其疏议称："化外人，谓蕃夷之国别立君长者，各有风俗、制法不同，须问本国之制，依其俗法断之。异类相犯者，如高丽之与百济相犯之类，皆以国家法律论定刑名。"由于当时的法律刑民不分，这条规定当然可以适用于涉外民事案件，至少应适用于涉外侵权案件。

沿袭到宋代以后，直到明朝时期，绝对属地主义的法律思想得到了发展，唐

---

[1] 徐冬根："论欧、美国际私法法典化的不同进路及其法哲学思想"，载《河南省政法管理干部学院学报》2004 年第 3 期。

[2] 参见 http://www.hcch.net/en/home，2016 年 10 月 1 日访问。

律中的上述规定遂改易为："凡化外人犯罪者，并依律拟断。"其理由是："言此等人，原虽非我族类，归附即是王民……并依常例拟断。示王者无外也。"清朝基本上沿用旧制，直到清末，国际私法没有多少发展。

1918年北洋政府颁布了《法律适用条例》。该条例分为总则、关于人之法律、关于亲族之法律、关于继承之法律、关于财产之法律、关于法律行为方式之法律和附则，共7章27条。尽管它主要抄袭了德国、日本的国际私法，但与同时期资本主义国家的国际私法单行法相比，它是条文较丰富、内容较详尽的立法之一，也是中国历史上第一部系统的国际私法立法。但由于当时中国还在帝国主义国家的强权支配下，中国对部分涉外民商事案件没有司法管辖权，因此该法所起的实际作用很有限。

中华人民共和国成立后，中央人民政府废除了包括《法律适用条例》在内的国民政府的"六法全书"，开始按苏联模式建立社会主义的法律体系。但是由于极"左"思想和"法律虚无主义"的冲击，加之后来又长期受"闭关锁国"的影响，中国的国际私法立法更不被重视。只是到了党的十一届三中全会以后，随着对外开放政策的实行，涉外民商事关系迅速发展，中国才开始重视国际私法立法工作。经过三十多年的努力，目前中国国际私法立法已取得很大成绩。在国内立法方面，已在许多法律中规定了国际私法规范。这些法律主要有：1982年《宪法》、1991年《民事诉讼法》、1992年《海商法》、1994年《仲裁法》、1995年《票据法》、1995年《民用航空法》等。此外，最高人民法院还作出了大量有关国际私法内容的司法解释、批复与复函，如2006年《关于涉外民事或商事案件司法文书送达问题若干规定》、2007年《关于审理涉外民事或商事合同纠纷案件法律适用若干问题的规定》等。在国际私法的国际法渊源方面，进入20世纪80年代以后，中国缔结或加入的有关国际私法的条约逐年增多。在中国同许多国家签订的双边投资保护协定、贸易协定中，也包含了大量调整涉外民商事关系的实体法规范。截至2021年12月，中国已先后与82个国家缔结了引渡条约、司法协助条约等共170项，极大地便利了中国同其他缔约国在民商事领域开展司法协助。[1]

2002年，中国启动了制定《中华人民共和国民法（草案）》程序，该法典第九编是"涉外民事关系法律适用法"。《法律适用法》已由第十一届全国人民代表大会常务委员会第十七次会议于2010年10月28日通过，自2011年4月1日起施行。《法律适用法》的制定是中国法制建设的重要成果，是中国涉外民事关系法律适用立法的一次飞跃。我国法律适用立法从此告别了以专章专篇式为

---

[1] 参见黄进：《国际私法学》，高等教育出版社2023年版，第59~60页。

主、分散立法式为辅的立法模式，步入以单行立法式为主的新的发展阶段。《法律适用法》制定过程贯彻了"宜粗不宜细""成熟一块制定一块"的立法指导思想，致使《法律适用法》条文概括、抽象，司法实践操作起来有困难。为此，2012年12月10日最高人民法院审判委员会第1563次会议通过了《法律适用法解释（一）》，对《法律适用法》若干条文作出了司法解释，进行了细化。2020年12月23日最高人民法院审判委员会第1823次会议通过了《法律适用法解释（一）》修正，并于2021年1月1日正式实施。

（二）中国国际私法的学说史

中国国际私法学的发展比欧美要晚得多。尽管中国学者对《唐律》中的冲突规范有过一些解释，但远非系统的理论研究。

根据现有史料，直到清末光绪年间中国才出现国际私法书籍。清光绪三十一年（1905年），郭斌编著的《国际私法》是目前发现的中国最早的国际私法著作。以后，傅疆在1907年出版了《国际公私法》专著，熊元翰等在1911年编写了《国际私法》。这些著作主要是介绍一些西方国家的国际私法学说，还没有自己独立的见解和体系。

民国时期中国国际私法的理论研究工作有了较大的发展，特别是1918年《法律适用条例》的颁布，大大推动了中国国际私法的理论研究工作。当时各大学法律院系纷纷开设国际私法课。到国外学习国际私法的人也大大增多，并产生了一大批介绍国际私法学科的著作，其中较著名的有1930年唐纪翔著的《中国国际私法论》、1931年陈顾远编著的《国际私法总论》、1931年周敦礼著的《国际私法新论》、1931年于能模著的《国际私法大纲》、1933年阮毅成著的《国际私法》、1937年卢峻著的《国际私法之理论与实际》、1945年翟楚编著的《国际私法纲要》、1945年李浩培撰写的《国际私法总论》、1948年郭宏观撰写的《中国国际私法沿革概论》等。上述著作有的受英、美的影响，有的受法、德、日的影响，有的只是阐述了1918年的《法律适用条例》，缺乏独创的、符合国情的国际私法学说，有的甚至带有某些帝国主义和半殖民地半封建色彩。但就学术角度来说，还是有一定的学习和研究价值的，在中国国际私法的学说史上也是占有一定地位的。

新中国成立后，中央人民政府废除了国民政府的"六法全书"，开始以苏联法律和法学为模式，建立社会主义的法律体系和法律科学。1951年，中国人民大学外交系设置国际法教研室，先后请了三位苏联专家给教师和研究生讲授国际私法。中国学者也陆续翻译出版了几本苏联学者的国际私法著作，如隆茨的《国际私法》、柯列茨基的《英美国际私法的理论与实践概论》等。

到1957年，因极"左"路线的干扰日益严重，法律虚无主义泛滥成灾，整个法学界都受到极大的冲击，以后又长期走上闭关自守的道路，国际私法作为调整涉外民商事关系而且要涉及外国法适用问题的法律部门，几乎被完全取消。到文化大革命时，国际私法的理论研究已完全中断，在全国仅剩的三个法律专业中，国际私法的教学也被取消了。

直到党的十一届三中全会决定实行改革开放政策以后，国际私法才受到了党和国家的高度重视。这时对外开放中发生的种种国际私法问题迫切需要研究解决，中国国际私法学因而重新获得了发展的契机。经过 30 年的发展，特别是中国加入 WTO 以后，随着全球化的发展，我国国际私法立法取得了长足进步，国际私法理论研究也步入了一个初步繁荣的阶段。越来越多的高等学校建立了国际私法专业的硕士点和博士点；国际私法成为我国法学本科专业核心课程之一；中国国际私法学会每年都会组织高水平的学术讨论会，并用中文、英文和日文发表了《中华人民共和国国际私法示范法》；每年都有大量的国际私法论著发表；国际学术交流和中国不同法域之间关于国际私法的交流活动频繁且固定地开展起来，为中国学者走向世界创造了有利条件。

学术视野

国际私法的性质问题

自 19 世纪中期开始，国内外学者对国际私法的性质问题便一直争论不休，至今尚未取得统一的认识。长期以来，争议的问题主要涉及国际私法是国际法还是国内法，是程序法还是实体法，是私法还是公法。

一、国际私法是国际法还是国内法

对于国际私法到底是国际法还是国内法的问题，国内外学者有三种不同的观点：国际法学派、国内法学派、二元论学派。

1. 国际法学派。这一学派又称"世界主义学派"，认为国际私法是国际法。其主要代表人物有德国的萨维尼（Savigny）、巴尔（L. Von Bar）、弗兰根斯坦（Frankenstein），意大利的孟西尼（P. S. Mancini），法国的魏斯（Weiss）、毕耶（Pillet）等。这些学者从不同角度论证国际私法是具有国际法性质的法律，其主要理由如下：①从国际私法调整的社会关系的性质来说，它已经超出一国范围而具有国际性，并且这种社会关系跟国际公法所调整的社会关系在本质上并无区别；②从国际私法的渊源而言，国际条约和国际惯例已成为国际私法的重要渊源，并有趋向表明国际条约作为国际私法的渊源将占越来越多的比重；③国际私法的作用同国际法一样亦在于划分国家之间主权的效力范围，或认为冲突法既然只规定何种民事法律关系应适用哪国的法律，所以它只赋予国家以适用或不适用特定法律的权利与义务；④从国际私法本身所包括的原则、制度来说，其中不少是与国际公法一致的，诸如条约必须信守、主权原则、内外国公民平等的内外法律平等原则、互惠原则等。根据以上列举的论据及其他一些理由，持国际私法属于国际法观点的学者认为，国际法分为国际公法和国际私法两个平行的部门，恰好像同一树干上长出来的两个分支，因而国际私法是国际法。

2. 国内法学派。这一学派又称"民族主义学派"，认为国际私法是国内法。其主要代表人物有法国的巴丹（Bartin）、尼波埃（J. P. Niboyet）、巴迪福（Batiffol），德国的康恩（Franz Kahn）、努斯鲍姆（Nussbaum）、沃尔夫（Wolff），英国的戴西（Dicey）、戚希尔（Cheshire），美国的比尔（Beale）、库克（Cook），苏联的隆茨等。这一学派中的绝大多数学者断然否认有一种凌驾于一切国家之上的"超国家的国际私法"的存在，认为国际私法只是国内法中的一个部门。他们认为每个国家都有权制定本国的国际私法，各国国际私法只是本国国内法的一个分支。其主要理由如下：①国际私法调整的是非主权者之间的民商事关系；②国际私法的渊源主要是国内法；③国际私法上的争议一般由一国的法院处理，不属国际法院管辖范围；④国际私法规范的制定和适用取决于该国的国内自身利益与意志。

3. 二元论学派。这一学派又称"综合论学派"。其主要代表人物有德国的齐特尔曼（Zitelmann）和捷克的贝斯里斯基（R. Bystricky）等。二元论学派的学者认为，国际私法调整的社会关系既涉及国内又涉及国际；国际私法本身既涉及一国国内的利益，又涉及他国的利益；国际私法的渊源既有国内法，又有国际条约和国际惯例。因此，他们认为，不能简单地说国际私法是国际法或是国内法，可以说国际私法既有国际法性质又有国内法性质。齐特尔曼主张，应该把国际私法分为"国际的"国际私法与"国内的"国际私法，国际私法是这两部分的综合。

二、国际私法是程序法还是实体法

对于国际私法究竟是程序法还是实体法的问题，学者之间也是有争论的。在这个问题上，大体亦可区分出三大理论派别，即程序法学派、实体法学派和综合法学派。

程序法学派把国际私法或者完全视为"法官的法"，或者认为它是指示法官的"路标法"或"桥梁法"；实体法学派的主要观点是认为它虽在争议发生后起指示法官如何适用法律的作用，但它首先还是以实体国际民商事关系为规范对象的，只是在这种关系发生争议时，才发挥其"路标法"的作用，因而国际私法毫无疑义是实体民商法的适用法，理应属于实体法；综合法学派在支持实体法学派观点的基础上主张，因当代国际私法已纳入许多程序法性质的内容，故国际私法除实体法性质外还兼具程序法性质。

三、国际私法是私法还是公法

对于国际私法究竟是私法还是公法的问题，有的学者把国际私法完全归入私法范围，有的则认为国际私法属于公法的范畴，也有的学者坚持二元论的观点。

主张将国际私法定性为私法的基本理由，就是国际私法调整的是民商事私法关系（只不过它们含有国际或涉外的因素）。主张国际私法是公法的理由在于认为国际私法是"法官的法"。而主张将国际私法定性为兼具私法与公法二重性的基本理由：一方面，国际私法的法律适用规范旨在指示法官如何适用法律，理应属于"公法"；另一方面，既然国际私法乃对涉外案件所适用的实体法予以"决定"，据此间接确定实体法上的权利义务，而此处的实体法即指一国的"私法"。

理论思考与实务应用

一、理论思考

（一）名词解释

国际私法　国际惯例　法则区别说　意思自治说　法律关系本座说　既得权说　政府利益分析说　最密切联系说

（二）简答题

1. 简述国际私法的调整对象。
2. 国际私法的调整方法有哪两种？两者关系如何？
3. 简述国际私法的规范的种类。
4. 国际私法的名称主要有哪些？你认为哪一名称最合适？
5. 简述国际私法的渊源。
6. 国际私法的国内立法模式有哪几种？
7. 简述司法判例在国际私法中的作用。
8. 简述外国国际私法的主要学说。

（三）论述题

论国际惯例在我国的适用。

二、实务应用

（一）案例分析示范

案例一[1]

2003年5月31日格林尼治时间10点30分（北京时间18点30分），在距丹麦博恩霍尔姆岛以北4海里的海域，中国远洋运输集团公司所属的"富山海轮"

---

[1] 齐湘泉：《涉外民事关系法律适用法总论》，法律出版社2005年版，第2~3页。

与一条波兰所属塞浦路斯船籍的集装箱船相撞，外轮撞到"富山海轮"左舷一、二舱之间，导致生活舱突然大量进水，"富山海轮"沉没，船上27名船员获救。

"富山海轮"船员离船前，封闭了船舶上所有的油路，避免原油外溢造成海域污染。

"富山海轮"载有66 000吨化肥，货主是中国农业生产资料集团公司，货物保险金额为870万美元。"富山海轮"船体保险金额为2050万美元。

中国人民保险公司是"富山海轮"船体、货物的独家保险人。中国人民保险公司承保后，进行了再保险。"富山海轮"与"富山海轮"运载的货物出险后，中国人民保险公司迅速与国际再保险经纪人和再保险保险人取得联系，启动应急理赔程序，聘请律师等有关中介机构进行前期调查取证工作，分析事故原因，勘验定损，协助船东开展救助。

"富山海轮"出险后，中国人民保险公司于2003年6月6日决定预付赔款7000万人民币。"富山海轮"船体与货物保险金额为2920万美元，中国人民保险公司预计赔付金额在2亿元人民币左右，创我国国内海损赔付之最，此前我国船舶保险赔付最高金额为1.5亿元人民币。

"富山海轮"海难发生后，瑞典海岸警卫队援救船立即向丹麦方面建议把正在沉没的中国货轮拖到较浅海域，以防止船上的原油泄漏。然而，丹麦方面在三个半小时后才同意瑞典救援船的要求。

2003年6月4日，瑞典工商副大臣乌尔丽卡·梅辛致函丹麦副首相兼经济和贸易大臣本特·本特森，批评丹麦延误拖救中国失事货轮造成原油泄漏。乌尔丽卡·梅辛在信中说，如果丹麦方面能对瑞典海岸警卫队提出的及时把中国货轮拖到较浅海域的建议"作出较迅速和较灵活的反应"，这起海上事故的影响就会减小，"我对丹麦方面的延误当然持批评态度"。

问：本案存在哪些民事关系？是否属于国际私法调整？为什么？

【评析】本案存在的民事关系有：①"富山海轮"与波兰所属塞浦路斯籍集装箱船相撞引发的侵权损害赔偿关系；②"富山海轮"与中国农业生产资料集团之间的货物灭失赔偿关系；③"富山海轮"与中国人民保险公司之间的保险标的物遇险灭失赔偿关系；④中国农业生产资料集团与中国人民保险公司之间的保险标的物遇险灭失赔偿关系；⑤中国人民保险公司与外国再保险公司之间的再保险关系；⑥中国人民保险公司与再保险公司海损理赔后，与肇事责任方的代位求偿关系；⑦"富山海轮"原油泄漏造成环境污染引起的侵权关系；⑧丹麦政府不作为引起"富山海轮"原油泄漏造成环境污染范围扩大，瑞典政府对丹麦政府的不作为行为表示谴责，瑞典政府如追究丹麦政府不作为引起"富山海轮"原油泄漏造成环境污染范围扩大的责任，瑞典政府和丹麦政府之间也会产生民事赔偿法律关系。

本案应由国际私法调整。根据《法律适用法解释（一）》第1条的规定："民事关系具有下列情形之一的，人民法院可以认定为涉外民事关系：①当事人一方或双方是外国公民、外国法人或者其他组织、无国籍人；②当事人一方或双方的经常居所地在中华人民共和国领域外；③标的物在中华人民共和国领域外；④产生、变更或者消灭民事关系的法律事实发生在中华人民共和国领域外；⑤可以认定为涉外民事关系的其他情形。"上述民事关系均为涉外民事关系。其中，需要说明的是："富山海轮"与中国农业生产资料集团之间的货物灭失赔偿关系、"富山海轮"与中国人民保险公司之间的保险标的物遇险灭失赔偿关系、中国农业生产资料集团与中国人民保险公司之间的保险标的物遇险灭失赔偿关系中，虽然当事人双方国籍相同，但产生民事关系的法律事实发生在中华人民共和国领域外，亦属涉外民事关系。既然该案引发的民事关系都是涉外民事关系（即国际民商事关系），所以该案应由国际私法调整。

案例二[1]

2003年3月10日，德国汉莎航空公司LH035航班、LH720航班先后到达北京首都国际机场。上午9点多钟，近30名旅客（其中外国旅客2人）到行李领取处领取行李时吃惊地发现，他们托运的行李被翻得乱七八糟，箱子的密码锁被撬坏，拉锁被拧断，有的皮箱从中间被砸烂，箱内的手表、首饰、现金等贵重物品被洗劫一空，甚至连一些不值钱的小礼物也未能幸免。损失最重的是一位周姓的先生，他放在箱内的现金、首饰等价值2万余元的财物悉数被盗，其他旅客损失几千元、几百元不等。德国汉莎航空公司LH035航班、LH720航班是从德国纽伦堡机场飞往北京的，中途曾在德国法兰克福机场转机。

发现物品被盗后，乘客找到首都机场国际行李查询处。查询处的工作人员说，机场只负责被破坏了的箱子的赔偿，不承担箱内被盗物品的赔偿责任。乘客又找到德国汉莎航空公司驻首都机场办事处，办事处工作人员在当日10点钟对被盗的财物作了一个简单的登记。当天下午，《北京青年报》记者和几名丢失物品的乘客再次来到德国汉莎航空公司驻首都机场办事处询问处理结果。工作人员告知：汉莎航空公司有规定，贵重物品不能放在行李包内，否则丢失概不负责。解释完毕，工作人员转身回屋，不再出来，几名乘客等到晚上也未获答复。

2003年3月11日，《北京青年报》以"德国纽伦堡经停法兰克福飞北京的汉莎航班上出现'怪事'——数十旅客行李箱被撬"为题对此事进行了报道。

---

[1] 齐湘泉：《涉外民事关系法律适用法总论》，法律出版社2005年版，第13~15页。

2003年3月12日，德国汉莎航空公司对外公关事务部门的负责人于小姐告诉记者：经调查，现怀疑旅客行李被盗事件发生在法兰克福机场，目前德国汉莎航空公司、法兰克福机场安全部门和德国机场管理局正协同有关部门对此事进行调查。根据《华沙公约》有关规定，德国汉莎航空公司除了按行李损失的公斤数赔偿之外（每公斤最高赔偿额为20美元），还将根据乘客损失的程度进行赔偿。对于损失最大的周先生，因其丢失的现金难以认定，所以只能根据能够认定的损失进行赔偿。

问：本案是否应由国际私法调整？应采用何种方法调整？为什么？

【评析】本案应由国际私法调整。因为本案是一起涉外侵权损害赔偿案件。

关于涉外侵权损害赔偿，中国法律的规定与德国法律的规定是不同的。当时适用的中国《民法通则》第146条规定："侵权行为的损害赔偿，适用侵权行为地法律。……"根据中国的法律规定，本案应适用的法律是德国法律。[1] 1999年5月21日《德意志联邦共和国关于非合同债权关系和物权的国际私法立法》第40条规定："基于侵权行为而提起的诉讼请求，适用赔偿义务人行为地国法律，受害人可以要求适用结果发生地国法律以代替上述法律。"根据德国的上述法律规定，本案可以适用的法律有赔偿义务人行为地国家的法律；受害人要求适用结果发生地国家的法律时，也可以适用结果发生地法律。对于侵权行为人承担责任的形式，《德国民法典》第847条规定实行财产赔偿，中国《民法通则》第134条规定的承担赔偿责任的形式较多。对于侵权行为造成损害的赔偿数额，中国法律和德国法律规定的标准也不同。

国际私法的调整方法有两种，即借助冲突规范的间接调整方法和借助实体规范的直接调整方法。在本案中，这两种方法都可以采用。采用冲突规范解决国际民商事关系的步骤是：当事人双方在确定本案的性质为涉外民事侵权后，可以通过冲突规范确定本案应适用的法律，根据该法律确认的赔偿标准对受害人的财产损失进行赔偿。本案中，双方当事人没有采用通过冲突规范确定解决争议应适用的法律，放弃了采用冲突规范的方法解决争议，而是采用了适用统一实体规范解决国际民商事关系的方法。德国汉莎航空公司提出适用1929年《统一国际航空运输某些规则的公约》规定的数额进行赔偿时，中方当事人未提出反对，默示同意采用统一实体规范的方法解决本案法律冲突。中国与德国均是1929年《统一国际航空运输某些规则的公约》的缔约国，1929年《统一国际航空运输某些规则的公约》可以作为解决争议的准据法。

冲突规范和统一实体规范都可以对涉外民事关系中的法律冲突进行调整。那

---

[1]《民法通则》第146条的规定已经被新颁布的《法律适用法》第44条所取代。

么，当一个具体的涉外民事关系发生法律冲突时，既可以适用冲突规范调整，又可以适用统一实体规范进行调整，在这种情况下，应该首先适用哪一种规范进行调整呢？国际社会普遍认可的做法是，在统一实体规范存在的情况下，首先要考虑适用统一实体规范，在没有统一实体规范的情况下适用冲突规范。

案例三

一中国公民在法国定居，回国探亲时突发疾病，未留遗嘱而死，死后在法国留有动产若干，在国内留有不动产一处，其国内亲属与其在法国的亲属因遗产继承在中国法院涉诉。

问：本案是否应由国际私法调整？中国法院应该如何适用法律？为什么？

【评析】本案应由国际私法调整。因为本案是一起涉外继承案件。

因为在该中国公民的遗产中既有动产又有不动产，《法律适用法》第31条规定："法定继承，适用被继承人死亡时经常居所地法律，但不动产法定继承，适用不动产所在地法律。"所以，中国法院对于该中国公民在法国留有的动产应当根据法国（死亡时经常居所地）法律加以处理，而对于在中国留有的不动产应该适用中国（不动产所在地）继承法的相关规定。

案例四[1]

2005年9月23日，黄金置地公司与西门子公司通过招标方式签订了一份货物供应合同，约定西门子公司应于2006年2月15日之前将设备运至工地，如发生争议须提交新加坡国际仲裁中心进行仲裁解决。双方在合同履行中发生争议。黄金置地公司在新加坡国际仲裁中心提起仲裁，要求解除合同、停止支付货款。西门子公司在仲裁程序中提出反请求，要求支付全部货款、利息并赔偿其他损失。2011年11月，新加坡国际仲裁中心作出裁决，驳回黄金置地公司的仲裁请求，支持西门子公司的仲裁反请求。黄金置地公司支付了部分款项，尚欠仲裁裁决项下未付款及利息合计人民币5 133 872.3元。西门子公司依据《承认与执行外国仲裁裁决公约》即《纽约公约》，向上海市第一中级人民法院请求承认和执行新加坡国际仲裁中心作出的仲裁裁决。黄金置地公司抗辩认为，应不予承认和执行该仲裁裁决，理由为：双方当事人均为中国法人，合同履行地也在国内，故案涉民事关系不具有涉外因素，双方约定将争议提交外国仲裁机构仲裁的协议无效，若承认和执行案涉裁决将有违中国的公共政策。

---

[1] 最高法院发布的第二批涉"一带一路"建设典型案例之四：西门子国际贸易（上海）有限公司与上海黄金置地有限公司申请承认和执行外国仲裁裁决案。

问：本案是否由国际私法调整？为什么？

【评析】2015年11月27日，上海一中院在西门子公司申请承认与执行新加坡国际仲裁中心仲裁裁决一案（简称"西门子案"）中作出裁定，突破了传统"三要素说"的限制，在尊重当事人意思自治等原则的基础上，认定注册于中国（上海）自由贸易试验区内的两家外商独资企业间纠纷具有涉外因素，进而支持了申请人要求承认与执行由新加坡国际仲裁中心作出的仲裁裁决的申请。在裁定书中，针对该案合同关系是否应认定为涉外合同，法院首先指出，尽管双方当事人［即上海黄金置地有限公司与西门子国际贸易（上海）有限公司］均为中国法人，但双方的注册地均在上海自贸区，且性质均为外商独资企业，公司的资本来源、最终利益归属、经营决策一般均与境外投资者有密切关系，因此，双方当事人与普通的内资企业相比具有较为明显的涉外因素。其次，法院又指出，尽管涉案标的物最终在境内完成交货，但从合同的签订和履行过程来看，标的物是从境外运至上海自贸区，然后再办理了进口手续，因此，标的物的流转过程具有一定的国际货物买卖特征，与一般的国内买卖合同具有较为明显的区别。综上，法院最终认定，本案的合同关系符合《法律适用法解释（一）》规定的"可以认定为涉外民事关系的其他情形"，故争议合同关系具有涉外因素，双方当事人决定将合同争议提交境外仲裁的仲裁条款有效。故本案应由国际私法调整。[1]

（二）案例分析实训

案例一

两个住所在上海的中国公民在美国旅游期间签订了一份货物位于上海的买卖合同，后因该合同发生纠纷在中国上海法院涉讼。

问：当事人之间的关系是否属于涉外合同关系？为什么？

案例二[2]

1999年10月8日，18岁的中国公民王艳与23岁的日本公民佐藤一郎在日本名古屋一家婚姻登记机关申请登记结婚。登记员对是否给予这二人进行婚姻登记存疑，因为中国法律对结婚年龄的规定与日本法律对结婚年龄的规定不同。中国《婚姻法》规定最低的结婚年龄是男22周岁、女20周岁；《日本民法》规定最低的结婚年龄为男18岁、女16岁。根据中国的法律规定，王艳在日本不能结婚；根据日本的法律规定，王艳在日本可以结婚。《日本法例》第13条第1款规定："婚姻成立的要件，依各当事人本国法。"根据上述日本法律适用规范的规

---

[1] 霍政欣：《国际私法学》，中国政法大学出版社2020年版，第8页。
[2] 齐湘泉：《涉外民事关系法律适用法总论》，法律出版社2005年版，第9～10页。

定，王艳在日本是否能结婚应适用中国法律。如果根据法律适用规范的指引适用中国法，王艳与佐藤一郎在日本也不能结婚。但王艳与佐藤一郎坚持本案适用日本的实体法，按日本法律规定的婚龄在日本结婚。登记员将此事反映给日本的外交部门，日本的外交部门向中国外交部门征求意见：日本准许王艳在日本结婚是否违反中国法律？中国外交部门答复道：日本政府如不认为王艳在日本结婚违反日本法律，可以准予王艳在日本结婚。日本婚姻登记机关随后为王艳、佐藤一郎进行了婚姻登记。

问：你对本案有何看法？理由是什么？

案例三

25岁的中国公民甲和19岁的B国公民乙在B国依B国法规定的条件缔结了婚姻，婚后住所设在B国。2011年，甲回中国探亲，途经上海时突发疾病，经抢救无效死亡。经查，甲在杭州有个人存款100万元。乙和甲的父亲丙为继承该存款发生纠纷。

问：本案中包含哪些涉外民事关系？这些涉外民事关系应适用哪国法律调整？为什么？

主要参考文献

1. 韩德培主编：《国际私法》，高等教育出版社、北京大学出版社2007年版。
2. 李双元主编：《国际私法》，北京大学出版社2007年版。
3. 黄进主编：《国际私法》，法律出版社2005年版。
4. 肖永平：《国际私法原理》，法律出版社2007年版。
5. 章尚锦主编：《国际私法》，中国人民大学出版社2005年版。
6. 谢石松：《国际私法学》，高等教育出版社2007年版。
7. 赵相林主编：《国际私法》，中国政法大学出版社2007年版。
8. 蒋新苗主编：《国际私法学》，高等教育出版社2008年版。
9. 张仲伯：《国际私法学》，中国政法大学出版社2007年版。
10. 齐湘泉：《涉外民事关系法律适用法总论》，法律出版社2005年版。

第二章 国际私法的主体

【本章概要】国际私法的主体是指能够在国际民商事关系中享有权利和承担义务的法律人格者。一般来说，自然人和法人是国际私法的常见主体或基本主体；国家和国际组织在一定条件下也可成为国际私法的特殊主体，其特殊性主要表现在国家和国际组织的行为及其财产涉及特权和豁免问题。本章重点分析自然人、法人的国籍、住所的冲突及其解决和他们的权利能力和行为能力的法律适用问题；国家和国际组织的特权与豁免问题；同时讨论外国人民事法律地位的几种制度。

【学习目标】通过对本章的学习，深入了解自然人国籍冲突和住所冲突的解决办法，了解外国人民事法律地位的若干基本概念。理解外国人在我国民事法律地位的现状，掌握法人的国籍、住所的确定标准，掌握自然人和法人权利能力和行为能力的法律适用规则，掌握外国人民事法律地位的主要制度，充分认识国家及国际组织在国际民商事交往中的特殊地位。掌握我国在国际私法主体问题上的法律规定，从而为正确适用自然人及法人的属人法，正确处理涉及国家和国际组织的国际民商事纠纷打下基础。

第一节 自然人

一、自然人的国籍

（一）国籍的概念

自然人的国籍（nationality）是指自然人作为某一特定国家的成员而隶属于该国的一种法律上的身份。

在国际私法上，研究自然人的国籍问题具有十分重要的意义。首先，它是判断国际民商事关系具有国际性的标准之一，主体具有外国国籍是国际民商事关系最为常见的表现形式；其次，它是确定自然人民事法律地位的重要依据之一，确定外国人民事法律地位的待遇制度的适用就是以确定主体的国籍身份为基础的；再次，它是确定属人法的主要依据之一，其在属人法中的表现就是本国法主义；最后，它是确定国际民事案件管辖权的重要依据之一，国籍管辖一直是大陆法系中法国等国的重要管辖依据。

(二) 国籍的冲突

自然人具有哪一国家的国籍,只能依据各国的国籍法来确定,这是国际上公认的一项基本原则。因为根据国家主权原则,赋予某人以国籍是一国主权范围内的事情,因而通常由一国有关国籍的国内立法加以规定。如1930年订于海牙的《关于国籍法冲突若干问题的公约》第2条规定:"关于某人是否具有某一特定国家国籍的问题,应依据该国的法律予以决定。"然而,由于一国的国籍立法往往要受到该国的历史传统、经济状况、人口政策、国防需要等诸多因素的影响,各国关于国籍的取得、丧失以及恢复的法律原则和制度就会有很大不同。比如以国籍的取得为例,虽然一般都分为原始取得和继受取得两种,但在取得的原则上仍有不同。在原始取得方面,有的国家采取血统主义原则,有的国家采取出生地主义原则,有的国家则采取混合主义原则;在继受取得方面,既有国内法上的原因,如归化、婚姻、收养等,又有国际法上的原因,如领土变更等。因此,常常可能由此出现一个人同时具有两个或两个以上国籍,或者一个人不具有任何国家国籍的情况。在国际私法中,将一个人同时具有两个或两个以上国籍的情况,称为国籍的积极冲突;将一个人不具有任何国家国籍的情况,称为国籍的消极冲突。

自然人国籍的冲突往往会给一国主权的独立行使、给当事人所享有权利的保护及所承担义务的确定,造成许多不便和困难。在国际私法上,解决自然人国籍的冲突,其目的主要在于确定应予适用的当事人的本国法,即在当事人具有双重国籍或多重国籍时,应以哪一国籍所属国的法律为其属人法;在当事人无国籍时,应如何确定其属人法。

(三) 国籍冲突的解决

1. 国籍积极冲突的解决。对于国籍的积极冲突,各国一般区分两种不同情况,采取不同方法解决:

(1) 当事人所具有的国籍中有一个是内国国籍的,通常以内国国籍作为其国籍,以内国法作为该当事人的本国法,即所谓"内国国籍优先原则"。如1979年《奥地利联邦国际私法法规》第9条规定,如一人除具有外国国籍外,又具有内国国籍,应以奥地利国籍为准。在当事人具有的两个国籍中,有一个为敌国国籍时,交战国一般认定其为敌国人。

(2) 当事人所具有的国籍均为外国国籍。在这种情况下,又有几种不同的解决方法:

第一,以当事人最后取得的国籍为其国籍,即所谓"后国籍优先原则"。该原则通常在当事人所具有的多重外国国籍属异时取得的情况下适用。例如《日本法例》第27条规定:"当事人具有两个以上国籍,依最后取得国籍国的法律为其本国法。"

第二，以当事人的住所或惯常居所所在地国的国籍为其国籍，即所谓"住所或居所地国籍优先原则"。例如1939年《泰国国际私法》第6条规定，如当事人同时取得两个以上外国国籍，则适用住所所在地的法律为其本国法；……如不知其住所，以居所所在地法为其本国法。

第三，以与当事人有最密切联系的国家的国籍（又称"实际国籍"）为其国籍，即所谓"实际国籍优先原则"。例如1988年《瑞士联邦国际私法法规》第23条规定，如果一个人有几个国籍，只以其与之有最密切联系的那个国家的国籍为准，以确定所适用的法律。至于何为"实际国籍"或"与当事人有最密切联系的国籍"，应综合考虑多方面的因素加以确定，如当事人的出生地、住所或惯常居所地、行使政治权利或从事业务活动的国家，以及个人内心的倾向等。这种解决自然人国籍冲突的方法，在各种不同的情况下均可适用，为许多国家的立法和司法实践所采纳。

2. 国籍消极冲突的解决。对于国籍的消极冲突，各国立法和有关国际条约所采取的解决方法基本一致，通常主张以当事人的住所地所在国的国籍为其国籍；如无住所时，则以其居所地所在国的国籍为其国籍；如无居所时，则以法院地法为其本国法。例如1954年联合国制定的《关于无国籍人地位的公约》第12条规定，无国籍人的个人身份，应受其住所地国家法律支配，如无住所，则受其居所地国家的法律支配。又如1982年《土耳其国际私法和国际诉讼程序法》第4条规定，对无国籍人，适用其住所地法；无住所的，适用其惯常居所地法；无惯常居所地的，适用审案地国法律。

（四）我国的做法

《法律适用法》第19条规定："依照本法适用国籍国法律，自然人具有两个以上国籍的，适用有经常居所的国籍国法律；在所有国籍国均无经常居所的，适用与其有最密切联系的国籍国法律。自然人无国籍或者国籍不明的，适用其经常居所地法律。"

二、自然人的住所

（一）住所的概念

住所（domicile）是指一个人以久住的意思而居住的某一处所。一般来说，确定自然人住所的标准应该考虑主客观两个方面的因素：一是在一定地方有久居的意思；二是在该地有居住的事实。在实践中，客观因素在确定住所方面具有更为重要的意义。

在国际私法上，确定自然人的住所也具有非常重要的意义。首先，在1804年《法国民法典》颁布以前，国际私法上的属人法一直只指当事人的住所地法，时至今日，英美法系国家仍以住所地法作为当事人的属人法，即使在采用本国法主义的国家，住所地法也得到了一定程度的适用；其次，有些国家甚至还把住所作为确定某些财产关系准据法的连结因素；最后，住所还是很多国家确定国际民事管辖权的重要标志。

按照住所的取得原因，住所可以分为三类：①原始住所（domicile of origin），即自然人因出生而取得的住所，各国一般以父母的住所为原始住所；②选择住所（domicile of choice），即自然人出生后以久住的意思和居住的事实而选择取得的住所；③法定住所（statutory of domicile），即自然人依据法律规定而取得的住所。

住所与居所和惯常居所有所不同。居所一般是指没有久住的意思而居住一定期限的处所。惯常居所是由海牙国际私法会议及其公约所采用较为频繁的一个术语，一般不强调当事人久住的意思。

（二）住所的冲突

关于自然人的住所应如何认定的问题，曾经有过各种不同的学说，但大多数学者和法院的实践采用法院地法说，即依照法院地国关于住所的概念去认定当事人的住所所在地。如1971年美国《第二次冲突法重述》第13条规定，法院在适用自己的冲突法规则时，依自己的标准判定住所。但由于各国有关住所的法律规定不同，或对有关事实的认定不同，如对住所的概念有不同的理解，或对住所的取得、丧失和恢复规定了不同的条件，或有的国家规定一个人只能有一个住所，而有的国家则允许一个人于数地设立多个住所，因而，在自然人的住所问题上，往往也可能出现一个人同时具有两个或两个以上住所的情况，或者一个人没有住所的情况。在国际私法中，将一个人同时具有两个或两个以上住所的情况，称为住所的积极冲突；将一个人在任何国家或地区都没有法律意义上住所的情况，称为住所的消极冲突。

（三）住所冲突的解决

1. 住所积极冲突的解决。对于住所的积极冲突，各国一般也区分两种不同情况，采取不同方法解决：

（1）当事人所具有的住所中有一个位于内国，以内国住所作为当事人的住所，以内国法作为该当事人的住所地法，即所谓"内国住所优先原则"。如《日本法例》第28条第1款规定，当事人具有两个以上住所时，如其中之一为日本住所，依日本法。

（2）当事人所具有的住所均位于外国。在这种情况下，又有几种不同的解决方法：

第一，如果多重外国住所属异时取得的，以当事人最后取得的住所为其住所，即所谓"后住所优先原则"。如《日本法例》第28条第2款规定，倘若两个以上的住所均为外国住所时,依最后取得的住所地法为其属人法。

第二,如果多重外国住所属同时取得的,一般以与当事人有最密切联系的住所为其住所,或以当事人现在居所地的住所为其住所。

2. 住所消极冲突的解决。对于住所的消极冲突,各国的立法和司法实践多以当事人的居所代替其住所;如无居所时,则以当事人的现在地为其住所。如1928年《布斯塔曼特法典》第26条规定,对于无住所的人,以其居所或所在地为其住所。

(四)我国的做法

《民法典》第25条规定:"自然人以户籍登记或者其他有效身份登记记载的居所为住所;经常居所与住所不一致的,经常居所视为住所。"2020年修订的《民诉法解释》第4条规定:"公民的经常居住地是指公民离开住所地至起诉时已连续居住一年以上的地方,但公民住院就医的地方除外。"

对于住所的积极冲突和消极冲突的解决,《法律适用法》第20条规定:"依照本法适用经常居所地法律,自然人经常居所地不明的,适用其现在居所地法律。"

三、《解决本国法和住所地法冲突的公约》

(一)公约的背景

国际私法在属人法的适用上,一直存在着本国法主义和住所地法主义的对立,欧洲国家广泛采用国籍作为属人法的连结点,被称为本国法主义;而英美法系国家坚持采用住所地法作为属人法,被称为住所地法主义。

本国法主义和住所地法主义的对立由来已久,在欧洲,自巴托鲁斯以来的法则区别说所指的属人法是当事人住所地法,但随着《法国民法典》的颁布和意大利著名学者孟西尼"国籍法说"的影响,大陆法系国家广泛采用国籍作为属人法的连结点,这种对立从历史因素观察,是由于18世纪民族国家的兴起而强调国家主权,所以在属人法事项上强调国籍作为连结因素,反之,在大量接受外来移民的国家,如美国为使居住在国内的不同国籍的人适用同一法律,则以住所为连结因素。另外,在多法域国家内,一国境内法律不统一,以住所作为属人法的连结因素在实践中更好操作。这样在属人法上采取的不同政策,产生了本国法主义和住所地法主义的对立。为了缓和并解决这一冲突,海牙国际私法会议经过努力制定了《解决本国法和住所地法冲突的公约》。

(二)1955年《解决本国法和住所地法冲突的公约》

为了解决本国法和住所地法的冲突,1955年海牙国际私法会议制定了《解决本国法和住所地法冲突的公约》。该公约规定,如果当事人的住所地国规定适用当事人本国法,而其本国法规定适用住所地法时,凡缔约国均适用住所地国国内法。[1]该公约在一定程度上说明了本国法和住所地法对立时，住所地法优先的倾向。第5条规定："本公约所称住所地者，除以他人之住所或某公共团体之所在地为住所者外，即为其习惯居所地。"这一条款提高了住所在属人法连结因素中的地位，作为大陆法系让步的条件，英美法系国家同意对住所作扩大解释而包括习惯居所地。公约的规定对于国际经济交往的开展显然是有利的。至2009年1月，只有比利时、荷兰、法国、卢森堡、西班牙五国签署，其中前两国已批准了公约，公约目前尚未生效。尽管公约在实践中遭到了抵制和反对，但其确立的原则越来越受到重视，惯常居所这一概念在以后的海牙公约和国家立法中得到越来越多的体现。

四、自然人权利能力的法律适用

（一）自然人权利能力的法律冲突

自然人的权利能力是指自然人享有民事权利和承担民事义务的资格，是自然人作为国际民商事关系主体的前提，自然人具有民事权利能力即具有法律上的人格。各国法律虽然均规定自然人的权利能力始于出生、终于死亡，但各国对于出生和死亡的理解不一，民法上的规定也不尽相同，仍然会引起自然人权利能力的冲突。

1. 各国民法对出生的理解与规定有很大差异。对于出生，有阵痛说、露头说、独立呼吸说、出生完成说、存活说等。由于各国法律对于自然人权利能力开始的时间标准规定不同，法律冲突不可避免地产生。

2. 各国关于死亡的法律规定也存在差异。死亡在法律上可分为生理死亡和宣告死亡。对生理死亡，除有些国家规定的推定存活制度不同，会引起自然人权利能力的法律冲突外，一般不会发生法律冲突。对于宣告死亡或宣告失踪，各国立法差异较大，主要表现为以下四个方面：①有的国家只有宣告失踪而无宣告死亡，如法国和日本；有的国家只有宣告死亡而无宣告失踪，如德国；有的国家则同时存在宣告失踪和宣告死亡制度，如我国。②失踪宣告或死亡宣告的时间不同。法国规定，凡停止在其住所或居所出现并杳无音信者，经4年即可宣告失踪；日本却规定需满7年。③失踪宣告或死亡宣告发生效力的日期不同。有的主张以法律规定的从失踪期届满之日起便发生效力，有的主张依宣告所认定的死亡之日起发生效力，有的主张以宣告之日起发生效力，有的主张从最后消息日起发生效力。④宣告失踪与宣告死亡的法律后果不同。有的国家，在宣告失踪情况下，失踪人的财产由其继承人占有，一旦宣告死亡，才完全按继承处理；有的国

---

[1] 参见《解决本国法和住所地法冲突的公约》第1条。

家则对失踪人的财产设立监护,只有在宣告死亡之时才转移财产所有权。[1]

(二) 自然人权利能力的法律适用

解决自然人权利能力的法律冲突主要有以下三种方法:

1. 适用有关法律关系准据法所属国的法律。这一做法的理由是权利能力是特定的人在特定的国际民商事法律关系中能否享有权利和承担义务的能力问题。如权利能力涉及物权关系,则适用物之所在地法判定;涉及合同关系,则应适用合同准据法所属国法律。1988 年《瑞士联邦国际私法法规》即采用这种做法,该法第 34 条第 2 款规定:"自然人的权利能力的产生和终止,适用调整民事权利关系的法律。"但这种做法忽视了权利能力问题的相对独立性,因而采用的国家较少。

2. 适用法院地法。这一做法的理由是自然人的权利能力关系到法院所在地国法律的基本原则,关系到法院所在地国的重大公共利益,所以认定自然人的权利能力应依法院地法,但采用这种主张的国家也较少。

3. 适用当事人的属人法。这一做法的理由是权利能力是自然人的基本属性,人的这种属性是由一国社会、经济、政治、伦理、历史等方面的条件决定的,因而只应适用他的属人法来判定。例如 1979 年《匈牙利国际私法》第 10 条第 1 款:"人的权利能力……依其属人法决定。"自然人权利能力的法律冲突适用属人法已成为一项公认的原则,但大陆法系国家一般是指国籍国法或本国法,英美普通法系国家一般是指住所地法。

上述三种方法虽各有道理,但不宜绝对化。在判定自然人的权利能力时,原则上必须肯定适用当事人的属人法,但在特定情况下,也不排除法院地法和有关法律关系准据法的适用。只有这样,才有利于自然人权利能力的稳定,促进国际民商事交往的发展。

我国在自然人权利能力的法律适用上的规定主要体现在《法律适用法》中,该法第 11 条规定:"自然人的民事权利能力,适用经常居所地法律。"这也与国际社会的通常做法保持了一致。

(三) 失踪和死亡宣告的管辖权与法律适用

宣告失踪或死亡引起一定的民事法律后果,在研究自然人权利能力的法律冲突时,解决失踪和死亡宣告的管辖权问题和法律适用问题,也是国际私法上的重要问题。

1. 失踪和死亡宣告的管辖权。对于失踪和死亡宣告的管辖权问题,有三种

---

[1] 参见余先予主编:《国(区)际民商事法律适用法》,人民日报出版社 1995 年版,第 125~127 页。

不同主张：①由当事人国籍国管辖。此主张认为个人权利能力的开始与终止，只能由国籍国法决定。②由当事人住所地国管辖。其理由是为了保护失踪人的住所地国的公共秩序和经济利益。③原则上由当事人国籍国管辖，但在一定条件和一定范围内，也可由当事人住所地国管辖，大多数国家，如德国、希腊、捷克等国就采用这种做法。

2. 失踪或死亡宣告的法律适用。对于失踪或死亡宣告的法律适用问题，也有三种不同主张：①适用失踪人的本国法。理由是失踪宣告或死亡宣告涉及自然人的权利能力，而自然人的权利能力一般应适用其本国法，失踪或死亡宣告也应遵从国际私法公认的这一原则。如1979年《奥地利联邦国际私法法规》第14条规定："死亡宣告及死亡证明程序的要件、效力和撤销，依失踪人最后为人所知的属人法。"但反对者认为，如果该人已远离国籍国而在其他国家生活多年，并在该外国发生许多法律关系，该外国无权宣告就会使在那里的许多法律关系处于不确定状态。②适用失踪人住所地法。如《秘鲁民法典》第2069条规定，失踪宣告，依失踪人最后住所地法，失踪宣告对失踪财产的后果亦依该法。③原则上适用失踪人本国法，但又规定一些例外情况。如1939年《泰国国际私法》第11条规定了涉及本国不动产时的例外，即"对该外国人的失踪宣告及宣告的效力，除在泰国的不动产外，依外国人本国法。"

对死亡宣告和失踪宣告，我国只规定了死亡宣告和失踪宣告的法律适用问题，《法律适用法》第13条规定："宣告失踪或者宣告死亡，适用自然人经常居所地法律。"而对涉外死亡宣告和失踪宣告的管辖权问题，我国没有做出明确规定。但根据《民事诉讼法》第266条之规定："在中华人民共和国领域内进行涉外民事诉讼，适用本编规定。本编没有规定的，适用本法其他有关规定。"该法第190、191条关于国内失踪宣告和死亡宣告管辖权的相关规定似可适用于涉外宣告领域。也即只要我国法院能够认定被宣告者的住所地位于我国领域内，我国法院则可行使管辖权并作出相应宣告。

五、自然人行为能力的法律适用

（一）自然人行为能力的法律冲突

自然人的行为能力是指自然人通过自己的行为取得民事权利和承担民事义务的资格。自然人行为能力的取得必须符合一定的条件：①自然人必须达到一定的年龄；②自然人必须精神正常，心智健全，能够认识自己行为的性质和承担自己行为的法律后果。只有具备这两个条件才能具有完全行为能力。不具备或不完全具备这两个条件的自然人，则属于无行为能力人或限制行为能力人。由于各国民法对成年年龄、构成限制民事行为能力的条件以及禁治产制度的规定不同，自然人行为能力方面的冲突也比较常见。

(二) 自然人行为能力的法律适用

自然人行为能力的法律冲突,自巴托鲁斯提出法则区别说以来,各国一般依当事人属人法解决,即依当事人的本国法或住所地法。对于无国籍人的行为能力,一般依其住所地法,住所不能确定的,依居所地法;居所地也不能确定的,依其现在所在地法。一般情况下,自然人只要依属人法具有行为能力,无论在哪里都应被认为有行为能力;反之,如依属人法为无行为能力,无论在哪里都应被认为无行为能力。以属人法作为自然人的行为能力准据法,对于保护欠缺行为能力的人来说,比较合适。

然而,严格适用属人法有时会损害内国的利益。随着国际经济贸易的发展,为了稳定国际民商事法律关系,保护相对人或善意第三人特别是本国当事人不致因不明对方属人法的规定而蒙受损失,许多国家在运用这一原则时,都对此作了一定的限制,即在立法上规定,除原则上适用属人法外,对在本国国内从事与经贸有关的法律行为,作为例外而多以行为地法为准。1896年《德国民法施行法》第7条明确规定:"外国人依其本国法为无能力或限制能力的人,而依德国法为有能力者,就其在德国所为之法律行为视为有能力,但本款规定不适用于亲属法之法律行为及其外国不动产之法律行为。"

关于自然人行为能力的法律适用,《法律适用法》第12条规定:"自然人的民事行为能力,适用经常居所地法律。自然人从事民事活动,依照经常居所地法律为无民事行为能力,依照行为地法律为有民事行为能力的,适用行为地法律,但涉及婚姻家庭、继承的除外。"

(三) 禁治产宣告的管辖权与法律适用

1. 禁治产宣告的管辖权。禁治产宣告一般由被宣告禁治产人的本国法院进行管辖,但是为了照顾其住所或行为地的交易安全,也允许居住地国法院管辖。1905年《海牙禁治产及类似保护措施公约》采用这种以属人管辖与属人法为主、兼顾属地管辖与属地法的原则。公约第2、3、6条规定:①宣告某人为禁治产者的管辖权属于他的国籍国,并且不管他的住所或居所。其宣告禁治产的条件,也概依他的本国法规定。②但其所在地的国家,为保护其人身和财产,在依其本国法已具备宣告条件时,可以采取一些必要的临时措施,并及时通知其本国有关方面,一旦其本国采取充分措施如宣告为禁治产人后,这种临时措施即行终止。③只有在其本国表示不愿与闻或于6个月内不作答复时,居住国才可作正式的禁治产宣告。

2. 禁治产宣告的法律适用。禁治产宣告适用被宣告禁治产人的属人法,这是目前各国立法、司法判例和有关国际条约中所采用的基本原则。但同时为了维护内国的公共利益和内国交易的安全,多数国家都规定在一定条件下由内国法院依内国法为禁治产宣告，只是各国对宣告条件的宽严规定不尽相同。因此，关于涉外禁治产宣告的准据法，也应原则上适用当事人的属人法，在一定条件下适用法院地法。

我国目前尚无涉外禁治产宣告的管辖权和法律适用方面的规定。

第二节 法　　人

法人（legal person）是指依法定程序成立，有一定的组织机构和独立的财产，能以自己的名义享受民事权利和承担民事义务，并能独立地承担民事责任的组织。法人是国际民商事法律关系的主要主体，在国际经济交往和合作中日益发挥着重要的作用。但由于各国对于何为法人、法人的成立以及法人的权利能力等有不同的规定，因而在依据何国法律赋予某种组织以法人资格、规定它们的权利能力的范围等方面就会发生法律冲突。对此，国际上常用法人属人法来解决。而法人的国籍和住所则是确定法人属人法的前提。因此，法人作为国际私法的主体，确定其国籍和住所是非常重要的。

一、法人的国籍

法人的国籍是区分内国法人和外国法人的标准，是判断外国法人属于何国的依据。对于如何确定一个法人的国籍，国际上并无统一的标准。总体来看，各国的立法和司法实践主要采取以下几种主张：

（一）资本控制主义或称成员国籍主义

该主义主张以控制法人资本的成员国籍来确定法人的国籍。这种主张认为，法人的国籍应与法人组成成员（即法人设立人）的国籍一致，因为法人一般总是为法人设立人的国籍国服务的，所以法人的国籍应该依据法人资本控制者的国籍来确定。但这种主张实行起来有一定的困难：①法人的国籍应依法人组成成员的人数还是应依法人组成成员的出资额来确定，这首先是个问题；②法人的资本究竟为何国人控制也难以确定；③控制法人资本的股东处于经常变动之中，法人的国籍也会随之变化而难以确定。

该主张也可称为实际控制国籍原则，即法人的资本及其经营活动实际为哪个国家所控制。这种主张透过表象看本质来确定法人国籍的做法在战争时期定性敌国法人具有重要的意义。如在1916～1925年间，瑞典就曾通过有关立法，禁止在瑞典组成而实际上为外国所操纵的公司取得瑞典的土地与矿藏。

（二）设立地主义或称登记地主义

该主义主张，法人的国籍应依其设立地来确定，法人在哪一个国家登记注册即为哪一国的法人。这是英美法学及判例的主张,其理由在于,只有一国依法对某种组织的章程给予批准或登记的行为才创造了该法人,因而,法人应具有登记地(或批准地)国的国籍。采用这种方法确定法人的国籍,其优点在于:法人的登记地或成立地确定不移,易于辨别;不经登记地国同意,该法人不能变更自己的国籍;且遇有法人严重违法行为时,登记地国也易于通过撤销登记而解散该法人。但这种主张也有一些缺陷:①无法确认法人为何国人所实际控制;②当事人有可能到设立法人条件宽松的国家去成立法人,以达到规避法律的目的。

(三)住所地主义或称管理中心地主义

该主义主张,法人的住所是法人的经营管理或经济活动的中心,是法人许多法律行为,如签订合同、向其分支机构发出指示的地点,因而法人的国籍应依其住所确定。但对于法人的住所应如何确定,学者的学说和各国的实践尚不一致,而且由于法人可以随意选定住所,难免会出现因其随意改变国籍而规避法律的现象。1891年国际法学会在汉堡举行的会议上,关于法人国籍问题曾作了如下决议:"以无诈欺而设立的法律上之事务所所在地,视为商业公司之国籍。"法国、德国、意大利、瑞士、比利时、荷兰等国家支持这一主张。

(四)成立批准地主义

该主义主张,由于法人是依一定国家的法律规定,并基于该国明示或默示的认许而成立的,因而法人的国籍应依法人设立时所依据的法律来确定。这种学说一般为英美学者及少数大陆学派学者所主张,但这种做法易于为当事人用来规避法律。如当事人可能选择对法人的成立限制较少的国家设立法人,从而达到规避法律的目的;或者外国投资者依内国法律而成立为内国法人,从而取得对其有利的权利和待遇,这对内国往往是不利的。

(五)营业中心地主义

该主义主张以法人的工厂、矿场、农场、牧场等经营场所所在地来确定法人的国籍。这种主张认为,法人运用其资本从事经济活动,实现其赢利目的,它在哪里投资赢利,就应确定其国籍在何国,所以应以法人的营业中心地来确定法人的国籍。1956年,埃及收回苏伊士运河所有权时就采用了这一原则。但这一原则对于跨国公司国籍的确定较难实施。

(六)复合标准说

第二次世界大战以后,随着法人在国际经济交往中的作用日益加强,出现了一种把法人的住所和法人的登记地结合起来确定法人国籍的主张。日本一般采取准据法主义,但要取得日本内国法人的资格,除依日本法成立外,尚须在日本设有住所。

(七) 中国确定法人国籍的立法与实践

中华人民共和国成立初期，在清理外国人在华企业时，为了肃清帝国主义在华特权，主要采法人资本实际控制说，以法人资本实际控制于何国人手中的情况来确定法人的国籍。例如，上海永安公司（新中国成立后定名为上海第十百货商店）原来成立时登记为美商，太平洋战争爆发后，又改为华商，抗战胜利后复登记为美商，但该公司实际上是中国人投资且一直为中国人所经营掌握，因此，中华人民共和国成立后中国政府将该公司定性为中国私营企业，而未作外国法人对待。

目前，对外国法人国籍的确定，我国采注册登记国说。我国 2018 年修正的《公司法》第 191 条规定，本法所称外国公司是指依照外国法律在中国境外设立的公司。

对中国内国法人国籍的确定，则采法人成立地和准据法复合标准，故只有依照中国法律组成并且在中国境内设立的法人才能取得中国内国法人的资格。例如，外商投资企业便是分别依照《外商投资法》，经中国主管部门批准并在中国工商行政管理机关登记注册而在中国境内设立的，故中国法律确定这种企业是中国法人。

目前对于法人国籍的确定，从实践看，采用登记地主义、住所地主义、登记地主义和住所地主义相结合这三种标准的国家较多。但归根结底，各国在实践中总是根据自己的利益和需要，来灵活运用上述各种标准的。

二、法人的住所

在法人国籍的确定问题上，许多国家采用住所地原则为标准，因此确定法人的住所，也具有重要意义。但对于何处为法人的住所，国际上又有几种不同的主张：

（一）管理中心地说或称主事务所所在地说

这种主张认为，法人的管理中心是法人的首脑机构，它决定该法人活动的方针政策并监督其施行，因此应以法人的主事务所所在地为法人的住所地。这种主张为许多国家的立法所采纳。如《日本民法典》第 50 条规定："法人以其主事务所所在地为住所。"但是，由于主事务所或管理中心地是由法人自行决定的，因而法人往往很容易通过改变这些地点而达到规避法律的目的。

（二）营业中心地说

这种主张认为，法人运用自己的资本进行营业活动的地方便是该法人实现其经营目的的地方，相对来说具有一定的稳定性，因而应以法人实际从事营业活动的所在地为法人的住所。但是，由于有些法人的营业中心分布广泛、难以确定，或者由于有些法人的营业中心常常随地而转移，因此采用这种做法确定法人的住所也有一定的困难。

(三) 依法人章程之规定说

这种主张认为，由于法人在登记时一般应在其章程中指明其住所，因此确定法人的住所就应依其章程的规定；而在章程中无规定时，一般则以其主事务所所在地为法人的住所。显然，采用这种方法确定法人的住所比较方便、明确，但实际上法人的管理中心地或营业中心地往往与章程中的规定并不一致。

目前，关于法人住所的确定，我国采取的是管理中心地标准。《民法典》第63条规定："法人以其主要办事机构所在地为住所。依法需要办理法人登记的，应当将主要办事机构所在地登记为住所。"

三、外国法人的认可

(一) 外国法人的认可的概念

外国法人在内国能否合法地存在并进行涉外民事活动，必须经过内国的认可，这一点是为世界各国所公认的。所谓外国法人的认可，是指内国对外国法人的主体资格及其在内国从事民事活动的认定和许可。它包含两方面的内容：①外国法人依有关外国法律是否已有效成立的问题；②依外国法已有效成立的外国法人，内国法律是否也承认它作为法人而在内国存在与活动。前者涉及外国法人是否存在的事实，当然应该依据外国法人的属人法来决定；后者则涉及内国的法律和利益问题，即内国在法律上是否也承认其法人资格并允许其活动的问题，这显然要依据内国有关外国法人的规定来加以认可。因此，一个外国法人要在内国进行民事活动，必须同时符合其属人法和内国对外国法人的有关规定。

(二) 外国法人的认可方式

外国法人的认可主要有两种方式：

1. 通过国际立法进行认可。这种认可方式又称相互认可，是指有关国家通过缔结国际条约，规定相互认可对方国家的法人。如1956年订于海牙的《关于承认外国公司、社团和财团法律人格公约》第1条规定："凡公司、社团和财团按照缔约国法律在其国内履行登记或公告手续并设有法定所在地而取得法律人格的，其他缔约国当然应予承认。"

2. 通过国内立法进行认可。即内国在其法律中规定认可外国法人的条件，依据这种条件对具体的外国法人进行认可。这种认可方式具体又有三种程序：

(1) 特别认可程序，即内国对于外国法人通过特别的登记或批准程序加以认可。这种程序有利于控制外国法人在内国的活动，但逐个认可程序繁琐，也不便于国际经济贸易活动的进行。

(2) 概括认可程序，即内国对属于某一特定外国的法人概括地加以认可。如法国1957年曾制定一项法律，承认凡经比利时政府许可而成立的法人，均可在法国行使权利；对其他各国法人，只要是在有互惠关系的国家所成立的法人，也应予以承认。

（3）一般认可程序，即内国对于外国特定种类的法人，不问其属于何国，一般都加以认可。通常该外国法人只要依内国法的规定办理了必要的登记或注册手续，即可取得在内国活动的权利。这种程序常用于对一般商业性法人的认可。

从实践来看，对外国法人的认可，各国往往并不采用单一的认可方式。许多国家一方面根据其所参加的国际条约对缔约国的法人予以认可，同时又通过国内法对外国法人认可的方式和条件加以规定。

我国关于外国法人的认可的规定，目前主要体现在1980年国务院颁布的《关于管理外国企业常驻代表机构的暂行规定》、2002年中国人民银行颁布的《外资金融机构驻华代表机构管理办法》、2018年修正的《公司法》，以及国务院2018年修订的《外国企业常驻代表机构登记管理条例》等法律法规中。如《公司法》第11章规定了外国公司的分支机构问题。该法第192条第1款规定："外国公司在中国境内设立分支机构，必须向中国主管机关提出申请，并提交其公司章程、所属国的公司登记证书等有关文件，经批准后，向公司登记机关依法办理登记，领取营业执照。"对外国公司分支机构的法律地位，《公司法》第195条规定："外国公司属于外国法人，其在中国境内设立的分支机构不具有中国法人资格。外国公司对其分支机构在中国境内进行经营活动承担民事责任。"可见，我国对外国法人的常驻代表机构采取的是特别认可程序。

四、法人权利能力和行为能力的法律适用

（一）法人权利能力和行为能力的法律冲突

法人的权利能力是法人所具有的参与民事法律关系，取得民事权利和承担民事义务的资格；法人的行为能力是法人通过自身的行为取得民事权利并承担民事义务的资格。法人的权利能力和行为能力同自然人的权利能力和行为能力有所不同，法人的权利能力和行为能力是同时产生、同时终止的，两者在范围上也是一致的。正因为如此，有必要将两者的法律冲突问题结合起来加以讨论。

各国立法关于法人权利能力和行为能力的规定有很大差异。有的国家如法国、意大利等承认无限责任公司是法人，有的国家如德国、瑞士等则不承认无限责任公司是法人；有的国家如德国认为登记是公司成立的要件，公司非经登记不得成立，有的国家如日本则认为登记并非公司成立的要件，仅为对抗第三人的要件；有的国家规定法人除因自己决定或破产解散外，还规定法人可因违背善良风俗而被解散，有的国家则对后者不加规定；有的国家如比利时、法国等认为有限责任公司不能向公众发行债券，有的国家如德国则无此方面的禁止规定；有的国家如英国认为权限外的行动无效，有的国家如德国则无此限制。因此，这些立法差异不可避免地会导致作为涉外民事关系主体的法人的权利能力和行为能力的法律冲突的产生。

(二) 法人权利能力和行为能力的法律适用

解决法人权利能力和行为能力的法律冲突问题,国际上通行的做法是依法人的属人法,即依法人的国籍或住所所属国的法律规定。前面我们已经分析过,各国对法人国籍、法人住所的确定有不同的标准。因此,各国在适用法人属人法解决法人权利能力和行为能力的法律冲突时的准据法并不相同。有的以法人主事务所所在国法为法人属人法(如奥地利、波兰等);有的以法人登记地国法为法人属人法(如苏联、匈牙利等);有的以管理中心地法为法人属人法(如土耳其、埃及等)。

应该指出的是,外国法人在内国从事民事活动,其权利能力和行为能力的法律冲突一般依法人属人法解决,但这并不表明外国法人在内国可以不受限制地享受任何权利和进行任何活动,外国法人在内国的活动范围还常常受到内国法的支配和制约,外国法人只能在内国法所许可的范围内从事民商事活动。超出范围,即使依法人本国法可以享有的,在内国还是不享有;反之,依法人本国法不享有的,但在内国可以享有。即外国法人在内国的活动,其在内国的权利能力、行为能力的范围,必须重叠适用其本国法和内国法,受到内国法和本国法的双重限制和制约。

一般来说,法人属人法适用以下几方面:①法人的成立和法人的性质;②法人的权利能力;③法人的内部体制和对外关系;④法人的解散;⑤法人的合并或分立对前法人债务的继承。

我国目前关于法人权利能力和行为能力法律适用的规定有:《法律适用法》第 14 条规定:"法人及其分支机构的民事权利能力、民事行为能力、组织机构、股东权利义务等事项,适用登记地法律。法人的主营业地与登记地不一致的,可以适用主营业地法律。法人的经常居所地,为其主营业地。"另外,2020 年修正的《法律适用法解释(一)》第 14 条规定:"人民法院应当将法人的设立登记地认定为涉外民事关系法律适用法规定的法人的登记地。"

第三节 国　　家

一、国家作为国际私法主体的特殊性

随着国际经济关系的发展以及国家的经济职能的不断加强,国家直接或间接地参加国际民商事活动也日益增多。如同自然人和法人一样,国家在一定范围内也可以成为涉外民事法律关系的主体。但国家作为主权者的本质属性，又使得国家在作为国际私法的主体时具有其特殊性。这主要表现在：

1. 国家参加国际民商事交往、以涉外民事法律关系的主体身份出现，需要遵守民事法律关系的平等性，对其主权进行一定的自我限制。

2. 国家参加国际民商事活动，必须以国家本身的名义，并由其授权的机关或负责人进行。

3. 国家作为国际私法的主体时，是以国库的财产作为后盾，即以国库财产来承担因此而产生的涉外民事责任，并负无限责任。

4. 国家享有豁免权。国家虽以涉外民事法律关系的主体身份参与国际民商事法律关系，但它毕竟是主权者，国家及其财产仍然享有司法豁免权。

二、国家的豁免权问题

（一）国家豁免权问题的提出

国家作为国际私法的主体在国际民商事交往中，同样也可能与其他涉外民事法律关系的主体发生纠纷，从而提出国家的豁免问题。具体说来，国家豁免可能在以下几种情况中被提出：①国家在外国直接被诉；②国家不是某一涉外诉讼的主体，但该诉讼涉及国家，因而国家主张豁免以维护自己的权利；③国家主动提出诉讼，或在其被诉时明示或默示放弃司法管辖豁免，但在判决作出前或作出后，如果国家财产有可能被诉讼保全或强制执行时，国家提出诉讼程序豁免或强制执行豁免；④国家提起诉讼，如遇对方当事人提起反诉的范围超出了原诉，国家可能会对该反诉主张豁免权。

（二）国家豁免权的内容

国家豁免（state immunity）包括司法管辖豁免（immunity from jurisdiction）和执行豁免（immunity from execution）。也有一些国家和学者把国家豁免分为司法管辖豁免、诉讼程序豁免和强制执行豁免，但其实质内容与前者是一致的。①所谓司法管辖豁免，是指国家不得作为被告，国家的财产也不得作为诉讼标的在外国法院起诉。由于司法管辖豁免主要涉及国家的法律人格，因此西方有些学者又称之为属人理由的豁免。②所谓执行豁免，是指对国家所有的财产不能在另一国法院采取诉讼保全措施和强制执行措施。这是因为即使国家通过明示或默示的方式放弃司法管辖豁免，也并不意味着同时放弃诉讼程序豁免和强制执行豁免，所以未经国家同意，也不得对国家财产采取诉讼保全措施和强制执行措施。由于执行豁免主要涉及国家的财产，因此西方有些学者又称之为属物理由的豁免。

（三）国家豁免权的根据

国家豁免的根据是国家主权原则。自 1234 年罗马教皇格列高里九世颁布

"平等者之间无管辖权"的教谕以来，国家主权原则作为国际法的基本原则已得到世界各国的普遍赞同。所谓国家主权，是指国家所具有的对内的最高权利和对外的独立与平等的权利。国家主权在其领土范围内所享有的最高权利派生出属地管辖权，而国家主权在国际关系中的平等和独立性则派生出国家豁免权。因此，国家豁免权是国家作为主权者的固有权利，它来源于国家主权原则。

(四) 国家豁免权的理论

国家及其财产享有豁免权虽然早已为世界各国所普遍承认，但各国关于国家豁免的理论和实践却有很大不同。传统的国家豁免理论是绝对豁免理论和限制豁免理论。第二次世界大战以后，国际法学界又出现了废除豁免理论和平等豁免理论，但这两种理论在实践中尚未得到采用。

1. 绝对豁免论（The Doctrine of Absolute Immunity）。这是一种最古老的国家豁免理论。这种理论认为，一个国家，不论其行为的性质如何，在他国享有绝对的豁免，除非该国放弃其豁免权；享有国家豁免的主体包括国家元首、国家本身、中央政府及各部、其他国家机构、国有公司或企业等；国家不仅在直接被诉的情况下，而且在涉及国家的间接诉讼中均享有豁免；另外，它主张在国家未自愿接受管辖的情况下，通过外交途径解决有关国家的民事争议。

绝对豁免理论得到了许多著名的国际法学家如奥本海、海德、戴西、菲兹莫利斯、哈克沃斯等的支持，并在国际法院所判决的"比利时国会号案""佩萨罗号案"中也得到了肯定。绝对豁免理论在19世纪曾经得到了几乎所有西方国家的支持，只是自20世纪30年代以来才被逐渐放弃，但一些发展中国家却仍然支持这一理论。但是，绝对豁免理论在提法上尚欠科学；而且它把国家豁免的主体过于扩大也显属不当；另外，主张通过外交途径来解决涉及国家的民事争议，也不利于国际民事纠纷的迅速解决。

2. 限制豁免论（The Doctrine of Relative or Restrictive Immunity）。又称"相对豁免说"或"职能豁免说"。这一理论产生于19世纪末，它主张把国家行为分为主权行为和非主权行为，或称公法行为和私法行为，主权行为享有豁免权，而非主权行为则不享有豁免权。在国家行为性质的识别问题上，一般主张适用法院地法。在国家行为性质的区分标准问题上，主要包括三种：①目的标准，即考察该国家行为是否为实现其公共职能；②行为性质标准，即区分该国家行为是否为主权行为，抑或为商业行为；③混合标准，即兼采以上两种判断标准来认定国家行为的性质。目前以赞成第二种标准的国家为多。如1976年美国颁布的《外国主权豁免法》、1978年英国颁布的《国家豁免法》就在承认国家豁免权的前提下，同时列举了国家不享有豁免权的情形。实质上，限制豁免论是有关国家通过对国家行为性质的自由解释和划分，并以此作为限制外国国家主权的借口。

3. 废除豁免论（The Doctrine of Abolishing Immunity）。这一理论产生于 20 世纪 40 年代末 50 年代初，英国国际法学家劳特派特是该理论的创始人。瑞士的拉里夫、荷兰的鲍切兹也赞同这一理论。该理论主张从根本上废除国家豁免原则，并确认国家不享有豁免是一般原则，在某种情况下所出现的豁免则是例外。在立法技术上，它主张采用否定列举式。显然，这一理论不仅反对绝对豁免理论，而且也与限制豁免理论所主张的国家"享有豁免是一般原则、不享有豁免是例外"的观点相反。

4. 平等豁免论（The Doctrine of Equal Immunity）。这一理论是由德国学者弗里兹·恩德林首先提出来的，主要是针对社会主义国家公有制占主体地位的情况下的国家豁免问题。该理论认为，国家豁免是平等原则派生出来的权利，同时也是国家主权的一个实质组成部分；由于国家主权不是绝对的，国家豁免也同样不是绝对的，国家主权在其他国家主权面前就受到了限制。因此，国家不享有绝对豁免，而只享有平等豁免。平等豁免论将国家的司法管辖豁免称为"关于组织的豁免"，将执行豁免称为"关于资产的豁免"。关于组织的豁免，它把国家组织分为两类：一类是要求国家豁免的组织，指靠国家预算维持并实现政治、行政、社会或文化职能的国家机构或组织；另一类是当然已放弃豁免的组织，指具有独立经济责任的国营公司或企业。平等豁免论可以说是在绝对豁免理论和职能豁免理论之间的一种折中措施，这一理论有其一定的合理之处，但还有待于进一步发展和完善。

目前，坚持绝对豁免理论的国家仍然占绝大多数，但是主张限制豁免的国家不断增加。比较有影响的有美国 1976 年《外国主权豁免法》和英国 1978 年《国家豁免法》以及 1972 年《关于国家豁免的欧洲公约》。由于各国在国家及其财产豁免问题上的诸多分歧，1991 年联合国国际法委员会起草了《联合国国家及其财产管辖豁免公约》，并在 2004 年第 59 届联大会议通过。公约反映了限制豁免的理论，规定一国从事了商业活动，就不应再享受豁免。如果判断国家活动的性质是属于商业性活动，就不应再享受豁免。在判断国家活动的性质是否属于商业性时，公约采用了折中的方案，即主要采用交易性质标准，但一国法院也可将目的标准考虑在内。具体来说，商业交易是指：①为出售货物或为提供服务而订立的任何商业合同或交易；②任何贷款或其他金融性质的交易合同，包括与任何此类贷款或交易有关的任何担保义务或保赔义务；③商业、工业、贸易或专业性质的任何合同或交易，但不包括雇佣人员的合同。该公约为统一各国的立法和实践提供了基础。2005 年 9 月 14 日，中国签署了该公约。

（五）我国对国家豁免权问题的立场

我国一向坚持国家及其财产享有豁免权的国际法基本原则。1991 年《民事诉讼法》对享有司法豁免权的外国人、外国组织和国际组织在民事诉讼中的豁免权作了原则性规定，而1986年颁布的《外交特权与豁免条例》只对外交豁免问题作了规定，但对国家豁免问题并未明确规定。在实践中，我国法院尚未审理过涉及国家豁免问题的案件。但自新中国成立以来，中国曾多次被动地在其他一些国家或地区被诉，例如"贝克曼诉中华人民共和国案""湖广铁路债券案"等。在这些案件中，我国表明了对国家豁免问题的立场，可归纳为以下几点：

1. 坚持国家及其财产的豁免权是国际法上的一项原则，国家本身或者说以国家名义从事的一切活动享有豁免权，除非国家自愿放弃豁免。即我国坚持绝对豁免论，反对限制豁免论和废除豁免论。

2. 在对外贸易及司法实践中，我国已开始把国家本身的活动与国有公司或企业的活动区别开来，认为国有公司或企业是具有独立法律人格的经济实体，不应享有豁免。因此，我国坚持的绝对豁免理论与传统意义上的绝对豁免理论是有所不同的。

3. 我国在外国法院出庭主张豁免权的抗辩不得视为接受外国法院的管辖。

4. 如果外国国家无视我国主权，对我国或我国财产强制行使司法管辖权，我国保留对该国采取对等措施的权利。

5. 我国赞成通过协议来消除各国在国家豁免问题上的分歧。

第四节 国际组织

一、国际组织作为国际私法主体的特殊性

国际组织是国际关系发展到一定阶段，主权国家或地区之间为了共同的政治、经济、军事、文化或其他利益，通过缔结国际条约规定它们共同享有的权利和承担的义务，并以这些国际条约为基础而结成的国际性社会组织。作为国际关系中的一个实体，国际组织必然要与国家、其他国际组织、自然人和法人发生经济和民事关系，因而国际组织也是国际私法的主体之一。

但国际组织又是一种特殊的涉外民事法律关系的主体，其特殊性主要表现在：

（1）国际组织以自身的名义参加涉外民事法律关系；
（2）国际组织所从事的民事活动是执行职务及实现其宗旨所必要的；
（3）政府间的国际组织在参与国际民商事法律关系时享有一定的特权和豁免。

二、政府间国际组织的特权与豁免

国际组织本身不享有主权，所以它并不是自始就享有豁免权。国际组织的豁免权最初来源于外交特权和豁免。由联合国国际法委员会起草并于 1975 年在维也纳外交会议上通过的《维也纳关于国家在其对普遍性国际组织关系上的代表权公约》，对国际组织的法律地位、特权与豁免问题作了较为明确、全面的规定，但该公约目前尚未生效。

由于国际组织不具有主权，因而对其特权与豁免的依据，目前有两种不同的观点：①职能说。这种观点认为，成员国是为了使国际组织更好地履行其作为国际组织的职能，完成有关公约及其组织章程规定的宗旨和任务，而授予其享有主权国家才能享有的特权与豁免权。②代表说，这种观点认为，成员国是因为国际组织在一定程度上或某些方面代表着成员国的愿望和利益而授予国际组织以特权和豁免的。有些学者还认为应该将这两种观点结合起来。这些观点都有一定的道理，现在较多的是支持职能说。如《联合国宪章》第 105 条和其他国际组织的章程及有关的公约中关于国际组织的特权与豁免的规定，都证明国际组织享有特权与豁免是执行其职务和实现其宗旨所需要的。国际法委员会在制定《维也纳外交关系公约》时也认为"国际组织的豁免权只能建立在职能的基础上"。

国际组织在涉外民事法律关系中享有的特权与豁免主要有：国际组织的会所、公文档案不受侵犯，国际组织的财产和资产免受搜查、征用、侵夺和其他任何形式的干涉等。

第五节　外国人的民事法律地位

一、外国人民事法律地位概述

（一）外国人民事法律地位的概念

外国人的民事法律地位是指外国自然人、外国法人在内国享有民事权利和承担民事义务的法律状况。

外国人在内国的民事法律地位，一般是通过内国立法或国际条约直接加以规定的。外国人在内国依据国内立法或国际条约的规定，能够享有一定的民事权利和承担一定的民事义务，是外国人在内国得以从事民事活动的法律前提。所谓"外国人"，一般是指依一国国籍法不具有该国国籍的人。本节所说的外国人，除外国自然人外，还包括外国法人。关于法人国籍的确定，已在本章第二节中讲述。必须指出的是，依属人法成立的外国法人同外国自然人享有的民事权利是有较大差异的。

（二）外国人民事法律地位的历史发展

赋予在内国的外国人一定的民事法律地位，是国际经济关系和国际交往发展到一定阶段的必然要求。在历史上，外国人的民事法律地位曾几经变迁，在不同的历史时期和不同的国家有着不同的特点。外国人在内国逐步取得与内国人大体相同的法律地位，是一个渐进的发展过程。

1. 奴隶制时期。在原始社会，由于没有国家和法律，故不存在内、外国人之分，也无所谓外国人的民事法律地位问题。奴隶制社会前期，生产力水平极为低下，生存竞争激烈，外国人均被视为敌人，凡被捕获即被杀害或沦为奴隶，根本不享有人格及相应地位。奴隶制社会后期，随着社会分工的发展，商品交换开始出现并逐渐超越国界，促使了国家间的贸易关系和民事交往的产生，奴隶主开始逐步承认外国"臣民"或"自由民"享有一定的民事权利并赋予有限的民事地位。如公元前3世纪，古罗马《万民法》把"外来人"分为"友民"和"蛮民"两部分，"友民"可在《万民法》的保护之列，而"蛮民"则被排斥在外。我国奴隶制后期（如春秋战国时期）也将外国人划分为"臣民"和"化外民"，他们均是各诸侯国的属民，但只有外国"臣民"才享有通婚、经商（"朝贡"）乃至从政（"客卿"）的权利，而广大的所谓"东夷""南蛮""西戎""北狄"等"化外民"，则仍处于无权地位。因此，这一时期又被称为"敌视待遇时期"。

2. 封建制时期。在封建社会，自给自足的自然经济占据统治地位，各国都采取闭关自守政策，实行封建割据，相互之间的经济、贸易和文化交往甚少。对偶然入境的"化外民"，在法律管辖上实行绝对属地主义，在法律适用上采取外国人低于内国人的"差别待遇"。不过，不论是东方国家还是西方国家，外国人经封建君主的恩赐或特许，有一定的居住和经商的权利。因此，这一时期又被称为"差别待遇时期"。

3. 资本主义时期。在资本主义社会，商品经济是其存在的必要条件，它的高度发展不仅要求国内通商自由，而且也要求国际通商自由。因此，资产阶级势必要求各国打破闭关锁国状态，改变外国人的无权地位状况，相互承认外国人与内国人享有同等的民事权利和地位，这样就提出了"国民待遇"原则。如1789年法国《人权宣言》第1条宣布"人类……在权利上是平等的"；1804年《法国民法典》第11条最早以国内法形式规定了对外国人的民事权利实行相互平等的待遇原则："外国人在法国享有与其本国根据条约给予法国人的同样的民事权利。"因此，这一时期又被称为"平等待遇时期"。

当自由竞争的资本主义时期进入垄断的帝国主义阶段后，帝国主义一方面凭借其政治、经济、军事等优势在外国攫取广泛的特权，另一方面又对位于其内国的外国人的民事权利和地位予以种种不合理的限制或歧视。这一时期可称为"歧视待遇时期"。

第二次世界大战以后，随着社会主义国家的兴起和广大发展中国家的独立，要求在尊重国家主权和平等互利的基础上建立国际政治、经济新秩序，解决外国人的民事法律地位问题，就成为当今必须遵循的主要原则。

二、外国人民事法律地位的几种制度

在一般情况下，外国人在内国大体享有与内国人同等的民事权利和义务；在某些情况下，某个方面的民事权利可能对外国人（特别是外国法人）予以限制；在特殊情况下，经一国法律的特别许可，内国人不能享有的民事权利，外国人却可以享有。

一国根据什么原则和方式，赋予在内国的外国人以何种民事法律地位，通常是规定在各国所实行的各种待遇制度中的。从19世纪初到现在，世界各国在实践中逐步形成了以下几种关于外国人民事法律地位的制度。

（一）国民待遇（National Treatment）

国民待遇又称平等待遇，是指一国给予外国人以同本国人同等的待遇，使其与本国人享受同等的民事权利和承担同等的民事义务。

根据国民待遇制度，内外国人享有同等的待遇，享受同等的民事权利和承担同等的民事义务，是仅就一般原则而言的，并非在具体的实体民事权利的享有上完全一样。从当前各国的有关立法和实践来看，当今的国民待遇制度主要有三个特点：

1. 国民待遇的实行一般都以对等和互惠为原则。所谓对等和互惠，是指国家之间彼此相互给予对方国家的公民和法人以同等的权利和优惠。具体来说，当甲国给予乙国人以一定的国民待遇时，乙国亦应给予甲国人以同等的国民待遇。依互惠原则给予外国人以对等的国民待遇，可以有两种立法表现形式：①以条约为依据，有的学者称之为"条约上的互惠主义"。1804年《法国民法典》最早确定了这一形式。该法典第11条规定："外国人在法国享有与其本国依条约给予法国人的同样的民事权利。"②以一国的法律规定为依据，有的学者称之为"法律上的互惠主义"。如1811年《奥地利民法典》第13条规定："外国人得享有与内国人同样之权利，须经证明其本国亦准予奥国国民享有同一之权利。"在当今，互惠的国民待遇几乎已被认为是一种不言而喻的制度，因此实行互惠原则有时并非一定以条约或法律上的规定为条件。

我国在有关立法和缔结的条约中，一般也规定了对等、互惠的国民待遇。2021年修正的《民事诉讼法》第5条规定："外国人、无国籍人、外国企业和组织在人民法院起诉、应诉，同中华人民共和国公民、法人和其他组织有同等的诉讼权利义务。"《中美贸易关系协定》第6条第2款规定："缔约双方同意在互惠基础上，一方的法人和自然人可根据对方的法律和规章申请商标注册，并获得这些商标在对方领土内的专用权。"

2. 国民待遇的适用范围一般是特定的。国民待遇的授予范围，以往仅限于公民的人身权、诉讼权的保护方面，现已扩及船舶遇难救助、申请发明专利权、商标注册、版权以及民事诉讼权利方面。我国在有关的立法和缔结、参加的国际条约中，也一直坚持在规定的民商事和诉讼程序范围内，给予外国人以国民待遇。但在沿海贸易、内水航运、内水捕捞作业、货物保险、银行、邮电、通讯、公用事业等领域，包括我国在内的世界各国，一般不给予外国人以国民待遇。

3. 国民待遇的适用都有一定的例外。当今，国民待遇的适用范围已扩及民商事的许多方面，但从维护国家安全和社会利益出发，各国都规定了在民商事的某些领域中适用国民待遇的若干例外。例如，英国不准外国人拥有船舶所有权，外国人不能充任商船船长、总工程师、引水员；美国多数州不准外国人当律师；苏联限制外国人担任飞行员、船长、船员、公证员、领事职务等。

我国也规定禁止外国人在中国的军事、外交、公安和机要部门任职，不准外国人同上述部门的现役人员结婚；限制外国人、外国企业及其他经济组织在中国境内架设电台；不让外国人在中国充任律师、专利代理人或商标代理人、引水员等。

在 WTO 体制下，国民待遇是各成员必须遵守的基本原则之一。按照 WTO 相关协定，在货物贸易、服务贸易、知识产权保护方面，各成员都应当给予其他成员的国民以国民待遇，但每一协定中的国民待遇义务并不相同。《关贸总协定》《与贸易有关的知识产权协定》中的国民待遇是成员方必须承担的一般义务，而《服务贸易总协定》中的国民待遇是成员方承担的特殊义务。

（二）最惠国待遇（Most Favoured-nation Treatment）

最惠国待遇是指一国依照条约的规定给予另一国的待遇，不低于它已经给予或将来给予任何第三国的待遇。第二次世界大战以后，最惠国待遇被各国广泛采用。为了促进这一法律制度的发展，1978 年 7 月联合国国际法委员会主持通过了《关于最惠国条款的条文草案》，其中第 5 条规定："最惠国待遇是指施惠国给予受惠国或与之有确定关系的人或事不低于施惠国给予第三国或与之有同于上述关系的人或事的待遇。"显然，最惠国待遇要涉及三类国家或地区：①施惠国，即承担给予最惠国待遇的缔约一方；②第三国又称最惠国，即已经取得或将来取得施惠国所给予的优惠待遇的国家；③受惠国，即以第三国所享有的最优惠待遇为标准而享受该优惠的缔约另一方。条约中规定的最惠国待遇的有关条款，称为最惠国条款。

同国民待遇相比，最惠国待遇具有以下特点：

1. 最惠国待遇必须以双边或多边条约加以规定；而国民待遇则既可以在国内立法也可以在国际条约中加以规定。

2. 最惠国待遇的受惠国可以根据最惠国条款的规定，自动取得与第三国同等的待遇，无需再与施惠国另订新约或再作请求；而国民待遇一般不涉及第三方，并且需在法律或条约中加以明确规定。

3. 最惠国待遇的适用范围一般是在经济贸易等商事关系的某些事项方面，通过自然人、法人、货物、商船等所受的待遇表现出来，如关税、旅客、行李和货物的过境、航行、铁路和公路的使用等；而国民待遇的适用范围一般是在物权、债权、婚姻家庭、财产继承等民事关系方面。

4. 最惠国待遇是以第三国所享受的待遇为标准的，其目的是为了使处于内国的不同外国人之间处于平等地位；而国民待遇是以内国人的待遇为标准的，其目的是使在内国的外国人在某些领域与内国人的民事法律地位同等。

一般来说，各国在条约中规定最惠国待遇时，往往也会同时规定最惠国待遇适用的例外，即最惠国待遇的例外条款，指出一些不属于最惠国待遇的例外事项。这些例外事项主要有：①一国给予邻国的特权与优惠；②边境贸易和运输方面的特权与优惠；③有特殊的历史、政治、经济关系的国家形成的特定地区的特权与优惠；④经济集团内部（如欧盟）各成员国相互给予对方的特权与优惠。

我国早在 1955 年与埃及签订的贸易协定中便开始采用了互惠平等的最惠国待遇制度。随着对外开放步伐的不断加快，在与许多国家签订的双边或多边的国际条约中也广泛地采用了这一制度。随着我国加入 WTO，我国的立法机构也修改、清理了与 WTO 最惠国待遇原则不相符的法律法规。

（三）不歧视待遇（Non-discriminate Treatment）

不歧视待遇是歧视待遇的对称。所谓歧视待遇，又称差别待遇，是指一国把某些特别的限制性规定专门适用于某一特定外国的自然人和法人，从而导致该外国人的民事地位不仅低于内国人，也低于在内国的所有其他外国人。显然，歧视待遇的实行不利于国家之间平等的民商事交往，因而往往会遭到有关国家的报复。因此，各国为了防止歧视待遇的发生，常常通过签订条约来规定不歧视待遇。

所谓不歧视待遇，又称非歧视待遇或无差别待遇，是指缔约国彼此不把低于其他一般外国人的权利和优惠的专门性限制，适用于对方的公民和法人。如 1986 年《中英关于促进和相互保护投资协定》第 2 条第 2 款规定，缔约双方"对缔约另一方的国民或公司在其领土内对投资的管理、维持、使用、享有或处置不得采取不合理的或歧视性的措施。"

不歧视待遇可以通过国民待遇或最惠国待遇来实现，但它们又是有差别的。从作用上来看，不歧视待遇只要求缔约各方彼此给予对方国家的公民和法人以一般外国人应享有的民事权利，因而是从消极的方面预防歧视待遇的发生；而国民待遇和最惠国待遇是要求与内国人或所有外国人处于同等的地位，因而是从积极的方面直接禁止歧视待遇的发生。所以，不歧视待遇有时可以与国民待遇和最惠国待遇一并规定在同一个国际条约中。

（四）优惠待遇（Preferential Treatment）

优惠待遇是指一国为了某种目的给予另一国及其自然人和法人以特定的优惠的一种待遇。优惠待遇既可以规定在国内立法中，也可以规定在国际条约中。

根据优惠待遇制度，一国给予另一国及其自然人和法人的特定优惠，不仅第三国及其自然人和法人不能享有，甚至内国人也不能享有，所以优惠待遇是从积极的意义上给予外国及其自然人和法人以优惠，是一国为了某种目的而在特定方面授予特定国家的。

（五）普遍优惠待遇（GSP，Treatment of Generalised System of Preference）

普遍优惠待遇简称普惠制，是指发达国家对原产于发展中国家或地区的商品给予普遍的、非互惠的和非歧视的关税优惠待遇。

普遍优惠待遇具有以下三个特点：

1. 普遍性，即所有发达国家对所有发展中国家出口的制成品和半制成品给予普遍的优惠待遇；

2. 非互惠性，即由发达国家单方面给予发展中国家或地区以关税优惠待遇，而不要求后者提供对等的"反向优惠"；

3. 非歧视性，即发达国家应无歧视地和无例外地给予所有而非部分发展中国家以普遍优惠待遇。

普遍优惠待遇是发展中国家为建立国际经济新秩序而斗争的结果。在国际经济交往中，由于发达国家和发展中国家经济实力过于悬殊，因而通过国民待遇制度和最惠国待遇制度所赋予的形式上的平等互惠，并不能真正实现事实上的公正互利，反而会使发展中国家背上沉重的包袱。例如，在关税方面，一些产品大量出口而又限制进口的发达国家和一些依赖进口而又产品出口较少的发展中国家，虽然订有对等、互惠的最惠国待遇条款，但实际上只有发达国家才能从中获得实利，相反，发展中国家却不得不负担沉重的减免关税的义务。这种事实上的交易不公现象，无疑阻碍了平等互利的国际民商事交往。因此，发展中国家为了发展民族经济、维护国民利益，在建立国际经济新秩序的斗争中，向工业发达国家提出了实行普遍优惠待遇制度的要求。1968年联合国贸易与发展会议通过了实行普惠制的决议；1970年联合国第二十五届大会接受了上述建议，通过了关于建立普惠制的提案；1974年12月联合国大会通过了《各国经济权利和义务宪章》，其第19条规定，为了加速发展中国家的经济增长，弥合发达国家与发展中国家之间的经济差距，发达国家在国际经济合作可行的领域内，应给予发展中国家以普遍优惠的、非互惠的和非歧视的待遇。

由于普遍优惠待遇涉及发达国家的切身经济利益，因此，发达国家在制定普惠制方案时，往往规定很多限制性条款。这主要表现在：①对受惠国家和地区的限制。由于国际上并没有一个统一接受的关于"发展中国家"的定义，所以，有些发达国家出于其政治、经济等因素的考虑，单方面拒绝给予某些发展中国家以普惠制待遇。如美国在给予 77 国集团成员国以普惠制待遇时，就将古巴、朝鲜、阿富汗、柬埔寨、伊朗、伊拉克等国排除在外。②对受惠商品范围的限制，即在受惠商品清单上加以严格限制。通常将如纺织品、石油制品、皮革制品和鞋类等商品排除在受惠计划外。③对受惠商品减免关税幅度的限制。发达国家往往根据受惠商品的敏感性、竞争性的程度，规定了一定的关税减免幅度，超过部分则不予减免。④严格实行原产国规则和直接运输规则，即受惠产品必须完全产自作为受惠国的发展中国家或者在该国国内经过实质性加工、制作，并按规定条件运往普惠制的授予国，否则，拒绝授予普惠制待遇。因此，严格说来，国际上现行的关税普惠制实际上还只是各发达国家各种不同给惠方案的简单凑合，远非发展中国家原先所要求的普遍的、非互惠的和非歧视的关税优惠制度。

三、外国人在我国的民事法律地位

（一）外国人在旧中国的民事法律地位

从外国人在中国的民事法律地位的变迁，大抵可以看到中国在世界上的历史地位和对外政策的变化。在中国的历史长河中，从封建社会起，可以把外国人在中国的民事法律地位划分为几个不同的时期：

1. 合理待遇时期。这个时期从西汉延续到明末（公元前 206 年至公元 1518 年）。

2. 歧视待遇时期。这个时期从明末倭寇及葡萄牙、荷兰的入侵至鸦片战争爆发为止（公元 1518 年至 1840 年）。在这个时期，对外国人不区分侵略者还是善良商民，都限制他们正常的民事活动。如清初广州曾订过《防患夷人章程》，规定外国人只能居住在指定的"商馆"中，并于指定的商行进行贸易。

3. 特权时期。这个时期，从鸦片战争直至新中国成立（公元 1840 年至 1949 年）。

4. 平等待遇时期。新中国废除了帝国主义列强语百答订的各种不平等条约，中国人民开始和外国人在平等百利的基础上进行国际经济、民事交往，从而真正进入了平等待遇时期。

（二）外国人在新中国的民事法律地位

新中国成立后，外国人在我国的民事法律地位状况，开始进入到真正的平等待遇时期。1949 年颁布的具有宪法效力的《中国人民政治协商会议共同纲领》，宣布取消帝国主义国家在华特权，明确宣告中国可在平等和互利的基础上，与各国政府和人民恢复并发展通商贸易关系。此后，在我国政府陆续颁布的一系列法律、法令、条例和对外缔结或参加的许多国际条约、协定中，在许多领域赋予了外国人以平等的民事法律地位。

当然，由于国际历史原因以及国内"左"倾思潮的影响，在相当长的时间内，外国人的民事法律地位又曾一度回到闭关自守的状态。直到1978年党的十一届三中全会的召开，确定了对外开放的基本国策后，外国人在我国的民事法律地位才进入了一个新的大发展时期。

根据有关国内立法和国际条约的规定，外国人在我国享有广泛的民事权利，概括起来主要包括以下几大方面：

1. 人身受保护权。根据《民法典》和《法律适用法》，对于在我国境内的外国人，其人格尊严、姓名、名誉等不容侵犯，其宗教信仰自由、通讯自由等应受中国法律的保护。

2. 亲权。根据我国有关涉外婚姻家庭关系的法律原则和规定，外国公民同中国公民或外国公民之间在我国境内依《民法典》和《法律适用法》的规定申请结婚或解除婚姻关系，涉外的夫妻关系、父母子女关系、兄弟姐妹关系以及依我国《民法典》和《法律适用法》成立的涉外收养关系，均受中国法律的合法保护。

3. 继承权。根据《民法典》《法律适用法》和其他法律的有关规定，对于外国人在华的财产继承问题，无论是法定继承、遗嘱继承、还是无人继承财产的处理，一般均与处理中国人的财产继承问题相同。

4. 经营工商企业、开采自然资源和从事服务贸易的权利。经允许设立在我国的外国企业及其常驻代表机构，可以法人的主体资格在我国境内开展正常的业务活动。根据我国加入世界贸易组织的承诺，外国成员方的自然人和法人可以在商业服务、通讯服务、建筑及相关工程服务、销售服务、教育服务、环境服务、金融服务、旅游及与旅游相关的服务、运输服务这些部门从事经营活动。

5. 土地使用权。外国人可以取得土地的长期使用权，根据我国加入WTO对服务贸易所作的具体承诺，中华人民共和国的土地归国家所有，外国成员方的自然人和法人在我国境内取得的土地使用权的最长期限分别为：居住目的的为70年，工业目的的为50年，教育、科学、文化、公共卫生、体育目的的为50年，商业旅游、娱乐目的的为40年，综合利用或其他目的的为50年。2006年7月11日，中国人民银行、国家工商行政管理总局、国家外汇管理局、国家发展和改革委员会、建设部（已撤销）、商务部发布了《关于规范房地产市场外资准入和管理的意见》，就房地产市场外资准入和管理作了规定。

6. 知识产权。我国在知识产权方面主要有：2019年修正的《商标法》、2014年修订的《商标法实施条例》、2003年《马德里商标国际注册实施办法》、2020年修正的《专利法》和2010年修订的《专利法实施细则》、2020年修正的《著作权法》和 2013 年修正的《著作权法实施条例》、2013 年修订的《计算机软件保护条例》、2001 年《集成电路布图设计保护条例》、2018 年修订的《奥林匹克标志保护条例》等。同时，我国还先后加入了《建立世界知识产权组织公约》《保护工业产权巴黎公约》《商标国际注册马德里协定》《保护文学艺术作品伯尔尼公约》《世界版权公约》《专利合作条约》《与贸易有关的知识产权协定》等公约。这些法律和条约规定，外国人、外国企业，依法在中国取得的专利权、商标权、著作权受我国法律的保护，凡条约成员国国民，在知识产权方面，享有各成员国赋予的各种权利之国民待遇。

7. 劳动权。根据我国有关劳动工资、社会保障法规的规定，除极少数行业（如国防、机要人员、飞行员、引水员等）不允许外国人从事以外，外国人可在我国境内从事各种社会劳动，可同中国人一样有获得工资报酬和劳动保障的权利，甚至还享有法律规定的特别优惠权利。

8. 诉讼权。在国际私法领域中，主要是指民事诉讼权。根据 2021 年修正的《民事诉讼法》、2017 年修正的《仲裁法》及中国国际经济贸易仲裁委员会和中国海事仲裁委员会仲裁规则的规定，外国人、无国籍人在我国人民法院起诉、应诉，同我国公民一样享有同等的诉讼权利和义务；外国公民、法人和其他组织可以将有关的民商事争议，提交中国仲裁机构进行仲裁。

学术视野

关于跨国公司，特别是"虚假的外国公司"的内部纠纷和外部纠纷的法律适用问题，是各国理论和实践还没有解决的问题。随着经济全球化和国际化的发展，这个问题的现实紧迫性也日益突出。因此，有关公司内部管理、破产等的国际司法问题是目前学术研究的前沿问题。

各国关于国家及其财产豁免权问题的理论和实践在近十年有了很大的发展，特别是限制豁免理论的影响越来越大，《联合国国家及其财产管辖豁免公约》就是其影响之一。研究这些变化对我国的影响，特别是我国应该采取什么样的态度，是目前理论研究需要解决的问题。

理论思考与实务应用

一、理论思考

（一）名词解释

外国法人的认可　司法管辖豁免　国民待遇　最惠国待遇

(二) 简答题
1. 简述宣告失踪和死亡案件的管辖权和法律适用。
2. 简述自然人行为能力的法律适用。
3. 简述法人国籍的确定方法。
4. 简述国家豁免权的内容。
5. 简述最惠国待遇制度的特点。

(三) 论述题
1. 结合各国在国家豁免问题上的不同观点，谈谈你对我国在这一问题上所持立场的看法。
2. 如何理解在国际商事交往中，行为地法对当事人属人法的限制？

二、实务应用
(一) 案例分析示范

案例一

李查蒂是一位已满21岁、未满25岁的墨西哥青年，根据法国法律，他已成年，但根据墨西哥法律，他尚未成年。他于1853年~1854年间在巴黎购买了价值较大的珠宝首饰若干。1857年，当他达到墨西哥法律规定的成年年龄以后，就在法国起诉，以其当时尚未达到墨西哥法律规定的成年年龄、不具备完成大额交易所需的民事行为能力为由，要求确认其所缔结的购买珠宝首饰的合同交易无效。法国最高法院终审判决认为，原则上，合同交易方应当调查了解其相对人的行为能力状况，但如其为外国人，该规则就不应严格地适用，因为要了解外国人的能力状况存在着重重困难。只要作为交易一方的法国人在从事交易时并无轻率、过失且具有善意，就没有义务了解对方当事人所属国法律关于成年以及与该当事人行为能力相对应的承担民事义务的范围的规定。法国最高法院认定，该法国被告满足了上述条件，交易成立，驳回了李查蒂的诉讼请求。

问：如何理解国际私法中，外国人民事行为能力的法律适用？

【评析】本案是国际私法上的一个著名案例。作为一项基本的法律适用原则，自然人的民事身份与能力应当适用当事人的属人法（本国法或者住所地法）。如果依此原则处理，本案中应当依照墨西哥法律判断李查蒂在缔结合同时尚未成年、不具备相应的行为能力，其交易无效。

然而，关于自然人行为能力应当区分两种情况：一是和家庭人身关系相关的行为能力；二是和财产关系相关的能力。一般而言，发生家庭身份关系问题的概率不是太大，而且这些问题相当严肃，在时间上通常不会太过于急迫。这使得人们应当、也可以在从事特定的法律行为之前对各当事人的行为能力进行充分的调查了解。相反，在缔结具有财产关系性质的合同时，当事人很多时候没有充足的时间了解对方的行为能力状况。再者，身份问题可能只关系到一位当事人，财产问题则要关系到多位当事人。基于上述各种区别，有必要对和这两类法律关系相关的行为能力问题采用不同的法律适用规则。

对于财产关系而言，要求当事人在交易前依照对方当事人的属人法（很可能是外国法）就其民事行为能力进行详细调查、予以准确判断，需要耗费大量的时间和精力，这往往是不大现实的。因此，有必要为民事行为能力适用当事人属人法的原则设置例外、进行矫正。应注意的是，这些例外或者矫正规则的目的并不是要维护内国人的利益，而是为了维护行为地国的交易安全。不少英美法系国家所采取的做法是首先把行为能力和交易本身区分开来，然后把特定法律行为的准据法适用于当事人的行为能力问题。其缺陷是几乎完全否认了行为能力和当事人所属国之间的天然联系。瑞士等其他一些大陆法系国家则认为当事人属人法和行为地法具有同等的适用资格，前者认为当事人无行为能力而后者认为其有行为能力的，则认为其有行为能力。我国的做法也属于这种模式。这样做就使得行为地国的当事人完全不必了解对方的行为能力状况。更有甚者，行为地国当事人明知对方不具有相应的行为能力仍有意利用、坚持缔结合同时，该合同仍将有效——这只是单方面地有利于合同一方，而不利于另一方（无行为能力人）。

法国法院在本案中提出的判例规则采取了另一种方式，即只有其他合同当事人不存在轻率、过失并且具有善意时，才可依照行为地法判断另一当事人的行为能力。这种方式的特点是：①维持了民事行为能力适用当事人属人法这一冲突规范的原则地位，肯定了自然人身份与能力问题和其所属国之间的天然联系；②免除了善意当事人调查对方行为能力状况的负担，必要地维护了交易安全；③通过"无轻率、过失，且存在善意"的要求，对各方当事人都施加了一定的义务，不偏不倚地对待内外国当事人，使之受到法律的平等保护。最后应当注意：在财产关系的案件中为"行为能力适用当事人属人法"基本规则设置例外，并不只是为了维护内国人的利益，而是为了维护行为地的商业安全。这也是法国判例规则中值得称道的一个地方。

案例二

1978年7月4日，美国人吉米和朋友乔治在他家门口燃放烟花。烟花本来指向空旷地方，但点燃后突然改变了方向，击伤了站在他们身后的儿童杰克的右眼。该烟花系从中国进口，杰克的父母认为中华人民共和国是烟花的生产厂家，于次年4月以中国为第一被告、该烟花的美国进口商和销售商分别为第二及第三被告向德克萨斯州某法院起诉。法院受案后，通过美国驻中国大使馆向我国外交部送达传票，被我国外交部拒绝。中国政府照会美国国务院说明：作为一个主权国家,我国享有司法豁免权。之后我国向美国受案法院提出答辩,指出我国享有豁免权,美国法院不得对以中国为被告的案件进行管辖,并且我国不是烟花的制造商或者出口商。经营该烟花货品出口的是中国土产畜产进出口公司,它是独立的公司法人,是行使权利和承担义务的主体,原告错误地选定了被告。

问:(1)如何理解国际私法上的绝对豁免论和限制豁免论?

(2)如何理解我国在国家及其财产豁免问题上的立场?

【评析】

(1)国家及其财产享有司法豁免权是一项早已公认的国际法规则。该规则最早是在资本主义国家彼此之间产生和发展起来的,但随着社会主义国家的兴起和资本主义国家自己对社会经济生活的干预,它产生了一些变化。

在实行自由经济体制的时代,国家很少直接参加或者干预社会经济生活,作为私法关系的主体并因此而涉诉的概率较小。国家享有司法豁免权对于私人的利益影响并不大。但是,社会主义国家曾长时间地采用完全相反的经济体制,社会财产的绝大部分都在事实上由国家掌握和经营。企业享有的自主权很小,基本上是按照政府的指令从事生产和流通。司法豁免权显然赋予了国家以特殊的地位,事实上造成了双方法律地位的不平等。在此条件下,如果坚持国家享有绝对的司法豁免权,就会给与国家或者国有企业进行商业贸易活动的私人造成极大的困难,一旦发生争议,可能会求告无门。另一方面,资本主义国家自己也完成了从自由经济到垄断经济的过渡,国家日益频繁地参与和干预经济生活,这就同样可能发生上述问题。因此,欧美国家以及不少第三世界国家在20世纪纷纷通过国内立法对国家享有的司法豁免权进行了种种限制,这就是所谓的有限豁免学说。

(2)我国一直坚持国家豁免原则,拒绝承认外国法院对我国进行管辖。但我国在实践中已把国家本身的活动和国有企业或公司的行为、国家国库财产和国有企业或公司的财产区分开来。国有企业或公司为独立法人,享有完全的民事权利能力与民事行为能力,能够独立地参加诉讼并以自己的财产对外承担民事责任。

在本案中,烟花的生产和销售显然不是中国的政府行为。原告可能是出于对社会主义国家的一种偏见或者误解,将中国作为被告,这显然是不恰当的。不过这也提示我们,社会主义国家进行经济体制改革,对国有资产实行两权分离,消除西方国家对我们的误解,确实很有必要。

案例三

1986年,19岁的丹麦国人贝比特与中国某纺织品进出口公司在杭州签订一份纺织品原料购销合同,贝比特向中国某纺织品进出口公司出售纺织品原料。合同签订后,这种纺织品原料的价格在国际市场上大涨。贝比特是一个商人,并不生产这种产品，只是通过贸易方式赚取利润。国际市场纺织品原料价格大涨，使贝比特左右为难。履行合同，他要赔钱；不履行合同，要承担违约责任，也要赔钱。在这种情况下，贝比特选择了不履行合同。中国某纺织品进出口公司在中国法院提起诉讼，请求法院判令贝比特承担违约责任。

贝比特进行了答辩，认为他不是合同的适格主体。签订合同时他19岁，依照丹麦法律规定，他是未成年人，不具有完全的行为能力。

问：(1) 贝比特是否应当承担违约责任？

(2) 适用何国法律认定贝比特是否具有行为能力？

【评析】

(1) 贝比特应当承担违约责任。对于人的行为能力的认定，国际上通行的规则是人的行为能力适用当事人的本国法。根据法国法律，贝比特不具有完全的行为能力，不应承担违约责任。但各国在承认人的行为能力适用当事人的本国法的同时，还承认这样一种例外：依当事人本国法不具有行为能力而依行为地法有行为能力的，应认定具有行为能力。

(2) 本案中的合同是贝比特与中国某纺织品进出口公司在杭州签订的，合同的履行地也是中国，应认定合同的行为地在中国，应适用中国法律认定贝比特是否具有行为能力。中国法律规定，18岁为成年人，贝比特签约时已19岁，具有完全的行为能力，应承担违约责任。

(二) 案例分析实训

案例一

中国江苏省某进出口公司在南京与一位19周岁的意大利籍商人马克签订了一份商品进口合同，由该意大利商人供货。合同签订后至交货期间，该商品价格因故在国际市场上暴涨。该意大利商人如果履行合同按原订价格供货，将给他造成巨大损失。为了不履行合同，也不承担违约责任，该商人向某进出口公司表示，按照意大利法律，他是未成年人，不具有完全民事行为能力，不能成为合同关系的主体，因而他们之间的商品买卖合同无效。某进出口公司随即向当地法院提起诉讼，要求意大利商人承担违约责任，赔偿该公司的损失。

法院受理后，经审查认定，本案合同的履行地在中国，应适用中国法。根据我国法律规定，满18周岁时就具有完全民事行为能力，因此，双方签订的买卖合同有效，该意大利商人不履行合同是违约行为。判令其赔偿因违约给某进出口公司造成的损失。

问：(1) 外国人的民事权利能力和行为能力应如何判定？有哪些主张和实例？

(2) 本案中的意大利商人应否认定有民事行为能力？

案例二

1979 年 11 月，由美国公民杰克逊等 9 名持券人向美国阿拉巴马州地方法院对中华人民共和国提起诉讼，要求偿还他们所持有的中国清政府于 1911 年发行的"湖广铁路债券"本息。美国地方法院受理了此案，即以中华人民共和国作为被告，通过地方法院邮寄，将传票和起诉书副本送达我国外交部部长，要求中华人民共和国政府在传票送达后 20 天内对原告起诉书进行答辩，否则将进行"缺席审判"。对此，中国政府根据国际法原则曾多次向美国政府申明中国立场，但美国阿拉巴马州地方法院仍于 1982 年 9 月 1 日无理作出"缺席审判"，要求中国政府向原告偿还 4130 余万元。

问：请你就本案美国法院以中国政府为被告进行缺席审判谈谈你的看法。

案例三

原告卡赖·贝克曼和阿凯·贝克曼是本奇特·约翰逊·贝克曼的孩子和继承人，他们在瑞典斯德哥尔摩市法院对中华人民共和国提起诉讼，并向法院申请对中华人民共和国送达传票。他们声称：1954 年 10 月 4 日，其父的遗产管理人将位于斯德哥尔摩市并属于他们死去的父亲的遗产中的不动产，未经他们同意，卖给了中华人民共和国。他们主张，该项不动产的出售并非遗产管理人的权限，并且是对他们不利的。据此，请求法院宣告该项不动产买卖无效。经瑞典外交部向中国驻瑞典大使馆询问，中国驻瑞典大使馆认为中华人民共和国享有豁免权，拒绝应诉。最终，斯德哥尔摩市法院裁定，原告申请对中华人民共和国送达传票应予驳回。法院认为，原告在申请中所指争议，涉及中华人民共和国购买的并拟用于该国大使馆的财产所有权问题，中华人民共和国在该案中应享有豁免权。在上诉审中，斯德哥尔摩市法院的裁定得到了上诉法院的肯定。

问：试用所学的国际私法知识，对该案的关键问题作一简要评析。

主要参考文献

1. 黄进主编：《国际私法》，法律出版社 2005 年版。
2. 张仲伯：《国际私法学》，中国政法大学出版社 2007 年版。
3. 肖永平：《国际私法原理》，法律出版社 2003 年版。
4. 李浩培：《国籍问题的比较研究》，商务印书馆 1979 年版。
5. 黄进：《国家及其财产豁免问题研究》，中国政法大学出版社 1987 年版。
6. 龚刃韧：《国家豁免问题的比较研究》，北京大学出版社 1994 年版。

7. 林欣、李琼英："国家对外商业活动中的主权豁免问题"，载《中国社会科学》1991年第2期。

8. 黄进等："国家及其财产管辖豁免的几个悬而未决的问题"，载黄进、肖永平主编：《展望二十一世纪国际法的发展》，湖北人民出版社2001年版。

9. 张庆麟："外商投资国民待遇若干问题之辨析"，载《法学评论》1998年第1期。

10. 那力："论确定法人国籍的法律原则及对我国有关立法的借鉴意义"，载《吉林大学社会科学学报》1996年第3期。

第三章
法律冲突

【本章概要】国际私法的中心任务是解决国际民商事法律冲突，因此正确理解国际民商事法律冲突的含义以及产生原因是学习国际私法学的基础。本章在以法理学的视角探讨一般意义上法律冲突的含义、种类和解决方法的基础上，着重探讨国际私法意义上的法律冲突的含义、产生原因和解决方法。

国际私法上的法律冲突是指对于同一国际民商事关系，因各国（法域）民商事法律规定不同且都可能对它适用而产生的法律适用上的抵触现象。

法律冲突产生的原因有：①各国民商事法律对于同一问题所作出的具体规定不同；②各国之间存在正常的民商事交往；③各国承认外国人在内国平等的民事法律地位；④各国在一定条件下承认外国民商事法律在内国的域外效力。

国际私法独特的解决法律冲突的方法就是冲突法解决方法（间接调整方法）——通过制定国内或者国际冲突规范来确定某类国际民商事关系应受何种法律支配或调整，而不直接规定民商事关系当事人权利与义务关系的方法。此外，还可以通过实体法的方法解决（直接调整方法）——有关国家通过制定国际条约或利用国际惯例直接规定国际民商事关系当事人的权利与义务，从而避免或消除国际民商事法律冲突的方法。冲突法解决方法和实体法解决方法是两种既相互排斥又相互补充的方法。

【学习目标】了解法律冲突的一般含义及其与国际私法中法律冲突的区别；了解法律冲突的类型；掌握国际民商事法律冲突的含义和产生条件；掌握国际民商事法律冲突的解决方法及其关系。

第一节　法律冲突的一般理论

一、法律冲突的含义和产生

冲突又称之为抵触，是指客观事物之间彼此矛盾的状态。法律冲突是一种具有普遍性的法律现象。从普遍的意义上讲，是两个或两个以上的不同法律同时调整一种相同的社会关系而在这些法律之间产生矛盾的社会现象[1]。

---

[1] 肖永平：《法理学视野下的冲突法》，高等教育出版社2008年版，第3页。

二、法律冲突的类型

法律冲突的表现形式是多种多样的，根据不同的标准，可以分为不同的形态。

（一）公法冲突和私法冲突

以发生领域为准，法律冲突可分为私法冲突和公法冲突。私法冲突是指不同国家私法在适用于同一民商事行为时发生的冲突。各国在一定条件下承认外国民商事法律在内国的域外效力，使得私法冲突成为实在的法律冲突。公法冲突是指不同国家公法在适用于同一案件时发生的冲突。国际私法一般只解决各国私法之间的冲突，而公法冲突不属于国际私法的调整范围。一国可以规定本国的公法具有域外效力，但一国通常不会主动适用外国的公法。至于哪些法律术语被禁止执行的公法，各国法院都没有权威的解释，只能根据个案由法院具体判断。[1]

（二）空间法律冲突、人际法律冲突和时际法律冲突

以法律冲突的性质为准，法律冲突可分为空间法律冲突、人际法律冲突和时际法律冲突。①空间法律冲突是指不同地域之间的法律冲突，包括国际法律冲突和区际法律冲突。国际法律冲突是不同国家之间的法律冲突。区际法律冲突是一个国家内部不同法域之间的法律冲突[2]。区际冲突产生的条件必须在一国内部有数个实行不同法律制度的法域。②人际法律冲突是指一国之内适用于不同宗教、种族、阶级、部落的人的法律之间的冲突。特别是亚洲和非洲一些国家在人的身份、婚姻家庭、财产继承问题上对于不同宗教、种族的人适用不同的法律。③时际法律冲突是同一法律体系内新法与旧法、前法与后法之间在时间效力上的冲突。

（三）真实冲突、虚假冲突和无冲突

以与相关国家或地区实际利益的关联性为准，现代美国冲突法学说中的政府利益分析学派将法律冲突分为真实冲突、虚假冲突和无冲突。①如果适用不同国家或地区法律会对相关国家或地区的利益带来不同的结果，此种情形下发生的法律冲突为真实冲突。②如果一个案件表面上涉及不同国家的法律适用，实际上法律适用的结果只与其中的一国有实际利害关系，此种情形下发生的法律冲突为虚假冲突。③如果有关各国对适用本国法律都没有政策需求或利益需求，则为无冲突。

（四）立法冲突、司法冲突和守法冲突

以法律冲突的发生阶段为准，法律冲突可分为立法冲突、司法冲突和守法冲

---

[1] 杜涛：《国际私法原理》（第二版），复旦大学出版社 2018 年版，第 32 页。
[2] 韩德培主编：《国际私法》（第三版），高等教育出版社、北京大学出版社 2014 年版，第 85 页。

突。①立法冲突是指立法者立法权限的相互碰撞，以及不同立法文件在解决同一问题时内容上的差异并由此导致效力上的抵触；②司法冲突是指不同法院对同一案件行使司法管辖权的冲突和法院在解决具体纠纷时选择应适用的法律的矛盾[1]；③守法冲突是指法律关系的当事人因立法冲突导致其法律义务的不一致、不平等甚至矛盾，从而导致当事人不知道应履行何种法律义务的现象。守法冲突是建立在立法冲突和司法冲突不可能消除的基础上的。

（五）平面冲突和垂直冲突

以发生冲突的法律的效力不同为准，法律冲突可分为平面冲突和垂直冲突。①平面冲突是指处于同一层次、同等地位的法律之间的冲突，如国际冲突、区际冲突、普通法与衡平法之间的冲突等；②垂直冲突是指处于不同层次或位阶的法律之间的冲突，如宪法和法律之间的冲突、中央立法与地方立法之间的冲突等。

（六）实体法冲突与程序法冲突

各国法律都包含实体法和程序法两类。两者是基于法律部门的主要内容和性质而做的粗略分类。实体法规定法律主体的实体权利和义务。程序法主要规定纠纷解决程序的规则。

需要注意的是，上述分类只是从学理上的分类，现实生活中的法律冲突可能分属上述不同种类，互相交错。国际私法中所讨论的法律冲突主要指国际民商事冲突，但有时也会涉及民商事法律的区际冲突、人际冲突和时际冲突。

三、法律冲突的解决办法

（一）公法冲突与私法冲突的解决办法

公法涉及国家的公共利益，具有严格的地域性，因此解决公法冲突的法律适用规则一般是单边的。各国一般都贯彻属地原则，即只适用内国法；所以，对于公法冲突，除个别国家适用解决私法冲突的冲突规范外，各国尚无比较好的、一致的解决办法。

对于私法冲突，各国一般采用国内法或国际条约中的冲突规范加以解决。随着世界经济一体化的发展，适用统一实体法条约解决法律冲突也成为越来越多国家的选择。

还有一种新的情况，就是可能出现公法冲突和私法冲突的交叉，从而在国际民商事关系中出现援引冲突规范适用外国公法的情形[2]。

（二）空间法律冲突、人际法律冲突与时际法律冲突的解决办法

对于空间法律冲突，无论是国际法律冲突还是区际法律冲突，各国一般依照

---

[1] 韩德培主编：《国际私法》（第三版），高等教育出版社、北京大学出版社2014年版，第85页。
[2] 张仲伯：《国际私法学》，中国政法大学出版社2007年版，第84页。

冲突规范加以解决，或者适用统一实体规范的国际公约和国际惯例。对于人际法律冲突，尚未形成统一的做法，各国一般按照属人原则适用法律。但这类规则以规定婚姻、家庭及其他有关人的身份和能力方面为内容的居多。对于时际法律冲突，各国一般采用"法无溯及力"或"新法优于旧法"的原则加以解决。任何一个国家的法律制度，一方面因为情势变迁需要变革，另一方面也需要保持法制的稳定，解决时际冲突规范的目的正是在这两者之间保持平衡。

如果某一国际民商事关系同时涉及上述冲突，一般首先解决国际法律冲突，然后解决区际法律冲突、人际法律冲突和时际法律冲突。

（三）真实冲突、虚假冲突的解决办法

对于真实冲突，凯弗斯（Cavers）主张"规则选择法"，依照有关国家的具体规则的内容和适用结果决定法律的适用；而柯里（Currie）提出按照适用不同国家法律对有关国家利益影响的大小决定法律的选择。对于虚假冲突，美国学者普遍主张直接适用与案件有利害关系的国家或州的法律。

（四）立法冲突、司法冲突和守法冲突的解决

在国际社会，立法冲突主要通过国际条约和国际惯例来解决。司法冲突主要通过协调各国的管辖权，实现法律适用规则的趋同化，使得在不同国家诉讼的案件适用相同的法律。而守法冲突尚无统一的解决方法。

（五）平面冲突与垂直冲突的解决办法

平面冲突区分为国际、区际、人际和时际法律冲突而适用不同的原则。垂直冲突一般采用"上位法优于下位法"的原则解决。

（六）实体法冲突与程序法冲突的解决

在涉外民事纠纷解决过程中，法院或仲裁庭要区分两类冲突。程序问题一般适用法院地法，而实体问题则要依据冲突规范选择适用的法律。

第二节　国际民事法律冲突的产生和解决方法

尽管法理学和部门法也都研究法律冲突问题，但是与国际私法研究的目的不同。在法理学和国内部门法意义上研究法律冲突，在于解决法律的统一问题。而在国际私法意义上研究法律冲突在于解决国际民事案件的法律适用问题。一方面，法律冲突的客观存在是国际私法得以产生和存续的客观条件和前提，离开了这一条件和前提，国际私法的存在就变得毫无意义。自荷兰学者罗登伯格于17世纪提出法律冲突这一概念以来，国际私法一直被认为是用来解决法律冲突的学科。是故国际私法又名"冲突法"。另一方面，冲突法制度和规则又是在解决国

际民事法律冲突的过程中得以发展起来的[1]。本节主要探讨国际民事冲突的含义、产生的原因以及解决的方法。

一、国际民商事法律冲突

(一) 法律冲突的含义

国际私法上的法律冲突具有独特的含义，即指狭义的法律冲突。[2]法律冲突，又称法律抵触，指内容相互歧义的不同国家的法律竞相要求对同一国际/涉外民事法律关系实施管辖而形成的法律适用上的矛盾冲突状态[3]。它是一种法律适用冲突，实质上体现了主权冲突。因为，法律体现了一国立法主权，适用法律体现了一国的司法主权。

冲突法所调整的是一种特定的社会关系——涉外或超法域利益冲突关系。虽然冲突法的中心任务是调整或解决法律冲突。但解决法律冲突还不是运作的终点，法律冲突是超法域利益冲突的折射，它必须最终明确告诉当事人和社会公众，它为之启动的那个涉外利益冲突的结局，从而使社会秩序重新归于正常。[4]在这一过程中会产生相互联系的三个法律问题：管辖权、法律适用和外国法院/仲裁机构所作判决/裁决的承认与执行。三者构成了传统国际私法的三大基本点。其中，管辖权是法院/仲裁机构审理案件的权限范围，同时也是适用法律的前提条件。法律适用是指在国际民商事交往中，国家主管行政机关、司法部门根据国际私法的规定适用法律，审批、管理国际民商事关系和处理国际民商事争议，或当事人根据国际私法的规定，适用内国和外国民商事法和民事诉讼法设立、变更、终止国际民商事关系及处理争议的方式和活动过程[5]。法律适用的过程也就是法律选择的过程。承认与执行外国法院判决，是指一国法院依据内国立法或有关国际条约承认有关外国法院的民事判决在内国的效力，并在必要时依法予以强制执行。

(二) 国际民商事法律冲突的特点

与其他的法律冲突相比，国际民商事法律冲突具有以下特点：①跨国性。国际民商事法律冲突是不同国家之间的法律冲突，不同于一国内部的区际法律冲突。②空间性。国际民商事法律冲突总是与一定的地域相联系，这使其区别于人际法律冲突和时际法律冲突。③私法性。国际民商事法律冲突是不同国家之间民

---

[1] 肖永平：《法理学视野下的冲突法》，高等教育出版社2008年版，第1页。
[2] 丁伟主编：《冲突法论》，法律出版社2005年版，第2页。
[3] 丁伟主编：《国际私法学》，上海人民出版社2013年版，第37页。
[4] 沈涓：《冲突法及其价值导向》，中国政法大学出版社2002年版，第4页。
[5] 章尚锦主编：《国际私法》，中国人民大学出版社2000年版，第57~58页。

商事法律之间的冲突，是私法冲突，不同于公法冲突。④平等性。国际民商事法律冲突是处于平等地位的不同国家之间民商事法律的冲突，不同于国际投资法上国家与外国投资者之间的国际投资争议。⑤主体的私人性。国际民商事法律冲突的主体主要是自然人或者法人（私主体）。即使是国家或者国际组织出现在国际民商事法律冲突中，它们也只是作为享有国家财产豁免的特殊"民事主体"。而不同于在国际争端中作为基本主体的国家和国际组织。

二、国际民商事法律冲突的产生

从历史上看，国际民商事关系的出现和国际民商事法律冲突的产生并不是同时的。国际民商事关系只有在各国承认外国人的内国民事法律地位，并在一定条件下赋予外国民商事法律在内国的域外效力，且各国民商事法律制度不同的情况下，才会产生国际民商事法律冲突，国际私法也由此发源。具体来说，其产生是下列条件综合作用的结果：

（一）各国民商事法律对于同一问题所作出的具体规定不同

各国出于各自的社会制度、经济发展状况、历史文化传统以及自然环境等因素，制定了各自独特的民商事法律制度，以调整相应的社会关系。在同一问题上，各国的法律各异导致适用不同法律产生不同结果，进而产生法律冲突。各国民商事法律对于同一民商事法律关系的规定不同是国际民商事法律关系发生法律冲突的前提条件。

（二）各国之间存在正常的民商事交往，出现大量国际民商事关系

虽然各国法律规定不同，但是各国人民之间如果只是"鸡犬之声相闻"，但"老死不相往来"的话，也不会发生法律冲突。因为在此情况下不可能产生国际民商事法律关系。正常的国际民商事交往以及由此产生的国际民商事关系是国际民商事法律冲突产生的客观基础。

（三）各国承认外国人在内国享有平等的民事法律地位

国际民商事关系的大量发生以及各国民商事法律制度的不同，仅仅提供了法律冲突的可能性。法律冲突成为现实的冲突，还需要各国承认外国人在内国享有平等的法律地位，以及在一定条件下相互承认外国民商事法律的域外效力。

一方面，凡内国法不赋予外国人享有某项民事权利的领域不会出现以外国人为主体的涉外民商事关系，也不会发生国际民商事冲突。例如，罗马帝国时期，外来人在罗马境内不享有罗马"市民法"赋予罗马人的权利，因此当时不存在法律冲突。另一方面，如果外国人的权利凌驾于国民之上，也无法律冲突而言。例如，旧中国的领事裁判权使得获得该领事裁判权国家的国民在中国境内处于特权地位，发生纠纷时由其领事裁判并适用其本国法律，中国的立法和司法管辖权都不能及于在中国境内的该外国人，这种情况下也不会产生法律冲突。可见，各

国承认外国人在内国平等的民事法律地位是国际民商事法律冲突产生的重要现实条件。

（四）各国在一定条件下承认外国民商事法律在内国的域外效力

法律冲突的实质为法律的域内效力与域外效力的冲突。所谓法律的域内效力，是指一国法律适用于居住在该国境内的一切人、物和发生的一切事件，是属地效力（属地优越权）的体现；所谓法律的域外效力，是指一国法律对具有该国国籍的一切人具有法律效力，无论其人在该国境内还是境外，是属人效力（属人优越权）的体现。换言之，法律冲突必然表现为法律的属人效力与法律的属地效力之间的冲突。

根据国家主权原则，某些领域的民商事法律同时具有域内和域外效力，这就势必发生法律冲突[1]。这一冲突体现为外国法律域外效力与内国法律域内效力的冲突，或内国法律域外效力与外国法律域内效力的冲突。当然，法律的域外效力只是一种虚拟的或者自设的域外效力，只有别国根据一定条件（即主权原则和平等互利原则）承认其域外效力时，才具有现实的域外效力，才会发生法律冲突。

三、国际民商事法律冲突的解决途径

国际民商事法律冲突的解决途径，也是对国际民商事关系的法律调整方法。国际私法的调整方法主要有两种：间接调整方法和直接调整方法。两者是相互补充而又相互排斥的。此外，还有必要探讨各国国内法中那些直接适用于涉外民商事关系的实体规范——"直接适用的法"。

（一）冲突法解决方法

所谓冲突法解决方法，又称为间接调整方法，就是指通过制定国内或者国际冲突规范来确定某类国际民商事关系应受何种法律支配或调整，而不直接规定民商事关系当事人权利与义务关系的方法。它是最早采用并延续至今的国际民商事法律冲突的解决方法，是国际私法的特有调整方法。

间接调整方法从分析国际民商事关系的性质入手，根据法律关系中一些较稳定的主客观因素，适用冲突规范，确定该民商事关系应当适用何国的法律作为准据法，然后再根据准据法来确定该涉外民商事关系当事人之间的具体权利义务。

依据立法来源不同，间接调整方法可以分为国内冲突法解决方法和国际统一冲突法解决方法。

（1）国内冲突法解决方法。各国通过制定自己的冲突法来解决与本国有关

---

[1] 一般限于调整人身和财产关系的领域，但随着国际民商事关系的形式日趋复杂，这一范围有扩大的趋势。而传统的专利、商标、著作权立法有严格的属地主义，这类立法通常不具有域外效力。

的民商事法律冲突。例如，对于一项涉外离婚诉讼，我国《法律适用法》第27条规定："诉讼离婚，适用法院地法律。"那么依据该冲突规范的指引，当事人还需继续寻找法院地法律才能确定具体的权利义务关系。如果我国与相关国家关于诉讼离婚的冲突规范不同，势必导致国际民商事关系处于不稳定的状态并增加了当事人"择地诉讼"或者"挑选法院"的机会。

（2）国际统一冲突法解决方法。有关国家通过缔结或参加国际统一冲突法条约解决法律冲突。这一方法使得在缔约国之间遇到相同的国际民商事法律冲突时，不管当事人在哪个缔约国诉讼，都会援引统一的冲突规范，指定适用同一个国家的实体法，一般会得出一致的判决结果，从而有效地避免"挑选法院"的现象以及冲突法本身的冲突，为各国实体法的统一奠定基础。这种方法现在虽不处于主导地位，但其数量正逐渐增多，影响正逐渐扩大。

国际私法的历史上，不论过去、现在还是将来，用冲突规范解决法律冲突都起决定性的作用，国际私法也因此得到了发展。国际民商事法律冲突是不同国家的国际民商事法律在适用上的冲突，而冲突规范恰恰是指定某种国际民商事法律关系应适用何种法律的规范。因此，对国际民商事法律冲突的解决而言，冲突法解决方法具有针对性和明确性，是有效的方法。

但是也应该看到，对于当事人权利义务的确定而言，冲突法解决方法存在一定的局限性，表现在：①冲突规范只指出适用何国法，并不具体解决当事人权利义务关系问题；②很多情况下，冲突规范指向的外国法得不到适用。因为国际私法上还有一系列制度（如反致、法律规避和公共秩序保留）减损冲突规范的效力，客观上增加了法律适用的不确定性。从这个意义上来讲，它是一种间接的、消极的解决方法，其最大弊端在于缺乏可预见性。

为了克服冲突法解决方法的弊端，自19世纪末以来，人们探索用统一实体法规范解决法律冲突的方法，形成了冲突法规范间接调整与统一实体法规范直接调整并行不悖的局面。

（二）实体法解决方法：通过国际统一实体规范解决

实体法解决方法又称为直接调整方法，是指有关国家通过制定国际条约或利用国际惯例直接规定国际民商事法律关系当事人的权利与义务，从而避免或消除国际民商事法律冲突的方法。

根据立法渊源的不同，可分为国际条约解决方法和国际惯例解决方法，前者又可分为双边条约解决方法和多边条约解决方法。

直接调整方法是根据"条约必须遵守"的原则，将国际条约的规定直接适用于当事人，较之冲突规范，其实现了对国际民商事关系的直接调整，更符合国际民商事关系的本质要求，是解决国际民商事法律冲突的积极方法。所以，某一国际民商事冲突如果属于某一国际条约或者国际惯例的调整范围，应优先适用直接调整方法，只有当直接调整方法无法解决问题时，再适用间接调整方法。

但这种解决方法也有其局限性：①由于各国利益常常难以协调，制定国际统一实体法规范并非易事，需要国际社会长时间的努力才能达成统一规则。②适用范围有限。在继承、婚姻等有人身性质的法律领域，因各国历史传统和风俗习惯的不同，很难形成统一实体法，或者即使有了国际公约，但公约仅适用缔约国之间的某种涉外民商事关系的某些方面。例如，《联合国国际货物销售合同公约》（简称 CISG）只适用于双方当事人的营业地在不同缔约国的国际货物销售合同的订立和双方因此种合同而产生的权利和义务。在国际货物销售合同的其他方面，仍需冲突规范调整。③约束力有限。一方面，大多数统一实体法条约的缔约国不多，比如目前在合同法统一中成效最为显著的《联合国国际货物销售合同公约》，截至 2016 年 7 月底，参加和核准公约的只有 85 个国家；另一方面，某些统一实体法条约的适用具有非强制性，即当事人可以不遵守。《联合国国际货物销售合同公约》第 6 条规定："双方当事人可以不适用本公约，或在第 12 条下，减损本公约的任何规定或改变其效力。"可见，冲突法解决方法仍然起着不可替代的作用。

综上所述，冲突法解决方法和实体法解决方法是两种既相互排斥又相互补充的方法。从处理某一具体而言，两者是相互排斥的。法院只能采用一种方法，对于存在统一实体法的领域，统一实体法优先适用。不存在统一实体法的领域，适用冲突法解决方法。对于整个国际民商事领域而言，两种方法相互补充、缺一不可。冲突法的方法仍然是不可替代的。不过可以预见的是，随着国际交往的深化以及国际社会法律趋同化的加强，统一实体法的调整范围将越来越广泛。

（三）"直接适用的法"

"直接适用的法"是国家为维护自己的主权而制定的直接调整国际民商事关系，无须冲突规范援引的一种实体法。例如《法律适用法》第 4 条规定："中华人民共和国法律对涉外民事关系有强制性规定的，直接适用该强制性规定。"该强制性规定就是"直接适用的法"。

学术视野

1. 对法律冲突的理解。

（1）有关国家间实体民商法规定不同而产生的适用不同国家法律将导致当事人之间不同的权利义务关系的矛盾现象。

（2）相关国家或地区的法律规定不同造成的效力上的抵触。

(3) 对同一国际民商事关系适用何国法律的冲突，是冲突规范的冲突。

(4) 两个以上不同国家的民商事法律对同一国际民商事关系的规定不同，竞相要求适用于该案件而造成的该民商事关系在法律上的矛盾、冲突现象。这是实体法冲突和冲突规范冲突的结合。

2. 对法律适用的理解。

(1) 罗马法以来的法律适用：国家机关、公职人员和被授权单位依职权范围，通过法定程序，实施法律规范的一种方式。法律适用的主体不包括当事人，当事人只能"遵守法律"。

(2) 国际私法上的法律适用：在国际民商事交往中，国家主管行政机关、司法部门根据国际私法规定适用法律，审批、管理国际民商事关系和处理国际民商事争议，或当事人根据国际私法的规定，应用内国和外国民商事法和民事诉讼法建立、变更、终止国际民商事关系及处理争议的方式和活动过程。

理论思考与实务应用

一、理论思考

(一) 名词解释

法律冲突　法律适用　区际冲突　法域

(二) 简答题

1. 简述国际民商事法律冲突的含义及其产生原因。
2. 简述国际民商事法律冲突的解决方法。

(三) 论述题

试述冲突法解决方法和统一实体法解决方法的区别与关系。

二、实务应用

(一) 案例分析示范

案例一

1994年1月，香港A投资有限公司（住所地在香港，以下简称"A公司"）与天津B公司（以下简称"B公司"）签订了合资经营C公司合同。合同约定：A公司出资51%，以现金形式分5次缴资，在取得营业执照1年内公司注册资本全部到位；B公司出资49%，以现有固定资产、分厂、门市部及其他第三产业等作价投入，在取得营业执照1个月内一次性缴清；逾期欠缴者，应按月支付亏欠额2%的迟延利息。合同还约定，由于一方不履行合同、章程规定的义务或严重违反合同、章程规定，致使合资公司无法经营或者无法达到合同规定的经营目的，视为违约方单方面中止合同，对方除有权向违约方索赔外，还有权经原审批机关批准终止合同。任何一方在发生不能履约行为时，应及时通知对方，并对其行为和相应后果负责。同年 2 月 C 公司领取了"企业法人营业执照"。到 1995 年 4 月为止，A 公司按约定分 3 次投入注册资本，但尚欠人民币 3000 万元未投入。B 公司则按期投入相当于人民币 7000 万元价值的房屋和设备供合资公司使用。之后，B 公司以多种方式催告 A 公司缴纳剩余资金未果，于是诉诸法院。1999 年天津市高级人民法院依法判令 A 公司给付未到位资金的迟延利息，并终止了中外合资合同。

问：根据我国法律的规定，法院审理该涉外合同案件应适用新法还是旧法？

【评析】本案在法律适用问题上具有典型意义。

(1) 本案属于中外合资经营企业合同纠纷，根据当时有效的《合同法》第 126 条第 2 款的规定，在中华人民共和国境内履行的中外合资经营企业合同，适用中华人民共和国法律。因此，处理本案适用中国法。

(2) A 公司答辩意见：《合同法》于 1999 年生效，与此同时《涉外经济合同法》失效。《合同法》与《涉外经济合同法》相比，增加了富有特色的"不安抗辩权"和"预期违约制度"。据此，A 公司将此作为不履行合同之理由。

(3) 时际法律冲突问题。根据国际私法的一般原理，首先按新法对其是否具有溯及力的明确规定（即时际私法）来确定适用的法律。如果新法未作明确规定，则通常按照"法律不溯及既往"的原则确定应适用的法律，即新法只对它生效以后所产生的民事关系适用，对它生效以前产生的民事关系，仍然适用旧法。

本案的事实发生在新合同法生效之前，但案件审理在其实施之后。根据我国《合同法解释（一）》第 1 条的规定："……合同法实施以前成立的合同发生纠纷起诉到人民法院的，除本解释另有规定的以外，适用当时的法律规定，当时没有法律规定的，可以适用合同法的有关规定。"因此，本案的准据法应是 1999 年的《合同法》。不安抗辩和预期违约制度在庭审中可以被运用。

(4) 实体问题。根据《合同法》第 68 和 69 条有关不安抗辩权的规定，应当先履行债务的当事人行使不安抗辩权，首先要有确切证据证明对方存在法定的几种丧失或者可能丧失履行债务能力的情形，其次要尽及时通知对方的义务。本案 A 公司的行为不符合不安抗辩的条件，所以最终判定 A 公司承担违约责任。

案例二

德国男子某甲 25 岁，来我国任职某外国公司代表；西班牙某女 23 岁，在我国某大学担任语言教师，双方于 2000 年认识后，于 2001 年在我国申请结婚登记。

问：(1) 如果你是我国婚姻登记机关的工作人员，能否给予其登记？

(2) 如果他们在德国或者西班牙登记，工作人员能否给予其登记？

【评析】(1) 给予其登记。因为我国《婚姻法》规定的结婚年龄是男不得早于22周岁、女不得早于20周岁。甲和乙的结婚符合我国法律的规定，可以给予登记。

(2) 如果其在德国登记，由于德国法规定的结婚年龄男不得早于25周岁、女不得早于24周岁，婚姻形式为登记式，因此不能给予其登记。如果其在西班牙申请结婚，由于西班牙法规定男不得早于22周岁、女不得早于20周岁，但婚姻形式为宗教式，则其必须按照宗教形式结婚，方为有效。

本案中，世界各国对于婚姻年龄的要求不同，各国法律对于婚姻年龄的规定存在法律冲突，最终可能导致同样的两个人在不同的国家结婚，有的有效，有的无效。

案例三

2000年8月25日，西安消费者刘文红从天津买了一辆日本三菱公司生产的帕杰罗V73越野车。途中司机踩刹车，发现该车制动系统发生故障，致使汽车失控翻入深沟，造成车内4人严重受伤。2001年3月8日，刘文红等4人向北京市第二中级人民法院提出诉讼，要求三菱公司承担相应的产品侵权责任，共索赔300万元人民币。

问：(1) 本案是否存在国际民商事法律冲突？是哪种国际民商事法律冲突？

(2) 如何解决这一法律冲突？

【评析】

(1) 本案存在国际民商事法律冲突。是涉外产品责任的法律冲突。本案中，中日两国法律对于产品责任的赔偿标准差异很大，日本法律规定每个受害者可得500万元人民币，而依据中国法律，每个受害者可获得最多不超过20万元人民币的赔偿。本案一方当事人是日本公司，另一方是中国公民，如果日本法律和中国法律同时适用于同一涉外民事关系，中国产品责任法的域内效力与日本的产品责任法的域外效力同时作用于本案，而我国在一定条件下又承认日本产品责任法的域外效力，最终会导致两国产品责任侵权法律的国际冲突。中国法官在处理本案时，首先要解决适用何国法律的问题。

(2) 解决的方法是间接调整方法。如前所述，对于国际民商事法律冲突的解决，通常有两种做法：一种是直接调整方法，另一种是间接调整方法。本案是涉外产品侵权，由于产品责任尚无统一实体法，因此需要采用间接调整的方法。

（二）案例分析实训

1989 年，我国某市第四建筑安装工程公司职工某甲被派往埃及，参加中国港湾工程公司承揽的 400 幢楼房的建设。1990 年 2 月 26 日当地时间上午 8 时左右，某甲在该工程 5 工区工作时，被埃及一公共汽车司机撞死，后其家属提起诉讼。

问：（1）本案是否存在国际民商事法律冲突？存在的话，是哪种国际民商事法律冲突？

（2）如何解决这一法律冲突？

主要参考文献

1. 肖永平：《法理学视野下的冲突法》，高等教育出版社 2008 年版。
2. 齐湘泉：《涉外民事关系法律适用法总论》，法律出版社 2005 年版。
3. 李显冬主编：《国际民商事法律适用法案例重述》，中国政法大学出版社 2008 年版。
4. 章尚锦主编：《国际私法》，中国人民大学出版社 2000 年版。
5. 丁伟主编：《国际私法学》，上海人民出版社 2013 年版。
6. 沈涓：《冲突法及其价值导向》，中国政法大学出版社 2002 年版。
7. 杜涛：《国际私法原理》，复旦大学出版社 2018 年版。

第四章
冲突规范

【本章概要】冲突规范是国际私法的基石，是国际私法分析问题和讨论问题的工具。它是由国内法或国际条约规定的，指明某一国际民商事关系应适用何种法律的规范。冲突规范的结构是由范围和系属两个部分组成的。在冲突规范的系属中，有一个很重要的部分，被称为连结点。连结点是指冲突规范所要调整的某一国际民商事关系与调整这种关系所应该适用的法律之间的连结因素。连结点的选择是国际私法，尤其是冲突法中最为重要的问题。纵观各国立法对连结点的选择，从来就不是任意的，而是有其客观根据的。在连结点的选择上，表现出了以下发展方向：由僵硬向灵活方向发展；由单一向复数方向发展；同类法律关系的连结点由同一向区分方向发展；同一法律关系的连结点由同一向区分方向发展。冲突规范依其系属的不同可以分为单边冲突规范、双边冲突规范、重叠适用的冲突规范和选择适用的冲突规范四种基本类型。系属公式就是把一些解决法律冲突的规则固定化，使它成为国际上公认的或为大多数国家所采用的处理原则，以便解决同类性质的法律关系。常见的系属公式有属人法、物之所在地法、行为地法、法院地法、当事人合意选择的法律、旗国法、最密切联系地法等，一般用拉丁文表示。

【学习目标】掌握冲突规范的概念、特点和结构；理解连结点的含义、在制定冲突规范立法过程中的重要地位，了解连结点的种类、选择规律及其发展方向；理解系属公式的含义，了解各种常见系属公式的适用范围。

第一节 冲突规范的概念与结构

一、冲突规范的概念

冲突规范（conflict rules），又称法律适用规范（rules of application of law）或法律选择规范（choice of law rules），是由国内法或国际条约规定的，指明某一国际民商事关系应适用何种法律的规范。[1]例如，《法律适用法》第36条规定："不动产物权，适用不动产所在地法律。"这就是一条由国内法规定的典型的冲

---

[1] 韩德培主编：《国际私法》，高等教育出版社、北京大学出版社2007年版，第91页。

突规范。再如，1902年订立于海牙的《关于离婚与别居的法律冲突和管辖权冲突公约》第 2 条规定："离婚之请求，非依夫妇之本国法及法院地法均有离婚之原因者，不得为之。"这就是一条由国际条约规定的典型的冲突规范。

　　冲突规范是国际私法中最古老的一类规范，也是国际私法的特有规范、本体规范和核心规范。在过去，它曾是国际私法唯一的规范形式。因此，有些学者的著作和国家的立法，甚至国际公约称冲突规范为国际私法规范（rules of international private law）。冲突规范是一种特殊的法律规范，同一般的法律规范相比，它具有以下几个特点：

　　1. 冲突规范不同于一般的实体法规范，它是法律适用规范。实体法规范是直接规定当事人具体权利义务的法律规范。例如，《宪法》第 35 条规定："中华人民共和国公民有言论、出版、集会、结社、游行、示威的自由。"这就是一条有关公民具体权利规定的实体法规范。再如，《民法典》第 1067 条规定："父母不履行抚养义务的，未成年子女或者不能独立生活的成年子女，有要求父母给付抚养费的权利。成年子女不履行赡养义务的，缺乏劳动能力或者生活困难的父母，有要求成年子女给付赡养费的权利。"这就是一条有关父母子女间具体义务规定的实体法规范。与这些一般的实体法规范不同，冲突规范并不直接规定当事人的权利与义务，仅指明某种国际民商事关系应适用何种法律，是一种法律适用规范，其目的在于公平合理地处理这种关系，从而促进国际经济、民商事交往及文化和技术交流。

　　2. 冲突规范不同于一般的程序法规范，它是法律选择规范。程序法规范是一国法院或一个仲裁机构审理民商事案件时所专用的程序规范，它包括管辖权、法院或仲裁机构与当事人的关系、审理过程中的调查取证、司法协助、外国法院判决或仲裁机构裁决在有关境内的承认与执行等方面内容。与这些一般的程序法规范不同，冲突规范只是在互相冲突的法律中指定其中一个来调整国际民商事关系，或者说，它主要指导当事人或一国法院如何选择和适用法律，因而冲突规范是一种法律选择规范。

　　3. 冲突规范是一种间接规范，因而缺乏一般法律规范所具有的明确性和预见性。冲突法正像一个火车站的问讯处，旅客可在此了解到他所乘坐的火车在第几站台，但冲突法并不是火车，仅仅是问讯处。这充分说明了冲突规范的间接性特点。要解决后一阶段的问题，就需了解被冲突规范所指引的具体国家的实体法。这个实体法，国际私法上有一个专门名称，称其为准据法（指经冲突规范指引，用来确定国际民商事法律关系当事人的权利义务关系的具体实体法规范）。但冲突规范仅仅是指明准据法，而不深究准据法的实质内容到底如何规定。法院要解决当事人之间的纠纷，仅靠冲突规范，只能将法官的注意力引到某国的实体法，冲突规范的作用到此结束。要彻底解决纠纷，还需继续弄清该国实体法的规定。正因为如此，冲突规范对国际民商事关系只能起间接的调整作用，因而是一种间接规范，不能直接构成当事人作为或不作为的准则，当事人也很难据之预见到法律行为的后果。所以，冲突规范缺乏实体规范那样的明确性和预见性。

4. 冲突规范的结构不同于一般的法律规范。一般的法律规范包括三个既紧密联系又相对独立的部分，即规范适用的条件、概括的行为模式和法律后果。其中，行为模式主要有命令、禁止和授权三种，法律后果则包括对合法行为的肯定和对违法行为的制裁两个方面。冲突规范作为法律规范的一种，理应包括上述三个部分，但事实上，无论是国内立法还是国际条约中的冲突规范，一般都没有明确规定法律后果，并没有将规范适用的条件和行为模式明确分开，而是将两者有机地结合在一起，形成了一种独特的结构：由范围和系属两部分组成。

二、冲突规范的结构

冲突规范在结构上由范围和系属两部分组成。

1. 范围。范围又称为连结对象（object of connection）、起作用的事实（operative facts）、问题的分类（classification of issue）等，是指冲突规范所要调整的民商事关系或所要解决的法律问题，通过冲突规范的"范围"可以判断该规范用于解决哪一类民商事关系。由于国际私法所调整的是广义的国际民商事关系，所以冲突规范的"范围"种类繁多，最常见的有国际合同关系、国际侵权行为关系、国际物权关系、国际婚姻家庭关系、国际继承关系、国际知识产权关系、国际海事关系、国际票据关系、国际破产关系等。不仅如此，这一部分也可以是法律事实，还可以是法律问题。在典型的冲突规范中，范围一般位于冲突规范的前半部分。

2. 系属。系属是规定冲突规范中"范围"所应适用的法律。它指令法院在处理某一具体国际民商事关系时应如何适用法律，或允许当事人或法院在冲突规范规定的范围内选择应适用的法律。它决定了冲突规范范围的命运。在典型的冲突规范中，系属一般位于冲突规范的后半部分。

此外，冲突规范的语词结构常表现为"……适用……法律"或"……依……法律"。例如，在"权利质权，适用质权设立地法律"这条冲突规范中，"权利质权"是范围，"适用质权设立地法律"是系属，语词结构为"……适用……法律"。再如，在"合同方式依合同缔结地法律"这条冲突规范中，"合同方式"是范围，"依合同缔结地法律"是系属，语词结构为"……依……法律"。

第二节 连结点

一、连结点的含义

在冲突规范的系属中,有一个很重要的部分,被称为连结点(point of contact)或连结因素(connecting factor),也有人称之为连结根据(connecting ground)。它是指冲突规范所要调整的某一国际民商事关系与调整这种关系所应该适用的法律之间的连结因素。例如,在"物权依物之所在地法"这条冲突规范中,"物之所在地"就是连结点,它就是这条冲突规范所要调整的"国际物权关系"与调整这种"国际物权关系"所应该适用的法律之间的"连结因素"。

一般说来,由于客观情况复杂多样,任何一个博学多闻的立法者都不可能全面考虑国际民商事关系的构成情况而为它们分别提供一个法律适用方案,他只能从原则上规定用什么地方的法律来调整这一或那一民商事关系最为合适。因此,他必须从法律关系的构成要素中选择其中之一作为选择准据法的媒介,这些被指定为媒介的要素,就是连结点。例如,对于侵权行为,可供考虑的要素有加害者和受害者的国籍、住所,加害行为地,损害发生地,等等。作为完善的立法,就要选择一个关系最密切的要素作为媒介。当某一要素被选为媒介时,它就是连结点。

二、连结点的意义

从一定意义上说,法律选择的过程就是把不同的国际民商事关系与不同国家的法律制度联系起来的过程,而这种联系正是通过连结点的选择与确定来实现的,这正是连结点在冲突规范中的意义之所在。具体说来,在冲突规范中,连结点的意义表现在以下两个方面:

1. 从形式上看,连结点是一种把冲突规范中"范围"所指的法律关系与一定地域的法律联系起来的纽带或媒介。因此,每一条冲突规范必须至少有一个连结点,没有这个连结点,便不能把一定的法律关系和应适用的法律连结起来。冲突规范之所以是一种间接规范,就是因为它并不直接规定当事人的权利义务,而只是通过连结点去指引某一国家的法律来确定当事人的权利义务。

2. 从实质上看,这种纽带或媒介又反映了该法律关系与一定地域的法律之间存在着内在的、实质的联系或隶属关系,它表明某种法律关系应受一定国家法律的约束,应受一定主权者的立法管辖,如果违反这种约束或管辖,该法律关系就不能成立。因此,对不同法律关系连结点的选择不是任意的,更不是虚构的,而必须是在客观上确实能体现这种内在的联系。英国学者戚希尔(Cheshire)和诺斯（North）曾指出，所谓"连结点"或"连结因素"，就是指那些能在法院需要处理的事实情况和某一特定法域之间建立起"自然联系"（natural connection）的明显事实。

三、连结点的分类

根据不同的标准，连结点可作如下不同的分类：

1. 客观连结点和主观连结点。其分类依据为连结点是否以人的意思为转移。客观连结点主要有国籍、住所、居所、物之所在地、法院地等，这种连结点是一种客观实在的标志。主观连结点主要包括当事人之间的合意和最密切联系地，这种连结点是根据当事人或法官的意思决定的标志，只不过当事人之间的合意由当事人商定，而最密切联系地由法官决定，它们主要作为确定适用于合同关系的准据法的根据。

2. 静态连结点（constant point of contact）和动态连结点（variable point of contact）。其分类依据为连结点是否能变更。静态连结点就是固定不变的连结点，它主要指不动产所在地以及涉及过去的行为或事件的连结点，如婚姻举行地、合同缔结地、法人登记地、侵权行为发生地等。由于静态连结点是不变的，故便于据此确定国际民商事关系应适用的法律。动态连结点是可变的连结点，如国籍、住所、居所、所在地、法人的管理中心地等。动态连结点的存在一方面加强了冲突规范的灵活性，另一方面也为当事人规避法律提供了可能。

由于一些连结点属动态连结点，有关的人、行为或事件可能与几个不同的时间相联系，于是提出了连结点的时间限定问题。一般说来，各国立法和国际条约中的冲突规范，如有必要，都对连结点的时间限定加以规定。例如，《法律适用法》第31条规定："法定继承，适用被继承人死亡时经常居所地法律，但不动产法定继承，适用不动产所在地法律。"这就把连结点限定在"死亡时"。在冲突规范中，如立法者对连结点加以时间限定，表明立法者不允许当事人因连结点的改变而要求改变已设定的权利与义务关系。但是在有的冲突规范中，连结点本有时间限定问题，但立法者对之未加以明确规定，这就要求在适用它们时，对连结点的时间限定进行推定。

3. 单纯事实上的连结点和法律概念上的连结点。其分类依据为连结点是否由法律规定。单纯事实上的连结点是单纯依据事实就能确定的连结点，主要包括物之所在地和法院地。法律概念上的连结点是依据法律的规定才能确定的连结点，如国籍、住所、法律行为所在地等。

4. 开放性连结点与硬性连结点。其分类依据为连结点指向的地域或场所是否确定。开放性连结点是指向的地域或场所不确定的连结点，如最密切联系地等。硬性连结点是指向的地域或场所确定的连结点，如侵权行为地、住所等。

四、连结点的选择

所谓连结点的选择,就是在一个法律关系诸多构成要素当中,选择一个最能反映"范围"中所要解决的问题的实质,并与之有最重要联系的要素作为基础,以指引准据法的选择,从而公平合理地解决国际民商事纠纷。连结点的选择是国际私法,尤其是冲突法中最为重要的问题。对某一国际民商事关系选择适当的连结点,实质上是冲突法立法的中心任务;在解决法律适用时,要通过选择一个或几个连结点来实现选法的任务;在程序法中,它又是确定管辖权的依据。国际私法的进步和发展,极大程度上也是在连结点的选择和确定上表现出来的。

纵观各国立法对连结点的选择,从来就不是任意的,而是有其客观根据的。各国国际私法立法的实践表明:

1. 一个新的连结点的形成与发展有其客观依据,它与一国政治、经济,特别是国际经济活动的发展密切相关。以当事人意思自治原则为例,16世纪以前,合同关系同其他法律关系一样,都不允许当事人选择准据法,但随着商业发展的迫切需要,这个新的连结点终于应运而生。多数学者认为,这个连结点是16世纪法国学者杜摩兰(Charles Dumoulin)首先提出来的。其实,这是资产阶级契约自由的必然反映。资产阶级在自由资本主义阶段,极力标榜契约自由。根据这个原则,无论合同的订立还是合同的内容,都由当事人自主决定,任何人不得干涉、变更。《法国民法典》第1134条特别强调:"依法成立的契约,在缔结契约的当事人间有相当于法律的效力。"那么,把选择合同的准据法作为合同的一个内容,当事人当然有自主决定的权利。由于意思自治原则有利于当事人预见法律行为的后果、维持法律关系的稳定,即使发生争议,也能迅速得到解决,而在商业领域,这是当事人特别期待的。因此,随着资本主义经济的发展,特别是国际经济贸易的扩展,这个连结点已为世界各国承认和接受。许多国家的法律已明确承认当事人选择法律的效力,许多国际私法大师,如德国的萨维尼、意大利的孟西尼、美国的斯托里,都在他们的著作中阐述了意思自治原则,并把这一原则作为选择合同准据法的首要原则。可以认为,当事人意思自治原则是选择合同准据法中应用得最广泛的一项原则。当事人意思自治原则的产生和发展表明,它作为反对法律适用上的属地主义和法律不统一的手段被提出来以后,一直发展成为合同法律适用的一项基本原则,这说明它是资本主义商品经济发展的必然产物,是"契约自由"原则的具体体现,是资本主义自由竞争的需要在法律上的反映。[1]

当前,由于各国在国际经济贸易方面的相互依赖性日益增强,更要求国际民商事法律关系的稳定发展,加上国际民商事法律关系日趋复杂,对于同一性质的

---

[1] 韩德培主编:《国际私法》,高等教育出版社、北京大学出版社2007年版,第99~100页。

法律关系，已不像过去那样只用一个连结点，而是允许选择适用多个不同的连结点。在早期的国际私法法规中，冲突规范一般极为概括，往往只给某一类法律关系规定一个连结点，整个法规因而十分简单，这就降低了冲突规范的准确性。例如，对于不法行为之债，早期的法规都不对各种不法行为作具体的分析，而笼统地规定一般的法律适用规则——不法行为之债适用不法行为地法。实践证明，这种立法技术并不能保证法院在所有情况下都选择出最适合于案件的准据法。现代学说已倾向于废除这种做法，进而主张对各种性质不同的不法行为进行区分，根据它们的不同情况，选择不同的连结点指引不同地方的法律作准据法，并让"不法行为地"这个过去普遍适用的唯一连结点只起一般的作用。[1]

2. 一国对某一法律关系连结点的选择不是一成不变的，而是随着客观情况的变化而变化的。以属人法的连结点为例，在 1804 年《法国民法典》率先采用国籍作为属人法的连结点之前，欧洲国家自"法则区别说"产生时起，一直采用住所作为属人法的连结点。究其原因，当时欧洲国家还处于封建割据状态，内部法律很不统一，只有根据一个人的住所地法来确定其身份、能力方面的问题才最合适。到了 18 世纪，法国、意大利、德国等许多欧洲国家的内部政治形势不但发生了根本改变，实现了国家统一，还成了大量向外移民的国家，这就需要从法律上继续控制和保护这些移民。于是，适用当事人的本国法有了可能，而且成为必要。因此，这些国家相继改用国籍作为属人法的连结点。但是，随着资本主义经济在全球的扩张，其追逐利润的活动遍及全球，在这种客观形势下，如果一个人不管出现在哪里和从事什么法律行为，一种法律始终要支配他的权利和义务，显然不利于商业交往，于是又出现了对本国法主义的背叛。第二次世界大战以后，欧洲又出现了一种恢复住所作为属人法连结点的趋势。这种趋势在 1955 年《解决本国法和住所地法冲突公约》中得到了肯定评价，该公约第 1 条规定："当事人住所地国规定适用本国法，而其本国法规定适用住所地法时，各缔约国都应适用住所地法的规定。"又如，"动产随人"（mobilia sequuntur personam）是封建社会处理国际动产物权的一条冲突原则，即动产物权应随人所至，用所有人的住所作为选择法律的连结点。因为在封建时代，决定一个人地位高低的主要是不动产（尤其是其中的土地），而动产的规模当时还不是很大，其作用也不太重要。但是进入资本主义社会以后，动产资本在资本主义经济中的重要性日渐增加，于是很多国家便立法规定动产与不动产一样，都用物之所在地作为连结点，以保护动产所在国的利益。

3. 一国立法机关究竟选择哪一要素作为连结点，通常需要考虑下列因素：

---

[1] 李双元：《国际私法（冲突法篇）》，武汉大学出版社 2001 年版，第 188~189 页。

①冲突规范的"范围"所要解决的法律问题的性质、种类与特点;②根据连结点不同作用,权衡有关连结点与特定的法律关系和争诉问题的联系紧密程度,以及它对特定问题的相对重要性;③比较不同要素的稳定程度,判断其是否容易改变,越是稳定的、不容易改变的要素,越容易被选择作为连结点;④考量有关的连结点的国际认可程度;⑤有关的连结点必须便于认定、便于适用,并与特定的地域相联系;⑥有关连结点的选择必须符合内国处理国际民商事关系的政策、利益和目的。

五、连结点的发展方向

(一)由僵硬向灵活方向发展

由于传统的冲突规范极为概括,往往只给某一类法律关系规定一个连结点,如"侵权行为之债适用侵权行为地法"。第二次世界大战以后,法律关系变得越来越复杂多样,在侵权领域,除一般的侵权行为以外,还有产品责任、交通事故、环境污染、国际诈欺、国际诽谤、不正当竞争等,从而使侵权这一法律关系复杂化、多样化。在这种情形下,如果仍然给侵权行为之债规定一个硬性连结点,既不科学,也不实用,还给司法实践带来难题,容易导致不合理的判决。因此,国际上出现了对传统冲突规范进行"软化处理"(softening process)的潮流。而使连结点由僵硬向灵活方向发展则是"软化处理"的一个主要手段。

连结点由僵硬向灵活方向发展,最早表现为在合同领域采用的意思自治原则。合同适用合同缔结地法这个观念,在国际贸易集中在某些固定的市场并受各该市场所在地习惯法支配的时代,并没有暴露出有何缺陷与不便。但是,国际贸易发展到大量以隔地成交方式而不是以当面成交方式进行的时候,由于合同是用函件、电报、电话订立的,合同缔结地与合同之间便只具有偶然性联系了,甚至合同缔结地有时根本无法确定。当国际贸易从商品买卖发展到单据买卖,合同履行不得不在数国进行的情况下,合同履行地同合同之间也并非必然具有本质的联系。这个时候,意思自治原则便应运而生了,以灵活的当事人意思取代僵固的缔约地或履行地作为合同法律选择的连结点,是国际私法对不断发展的国际贸易方式和内容的必然反映。

"最密切联系"是另外一个灵活性连结点。适用与法律关系有最密切联系的国家的法律,其理论渊源可追溯到萨维尼的"法律关系本座说",即每一法律关系都应由依其性质而隶属的法律支配,并认为本座之所在,亦即联系之所在。此后,深受萨维尼影响并对英国"合同自体法"理论有着深刻影响的韦斯特莱克(Westlake)曾明确主张用与行为和法律制度兼有最密切和最真实的联系取代硬性的连结点。但全面确立"最密切联系"原则是美国学者里斯和他主持编纂的美国1971年《第二次冲突法重述》。由于这种方法在指导法律适用上的灵活性、合理性，很快为世界各国所接受，吸收进了本国的冲突规范，也写进了一系列冲突法方面的国际公约，从而风行全球。

采用灵活连结点的做法，虽然起始于合同领域，现在却远远超出了这个范围。比如，由于国际高度发达的交通技术和通信手段，使得侵权行为发生地和侵害结果发生地往往不在同一个国家，而且侵权行为发生地有时纯粹出于偶然，因此对所有侵权问题都适用侵权行为地法，已不符合当代现实。于是，美国的一些法院便抛弃传统的硬性连结点，主张适用与侵权有最密切联系的法律；英国学者更比照合同自体法理论，提出了"侵权行为自体法"（proper law of the torts）的主张，即在决定侵权的法律适用方面，不再完全求助于侵权行为地这样的封闭连结点，而是由法院根据案件的具体情况，选择适用与案件有最密切联系的法律。[1] 目前，以最密切联系作为连结点在合同、侵权以外的其他领域也是存在的，1978年《奥地利联邦国际私法法规》还将最密切联系作为原则加以规定。我国现有立法和司法解释也多处直接规定最密切联系为连结点。

不过，对连结点的软化是有限度的。因为传统的连结点是通过几百年的实践发展起来的，其中包含着许多合理的东西，不能、也不应该简单地否定它，需要否定只是其中不合理的东西，合理的东西仍要保留。也就是说，我们分析最密切联系仍然要以传统连结点（如当事人国籍、住所、行为地、标的物所在地等）作为基础，只不过分析的范围更广、更具综合性罢了。

(二) 由单一向复数方向发展

在冲突规范中规定复数连结点，可以增加连结点的可选性，也是目前被越来越多的国家所采用的一种软化冲突规范的有效方法。以复数连结点取代单一连结点的动机是多种多样的，较为常见的是使法院能够有机会适用使法律关系能有效成立的，或较能反映法律关系的重心所在的，或有利于保护弱方当事人的法律。

自从巴托鲁斯的"法则区别说"开始，法律行为方式的有效，都是依"场所支配行为"原则认定的，即法律行为的方式依行为地法有效则到处有效，法律行为的方式依行为地法无效则到处无效。然而，受国际上法律行为方式简式主义的影响，各国已经不再固守上述原则，而是增加连结点以维持法律行为的有效性。例如，关于遗嘱方式的冲突规范，国际上普遍增加了连结点的数量，1961年《遗嘱处分方式法律冲突公约》最具代表性。该公约第1条规定："凡遗嘱处分在方式上符合下列各国国内法的，应为有效：①立遗嘱人立遗嘱时所在地；或②立遗嘱人作出处分或死亡时国籍所属国；或③立遗嘱人作出处分或死亡时的住

---

[1] See O. Kahn-Freund, General Problems of Private International Law, Sijthoff (Leyden), 1976, pp. 260~266.

所地;或④立遗嘱人作出处分或死亡时的惯常居所地;或⑤在涉及不动产时,财产所在地。"这种方法主要适用于法律行为的形式和对一个国家没有重要利益关系的国际民商事关系。

(三) 同类法律关系的连结点由同一向区分方向发展

传统的冲突规范不仅连结点缺少可选择性,而且往往对同一类法律关系只规定一条冲突规范。第二次世界大战以后,由于科学技术迅速发展,法律关系日益复杂、多样。从宏观上讲,一些新的法律部门不断涌现;从微观上讲,同一类法律关系内部也开始分化。因此,有必要对同一类法律关系依不同性质加以区分,规定不同的连结点,使法律的选择更符合日益复杂的法律关系的各种具体情况,从而使案件得到更公正、更合理的解决。例如,在合同领域,许多国家都把合同划分为不同的种类并规定了相应的法律选择原则。这方面有代表性的是 1982 年《南斯拉夫国际冲突法》,该法将合同首先分为动产合同和不动产合同,然后在动产合同中依其性质又划分为 20 种合同,在当事人未选择应适用的法律,而案件的具体情况也未指向其他法律时,对上述 20 种合同分别规定了指引法律适用的不同连结点(见该法第 20、21 条)。

(四) 同一法律关系的连结点由同一向区分方向发展

对同一法律关系的不同方面进行分割而分别采用不同的连结点,在国际私法发展过程中出现得较早,而且如今也已成为普遍现象。如巴托鲁斯就曾经主张关于对契约可预期之效力,依契约订立地法;关于契约履行和时效问题,依履行地法。[1]在中世纪,有些学者主张有关违反合同的问题由履行地法支配,有关合同的其他问题由合同订立地法支配。这种对法律关系自身的不同方面进行分割,对其不同方面适用不同法律的做法,被称为分割方法。美国 1971 年《第二次冲突法重述》在合同和侵权问题上,也采用了这种做法。这种做法目前有进一步发展的趋势,因为法律关系往往由不同的方面和环节构成,不同部分和环节之间往往具有相对独立性,它们常常有自己的重心,一概要求所有的方面和环节受一个连结点指引的法律支配,可能适合一部分环节,但对其他方面或环节并不适合,因而具有机械性。所以,对同一个法律关系的不同方面进行划分,对不同的方面在法律适用上规定不同的连结点,相对地增加连结点的数量,也是一种对传统冲突规范进行软化处理的切实有效的方法,也代表了连结点的发展方向。[2]

---

[1] 马汉宝:《国际私法总论》,台北汉林出版社 1982 年版,第 248 页。
[2] 韩德培、李双元:"应该重视对冲突法的研究",载《武汉大学学报(社会科学版)》1983 年第 6 期。

第三节 冲突规范的类型

冲突规范依其系属的不同,可以分为四种基本类型:单边冲突规范、双边冲突规范、重叠适用的冲突规范和选择适用的冲突规范。

一、单边冲突规范

单边冲突规范(unilateral conflict rules)是直接规定适用内国法或某一外国法的冲突规范。如《民法典》第467条第2款规定:"在中华人民共和国境内履行的中外合资经营企业合同、中外合作经营企业合同、中外合作勘探开发自然资源合同,适用中华人民共和国法律。"这条冲突规范直接指明了要适用中国法,即内国法。

单边冲突规范具有两个明显的特点:①它的连结点在指向适用内国法时就不能再指向适用外国法,或者在指向适用外国法时就不能再指向适用内国法;②它对准据法的指定常常是附有条件的指定。如上述冲突规范中提到的在中华人民共和国境内履行的"三类合同",都是附条件的指定。

由于单边冲突规范只规定了一个明确的连结点,这就决定了单边冲突规范具有适用起来直截了当、简单方便的优点。但它同时也存在着一个明显的缺陷,即因其往往只对某种国际民商事关系的一个方面或一种情况予以规定,因而会给法院在解决法律适用问题时留下空缺。例如,1896年《德国民法施行法》第24条第1款规定,"德国人的继承,即使在外国有住所,仍依德国法",这条单边冲突规范就没有指明在德国有住所的外国人的继承案件应适用什么法律。因此,现代各国的国际私法立法已越来越少地采用单边冲突规范。但它仍有存在的价值,是冲突规范中一种不可缺少的形式。

二、双边冲突规范

双边冲突规范(bilateral conflict rules, all-sided conflict rules),是指其系属并不明确规定适用内国法还是外国法,而只规定一个可推定的系属,再根据此系属,结合实际情况去寻找应适用某一个国家的法律的冲突规范。例如,《法律适用法》第36条规定:"不动产物权,适用不动产所在地法律。"这就是一条双边冲突规范,其中的"适用不动产所在地法律"就是一个需要推定的系属。据此,如果不动产在中国,就适用中国法(内国法);反之,如果不动产在外国,就适用外国法。由此可见,双边冲突规范所指定的准据法既可能是内国法,也可能是外国法。它在法律适用上体现了对内外国法律的平等对待,因此,它是现代各国国际私法立法中最常用的一种冲突规范。

双边冲突规范与单边冲突规范既有联系又有区别。双边冲突规范一般解决一个普遍性的问题，因而具有普遍适用性且比较完备；而单边冲突规范一般只规定某一特殊问题应适用什么法律作准据法，因而常留下立法缺口需要司法机关补充。从内容上讲，任何一条双边冲突规范都可以分解为两条对立的单边冲突规范。如"合同方式依合同缔结地法"就可分解为"在内国缔结的合同，依内国法"和"在外国缔结的合同，依该外国法"两个单边冲突规范。反之，一条单边冲突规范，经过有权机关的解释，也可以扩展为一条双边冲突规范。如前述"德国人的继承，即使在外国有住所，仍依德国法"这条单边冲突规范，经有权机关的解释，可以推导出另一条单边冲突规范，如"外国人的继承，虽于德国有住所，仍适用其人的本国法"。如将这两条单边冲突规范合并即为一条双边冲突规范，如"继承依被继承人的本国法"。

三、重叠适用的冲突规范

重叠适用的冲突规范（double rules for regulating the conflict of laws），是指其系属中有两个或两个以上的连结点，它们所指引的准据法同时适用于某一国际民商事关系的冲突规范。例如，1902年《关于离婚与别居法律冲突和管辖权冲突公约》第2条规定："离婚之请求，非依夫妇之本国法及法院地法均有离婚之原因者，不得为之。"这条冲突规范表明，离婚问题必须同时适用夫妇之本国法和法院地法，只有两者均认为有离婚原因时，才准许当事人离婚。

重叠适用的冲突规范具有以下特点：①与单边冲突规范和双边冲突规范不同的是，重叠适用的冲突规范中的连结点是复数的，即有两个或两个以上，并且这两个或两个以上的连结点所指引的法律同时得到适用，国际民商事关系才能有效成立或解除；②重叠适用的冲突规范指定须同时得到适用的法律中通常有一个是法院地法，这体现了维护法院地的公共秩序免遭破坏的立法意图；③重叠适用的冲突规范的采用，反映了各国在某些国际民商事领域仍存在尖锐的利益冲突和立法分歧，而作为一种不得已的妥协，各国只能依重叠适用的冲突规范将各存在冲突的有关法律同时适用于统一国际民商事关系之上，以求得彼此之间的利益平衡。

四、选择适用的冲突规范

选择适用的冲突规范（choice rules for regulating the conflict of laws），是指其系属中有两个或两个以上的连结点，但只选择其中之一来调整有关的国际民商事关系的冲突规范。

根据选择方式的不同，选择适用的冲突规范又可分为无条件的选择适用的冲突规范和有条件的选择适用的冲突规范。

1. 无条件的选择适用的冲突规范。在这种规范中，人们可以任意或无条件地选择系属中的若干连结点中的一个来调整某一国际民商事关系。例如，1978年《奥地利联邦国际私法法规》第16条第2款规定："在国外举行的婚姻，其方式依结婚各方的属人法；但已符合婚姻举行地法关于方式的规定者亦属有效。"这条冲突规范表明，在奥地利法看来，当事人在奥地利以外举行的婚姻，无论根据其属人法还是婚姻举行地法规定的方式均为有效。也就是说，当事人的属人法和婚姻举行地法在确定婚姻方式上具有同等价值，没有轻重之分，也没有什么条件限制。

2. 有条件的选择适用的冲突规范。它是指系属中有两个或两个以上的连结点，但只允许依顺序或有条件地选择其中之一来调整某一国际民商事关系的冲突规范。例如，《法律适用法》第37条规定："当事人可以协议选择动产物权适用的法律。当事人没有选择的，适用法律事实发生时动产所在地法律。"这就是一条有条件的选择适用的冲突规范，它要求法院在处理国际动产物权纠纷时，应先适用当事人选择的法律作为准据法；只有在当事人没有选择时，才能适用法律事实发生时动产所在地法律。再如，《日本法例》第20条规定："父母子女之间的法律关系，依父之本国法；如无父时，依母之本国法。"这也是一条有条件的选择适用的冲突规范。这条冲突规范虽然规定了两个不同的系属，即父之本国法和母之本国法，但却要求首先适用父之本国法，只有在无父时，才适用母之本国法。有条件的选择适用的冲突规范虽然允许根据多个系属进行法律选择，但不允许任意选择，而是有条件限制的，有先后、主次之分。

此外，一些国家的国际私法立法在采用选择适用的冲突规范时，还允许以"利益分析"作为选择的依据。例如，1984年《秘鲁民法典》第2083条规定："婚姻中子女地位的确认，依婚姻举行地法或子女出生时婚姻住所地法，视其中何者最有利于子女的准正。"1982年《南斯拉夫国际冲突法》第28条第1款也规定："除对个别情况另有规定者外，民事侵权责任，依行为实施地法或结果发生地法，其适用视何种法律对受害人最为有利。"我们认为这样的冲突规范也属于有条件的选择适用的冲突规范。

选择适用的冲突规范具有以下特点：①选择适用的冲突规范中的连结点也是复数的，但与重叠适用的冲突规范不同的是，其系属中若干连结点指引的法律不是同时适用于国际民商事关系，而是选择其一适用于国际民商事关系；②选择适用的冲突规范的范围部分所涉及的国际民商事关系大多属于一国非强制性法律调整的范畴，因而在法律适用上可以从宽掌握。

在现代各国国际私法立法当中，单边冲突规范、双边冲突规范、重叠适用的冲突规范和选择适用的冲突规范常常交替出现，这一方面涉及立法技术问题，但它不只是一个立法技术问题。可以这样认为：如果国家认为对某些国际民商事关系特别需要依本国法处理，就可采用单边冲突规范；如果国家要对某些国际民商事关系从严掌握，可采用重叠适用的冲突规范，而且常要求重叠适用法院地法；如果国家认为某些国际民商事关系可以从宽掌握，便可采用双边冲突规范或选择适用的冲突规范。因此，冲突规范并不是一种抽象的公式，它与一国的政治、经济生活密切相关，具体采用哪一种冲突规范来解决某一国际民商事关系的法律适用问题，常常取决于该国的实体政策。目前，双边冲突规范，特别是选择适用的冲突规范在各国国际私法立法中所占的比重明显增加，这大概是由于它们能够适应当今世界频繁而复杂的国际经济、民商事交往的实际需要，在法律适用方面提供了较大的灵活性，从而有利于保障国际民商事关系的稳定。

第四节　系属公式

一、系属公式的含义

系属公式（formula of attribution），又称为准据法表述公式或法律适用原则，就是把一些解决法律冲突的规则固定化，使其成为国际上公认的或为大多数国家所采用的处理原则，以便解决同类性质的法律关系的法律适用问题。由于单边冲突规范对于适用什么法律已作了明确规定，并不需要凭借某种公式加以表述。因此，系属公式是通过双边冲突规范发展起来的。不同的系属公式分别与不同的国际民商事关系或法律问题相对应。但系属公式又不同于冲突规范，它仅是冲突规范的系属部分，只有与冲突规范的范围部分结合起来，才构成完整的冲突规范。

二、常见的系属公式

常见的系属公式有属人法、物之所在地法、行为地法、法院地法、当事人合意选择的法律、旗国法、最密切联系地法等，一般用拉丁文表示。

（一）属人法（lex personalis）

属人法是以法律关系当事人的国籍、住所或惯常居所作为连结点的系属公式。属人法一般用来解决人的身份、能力及亲属、继承关系等方面的民商事法律冲突。

属人法又可分为本国法（lex patriae）（即国籍国法）和住所地法（lex domicilii）两大派别：①本国法，即以当事人的国籍作为其属人法的连结点；②住所地法，即以当事人的住所地作为其属人法的连结点。这反映了两大法系在属人法上的分歧：大陆法系常以本国法为属人法，而英美法系多坚持住所地法为属人法。两大派别谁优谁劣的争论存在已久，不同国家采用哪一种做法，原因是多方面的。其中有两点很重要，即人口的进出与法域的构成。人口大量外移的国家倾向采用本国法，有大量移民涌入的国家多采用住所地法。一国有不同法域存在时，则一般倾向于采用住所地法。为了调和上述两大派别在属人法方面的矛盾，越来越多的国家开始采用惯常居所地法代替住所地法或本国法作为属人法。

此外，还有一种所谓"法人属人法"（personal law of a legal person）的概念，它一般是指法人的国籍国法，常用来解决法人的成立、解散及权利能力和行为能力等方面的问题。

（二）物之所在地法（lex rei sitae, lex situs）

物之所在地法是民商事法律关系的客体物所在国家的法律，它常用来解决有关物权，特别是不动产物权的法律冲突问题。以往，一般是把物之所在地作为解决不动产物权的冲突原则，但后来许多国家也将其扩展适用于动产物权的法律冲突问题。其适用范围包括：物权客体范围，物权的内容，物权取得、变更或消灭的条件，物权的保护方法，等等。

（三）行为地法（lex loci actus）

行为地法是指法律行为发生地所属法域的法律。它起源于"场所支配行为"（locus regit actum）这一法律古谚。由于法律行为的多样性，行为地法又派生出下列一些系属公式：①合同缔结地法（lex loci contractus），一般用来解决合同的成立、合同内容的合法性、合同的方式等方面的法律冲突问题；②合同履行地法（lex loci solutionis），一般用来解决合同内容，特别是合同履行方面的法律冲突问题；③婚姻举行地法（lex loci celebrationis），一般用以解决国际婚姻关系尤其是婚姻方式方面的法律冲突问题；④侵权行为地法（lex loci delicti），一般用来解决国际侵权行为之债的法律冲突问题。在适用上述系属公式时，如当事人为法律行为或侵权行为的实施地和损害结果发生地不一致时，还需要解决何为行为地的问题。

（四）法院地法（lex fori）

法院地法是审理国际民商事案件的法院所在地国家的法律。实质上，适用法院地法就是在国际民商事案件中依据国内实体法，从而排除外国法的适用。对各种实体问题尽可能地适用法院地的实体法，几乎是自国际私法产生以来一直存在的一种重要倾向。[1]当然，在程序问题上适用法院地法，也一直是各国国际私法中的通例。

（五）当事人合意选择的法律（lex voluntatis）

当事人合意选择的法律是指双方当事人自行选择的那个法域的法律。采用这一系属公式时，表明法律承认当事人有选择法律的自主权，故又称"意思自治"

---

[1] 李双元：《国际私法（冲突法篇）》，武汉大学出版社2001年版，第181页。

原则。它主要用来解决国际合同关系的法律适用问题。但近年来该系属公式在侵权、继承等领域也被采用。

（六）旗国法（law of the flag）

旗国法是悬挂或涂印在船舶或航空器上的特定旗帜所属国家的法律。它常用来解决船舶、航空器在运输过程中发生纠纷时的法律冲突问题。

（七）最密切联系地法（law of the place of the most significant relationship）

最密切联系地法是与国际民商事关系有最密切联系的国家的法律。它的起源可以追溯到萨维尼的"法律关系本座说"，但其真正确立和发展则是近几十年内的事情。目前，它既是一个法律选择的指导原则，又作为一个系属公式大量出现在冲突规范之中，适用于许多不同性质的国际民商事关系，尤其适用于国际合同关系。

学术视野

冲突规范结构的理论争议

冲突规范的结构究竟由哪几部分组成，是一个颇有争议的问题。概括而言，国内外学者对此大致持两种不同观点，即"两部式"结构和"三部式"结构，即使对此基本结构持同一态度的学者，在具体划分标准和名称上意见又有不同。[1]

一、"两部式"结构

苏联法学家一般主张将冲突规范划分为两部分："范围+系属。"如隆茨认为："冲突规范有两个构成成分，分别称为'范围'和'系属'。"冲突规范中包含的规范所涉及的那些关系，称为冲突规范的范围；对该类关系应予适用的法律体系（国内法），称为冲突规范系属。他引用了《苏联民法纲要》第126条第3款的规定，"物的所有权由物的所在地国家的法律规定"，然后指出："在这一冲突规范中，物的所有权就是范围，物的所在地国家的法律就是系属。"[2]

由于中国国际私法曾长期受苏联国际私法观点的影响，因此中国许多学者也持"两分说"，但同时，他们在苏联学者"两分说"基础上又有所发展和变化，并演绎出如下几种观点：

（一）"范围+系属"

"冲突规范是由范围和系属两部分构成的。范围指的是冲突规范所要调整的民

---

[1] 董立坤：《国际私法论》，法律出版社2000年版，第48~49页。
[2] ［苏联］隆茨等：《国际私法》，袁振民、刘若文译，中国金融出版社1987年版，第42页。

商事法律关系或所要解决的法律问题，通过冲突规范的范围可以判断规范用以解决哪一类的民商事法律关系。系属则是规定范围所应适用的法律，它指令法院在处理某一具体涉外民商事法律问题时应如何适用法律，或允许当事人或法院在冲突规范规定的范围内选择应适用的法律，其结构常表现为'……适用……法律，或'……依……法律'。如在'侵权行为的损害赔偿适用侵权行为地法律'这一冲突规范中，侵权行为的损害赔偿为范围，适用侵权行为地法律为系属。"[1]

韩德培教授主张冲突规范由"范围+系属"的结构模式，在系属中又引进了连结点的概念："在冲突规范的系属中，有一个很重要的部分，被称为连结点（point of contact）或连结因素（connecting factor），它是冲突规范借以确定涉外民事法律关系应当适用什么法律的根据。例如，我国《法律适用法》第36条规定：'不动产物权，适用不动产所在地法律。'这条冲突规范就是以'不动产所在地'作为适用法律根据的。"[2]

（二）"范围+准据法"

主张冲突规范由"范围+准据法"结构方式的，以李双元教授为典型代表。李双元教授认为："在冲突规范结构上，冲突规范只包括两个部分，即范围（category）和准据法。例如，我国《法律适用法》第48条规定："知识产权的归属和内容，适用被请求保护地法律。"在这条冲突规范中，知识产权的归属和内容是它的范围，而适用被请求保护地法律就是知识产权归属和内容的准据法。同样，在李双元教授的"范围+准据法"的结构中，也有连结点的概念，但它不是冲突规范结构的一个部分，而是存在于准据法中，"准据法部分包括连结点及它所指向的法律"。[3]

（三）"连结对象+连结根据"

我国也有少部分学者主张冲突规范的结构是由连结对象和连结根据构成的。连结对象是指冲突规范中所使用的概括性的概念，以便指示包括在该概念中的法律关系应适用什么法律，连结根据是冲突规范借以规定某一法律关系应当适用什么法律的根据[4]。

二、"三部式"结构

"三部式"结构主张冲突规范由三个部分构成，但各个组成部分名称、方式

---

[1] 韩德培主编：《国际私法新论》，武汉大学出版社1997年版，第138页。
[2] 韩德培主编：《国际私法新论》，武汉大学出版社1997年版，第142页。
[3] 李双元：《国际私法（冲突法篇）》，武汉大学出版社1987年版，第116页。
[4] 中国大百科全书出版社编辑部编：《中国大百科全书·法学》，中国大百科全书出版社1984年版，第64、66、374页。

又稍许有些不同。

（一）"范围（或法律关系类型）+连结因素+准据法"

主张这种结构方式的，比较有代表性的有英国的莫里斯（Morris）教授、我国台湾的刘甲一教授、我国大陆的林欣教授和董立坤教授。

莫里斯在其《法律冲突法》一书中指出，冲突规范，传统上是用法律概念或范畴以及定点因素或连结因素来表示的。典型的冲突规范表述为："不动产继承依物之所在地法。""不动产继承"是范畴，而"物之所在地法"则是连结因素。准据法是一种方便简单的用语，它指的是支配具体问题的法律。如"住所地法、国籍国法、契约订立地法、物之所在法地"。[1]

刘甲一教授在其《国际私法》一书中也明确指出，冲突规范由以下三部分因素构成：指定因素、连结因素、应适用之法律或所谓准据法。指定因素是就导致抵触（冲突）法规所指定应适用之法律而言的。如关于"由侵权行为之债，依侵权行为地法"。此规定之中，"由侵权行为之债"相当于前举规范定型中指定因素，"侵权行为地"应为连结因素，"侵权行为地法"为应适用之法律，即所谓准据法。[2]

林欣教授认为："冲突规范由三个要素构成，即类别（categories）、联系因素（connecting）和准据法（lex causae）。"其中，"类别就是案件的问题属于哪一类法律问题""联系因素就是案件的事实和法律体系之间的联系点""准据法就是冲突规范指示的、用来确定涉外法律关系当事人之间权利与义务的某一国家的法律，亦即涉外民商事案件应适用的法律"。[3]

董立坤教授认为："法律规范可由法律关系的类型+连结因素+宜用准据法三个部分构成。"其中，"法律关系的类型指的是该冲突规范所要调整的哪一类的法律关系，这是发生涉外民事诉讼的动因"。"连结因素，是冲突规范中把'法律关系的类型'和某类准据法模式连结在一起的因素，是介于法律关系的类型和准据法模式之间的一座桥梁，通过这座桥梁把某种法律关系连接于一定的法律体系之上。""宜用准据法是指与冲突规范中的法律关系类型相关的，并由法律关系的类型性质决定其范围的，可被选择适用于冲突规范所调整的法律关系的所有的相关国家的法律。"[4]

（二）"范围+关联词+系属"

这是另一种三部式结构的形式。黄进教授是主张此种结构形式的典型代表。他

---

[1] [英] 莫里斯：《法律冲突法》，李东来等译，中国对外翻译出版公司1990年版，第8~9页。
[2] 刘甲一：《国际私法》，三民书局1971年版，第86页。
[3] 林欣、李琼英：《国际私法》，中国人民大学出版社1998年版，第126~127页。
[4] 董立坤：《国际私法论》，法律出版社2000年版，第55~61页。

认为,冲突规范由三部分组成:第一部分称为范围或连结对象,它是冲突规范所要调整的某一种法律关系;第二部分称为系属或冲突规范,它指明某种法律关系所适用的法律;第三部分为关联词,它从语法结构上将范围和系属联系起来[1]。

理论思考与实务应用

一、理论思考

（一）名词解释

冲突规范　连结点　双边冲突规范　重叠适用的冲突规范
选择适用的冲突规范　系属公式

（二）简答题

1. 简述冲突规范的特点。
2. 简述连结点的不同种类。
3. 简述冲突规范的种类。
4. 常见的系属公式有哪些？各用来解决哪些法律问题？

（三）论述题

试论连结点的发展方向。

二、实务应用

（一）案例分析示范

案例一[2]

2000年3月，中国某旅行社组织中国公民到泰国旅游，行程7天。游客到达泰国后，第一顿饭就发生食物中毒。游客住院治疗7天，出院后乘机回国。回国后，游客向北京市某区人民法院提起侵权损害赔偿诉讼一案，要求旅行社赔偿损失。

问：本案是一起什么性质的案件？如何确定应适用的冲突规范？

【评析】本案是一起涉外案件，更确切地说是一起违约与侵权竞合的涉外案件。游客与旅行社签订了旅游合同，旅行社未能按约履行合同，旅行社违约。游客在没有任何过错的情况下在泰国受到侵害，旅行社构成侵权。在违约与侵权竞合的涉外案件中，受害人可以选择对自己有利的诉因进行起诉。

本案中，原告是以侵权为诉因提起诉讼的。原告起诉，法院受理案件后，法院要对案件的性质进行认定，很明显，原告在本案中没有任何过错，在无过错的

---

[1] 黄进：《中国国际私法》，法律出版社1998年版，第90页。
[2] 齐湘泉：《涉外民事关系法律适用法总论》，法律出版社2005年版，第114页。

情况下,生命和健康受到侵害,被告构成侵权确定无疑。案件性质确定后,要根据受理案件国家的法律确定冲突规范。《法律适用法》第 44 条规定:"侵权责任,适用侵权行为地法律,但当事人有共同经常居所地的,适用共同经常居所地法律。侵权行为发生后,当事人协议选择适用法律的,按照其协议。"该规定就是一条冲突规范,法院可以根据该冲突规范,首先适用当事人协议选择的法律;如未有协议,则适用当事人共同经常居所地法律;如当事人没有共同经常居所地,则适用侵权行为地法律(泰国法律)。

案例二[1]

中国吉林省吉林市某建筑公司在利比亚承揽一石油管道建设项目中的部分工程。2001 年 11 月,该公司组织中国民工到利比亚施工。建筑公司招聘民工时与民工签订了劳动合同,合同规定了民工的月工资为 1200~1500 元人民币,疾病、工伤的医疗费用由建筑公司承担。韩国现代建筑公司也承揽了该项目部分工程。在施工过程中,韩国现代建筑公司劳力不足,遂与吉林市某建筑公司协商租用中国民工。吉林市某建筑公司同意将其招聘的民工提供给韩国现代建筑公司,韩国现代建筑公司向吉林市某建筑公司支付民工的劳务报酬,其酬金数额是吉林市某建筑公司支付给民工工资的数倍。吉林市某建筑公司未将与韩国现代建筑公司签订民工转让协议的事情告知民工,即将雇用的民工派往韩国现代建筑公司工地,民工的工资未增加。

在检查石油管道焊接质量的过程中,发生伽马射线泄露,致使派往韩国现代建筑公司工地的一中国民工受到辐射。该民工回国后,到医院进行身体检查,初步诊断为白血病。对于伤害赔偿问题,建筑公司与民工进行了协商。建筑公司同意赔偿,但赔偿的数额为医疗费及适当的补偿,受伤民工提出 300 万元的赔偿数额,双方在赔偿数额上分歧较大,协商未果。受伤民工咨询律师,如何能最大限度地维护其合法权益。数名律师参与了案件的讨论,律师们的意见也不一致。

问:试分析本案存在哪些涉外民商事关系?应该如何确定连结点与选择冲突规范?

【评析】本案的事实部分很简单,法律关系却很复杂,法律关系的复杂性决定了连结点的确定与冲突规范选择的多样性。现代国际社会在冲突规范的选择与法律适用问题上通行两大原则:公平正义原则和保护弱者原则。本案中的弱者一目了然,是受到伤害的民工,法律的选择首先要考虑民工的利益。本案中致害方涉及吉林市某建筑公司和韩国现代建筑公司两个建筑公司。因民工的伤害是在受

---

[1] 齐湘泉:《涉外民事关系法律适用法总论》,法律出版社 2005 年版,第 116~119 页。

雇于吉林市某建筑公司期间在韩国现代建筑公司造成的，所以在法律允许的范围内，在有效地保护受害民工合法权益的前提下，也应最大限度地保护吉林市某建筑公司的利益。

本案中包含三个涉外民商事关系：两个涉外合同关系和一个涉外侵权关系。

第一个合同关系是吉林市某建筑公司和受害民工之间的劳动合同关系。合同关系的主体是吉林市某建筑公司和受害民工。与合同关系有关的连结点有：当事人意思自治确定的连结点、最密切联系地、合同签订地、合同履行地、劳动者工作地、用人单位主营业地。根据连结点的指向，可以适用的法律有当事人意思自治选择的法律、根据最密切联系原则确定的法律、合同签订地法律、合同履行地法律、劳动者工作地法律、用人单位主营业地法律。

吉林市某建筑公司与受害民工签订了劳动合同，劳动合同中载有工伤治疗、医疗费负担条款，受害民工可依据劳动合同在中国法院起诉吉林市某建筑公司，要求吉林市某建筑公司履行合同，承担赔偿责任。《法律适用法》第43条规定："劳动合同，适用劳动者工作地法律；难以确定劳动者工作地的，适用用人单位主营业地法律。劳务派遣，可以适用劳务派出地法律。"根据该条冲突规范，以吉林市某建筑公司与受害民工签订的劳动合同为依据起诉，本案适用的法律是劳动者工作地法律（利比亚法律）。

第二个合同关系是吉林市某建筑公司与韩国现代建筑公司之间签订的劳动合同关系。该合同因吉林市某建筑公司未披露，合同内容不详。如果合同中有民工工伤治疗、医疗费负担条款，吉林市某建筑公司可以合同为依据在利比亚法院或者韩国法院先行起诉韩国现代建筑公司，待韩国现代建筑公司赔偿后，吉林市某建筑公司再赔偿受害民工。

一个侵权关系是受害民工与韩国现代建筑公司、吉林市某建筑公司之间的侵权关系。本案中，侵权的直接责任人是韩国现代建筑公司。吉林市某建筑公司在没有告知受害民工的情况下违反合同约定转让民工，而且收取了韩国现代建筑公司支付的劳务报酬，吉林市某建筑公司与韩国现代建筑公司应承担连带赔偿责任。

受害民工如以侵权为诉因起诉，侵权行为的连结点有：侵权行为地、国籍、住所地、法院地、经常居所地、用人单位主营业地、当事人意思自治选择的连结点，根据这些连结点的指向，可以适用的法律有：侵权行为地法律、被告住所地法律、法院地法律、经常居所地法律、用人单位主营业地法律、当事人意思自治选择的法律。受害民工可以提起诉讼的法院有：利比亚法院、中国法院、韩国法院，究竟在哪一国家法院起诉，受害民工可以根据自身情况即可预见的赔偿数额进行选择。

案例三[1]

2001年1月27日下午3时（北京时间），九十多名乘客（其中62名中国乘客）从北京首都机场登乘日本航空公司JL782航班，准备在日本东京机场换乘日本航空公司飞机飞往美国、加拿大、巴西等地。乘客所购机票含有在东京转机时一个晚上的住宿及饮食费用，持机票可在日本停留72小时。飞机飞行3个小时后飞抵日本成田机场上空。因当日下雪，JL782航班未能在机场着陆，在空中盘旋大约1小时左右后，飞往大阪关西机场。飞行1小时后，飞机降落关西机场，此时大约在晚上8点多钟。飞机降落后，同机的不转机的日本乘客及外国乘客先后被日本航空公司接走，每人发放2万日元，自行安排返回东京。接着，日本航空公司通过广播告知乘客，在飞机上等待，下飞机后会妥善安排食宿。10时左右，中国乘客被允许下飞机，并被带到一个没有饭吃、没有水喝、没有厕所、没有座位、没有电话、与外界完全隔离的大厅。乘客强烈要求提供食宿，但日本方面将持中国以外国家或地区护照的外国乘客予以安置，无人理会中国乘客。次日凌晨3时，日本方面给中国乘客换了一个有座位的地方，每人发了一块面包。中国乘客在饥寒交迫中度过了一天，后乘机飞往其他国家。

中国乘客回国后，于2001年2月19日推举代表李浩向中国消费者协会投诉日本航空公司，要求日本航空公司公开道歉，赔偿每位乘客损失至少1000万日元。日本航空公司对中国乘客的要求反应冷淡。中国乘客组织律师团，准备好了全部诉讼材料，欲起诉日本航空公司。迫于诉讼的强大压力，日本航空公司表示出和解的诚意，向中国乘客道歉，希望取得谅解。中国乘客表示，诉讼的目的是让日方认识错误，为中国乘客争取到与其他国家乘客相同的待遇，不再受歧视。如果通过和解能达到目的，这种省时、省力的方式中国乘客接受。

2001年7月4日中午11点10分，日本航空公司代表北京支店长青山俱秀、天津支店长稻田博到达位于天津河西区六纬路的谈判地点与中国乘客代表李浩、许致军谈判。谈判过程中，日方代表首先向中国乘客道歉，其次就赔偿数额问题进行了协商。谈判历时2个小时，双方对谈判的内容与进程相当满意。日方表示希望中国乘客能接受日航的道歉，并愿意就赔偿问题做出努力，但赔偿额不会超过机票的价格。中方表示索要赔偿不是目的，树立中国人的尊严才是最重要的。

日本航空公司给每位中国乘客赔偿的数额没有披露，据悉每位乘客的赔偿数额不会低于1500元人民币。

问：本案争议的解决应采用哪一系属公式？为什么？

---

[1] 齐湘泉：《涉外民事关系法律适用法总论》，法律出版社2005年版，第121~122页。

【评析】 从本案中我们可以看到，中国乘客索赔的数额是每人1000万日元，而日本航空公司的赔偿额为每人1500元人民币，两者相距甚远。之所以产生如此大的差距，是双方对案件的性质认识不同。中方认为本案的性质是侵权，而日方认为本案的性质是违约。

本案争议是在航空运输过程中发生的，调整航空运输争议的系属公式应是旗国法。旗国法是解决航空器、船舶运输过程中产生的纠纷的系属公式。不论当事人对本案的性质如何认定，本案适用的准据法是日本法，当事人之间的权利义务应适用日本法律确定。

(二) 案例分析实训

案例一

原告英国人卡梅尔委托一个在英国有住所的俄国人为其代理人，在俄罗斯某港口将一批货物装上一艘德国船，运往英国交给其本人。船在行至挪威海岸附近时失事，但所运货物被打捞上岸。船长原本可将货物转船运往英国，但他却将货物公开拍卖给了一个善意的第三方。该第三方又在挪威将货物卖给了被告西韦尔。其后，货物由西韦尔运到了英国。卡梅尔获知后，便在英国法院起诉，主张对这批货物行使所有权，并要求赔偿其因货物被非法占有所受到的损失。根据挪威法律，船长在该案发生的情况下，有权以适当方式将货物出售，并将所有权有效地转让给一个善意的买主。但是英国法律却规定，在同样情况下，船长无权转让上述货物，货物的所有权仍应归卡梅尔所有。可见，该案依照英国法还是依照挪威法来处理，将会得到截然相反的结果。

受诉法官柯克伯恩认为，虽然货物在某个时候属于英国所有人，但货物的所有权已经由于挪威法所认可的合法买卖行为转移给他人。挪威是此项买卖成立时的货物所在地，其法律应当得到适用。于是，驳回原告的诉讼请求。

问：受诉法院的法官在该案中采用的系属公式是什么？

案例二[1]

有一日本人驾驶中国牌照汽车，在中国武汉市中山大道发生车祸，撞伤一菲律宾人，受害人乘飞机到新加坡以后死于新加坡，确定死亡系车祸内伤所致。汽车保险由中国保险公司承保，该日本人在武汉有住所，被害人之利害关系人在武汉市中级人民法院起诉，请求民事损害赔偿。

问：本案是一起什么性质的案件？法院处理本案应如何选择适用冲突规范与连结点？

---

[1] 肖永平：《国际私法原理》，法律出版社2007年版，第89页。

案例三

某甲在美国建造了一些船舶，经过登记注册，他把这些船舶抵押给自己的债权人某乙，在船舶国籍证上背书注明了该项抵押，并把船舶送到中国出卖。后因背书有碍船舶在中国出卖，甲与乙商定将不再背书签注抵押。随后一条新船建造出来，经登记注册后，甲将它抵押给乙并送往中国，按照美国法，某乙取得了有效的权利。该船在中国被甲卖给了丙。乙在中国法院起诉，主张该船转让给丙无效。

问：本案应适用何国法律？本案所适用的法律主要涉及哪几类冲突规范？

主要参考文献

1. 韩德培主编：《国际私法》，高等教育出版社、北京大学出版社 2007 年版。
2. 李双元主编：《国际私法》，北京大学出版社 2007 年版。
3. 黄进主编：《国际私法》，法律出版社 2005 年版。
4. 肖永平：《国际私法原理》，法律出版社 2007 年版。
5. 谢石松：《国际私法学》，高等教育出版社 2007 年版。
6. 赵相林主编：《国际私法》，中国政法大学出版社 2007 年版。
7. 蒋新苗主编：《国际私法学》，高等教育出版社 2008 年版。
8. 章尚锦主编：《国际私法》，中国人民大学出版社 2005 年版。
9. 董立坤：《国际私法论》，法律出版社 2000 年版。
10. 齐湘泉：《涉外民事关系法律适用法总论》，法律出版社 2005 年版。

第五章 准据法

【本章概要】 准据法是国际私法中特有的概念，它是经过冲突规范连结点的指引，最终能够确定当事人权利义务的具体的实体法规范。由于准据法最终将决定涉外民商事关系当事人的权利义务，因此在选择和确定准据法这一问题上，产生了众多的理论和方法，有时还会遇到一些特殊的问题，例如，在准据法的所属国存在着区际法律冲突、时际法律冲突或者人际法律冲突的时候，需要具体确定其解决的规则。国际私法中的先决问题也带有特定的构成要件和范畴，如何确定先决问题的准据法也将对主要问题的解决产生影响，国际上有依主要问题准据法所属国的冲突规范和依法院地冲突规范两种观点和实践。

【学习目标】 深入理解准据法的概念和特征，能清楚辨析准据法的范围和内涵；通过案例分析，了解国际私法中先决问题的构成要件及其准据法的确定方法；掌握区际法律冲突、时际法律冲突和人际法律冲突各自的含义及其准据法的确定方法。

第一节 准据法概述

一、准据法的概念和特点

（一）概念

准据法（applicable law，lex causae），是指经冲突规范的指引用来确定国际民商事关系当事人具体权利义务的实体法规范。

（二）准据法的特点

准据法作为国际私法上的特殊法律范畴，具有以下特点：

1. 准据法必须是通过冲突规范所援引的法律。未经冲突规范的指定而直接适用于涉外民商事法律关系的法律不能被称为准据法，那些直接适用于涉外民商事案件的国际条约、国际惯例或者国内法中的实体规范，都不能被称为准据法。

2. 准据法是能够具体确定国际民商事法律关系当事人的权利与义务的实体法。虽经冲突规范的指定但不能用来直接确定当事人权利义务的法律，例如，在采用冲突法的反致、转致等特殊制度时，内国冲突规范所援用的外国冲突规范就不是准据法。

3. 准据法是依据冲突规范中的系属并结合有关国际民商事案件具体情况来确定的。例如，对于"合同方式适用合同缔结地法"这一冲突规范，如果合同的缔结地是英国，准据法即为英国的实体法；如果合同缔结地为中国，准据法即为中国的实体法。

4. 准据法必须是一项具体的"法"，即具体的实体法规范或法律文件，而并非笼统的法律制度或法律体系。如果根据冲突规范的连结点找到了应当适用的某一国家的实体法或国际条约，问题仍然没有解决，因为法院不能依据诸如"美国法"或"中国法"来处理具体案件，而必须是具体的法律规范或者法律条文。

二、准据法的选择方法

准据法的选择方法是指立法机关或司法机关在制定各种冲突规范及处理民商事案件时，按照一定的标准来规定选择准据法的方法。我们根据不同时期冲突法的各种学说及各国有关冲突法的实践和判例，总结出以下几种准据法的选择方法：

（一）依法律的性质决定准据法

这种方法起源于意大利的法则区别说，从此以后，根据法律规则的性质决定其域内或域外的适用，一直为国际私法的理论和实践所承认。直到现在，在处理涉外民商事法律关系时，首先考虑它所涉及的内国法和外国法究竟属于强行法还是任意法，是属地法还是属人法，然后决定选择哪一国的法律，仍然是一个很有价值、很重要的方法。

（二）依法律关系的性质决定准据法

这是萨维尼的法律关系本座说所采用的方法，即从分析法律关系的性质入手，去寻找适用于该法律关系的准据法。这种方法首先摆脱了法则区别说的方法论的束缚，开创了法律选择领域内的"哥白尼革命"。这种方法对以后的国际私法理论和立法有很大影响，直到现在，各国制定的冲突规范大多也是依这种方法制定的。

（三）依最密切联系原则决定准据法

这种方法就是确定与某涉外民事法律关系有最密切联系的地方的法律作为准据法。这种方法可以说是对法律关系本座说的继承和发展。事实上，萨维尼提出的每一法律关系的"本座"并不是毫无根据的，它与某一法律关系常有着必然的联系，只不过萨维尼将这种联系固定为"本座"。而最密切联系原则是通过对案件进行综合分析，找出与该法律关系有最密切联系的地方的法律。两者在方法论上是相似的。

（四）依政府利益分析决定准据法

这一方法是美国学者柯里最先提出来的，其显著特点是透过法律冲突的表象，去分析其背后的利益冲突，然后根据利益冲突的情况来决定法律的适用。用政府利益分析来选择法律，其实质就是把传统冲突规范中表示空间场所意义的连结点，改变为用政府利益之有无、大小做法律选择的标准。

（五）依规则选择方法决定准据法

这种方法是美国学者卡弗斯（David Cavers）提出来的，也称为结果选择（result-selecting）方法。卡弗斯认为传统的法律选择方法是一种管辖选择（jurisdiction-selecting），即只指定一个管辖权，然后再由法官依据这一指定去援用应适用的实体法，这会导致不公正的结果和"虚假冲突"的发生。因此，他主张依规则选择方法直接就有关国家的实体法规则进行比较，选择那种更适合案件公正解决的实体法作为准据法。

（六）依分割方法决定法律的选择

分割方法（dépecage）是指在一个涉外民事案件中，对不同的法律问题加以分割，并分别依其特性确定准据法。例如，对同一涉外婚姻，往往把婚姻形式要件和实质要件加以区分，前者依婚姻举行地法，后者依当事人属人法。这种方法自法则区别说以来一直得到国际私法理论和实践的肯定，并随着涉外民商事法律关系的日益复杂化而越来越受到重视。

（七）依当事人的意思自治决定法律的选择

这种方法就是允许当事人选择他们之间的法律关系所适用的法律。它产生于合同领域并已成为选择合同准据法的首要原则，现已扩展到侵权、婚姻家庭、继承等众多领域，成为整个国际私法领域内一个很重要的法律选择方法。

（八）依有利于判决在国外的承认和执行决定法律的选择

任何一项法院判决如不能执行便不能实现其效力，而一国法院对涉外民商事案件的判决常常需要到国外去承认和执行。因此在选择法律时，依是否有利于判决在国外得到承认与执行做出判断，也是一个十分重要的方法。这种方法对国际私法所追求的判决结果的一致和维护涉外民商事法律关系的稳定性均有帮助。

（九）依比较损害方法（comparative-impairment approach）决定法律的选择

这种方法是美国学者巴克斯特（Baxter）在1963年发表的《法律选择与联邦制度》一文中首先提出来的。他认为，每一个地方的法律都存在着两种不同的政策或目的，即内部目的和外部目的。内部目的是解决每个州内私人利益冲突的基础，外部目的则是不同州私人利益发生冲突时所产生的政策。在真实冲突的情况下，就是两个州的外部目的发生冲突，这时只能服从其中一个州外部目的。确定的标准是：内部目的在一般范围内受到较小损害的那个州，其外部目的应服从另一个州的外部目的。换言之，在具体案件中应当比较两个有关州的内部目的，看哪一个受到更大的损害。如果内部目的受到了较大的损害，它的外部目的应得到实现,即适用它的法律。这种方法与政府利益分析方法相似,只是换一个角度而已。

(十) 依肯塔基方法决定法律的选择

这种方法是 20 世纪中叶在美国形成的,它不是理论工作者分析研究的结果,而是在肯塔基州法院的法官的努力下,由判例形成发展起来的,故称"肯塔基方法"。该方法的最基本特点是采用所谓"足够或充分联系"的原则,对案件与两个州是否有联系这一情况进行比较分析。只要肯塔基州与某个案件具有足够的或充分的联系,肯塔基法院就应该适用法院地法——肯塔基州法。这种方法与最密切联系原则不同,它在适用法律的时候,并不要求法院对案情进行全面分析,找出最密切联系因素,而仅主张法院地与案件有足够的或充分的联系。可见,肯塔基方法的实质是追求适用法院地法。

(十一) 依功能分析方法 (functional analysis approach) 决定法律的选择

这种方法是美国学者冯·迈伦 (Von Mehren)、特劳特曼 (Trautman) 和温特劳布 (Weintraub) 提出来的。他们主张把特定的规则和法律制度作为一个整体,通过考察其政策的目的的合理适用来解决问题。他们首先确定相关的法域,然后考虑该法域的内部规则所体现的政策和国际交易中某些特别重要的政策。当一个法域具有最终的有效控制以及所有相关法域都同意其中之一具有主导性利益时,就适用具有主导性利益的法域和规则,从而解决法律的真实冲突。这种方法实质上属于政府利益分析方法,只不过它认为法律并非一成不变,而是不断变化发展的,因而反对把注意力仅集中于其他州的现行法上,而要引导法院去考虑法律中的趋势,才能取得更合理的结果。

第二节 先决问题

一、先决问题的概念

先决问题 (preliminary question) 又称附带问题 (incidental problem),是与主要问题 (principal question) 相对应的概念,其含义是指一国法院在处理国际私法的某一争讼问题时,如果必须以解决另外一个问题为先决条件,便可以把该争讼问题称为"主要问题"或"本问题",而把需要首先解决的另一问题称为"先决问题"或"附带问题"。

例如,一个住所在希腊的希腊男子甲死亡,遗有动产在英国。英国法院受理其动产继承案件。按照英国国际私法,动产继承适用被继承人住所地法,在本案为希腊民法。按照希腊民法,死者的未亡配偶有继承其夫所遗留动产的三分之一的权利。设乙女（也是希腊人）以甲妻的身份主张继承权，而其他继承人否认其甲妻的身份。在这种情况下，英国法院为了解决乙是否有权继承问题（主要问题），必须先确定解决甲乙之间曾否有法律上有效的婚姻存在的问题。这个问题就是先决问题。

二、先决问题的构成要件

先决问题是国际私法中确定准据法可能碰到的一个特殊问题，最早是德国学者温格勒（Wengler）和梅尔希奥（Melchior）提出来的。他们指出，在国际私法中，有的争讼问题的解决需要以首先解决另外一个问题为条件，这时，便可以把争讼的问题称为"本问题"或"主要问题"，而把要先行解决的另一问题称为"先决问题"。之前，我国国际私法学界对先决问题的研究，一直承袭英国法学家莫里斯的观点，认为构成国际私法中的先决问题，应具备下述条件：

1. 主要问题依法院地国法的冲突规范必须以外国法作为准据法。只有在这种情况下，才需要考虑是依法院地国冲突规范确定先决问题的准据法，还是依主要问题准据法所属国的冲突规范确定先决问题的准据法，否则有关问题的准据法都依法院地法冲突规范确定，而无需考虑其他国家冲突规范的规定。

2. 该先决问题本身含有涉外因素，具有相对独立性，可以作为单独一项争议向法院提出，并另有冲突规范适用之。如果某一问题不具有独立性，则不构成国际私法中的先决问题。比如，在合同关系中，合同的形式是否有效、当事人有无缔约能力、合同内容是否合法等，都只不过是合同关系的不同方面，而并不是独立于该合同之外的问题，因此法院只依本国冲突规范确定这些问题的准据法，而不可能考虑以外国冲突规范确定这些问题的准据法。

3. 在确定该先决问题的准据法时，法院地国的冲突规范和解决主要问题的准据法所属国关于先决问题的冲突规范不同，导致不同的判决结果。如果两国的法律相同，也就没有讨论先决条件的必要了，因为不管适用法院地国的冲突规范还是适用主要问题准据法所属国的冲突规范，其结果都是一样的。因此，第三个条件为实质要件。

依照该观点，只有出现冲突规范冲突时才存在先决问题，解决先决问题就是在法院地的冲突规范和主要问题准据法所属国的冲突规范之间做出选择。如果一个案件的主要问题适用了外国法，且该外国法所属国解决先决问题的冲突规范和法院地解决先决问题的冲突规范一致，那么根据前述三要素说也就不存在先决问题了。其理由是：如果法院地国的冲突规范和主要问题准据法所属国的冲突规范都指向同一个法律，这时对先决问题的处理是一致的，讨论先决问题就没有意义了。

然而上述理论对先决问题在构成要件上的界定在一定程度上限制了先决问题

的认定范围，与先决问题的定义存在脱节。下面试以广州某法院于 1986 年审理的李伯康房产继承案加以说明：李伯康于 1938 年在广东台山与范素贤结婚，婚后一直无子女，1943 年，李伯康前往美国定居，并于 1967 年 11 月在美国内华达州与周乐蒂结婚。1981 年 7 月，李伯康在美国洛杉矶去世。在李伯康的遗产内，有一栋位于广州的四层楼房。1986 年 5 月，已离开广东台山到香港定居多年的范素贤得知李伯康在美国去世后，到广州某公证处办理了继承上述房产的有关证明，同年 7 月领得房屋产权证。周乐蒂在美国得知这一情况后，立即委托代理人在广州某区人民法院起诉，要求继承其亡夫留下来的上述房产。在该案中，主要问题是涉外不动产继承，且法院在处理继承问题时必须首先解决李伯康和周乐蒂在美婚姻的有效性问题。因此，李、周二人的婚姻效力问题符合先决问题的定义。然而由于主要问题即不动产继承应该适用我国的法律，这样就不符合其构成要件中的要求，使得这个问题又不是一个先决问题，显然造成了实践中的无法适从。事实上，在实践中真正狭义的、满足前述三个要件的构成要素并能引起法律适用冲突的先决问题并不多。

为此，《法律适用法解释（一）》第 10 条规定："涉外民事争议的解决须以另一涉外民事关系的确认为前提时，人民法院应当根据该先决问题自身的性质确定其应当适用的法律。"该司法解释进一步厘清了我国实践中认定先决问题的条件，即"解决争讼问题的前提条件"，摒弃了之前复杂的三要件说，令先决问题的认定和解决更适应实践的需要。

三、先决问题准据法的确定

先决问题准据法的确定在理论界有两种不同的主张：一种主张认为应以主要问题的准据法所属国的冲突规范确定先决问题的准据法；另一种主张则认为先决问题的准据法应依法院地的冲突规范来确定。

第一种主张以温格勒和梅尔希奥等的观点为代表，他们认为先决问题和主要问题是两个相互联系的问题，在确定先决问题的准据法时，不应该人为割裂它们之间的关系，既然法院地国的冲突规范指定了主要问题的准据法，那么为解决主要问题而出现的先决问题也应同时依该准据法解决，只有这样才能求得与主要问题协调一致的判决结果，从而避免因诉讼地不同而判决结果不一致的情况发生。

第二种主张则以拉沛、科麦克等的观点为代表，其理由是先决问题既然是一个独立的问题，就应该与解决主要问题的准据法一样，由法院地的冲突规范决定；此外，先决问题往往涉及婚姻、离婚及其他身份问题，这些问题对法院地来说甚至比主要问题更具意义，与法院地的关系更为密切。

除上述两种观点之外，还有一些观点认为，不应当机械地采用某种绝对的方法去解决先决问题的准据法，而应根据具体情况，谋求个别解决。

我国《法律适用法》没有对先决问题作出规定，但《法律适用法解释（一）》第 10 条规定"人民法院应当根据该先决问题自身的性质确定其应当适用的法律"，明确了先决问题的独立性，从而依照先决问题自身在法院地的冲突规范适用准据法。

第三节　准据法的确定

经冲突规范连结点的指引，通常可以找到一国的实体法作为准据法来调整具体的国际民商事关系，但如果该国存在着区际法律冲突、时际法律冲突或人际法律冲突的时候，准据法的确定就变得复杂起来。

一、发生区际法律冲突时准据法的确定

区际法律冲突（inter-regional conflict of laws）是指在同一个国家内部各个地区民商事法律不一致或者抵触的现象。区际法律冲突产生的前提条件是该国家内部存在着不同的法域。当一国冲突规范指定适用某一多法域国家的法律时，究竟以该国何地区的法律为准据法，国际上有两种不同的解决方法：

1. 由法院直接依据所适用的冲突规范中的连结点的指引，如住所、行为地或物之所在地等，径直适用该具体地点的法律为其准据法，这种确定的方法又被称为直接指定。如我国台湾地区"涉外民事法律适用法"第 4 条规定："依本法适用当事人住所地法，且当事人有多数住所时，适用其关系最密切之住所地法。"

2. 按被指定为准据法的准据法国的区际私法，这种确定方法又被称为间接指定。调整一个主权国家内部不同法域之间的法律冲突的法律为区际私法。例如 1966 年的《波兰国际私法》第 5 条规定："如被适用的法律所属国有几种法律体系在其领土同时有效，则由该国法律决定适用何种体系。"而如果该多法域国家没有统一适用的调整区际法律冲突的区际私法，究竟应该适用该国的哪一个法域的法律作为准据法呢？实践中越来越倾向于采用与该当事人或该民商事关系有最密切联系的地区的法律。例如 1978 年《奥地利联邦国际私法》第 5 条第 3 款规定："如外国法由几部分法域组成，则适用该外国法规则所指定的那一法域的法律；如无此种规则，则适用与之有最密切联系的那一法域的法律。"

我国对于解决区际法律冲突规定于《法律适用法》第 6 条："涉外民事关系适用外国法律，该国不同区域实施不同法律的，适用与该涉外民事关系有最密切联系区域的法律。"该规定直接且唯一地适用了最密切联系原则来确定相应的法律，主要是更为看重该原则的灵活性，希望能充分考虑具体案件的不同情况，从而更有利于法院地冲突规范的作用得以正确发挥。

二、发生时际法律冲突时准据法的确定

在法律领域,时际法律冲突是一种普遍存在的现象。时际法律冲突(inter-temporal conflict of laws)是指先后于同一地区施行并涉及相同问题的新旧法律之间的冲突或前后法律规定之间在时间效力上的冲突。解决时际法律冲突的法律就是时际冲突法,有时又称为时际私法或过渡法。国际私法上的时际法律冲突的发生主要有三种情况:

1. 法院地的冲突规范在国际民商事法律关系发生后发生了变更,这有可能是连结点发生了变化,也有可能是限定连结点的时间因素发生了变化,还有可能是上述两方面都发生了变化。这时需要确定适用什么时候的冲突规范去指定准据法。

2. 法院地的冲突规范未变,但其所指定的实体法发生了改变,这时需要确定是适用某一法律关系成立时的旧法还是适用已改变了的新法。

3. 法院地的冲突规范及其所指定的实体法均未发生改变,但有关当事人的国籍或住所、动产的所在地等连结点发生了改变,这时需要确定是适用依原来的连结点所指引的法律还是适用新的连结点所指引的法律。

在第一、二种情况下,准据法的确定应根据时际冲突法的一般原则加以解决。时际冲突法主要有两大原则:①法律不溯及既往,即法律只适用于其施行后的事项,对于其施行前的事项不具有追溯力。不过,法律明确规定有溯及力的,应从其规定。②新法优于旧法或后法优于前法,即对于新法或后法施行后的事项以及施行时的未决事项,依新法或后法,不依旧法或前法。有些国家的立法对法律的溯及力问题作了专门的规定。

第三种情况在法国国际私法理论上叫做动态冲突。对这种情况,各国国际私法一般都根据国际民商事法律关系的不同性质,而分别采取可变和不可变两种做法。为了避免这种冲突,在实践中最为可取的做法是在立法时对冲突规范中的连结点加以时间上的限制。例如,1982年《土耳其国际私法和国际诉讼程序法》第3条规定:除法律另有规定外,当需要依据国籍、住所或居所来确定法律适用时则以审理案件时的国籍、住所或居所为准。又如,我国《法律适用法》第31条规定:"法定继承,适用被继承人死亡时经常居所地法律……"这一规定限定了"经常居所地"为被继承人死亡时的经常居所地,适用该条就不会发生动态冲突。

三、发生人际法律冲突时准据法的确定

人际法律冲突(inter-personal conflict of laws)是指在同一个国家内部,由于不同民族、种族或宗教群体受不同法律支配,从而发生法律冲突的情形。人际法律冲突产生的一个重要条件就是在一国内不同的法律制度基于属人性适用于不同

集团的人。例如印度、伊朗、埃及等国，其关于人的身份、亲属或继承所适用的法律是随当事人所属的种族、宗教、阶级的不同而不同的。在这些国家往往会形成解决人际法律冲突的人际私法。

在理论和实践中，通常的做法是由该外国的人际冲突法或人际私法确定。如果该外国没有人际冲突法，则适用与案件或当事人有最密切联系的法律。有的国家的有关规定既适用于区际法律冲突的情形，也适用于人际法律冲突的情形。例如，1986年修改后的《德国民法典施行法》第4条第3款规定："若需适用多种法制并存国家的法律，除非适用本身已有的规定，否则依该国法律确定适用何种法制的法律；如果该国法律并无适用何种法制的规定，适用与案件有最密切联系的法制的法律。"又如1989年《日本法例》第31条规定："当事人的国籍国法律规定因人而异时，以该国规则指定的法律为当事人的本国法。如无其规则时，则以当事人关系最密切的法律为其本国法。"事实上，有的国家规定的有关规定既适用于区际法律冲突，也适用于人际法律冲突的情形。

中国国际私法的立法对人际法律冲突下准据法的选择没有作出规定，但考虑到准据法确定过程中遇到的区际法律冲突和遇到的人际法律冲突可以采取类似的做法，因此我国《法律适用法》、司法解释对区际法律冲突的相应规定可以在实践中类推适用。事实上，中国国际私法学会草拟的《中华人民共和国国际私法示范法》第16条也作出了类似的规定，依照本法规定应适用外国法律时，而该国的不同地区实施不同的法律的，或者该国不同的人受不同的法律支配的，应根据该国法律关于调整国内法律冲突的规定来确定应适用的法律。该国法律没有规定的，直接适用与国际民商事关系有最密切联系的法律。

学术视野

国际私法中的准据法是经过冲突规范连结点的指引，最终能够确定当事人权利义务的具体的实体法规范。而除准据法之外，实际上还存在着一种所谓"直接适用的法"，即无须援引法院地冲突规范而必须直接适用于某种涉外民商事关系的强制性的法律规范。这种"直接适用的法"的出现打破了冲突规范主导国际私法的局面，丰富了国际私法规范的类别，也是目前国际私法最有争议的问题之一。究竟这种法律规范的性质是什么？法国国际私法学者巴蒂福尔认为它属于公法的性质，而韩德培教授则认为有些法律规则适用于国际性质的案件，对制定该法律规则的国家来说具有非常重要的意义，这类规范属于带有强制性的私法规范，即私法公法化的问题。随着国家加强对社会经济生活的干预，国家希望其意志亦能在涉外民商事案件中得以实现，因此关于"直接适用的法"的规定和案例在逐渐增多，强化对这一问题的研究和探讨，将对我国涉外民商事案件的司法实践具有重要的意义。

理论思考与实务应用

一、理论思考

（一）名词解释

准据法　先决问题　主要问题

（二）简答题

1. 准据法的含义和特点是什么？
2. 如何理解准据法的特点？
3. 现代国际私法选择准据法的方法有哪些？

（三）论述题

1. 如何在多法域的国家确定涉外案件的准据法？
2. 谈谈时际法律冲突下准据法的确定方法。

二、实务应用

（一）案例分析示范

1997年8月，中国A公司、中国B公司和中国香港地区C公司签订了一份三方合资合同，共同投资举办合资企业。因中国B公司未年检，该合同未经审批机关批准，未生效。

为达到合资目的，中国A公司与中国B公司经协商，决定以中国A公司的名义与中国香港地区C公司签订二方合资合同，借二方合同继续履行三方合同。

1997年8月10日，中国A公司与中国香港地区C公司签订了一份与前述合资合同名称一致的合资合同，该合资企业的名称也与前述合资公司的名称一致，二方合同的内容与三方合同基本相同，中国香港地区C公司认缴的出资比例不变，中国A公司在二方合同中的出资比例是其在三方合同中与中国B公司的出资比例之和，实际上中国A公司和中国B公司仍旧按三方的出资比例出资，合资公司的董事长和总经理亦由中国B公司的人员担任。

1997年10月10日，二方合同经中国审批机关批准生效。但事实上各方履行的是三方合同。后合资因故失败，中国A公司投入合资公司的资金20万元人民币被担任合资公司董事长和总经理的中国B公司的人员抽走并转移给中国B公司占有。

2000年1月，中国A公司提起仲裁，要求中国B公司偿还上述20万元人民币及其相应的利息，并要求中国B公司向中国A公司支付因中国B公司出资不到位而应依据合资合同支付的违约金。[1]

问：本案的仲裁庭应如何适用法律？

【评析】本案的争议是涉外合资合同的纠纷，由于《中外合资经营企业法实施条例》（2001年修订）第12条规定："合营企业合同的订立、效力、解释、执行及其争议的解决，均应当适用中国的法律。"因此本案应适用中国有关的合同法和投资法。该合资合同签订于《合同法》施行之前，争议则产生于该法施行之后。根据最高人民法院《合同法解释（一）》第2条的规定："合同成立于合同法实施之前，但合同约定的履行期限跨越合同法实施之日或者履行期限在合同法实施之后，因履行合同发生的纠纷，适用合同法第四章的有关规定。"因此本案适用1999年10月1日正式实施的《合同法》。

本案二方合资合同虽经批准，但未得到履行，实际履行的是三方合资合同。但三方合同因中国B公司未年检而没有得到批准，不发生法律效力。《合同法》第56条规定："无效的合同或者被撤销的合同自始没有法律约束力……"故当事人依三方合同而取得的财产应予返还。中国B公司利用其人员担任合资公司董事长和总经理之便，非法抽走并占用中国A公司依据三方合同规定的出资比例投入的出资款20万元人民币，此款中国B公司应当予以返还并加计相应的利息。

（二）实例分析实训

案例一

施韦伯尔和安加是一对犹太人夫妻，他们在匈牙利设有住所。后来他们决定移居以色列。在去以色列途中，他们俩在意大利的一个犹太人居住区按犹太人的一种司法外离婚方式离了婚。对他们的离婚，匈牙利法是不承认的（当时匈牙利仍是他们的住所地），但依以色列法则可以承认。随后，他们俩又均在以色列获得选择住所。取得了住所的女方后来到加拿大多伦多与第二个丈夫举行了结婚仪式，但是该第二个丈夫在加拿大安大略法院提起诉讼，要求法院宣告他与本案女方当事人之间的婚姻关系无效，理由是女方当事人与他结婚构成重婚。本案涉及的问题有两个：一个是该女子的再婚能力，根据安大略的冲突规范，这个问题依以色列法解决。另一个是该女子与第一个丈夫离婚的有效性问题。依据安大略冲突规范指定的准据法，该离婚无效；但依照以色列的冲突规范指定的准据法，该离婚则是有效的。

问：（1）什么是先决问题？本案哪个问题属于先决问题？

（2）对于先决问题准据法的确定，如果依主要问题准据法所属国的冲突规范来选择决定先决问题的准据法，该案将如何判决？

---

[1] 齐湘泉：《涉外民事关系法律适用法总论》，法律出版社2005年版，第131~132页。

案例二

2002年7月13日22时，一支由51名香港中学生组成的普通话交流团入住位于北京亚运村附近的凯迪克大酒店，由于住在1020房间的两个香港男孩邓×光、李×熙在房间内玩火意外引燃地毯，火势迅速蔓延，住在隔壁1022房间的蔡×欣、刘×儿未能跑出房间，导致窒息昏迷不醒，经医院抢救无效死亡，两位少女豆蔻年华的生命黯然逝去，死亡时，蔡×欣只有12岁，而刘×儿也仅17岁。

北京市公安消防局的《火灾事故责任认定书》认定：经调查，凯迪克大酒店在1995年的装修改造中，1020和1022房间的隔墙上，在吊顶内有一个直径约11厘米的孔洞未封堵，火灾发生时把吊顶及灯池全部烧毁，大量烟气从孔洞蔓延至1022号房间。酒店值班人员发现火灾后，没有及时报警，没有启用火灾应急广播，组织疏散客人不得力，违反了公安部《机关、团体、企业、事业单位消防安全管理规定》，因此凯迪克大酒店对此次火灾负间接责任。

火灾发生后，刘×儿的父亲刘×国在北京法院起诉，将凯迪克大酒店、邓×光、李×熙作为共同被告告上法庭，要求三被告共同赔偿精神损害赔偿金、抚养女儿成长费、误工损失费、丧葬费、惩罚性赔偿等共计327.2万元。对于刘×国根据香港最低生活保障金额计算的标准，凯迪克大酒店认为，应该适用死亡发生地的生活标准进行计算，即适用中国内地的生活标准计算。

问：你对本案的法律适用问题有什么看法？

主要参考文献

1. 肖永平、王葆莳："国际私法中先决问题的理论重构"，载黄进主编：《武大国际法评论》（第3卷）》，武汉大学出版社2005年版。
2. 中国国际私法学会：《中华人民共和国国际私法示范法》，法律出版社2000年版。
3. 肖永平：《国际私法原理》，法律出版社2003年版。
4. 赵相林主编：《中国国际私法立法问题研究》，中国政法大学出版社2002年版。

第六章
冲突规范适用的一般问题

【本章概要】本章主要讲述适用冲突规范的各种制度，包括识别、反致、外国法的查明、公共秩序保留、法律规避。

【学习目标】掌握以下要点：①识别的概念及其法律意义、识别的依据（依法院地法识别、依准据法识别）；②反致的概念和类型（直接反致、转致、间接反致、完全反致）、反致问题的产生、关于反致的实践、中国关于反致的规定；③外国法的查明的概念、外国法的查明方法、无法查明外国法时的解决办法、外国法的错误适用（适用内国冲突规范的错误、适用外国法的错误）、外国法的解释、中国关于外国法的查明的规定；④公共秩序保留的概念及其法律意义、关于公共秩序保留的实践、中国关于公共秩序保留的规定；⑤法律规避的概念、法律规避的效力、法律规避的对象、中国关于法律规避的规定。

第一节 识 别

一、识别的概念及法律意义

国际私法中的识别是指依据一定的法律观点或法律概念，对有关事实情况的性质做出"定性"或"分类"，将其归入特定的法律范畴，从而确定应援用何种冲突规范的法律认识过程。识别包含两个相互制约的方面：①依据一定的法律正确解释某一法律概念或法律范畴；②依据这一法律概念或法律范畴正确判定特定事实的法律性质，比如是不是法律问题、是实体问题还是程序问题、是合同问题还是侵权问题等，从而确定应援用何种冲突规范。

识别作为国际私法的一个基本问题，最早由德国法学家卡恩（Franz Kahn）和法国法学家巴丁（Bartin）相继于1891年、1897年提出。识别问题又称识别冲突，是指有时即使两个国家规定了相同的冲突规范，但是由于两国的冲突规范中的法律概念有不同的内涵，依然会对同一事实做出不同的分类，从而采用不同的冲突规范并据此援用不同准据法。

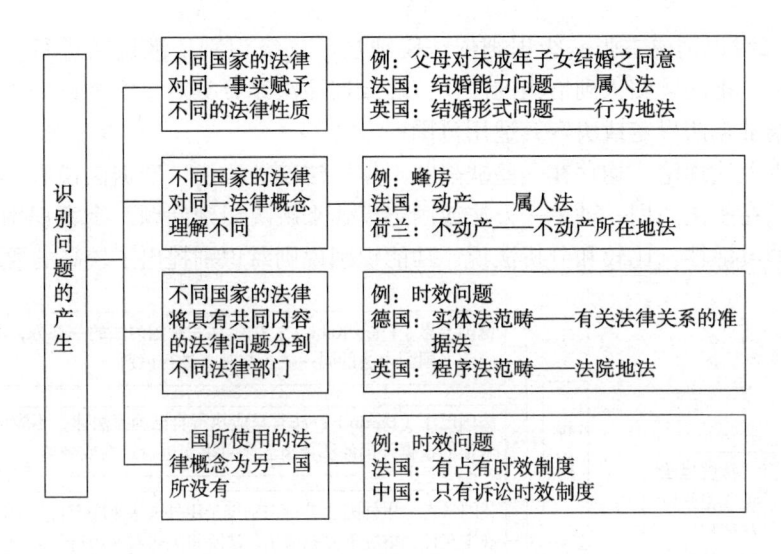

识别问题的产生示意图

```
识别问题的产生
├─ 不同国家的法律对同一事实赋予不同的法律性质
│   例：父母对未成年子女结婚之同意
│   法国：结婚能力问题——属人法
│   英国：结婚形式问题——行为地法
├─ 不同国家的法律对同一法律概念理解不同
│   例：蜂房
│   法国：动产——属人法
│   荷兰：不动产——不动产所在地法
├─ 不同国家的法律将具有共同内容的法律问题分到不同法律部门
│   例：时效问题
│   德国：实体法范畴——有关法律关系的准据法
│   英国：程序法范畴——法院地法
└─ 一国所使用的法律概念为另一国所没有
    例：时效问题
    法国：有占有时效制度
    中国：只有诉讼时效制度
```

图 1　识别问题的产生示意图

二、识别的依据

为解决识别问题，国际私法学家对识别的依据提出种种不同学说，至今仍未有统一的立法和主张。主要有法院地法说、准据法说、比较和分析法说、个案识别说、功能识别说、二级识别说等。其中法院地法说是目前最普遍的识别依据。

1. 法院地法说主张以法院地国家的实体法作为识别依据。理由是：冲突规范是国内法，其使用的名词或概念只能依照所属国的法律即法院地法进行解释。依法院地法进行识别，可以保持一国冲突规范与该国其他法律对同一事实情况解释一致。此外，法官熟悉自己国家的法律概念，按照法院地法进行识别，简便易行。

2. 准据法说主张依争讼问题的准据法对争论问题的性质进行识别。理由是：准据法是支配具体法律关系的法律，依准据法识别既可避免因对冲突规范识别不准确而歪曲适用法律，又可防止改变应适用的准据法。

3. 比较和分析法说主张依比较和分析法研究形成的一般法律原则进行识别。理由是：冲突规范是在涉及若干法律制度中选择适用何国法的规范，在认识上具有国际普遍性，因而应在比较法和分析法基础上解决识别依据问题。

4. 个案识别说主张依每个案件的具体情况分别以法院地法或准据法进行识别。理由是：识别问题归根结底是对冲突规范的解释问题，不存在统一的识别问题，因而不应采取统一的方法。

5. 功能识别说主张依法律制度在社会生活中的功能进行识别。理由是：上述各种方法都是从法律结构上的定性来解决识别依据问题，应当从考察法律制度的目的和社会功能入手，对相关问题进行识别。

6. 二级识别说主张一级识别依法院地法，二级识别依准据法进行。一级识别的任务是把问题归入到恰当的法律范畴或按照法律分类对事实加以归类；二级识别是给准据法界定或决定其适用范围。

纵观上述理论，均存在一些缺陷和不足。法院地法说、准据法说和二级识别说的缺陷在于试图用一种单一方法或固定模式来解决识别问题。个案识别说具有相当大的灵活性，比较和分析法说、功能识别说则对识别提出了较高的要求。

法院地法说

"法院地法说"主张以法院地国家的实体法作为识别依据；"新法院地法说"主张还应包括法院地国的国际私法

赞同：
- 德国卡恩（Franz Kahn）：国际私法是国内法的一部分，法院应依本国国内法的同一概念与观点进行识别
- 法国巴丁（Bartin）：法官只应执行自己国家法律，不应该要求他们根据外国的法律概念来对事实进行定性或分类
- 英国学者：用外国法进行识别等于用外国法来决定自己的冲突规则在什么情况下才能适用，法院将失去对使用自己的冲突法的控制

反对：
- 如依法院地法进行识别，有时会导致有关的法律关系本应适用外国法的却得不到适用，而本不该适用外国法的却适用了外国法
- 在法院地法无类似于外国法概念的情况下将无法识别

图 2　法院地法说示意图

准据法说

主张依照法律问题本身的准据法来解决该法律关系的识别问题

赞同：
- 法国德帕涅（Despagnet）、德国沃尔夫（Wolff）：每一条法律规则都应依其所属的法律体系来识别，若不这样，就不是在真正意义上适用外国法
- 识别不会因受案法院的不同而不同，可避免遴选法院的弊端

反对：
- 逻辑上存在循环：如果不先行识别，决定有关法律的性质，何来准据法
- 当准据法可能为两个或两个以上时，依何进行识别

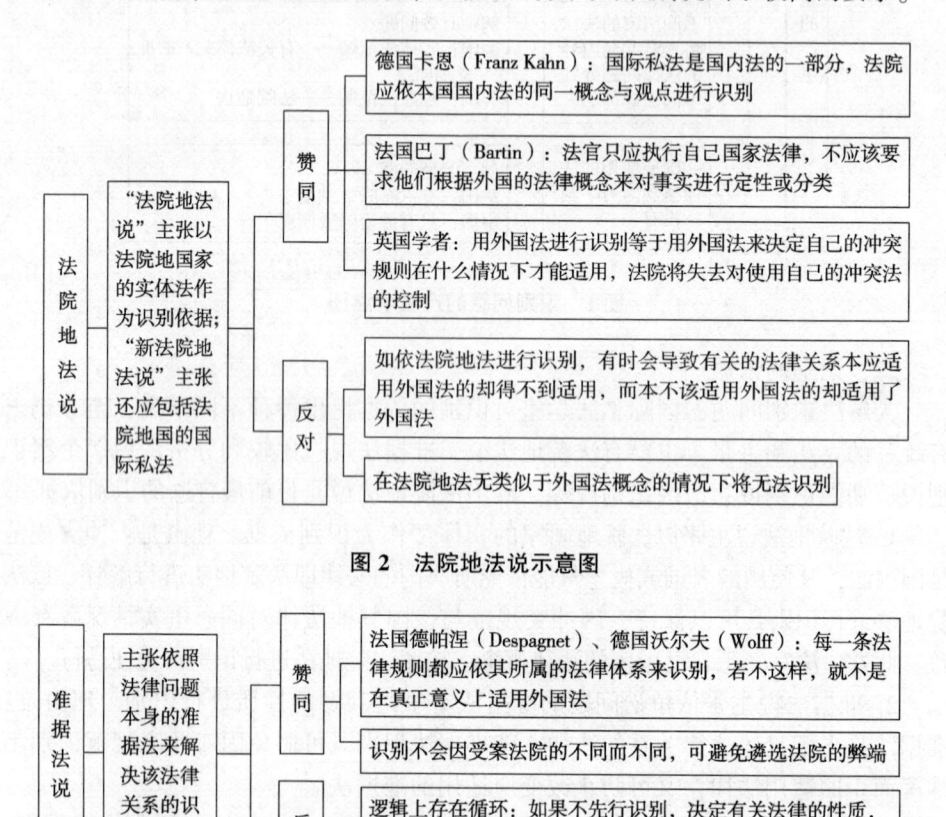

图 3　准据法说示意图

三、中国关于识别的规定

《法律适用法》对识别的依据作出了明确的规定，采用大多数国家立法普遍采取的依照法院地法进行识别的做法，其中第 8 条规定："涉外民事关系的定性，适用法院地法律。"

第二节 反　致

一、反致的概念和类型

反致是国际私法所特有的一种制度。广义的反致包括直接反致、转致、间接反致和完全反致。

1. 直接反致亦称"狭义的反致""一级反致",是指对于某一涉外民商事案件,甲国法院根据本国的冲突规范援引乙国法时,认为应当包括乙国的冲突法,而依乙国的冲突规范却应当适用甲国法,最终甲国法院适用了本国的实体法。

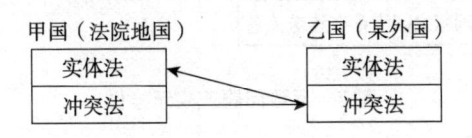

图 4　直接反致示意图

2. 转致亦称"二级反致",是指对于某一涉外民商事案件,甲国法院根据本国的冲突规范应适用乙国法,而依乙国的冲突规范却应当适用丙国法,最终甲国法院适用了丙国的实体法。

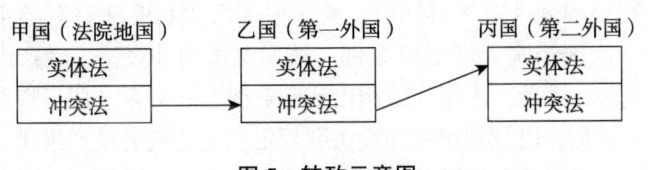

图 5　转致示意图

3. 间接反致是指是指对于某一涉外民商事案件,甲国法院根据本国的冲突规范应适用乙国法,而依乙国的冲突规范却应当适用丙国法,但依丙国的冲突规范却应当适用甲国法,最终甲国法院适用了本国的实体法。

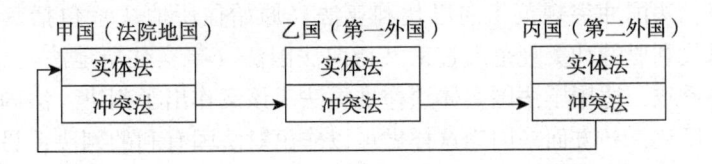

图 6　间接反致示意图

4. 完全反致亦称"双重反致""外国法院说",是英国特有的反致理论,是指英国法官在考虑反致时,应将自己视为在外国审判,再依该外国对反致所持的态度决定应适用的法律。因此,如果外国法指定英国法且该外国法拒绝反致,则英国法得以适用;如果外国法指定英国法且接受反致,则该外国的实体法得以适用;如果该外国还承认转致,则有可能适用第三国法。

二、反致问题的产生

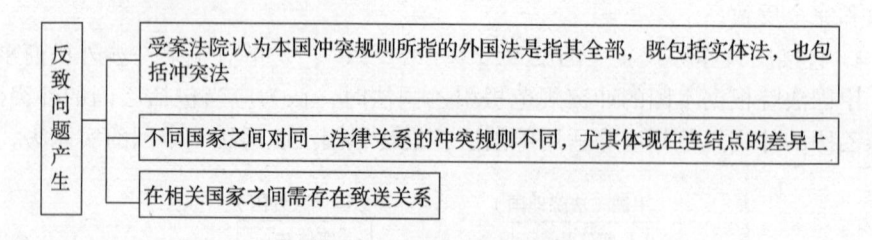

```
         ┌─ 受案法院认为本国冲突规则所指的外国法是指其全部,既包括实体法,也包
反致      │  括冲突法
问题  ────┼─ 不同国家之间对同一法律关系的冲突规则不同,尤其体现在连结点的差异上
产生      │
         └─ 在相关国家之间需存在致送关系
```

图 7　反致问题产生示意图

福尔果案是国际私法中关于反致的著名案例,自此以后反致制度即在法国判例中确定下来,引起法学界的重视。案情如下:福尔果是一个具有巴伐利亚国籍的非婚生子。从五岁开始随母生活在法国,在法国设有巴伐利亚法所认为的事实上的住所,但至死未取得法国法律意义上的住所。68岁时,福尔果在法国去世,生前未留遗嘱,其母亲、妻子先于他死亡,且无子女,但留有动产在法国。福尔果母亲在巴伐利亚的旁系亲属得知后,要求根据巴伐利亚法享有继承权,向法国法院提起诉讼,法国法院受理了该案件。按照法国的冲突法,动产继承适用被继承人原始住所地法,因此,本案应适用巴伐利亚法,其旁系亲属可以继承福尔果留在法国的遗产。但是,巴伐利亚的冲突法则规定:无遗嘱的动产继承,应适用死者死亡时住所地法。于是法国法院便认为福尔果的住所已在法国,故应适用法国法。

反致问题的产生基于以下三个条件:首先,审理案件的法院认为,它的冲突规范指向某个外国法时,既包括该国的实体法,又包括该国冲突法。其次,相关国家的冲突法规则彼此存在冲突,即对同一涉外民事关系各国规定了不同的连结点或对连结点的解释不同。最后,致送关系没有中断。本案中,法国法院运用法国冲突规范,法国冲突规范指向巴伐利亚法(原始住所地法)包括其实体法和冲突法;巴伐利亚的冲突规范反过来又指向法国法(事实住所地法),法国法院接受了这种反致,适用了法国实体法作准据法对该案作出了判决。法国法院之所以接受这种反致,一方面是因为这样做可以作出对法国有利的判决;另一方面是因为法国法院熟悉本国法,适用起来更加方便。

三、反致制度的理论分歧

对于反致制度存在赞成和反对两种对立的态度，主要观点如下。

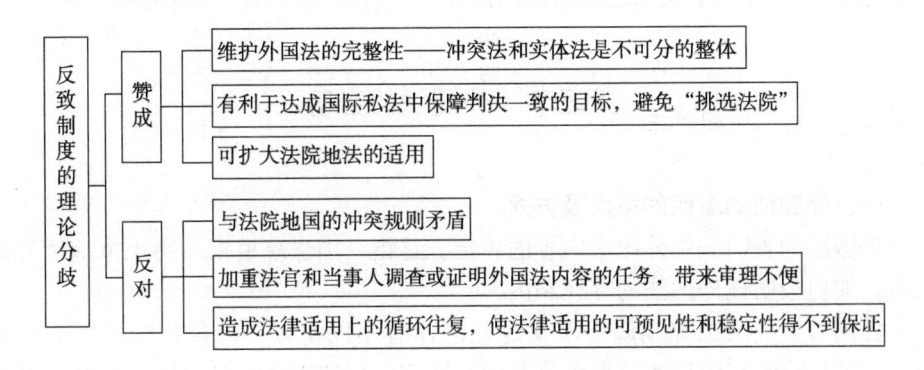

```
                    ┌─── 维护外国法的完整性——冲突法和实体法是不可分的整体
              ┌ 赞成 ┼─── 有利于达成国际私法中保障判决一致的目标，避免"挑选法院"
              │     └─── 可扩大法院地法的适用
反致制度的理论分歧 ┤
              │     ┌─── 与法院地国的冲突规则矛盾
              └ 反对 ┼─── 加重法官和当事人调查或证明外国法内容的任务，带来审理不便
                    └─── 造成法律适用上的循环往复，使法律适用的可预见性和稳定性得不到保证
```

图8 反致制度的理论分歧示意图

四、反致的立法实践

基于对反致制度的理论分歧，各国立法及国际公约对反致的态度也各有不同。

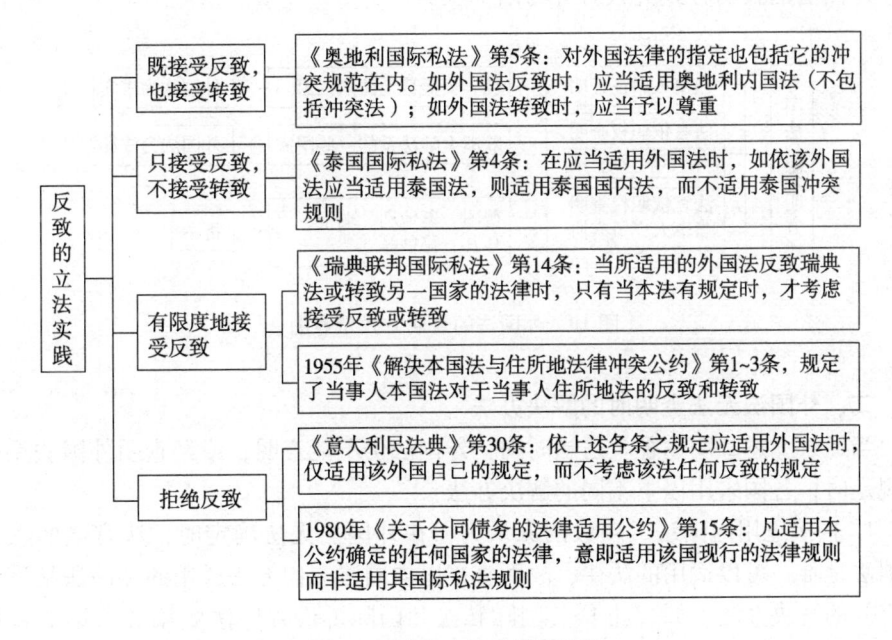

```
              ┌ 既接受反致，    ──《奥地利国际私法》第5条：对外国法律的指定也包括它的冲突
              │ 也接受转致         规范在内。如外国法反致时，应当适用奥地利内国法（不包
              │                   括冲突法）；如外国法转致时，应当予以尊重
              │
              ┌ 只接受反致，    ──《泰国国际私法》第4条：在应当适用外国法时，如依该外国
              │ 不接受转致        法应适用泰国法，则适用泰国国内法，而不适用泰国冲突
反致的           │                  规则
立法实践 ┤
              │                 ┌《瑞典联邦国际私法》第14条：当所适用的外国法反致瑞典
              │ 有限度地接      │ 法或转致另一国家的法律时，只有当本法有规定时，才考虑
              │ 受反致          │ 接受反致或转致
              │                 └1955年《解决本国法与住所地法律冲突公约》第1~3条，规定
              │                   了当事人本国法对于当事人住所地法的反致和转致
              │
              │                 ┌《意大利民法典》第30条：依上述各条之规定应适用外国法时，
              └ 拒绝反致        │ 仅适用该外国自己的规定，而不考虑该法任何反致的规定
                                └1980年《关于合同债务的法律适用公约》第15条：凡适用本
                                  公约确定的任何国家的法律，意即适用该国现行的法律规则
                                  而非适用其国际私法规则
```

图9 反致的立法实践示意图

五、中国关于反致的规定

我国 2011 年施行的《法律适用法》采取了完全不接受反致的立场,该法第 9 条规定:"涉外民事关系适用的外国法律,不包括该国的法律适用法"。

第三节 外国法的查明

一、外国法的查明的概念及方式

外国法的查明又称外国法内容的确定,是指一国法院根据冲突规范适用外国法时,如何查明该外国法的存在和内容。

各国对于外国法究竟属于事实还是法律有不同主张。以某些国家的诉讼观点,了解法律和查明事实是截然分开的,法官应当知晓法律且仅限于法律,至于事实则应由当事人举证。因此,如将外国法视为法律,则应由法官依职权查明;如将外国法视为事实,则由当事人负举证责任。实践中也有些国家采取折中主义,即外国法的查明既与查明内国法不同,也与查明单纯的事实不同,法院既应该依职权确定外国法的内容,同时当事人亦负有协助查明的义务。

外国法的查明方式大致可分为以下三类:

外国法的查明方式	当事人举证证明	英、美等普通法系国家	外国法为事实
	法官依职权查明,无须当事人举证	欧洲大陆法系的一些国家	外国法为法律
	法官依职权查明,当事人亦负有协助的义务	德国、奥地利、瑞士、土耳其、秘鲁等	折中

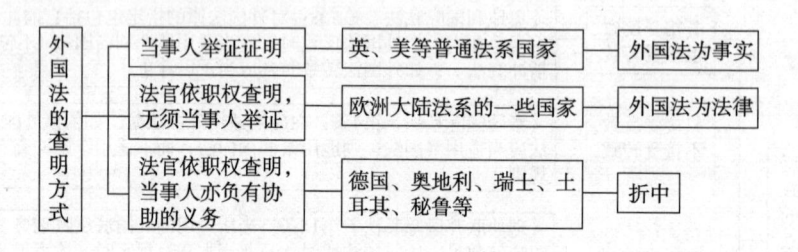

图 10 外国法的查明方式示意图

二、外国法无法查明时的解决办法

当经过上述查明途径及适当时间,外国法仍不能查明,或经查明外国法无有关规定时,各国采用以下不同的解决办法:

1. 直接适用内国法。多数国家认为,在外国法无法确定时,法官最熟悉的内国法是唯一可以适用的法律,故而直接以内国法取代无法适用的外国法是最行之有效的解决办法。如《土耳其国际私法和国际诉讼程序法》第 2 条第 2 款规定:"经过多方努力后确信无法查明与案件有关的外国法规定时,则适用土耳其法律。"此外瑞士、奥地利、法国、波兰等国家的法律也作了同样的规定。

2. 类推适用内国法。英国法院的做法是以推定外国法与英国法内容相同为根据，适用英国法。美国法院在采用类推方式适用内国法时，将类推的对象仅限于普通法系国家，对于其他法系国家不采用这种推定方法。

3. 驳回当事人的诉讼请求或抗辩。其理由是既然当事人的请求所依据的外国法无法查明，那么这一请求就缺乏成立的依据，理应驳回。如《德国民事诉讼法》第 293 条规定，德国法院依职权确定外国法的内容，但也有权要求当事人提供有关外国法的证明，如负责提供有关外国法证据的依法提供不出证据，法院则以证据不足驳回其诉讼请求或抗辩。在美国的司法实践中，如果外国法为非普通法系国家的法律且不能被当事人证明时，法院就会认定其诉讼请求或抗辩无根据而予以驳回或不加采纳。

4. 适用相近的法律。有学者认为，在外国法无法查明时，应适用同本应适用的外国法相似或类似的法律。

5. 适用一般法理。

```
外国法无法查明 ── 直接适用内国法
              ── 类推适用内国法
              ── 驳回当事人的诉讼请求或抗辩
              ── 适用相近的法律
              ── 适用一般法理
```

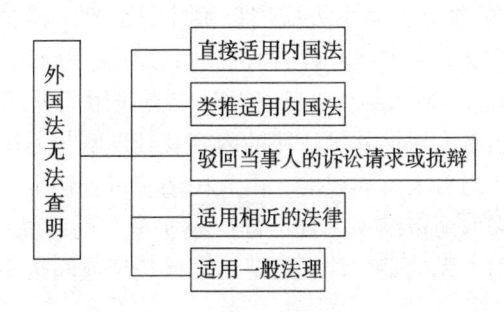

图 11　外国法无法查明时的解决办法示意图

三、外国法的错误适用

外国法的错误适用存在两种情况：①适用内国冲突规范的错误；②适用外国法的错误。

1. 适用内国冲突规范的错误。如依内国冲突规范本应适用外国法却错误地适用了内国法，或本应适用甲国法却错误地适用了乙国法。这是对内国冲突规范的"直接违反"，在本质上与错误适用内国的其他法律相同，因此绝大多数国家的法律都允许当事人依法上诉，以纠正这种错误。

2. 适用外国法的错误。即虽依内国冲突规范适用了外国法，却对该外国法解释错误。这是对内国冲突规范的"间接违反"，是否允许上诉各国规定不一。禁止上诉的国家如法国、德国、瑞士、西班牙等，一方面把外国法看做事实，另一方面上诉审又只是"法律审"，并不负审查与纠正下级法院认定事实错误的责任,因此不允许上诉。另一些国家如意大利、葡萄牙、奥地利、英国、美国等,则允许对解释外国法错误进行上诉。而判断外国法的解释是否错误,理所当然应以该外国法所属的法律体系和解释方法为依据,各国的立法均采用此立场。

四、中国关于外国法查明的规定

根据我国《民事诉讼法》的基本精神,以及"以事实为依据,以法律为准绳"的原则,对依据冲突规范所援引的外国法,法院具有查明的责任,当事人亦有举证的义务。在外国法无法查明时,直接适用国内法。

《法律适用法》第10条规定,涉外民事关系适用的外国法律,由人民法院、仲裁机构或者行政机关查明。当事人选择适用外国法律的,应当提供该国法律。不能查明外国法律或者该国法律没有规定的,适用中华人民共和国法律。2020年修正的《法律适用法解释(一)》第15条规定,人民法院通过由当事人提供、已对中华人民共和国生效的国际条约规定的途径、中外法律专家提供等合理途径仍不能获得外国法律的,可以认定为不能查明外国法律。根据《法律适用法》第10条第1款的规定,当事人应当提供外国法律,其在人民法院指定的合理期限内无正当理由未提供该外国法律的,可以认定为不能查明外国法律。第16条规定,人民法院应当听取各方当事人对应当适用的外国法律的内容及其理解与适用的意见,当事人对该外国法律的内容及其理解与适用均无异议的,人民法院可以予以确认;当事人有异议的,由人民法院审查认定。

我国民事案件采取两审终审,且不分"事实审"与"法律审",因此只要发生外国法的错误适用,无论是对冲突规范的直接违反或间接违反,均允许将上诉作为救济。

第四节 公共秩序保留

一、公共秩序保留的概念

公共秩序保留是指依据一国的冲突规范的规定应当适用外国法时,因该外国法的适用或适用结果与法院地国的重大利益、基本政策、道德的基本观念或法律的基本原则相抵触而限制或排除其适用的保留制度。公共秩序保留的结果是排除适用依冲突规范指引的外国实体法,其实质是维护本国公共利益和重要法律秩序的工具。

二、公共秩序保留的功能

公共秩序从两个方面实现其排除外国法适用的功能。

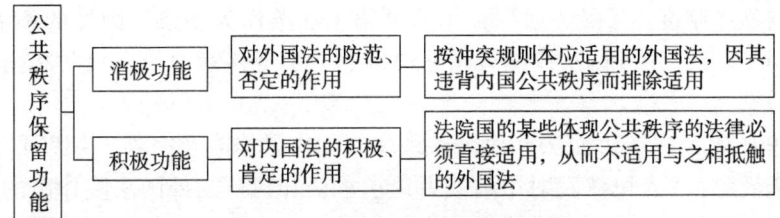

图 12 公共秩序保留功能示意图

公共秩序保留功能
- 消极功能 —— 对外国法的防范、否定的作用 —— 按冲突规则本应适用的外国法,因其违背内国公共秩序而排除适用
- 积极功能 —— 对内国法的积极、肯定的作用 —— 法院国的某些体现公共秩序的法律必须直接适用,从而不适用与之相抵触的外国法

三、公共秩序保留的立法实践

基于国际私法上的公共秩序保留具有消极和积极的双重功能,各国对于公共秩序保留也有不同立法模式。一般分为:①直接排除外国法适用,即只采用公共秩序的消极功能;②间接排除外国法适用,即只采用公共秩序的积极功能;③合并排除,即同时采用消极和积极功能。

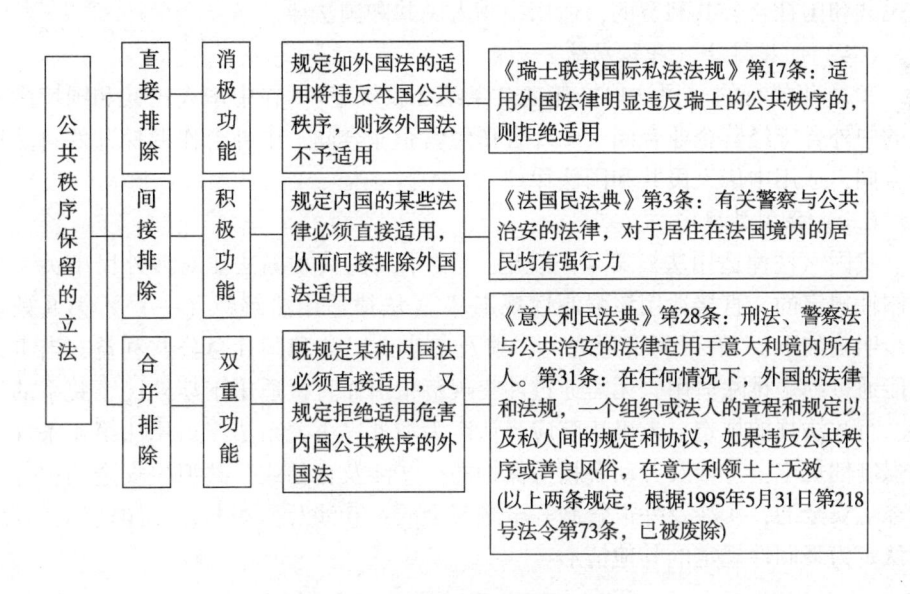

公共秩序保留的立法
- 直接排除 —— 消极功能 —— 规定如外国法的适用将违反本国公共秩序,则该外国法不予适用 —— 《瑞士联邦国际私法法规》第17条:适用外国法律明显违反瑞士的公共秩序的,则拒绝适用
- 间接排除 —— 积极功能 —— 规定内国的某些法律必须直接适用,从而间接排除外国法适用 —— 《法国民法典》第3条:有关警察与公共治安的法律,对于居住在法国境内的居民均有强行力
- 合并排除 —— 双重功能 —— 既规定某种内国法必须直接适用,又规定拒绝适用危害内国公共秩序的外国法 —— 《意大利民法典》第28条:刑法、警察法与公共治安的法律适用于意大利内所有人。第31条:在任何情况下,外国的法律和法规,一个组织或法人的章程和规定以及私人间的规定和协议,如果违反公共秩序或善良风俗,在意大利领土上无效(以上两条规定,根据1995年5月31日第218号法令第73条,已被废除)

图 13 公共秩序保留的立法示意图

四、中国关于公共秩序保留的规定

公共秩序保留作为一种在非常情况下排除适用外国法以维护国家和人民根本利益的制度,中国对此持肯定态度,在立法上采取直接排除与间接排除并用的方式。

(一)直接排除(消极功能)

1. 1987年1月1日生效的《民法通则》(已失效)第一次在中国冲突法中规

定了公共秩序制度。《民法通则》第八章第150条作为一条通则性的条款规定："依照本章规定适用外国法律或者国际惯例的，不得违背中华人民共和国的社会公共利益。"

2. 1991年《民事诉讼法》对公共秩序制度作了修改及完善。《民事诉讼法》第268条规定："人民法院对申请或者请求承认和执行的外国法院作出的发生法律效力的判决、裁定，依照中华人民共和国缔结或者参加的国际条约，或者按照互惠原则进行审查后，认为不违反中华人民共和国法律的基本原则或者国家主权、安全、社会公共利益的，裁定承认其效力，需要执行的，发出执行令，依照本法的有关规定执行。违反中华人民共和国法律的基本原则或者国家主权、安全、社会公共利益的，不予承认和执行。"（2021年修正后为第289条）

3. 2010年通过的《法律适用法》第5条规定："外国法律的适用将损害中华人民共和国社会公共利益的，适用中华人民共和国法律。"

（二）间接排除（积极功能）

2021年施行的《民法典》第467条第2款规定："在中华人民共和国境内履行的中外合资经营企业合同、中外合作经营企业合同、中外合作勘探开发自然资源合同，适用中华人民共和国法律。"

（三）强制性规定

我国《法律适用法》第4条规定："中华人民共和国法律对涉外民事关系有强制性规定的，直接适用该强制性规定。"《法律适用法解释（一）》第8条进一步明确如下："有下列情形之一，涉及中华人民共和国社会公共利益、当事人不能通过约定排除适用、无需通过冲突规范指引而直接适用于涉外民事关系的法律、行政法规的规定，人民法院应当认定为涉外民事关系法律适用法第4条规定的强制性规定：①涉及劳动者权益保护的；②涉及食品或公共卫生安全的；③涉及环境安全的；④涉及外汇管制等金融安全的；⑤涉及反垄断、反倾销的；⑥应当认定为强制性规定的其他情形。"

第五节 法律规避

一、法律规避的概念

法律规避又称法律欺诈，是指当事人为了实现利己的目的，故意制造或改变构成连结点的具体事实，以避开本应适用的对其不利的准据法，而使对其有利的法律得以适用的行为。

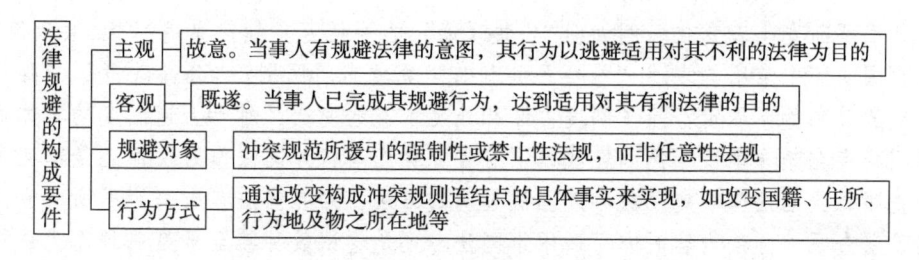

法律规避的构成要件	主观	故意。当事人有规避法律的意图，其行为以逃避适用对其不利的法律为目的
	客观	既遂。当事人已完成其规避行为，达到适用对其有利法律的目的
	规避对象	冲突规范所援引的强制性或禁止性法规，而非任意性法规
	行为方式	通过改变构成冲突规则连结点的具体事实来实现，如改变国籍、住所、行为地及物之所在地等

图 14　法律规避的构成要件示意图

对于法律规避行为是否有效尚存有争议。一般认为法律规避是一种欺诈行为，根据"欺诈使一切归于无效"的原则，法律规避行为无效，应当排除当事人希望适用的法律。亦有学者认为，既然冲突规范给予当事人选择法律的可能，则当事人为达目的而选择法律就不应归咎于当事人；要防止冲突规范被人利用，应由立法者在冲突规范中有所规定。

各国关于法律规避的理论及立法可分三种：

1. 规避内国法及外国法均无效。在欧洲大陆国家，绝大多数学者都主张只要法律上不能做出相反的解释，任何法律规避都属无效。1979 年美洲国家《关于国际私法一般规则的公约》第 6 条规定："成员国的法律，不得在另一成员国的法律基本原则被欺诈规避时，作为外国法而适用。"

2. 规避内国法无效，对规避外国法不作规定。如 1907 年《瑞士民法典》规定："如果显然是为了规避瑞士法中婚姻无效的规定而移到国外结婚，在外国的结婚无效。"这是由于相比规避内国法，规避外国法有其特殊性。当事人规避的外国法内容有些本就与内国的公共秩序相抵触，如禁止有色人种与白种人通婚等。因此有学者主张只有在规避了外国法中的合理规定时才认为其无效，否则则承认其效力。

3. 规避外国法有效。西方部分学者如德国的韦希特尔（Waechter）、法国的魏斯（Weiss）及英国的判例法均主张规避外国法律不能认为是无效行为。

三、中国关于法律规避的规定

《法律适用法解释（一）》第 9 条规定："一方当事人故意制造涉外民事关系的连结点，规避中华人民共和国法律、行政法规的强制性规定的，人民法院应认定为不发生适用外国法律的效力。"

学术视野

虽然对适用冲突规范的制度研究经年，但随着社会发展，上述制度的内涵和外延都不断发生着变化。例如,"公共政策"的外延究竟如何界定?"公共政策"与我国法律中常用的表述"社会公共利益"究竟有何区别?"公共政策"与强行规范的关系如何界定?除了制度内涵和外延本身的变迁,对于上述制度的具体适用同样存在颇多争议。例如在我国,法官究竟应当将外国法作为法律还是事实予以查明?我国法律规定了数种外国法查明的方法,只有当法官应当穷尽所有方法仍无法查明外国法内容时方可适用本国法,还是尝试数种甚至只是一种而无法查明时即可适用本国法?倘若前者,是否与司法经济原则相悖?倘若后者,则是否赋予了法官过大的自由裁量权?

理论思考与实务应用

一、理论思考

(一) 名词解释

识别 反致 法律规避 外国法的查明 公共秩序保留

(二) 简答题

我国法院查明外国法的方法有哪些?

(三) 论述题

哪些情形下,英美法系国家法院、大陆法系国家法院以及我国法院会援引公共秩序保留原则,以排除适用外国法律?

二、实务应用

(一) 案例分析示范

案例一

两个中国公民婚后旅居阿根廷,因为婚姻纠纷,阿根廷法律又不准离婚,夫妻二人依阿根廷法律规定的方式达成长期分居协议,并请求中国驻阿根廷大使馆领事部予以承认和协助执行。

问:上述分居协议是否能得到我国的承认和执行?

【评析】我国最高人民法院就该案给我国驻阿根廷大使馆领事部的复函指出:我国驻外使馆办理中国公民间的有关事项应当执行我国法律,该分居协议不符合我国婚姻法的规定,故不能承认和协助执行;该分居协议是按照阿根廷法律允许的方式达成,故只能按照阿根廷法律规定的程序向阿根廷有关方面申请承认;若当事人要取得国内离婚的效力,必须向国内原婚姻登记机关或婚姻登记地人民法院申办离婚手续。

案例二

20世纪初，A某是住所在法国的成年居民，但有浪费习惯，因此被有管辖权的法国法院判定为"浪费者"，且被置于法律顾问的控制下。作为浪费者，没有法律顾问的同意，A某没有接受或开出有关其动产的收据的行为能力。A某恰巧在英国法院成为有权获得一笔款项的人，但其法律顾问不同意他开出收据以接受这笔款项。

问：一国法院是否会承认、执行外国的带有惩罚性内容的判决？

【评析】A某根据法国法，在未获得法律顾问同意前，不具有开出收据以接受款项的行为能力。但上述法国法系惩罚性法律，而非普通民商事法律。英国法院作为主权国家法院，没有义务执行另一主权国家带有惩罚性质的法律的义务。因此，英国法院确认排除上述法律的适用，转而适用A某接受款项行为地的法律，即英国法，从而决定A有权自行开出收据以接受款项。

案例三

一个住所在法国的19岁法国人，未经其父母同意，去英国与一住所在英国的妇女结婚，后丈夫以未经父母许可为理由认为他无结婚能力，经法国法院判决婚姻无效（法国判决认为"未满25岁的子女未得父母同意不得结婚"）。而后该女又去英国与一个住所在英国的英国人结婚，后者以他与该妇女结婚时她还有合法婚姻存在而请求法国法院宣告他们的婚姻无效。

问：对上述问题如何识别？

【评析】英国法院依照英国法，将法国法规定的此种"同意"识别为婚姻形式要件。依据婚姻的形式要件依婚姻举行地法，且英国法无此种限制，故认定该妇女前婚有效，满足了原告的请求。

案例四

母女二人在英国居住但在德国有住所，该母女同时于一次空袭中遇难，且无法辨别死亡的先后顺序。母亲遗嘱规定女儿有权继承动产，但条件是女儿必须死于母亲之后。女儿的继承人诉至英国法院，要求继承母亲的遗产。

问：辨别死亡先后顺序究竟是实体问题，还是程序问题？

【评析】

（1）确定同一事件中死亡的人的死亡先后顺序是继承的程序问题还是实体问题构成国际私法中的识别问题。

依据法院地法即英国法，动产继承适用被继承人住所地法，即德国法；但继承程序适用法院地法，即英国法。

英国法将上述问题识别为实体问题，德国法将上述问题识别为程序问题。因此，若依准据法说进行识别，则上述要求为实体问题。若依法院地法说进行识别，则上述要求为程序问题。

(2) 若依法院地法说进行识别，将上述问题识别为继承的程序问题，应当适用英国法。英国法规定，确定同一事件中死亡的人，若无法辨别死亡的先后顺序，即视为同时死亡。本案中，将母女视为同时死亡，则女儿对母亲的动产不发生继承，女儿的继承人无权继承母亲的遗产。

(3) 若依准据法说进行识别，将上述问题识别为继承的实体问题，应当适用德国法。德国法规定，确定同一事件中死亡的人，若无法辨别死亡的先后顺序，长者视为先于幼者死亡。本案中，将母亲视为死于女儿之前，则女儿对母亲的动产发生继承，女儿的继承人有权继承母亲的遗产。

案例五

一个住所在日本的美国纽约州人，未留遗嘱死亡，在美国遗留有动产。

问：继承问题是否可以适用反致？

【评析】日本法院依其冲突法规定，继承应适用继承人的本国法（纽约州法）。但日本法所指向的纽约州法是包括其冲突法在内的全部法律，而根据纽约州的冲突规范的规定，动产继承适用被继承人的住所地法（日本法）。因此日本法院将适用本国继承法。

案例六

一个住所在法国的瑞士人，死后留有遗嘱，将他在英国的全部财产都交由其教子继承。但是依瑞士法，其子女应享有全部财产的90%的继承份额。他的儿子首先向瑞士法院起诉，获得继承90%遗产的判决，继而对在英国的财产请求英国法院执行这一判决。

问：继承问题是否可以适用转致？

【评析】英国法院在重新审理过程中，首先依英国冲突规范确定死者的住所地法（法国法），而后根据法国的冲突规范指定死者的本国法（瑞士法），结果英国法院判决其继承90%遗产并予执行。

案例七

一个住所在法国的英国女子用遗嘱处分了她的全部财产，使她的儿子毫无遗产可得。依照英国法，这种遗嘱是有效的；但是依照法国法，她的处分权应当只限于她财产的 1/4。

问：继承问题是否可以适用双重反致？

【评析】 英国法院从住所地法（法国法）出发，这个法律反致于英国法；但是法国法院既然承认反致说，就会接受英国法院对法国法的重新反致，所以会适用法国国内法。因此造成英国法院适用法国法的结果。

案例八

江苏某进出口集团股份有限公司（以下简称"进出口公司"）为履行其与案外人的售货合同，委托江苏某国际货运有限公司（以下简称"货运公司"）向美国某国际有限公司（以下简称"美国公司"）托运四票箱包产品，运输至美国佛罗里达州的迈阿密，价格条件为 FOB 中国，价款共 150 542.75 美元。货运公司受托后办理了四票货物的订舱、报关和向承运人交付货物等委托事务，并代表美国公司向进出口公司签发了以美国公司名称为承运人抬头的正本记名提单共四套。案外人提货时称未收到正本提单，向美国公司出具提货保函，付清运输费用后提货。四票货物的正本提单均载明：经美国港口运输的货物的提单应适用《1936 年美国海上货物运输法》，否则提单应适用在货物运输国已颁布为法律的《海牙规则》或《维斯比规则》，但在没有上述颁布的法律可以适用的情况下，应适用海牙规则的内容。

此后，进出口公司因未收到货款，以无正本提单交货为由，将货运公司和美国公司诉至我国法院，要求其连带赔偿货款损失。

审理过程中，美国公司向法院提供了经美国公证机构公证及中国驻纽约总领事馆认证的美国某律师事务所某律师依据美国相关法律和判例对记名提单问题做出的《宣誓法律意见书》。该意见书认为，在提单中没有载明要求凭正本提单交付货物的合同条款且托运人也没有指示承运人不要放货的情况下，承运人将货物交给了记名提单的收货人，是履行了与托运人之间的提单条款的行为，依据美国法律，承运人不违反提单条款和任何义务。

问：外国法应当如何查明？

【评析】

（1）由于提单注明的"经美国港口运输的货物的提单应适用《1936 年美国海上货物运输法》"系当事人真实意思表示，而涉诉四票货物以 FOB 中国价格条件运抵美国佛罗里达州迈阿密，因此本争议应当适用《1936 年美国海上货物运输法》。然而《1936 年美国海上货物运输法》对无单放货问题并无明确规定，根据法院地冲突规范，即中国法，应当适用最密切联系原则确定其所适用的法律。

由于争议是在承运人在美国港口交货中产生，而非在提单签发地或运输始发地，承运人在运输目的地交货的行为直接受交货行为地法律的约束，因此与交货行为地美国法律的联系比其与合同签订地或运输始发地中国法律的联系更为真实具体，存在实质性联系。

鉴于运输目的地为美国，因此美国法律是与本争议具有最密切联系的法律，法院应当适用美国法律。

(2) 美国公司提交的美国某律师事务所某律师的《宣誓法律意见书》，虽然是就本案的法律适用提出的个人意见，但该意见书同时也提供了相关的美国法律，且经美国公证机关公证和中国驻纽约总领事馆认证，符合我国法律关于外国法的查明途径可由当事人提供的规定，因此对其真实性和有效性应当予以认定。

(3) 我国法律对外国法查明中"由当事人提供"的查明途径应当符合的形式要件并无明确规定。但参照我国关于认定外国人委托代理人参加我国法院诉讼的委托书的有效性的有关规定，由境外取得的法律文件应当经所在国公证机关证明，并经我国驻该国使领馆认证，或履行我国与该所在国订立的有关条约中的证明手续后，才具有效力。

案例九

北京某公司（以下简称"北京公司"）作为中方与外方新加坡某公司（以下简称"新加坡公司"）共同投资设立中外合资经营企业某大厦有限公司（以下简称"大厦公司"），北京公司占股份70%，新加坡公司占股份30%。为向该大厦提供施工和开发资金，巴拿马某公司（以下简称"巴拿马公司"）牵头提供银团贷款，与其他贷款方与借款人大厦公司签订贷款协议。协议除约定双方权利义务外，还约定应当适用英国法律。

北京公司将大厦公司股份的65%转让给中国某公司（以下简称"中国公司"），保留剩余5%股份，新加坡公司维持30%股份不变。此前，大厦公司经营不善，无力偿还贷款，至股份转让之前，两次延长还款期限。股份转让的同时，大厦公司与银团代理人巴拿马公司第三次签订延长还款期限协议，重新定义大厦公司股东，即北京公司、新加坡公司、中国公司。新股东中国公司与大厦公司、银团代理人巴拿马公司在股份转让同时，另行签订《承诺及从属协议》，承诺对大厦公司债务承担连带担保责任。

大厦公司始终未能清偿债务，因北京公司、新加坡公司、中国公司未能履行担保责任，巴拿马公司遂将上述公司诉至我国法院。

中国公司称，巴拿马公司利用优势地位，施加不正当影响，使其签订《承诺及从属协议》。巴拿马公司在不提供相应对价的情况下，使中国公司凭空多承担数百万美元的债务。该协议依据英国法律关于丹宁大法官阐述的"不平等讨价还价力量"原则，应当被撤销。

巴拿马公司提供经英国公证机关公证并经我国驻英国大使馆认证的，由英国某律师事务所提供的有关英国法律及其解释意见，认为根据英国法律，对价未必系金钱。英国某律师事务所进而对丹宁大法官阐述的"不平等讨价还价力量"提供了讨论背景，并证明英国法律中并无上述概念。

问：外国法应当如何查明？

【评析】

（1）由于当事人涉外，因此本协议为涉外合同。涉外合同中，除非法律另有规定，合同当事人可以选择处理合同争议所适用的法律。我国法律对涉外合同当事人选择适用法律并未规定必须与合同存在联系。

（2）巴拿马公司提交的英国某律师事务所出具的法律意见，虽然是就本案的法律适用提出的个人意见，但该意见书同时也提供了相关的英国法律，且经英国公证机关公证和中国驻英国大使馆认证，符合我国法律关于外国法的查明途径可由当事人提供的规定，因此对其真实性和有效性应当予以认定。

（3）我国法律对外国法查明中"由当事人提供"的查明途径应当符合的形式要件并无明确规定。但参照我国关于认定外国人委托代理人参加我国法院诉讼的委托书的有效性的有关规定，由境外取得的法律文件应当经所在国公证机关证明，并经我国驻该国使领馆认证，或履行我国与该所在国订立的有关条约中的证明手续后，才具有法律效力。

（二）案例分析实训

案例一

19世纪末，住所在南非的H女士以通奸为由取得离婚判决。但南非法律规定，以通奸为由离婚的女性，在其前夫再婚之前不得结婚。H女士在英国取得了住所，并于其前夫再婚前在英国缔结了婚姻。

问：（1）若英国法院受理了针对H女士后一次婚姻有效性的诉讼，英国法院将如何判决？

（2）若南非法院受理了针对H女士后一次婚姻有效性的诉讼，南非法院将如何判决？

案例二

一个住所在英国的阿根廷人，死于英国，在日本留有不动产。

问：不动产继承人如果在日本起诉，将适用何种法律？

案例三

一个比利时女子因与法国人结婚而取得法国国籍,后欲离婚以便与一罗马尼亚人结婚。但是当时的法国法律禁止离婚,而德国法律规定则相反。于是该女子为达离婚之目的,只身移居德国并归化为德国人,随即在德国获得离婚判决,在德国与罗马尼亚人结婚,婚后以德国公民的身份回到法国。前婚的丈夫在法国法院提起诉讼,要求法院宣告她在德国的入籍、离婚及再婚无效。

问:法国法院将如何判决?

主要参考文献

1. 丁伟主编:《国际私法学》,上海人民出版社、北京大学出版社 2013 年版。
2. 李双元、欧福永主编:《国际私法》,北京大学出版社 2015 年版。
3. 肖永平:《国际私法原理》,法律出版社 2003 年版。
4. 徐冬根等:《国际私法》,清华大学出版社 2005 年版。

第七章
法律行为、代理和时效的法律适用

【本章概要】任何当事人从事的包括国际民商事关系在内的民事法律行为，只有符合有关法律规定的条件，方能有效。另外，随着国际民商事交往的日益频繁，民事代理亦成为实现民事法律行为的不可缺少的一项重要制度。由于各国民商法对于两者规定的不同，从而不可避免地都会发生法律冲突及准据法的确定和公约的统一调整问题。本章介绍了民事法律行为、代理和诉讼时效的法律适用规则。

【学习目标】了解各国关于民事法律行为法定要件的立法差异；理解法律行为方式适用行为地法的理论及其法律适用，理解诉讼时效的法律适用规则；熟悉法律行为和代理准据法的不同规定以及《代理法律适用公约》的基本内容和意义。

第一节 民事法律行为的法律适用

一、民事法律行为概述

法律行为，亦即民商事法律行为，是指民商事主体以设立、变更或终止民商事权利义务为目的，以意思表示为要素，依法产生民商事法律效果的行为。法律行为是个人创设法律关系最主要的方式，是导致各种法律关系产生的一个基本要素，也是引起法律关系发生变动的最典型的法律事实。法律行为成立和生效的条件，一般可分为实质要件和形式要件。前者指行为人、意思表示及内容三个方面应具备的条件，即行为人应具有相应的行为能力，行为人的意思表示必须真实，内容也必须具有合法性、可能性和确定性；后者指行为人意思表示所采取的法定形式，如书面形式、口头形式和其他特定形式。在国际民商事活动中，涉外民商事关系多是由涉外法律行为引起的，因此民事法律行为无论是实质要件的冲突还是形式要件的冲突，都是国际私法中法律冲突的最基本的表现形态。

二、民事法律行为的法律适用

（一）民事法律行为传统的法律适用原则和理论依据

从各国国际私法的立法实践看，一般都是依照民事法律行为有效成立的实质要件和形式要件，分别规定不同的法律适用规则。在规定法律行为实质要件调整方面，通常根据各种法律关系所呈现的不同性质和特征，分别加以确定。如缔结合同行为适用当事人自主选择的法律，物权行为适用物之所在地法律，结婚实质要件适用婚姻当事人属人法，等等。因此，上述许多法律行为的实质要件调整，并无统一的法律适用规则。而对于民事法律行为形式要件，即法律行为方式，一般都规定适用行为地法原则。

法律行为方式适用行为地法，学理依据主要是：

1. 法则区别说。该学说将法律关系划分为属人、属物、属行为，并各受其所属法律的支配。属人的法律关系依属人法；属物的法律关系依物之所在地法；而属行为的法律调整源于"场所支配行为法则"，最初不仅适用于法律行为的方式问题，还适用于法律行为的实质问题。16世纪以后，它才仅仅指法律行为的方式。

2. 主权说。也有人认为，在一国领土所为的法律行为，就应服从该国的主权，所以在该国领土内所为的法律行为，包括法律行为方式在内，都应该服从该国的法律，即行为地法。

3. 意思自治说。还有人认为，当事人在某一地点从事某种法律行为，就是自愿服从该国的法律。由于该学说在国际民商事关系中被广泛采用，故而当事人各方在选择法律时，涉及有关法律行为方式，通常都选择行为地法。必须指出的是，在国际私法实践中，由于国际交往的发展，内国人常常在外国为法律行为，外国人常常在内国或第三国为法律行为，涉及其法律行为的方式，不可能都依本国的法律，为了国际交往的便利起见，有时要适用行为地国的法律。

(二) 民事法律行为法律适用原则的新发展

民事法律行为法律适用原则不断发展与完善的最直接的表现，就在于冲破了法律行为方式与行为地法之间单一、机械、僵硬的联系，使行为地法之外更广范围内的法律得到考虑和适用，使更趋开放、灵活、科学、合理的法律适用原则得以发展、形成和确立。

1. 选择适用当事人的共同属人法或行为地法。对于法律行为的方式，原则上应适用行为地法，但若双方当事人国籍相同或在同一个国家有住所或惯常居所，则不妨依其共同的属人法来确定其法律行为应具备的形式或应采取的方式。这样做，相对于固定、简单、机械地只适用行为地法无疑是一个不小的进步。当事人来自同一个国家，在某些场合以其共同的属人法来确定其法律行为的形式或方式，不仅简单便利，而且往往更为公正合理，尤其在以下场合更具积极而重要的意义：①行为地难以确定、行为地法不存在或无以证明；②行为地的偶然性使行为地法与当事人及其法律关系并无实际联系或仅有松散联系；③当事人的共同属人法中规定了不同于行为地法的某种特别的法律行为方式，而当事人所为的法律行为将主要在其本国或住所地国或惯常居所地国产生法律效果。况且，绝对地、不加限制地适用行为地法，必然导致为当事人任意利用选择行为地的自由规避法律提供机会和创造条件。

2. 选择适用法律行为本身的准据法或行为地法。法律行为本身的准据法，或者说适用于法律行为实质要件的准据法，就是指用来支配法律行为成立与效力的准据法。这项法律适用原则，其实就是主张在行为地法之外，还可以考虑将适用于法律行为实质要件的准据法亦适用于法律行为的方式。这样，不仅法律行为方式的准据法范围得到了扩大，而且对法律行为的方式和实质要件适用同一准据法，也能使法律行为的法律适用得到相应的简化。

不过，在具体采用这项原则时，各国的做法仍不尽相同。有的国家是以法律行为本身的准据法为主，以行为地法为辅。德国、奥地利、匈牙利、挪威、波兰、日本、瑞士等国均是采取此种做法，如1979年《奥地利国际私法》第8条规定："法律行为的方式，依支配该法律行为本身的同一法律；但符合该法律行为发生地国对方式的要求者亦可。"1966年《波兰国际私法》第12条也规定："法律行为的方式，依支配法律行为实质的法律，但如遵守行为地国家法律所规定的方式，亦为有效。"有的国家则是以行为地法为主，而以法律行为本身的准据法为辅。例如，1982年《土耳其国际私法和国际诉讼程序法》第6条规定："法律行为的方式适用行为完成地的法律，也可以适用调整行为效力的法律。"

3. 依"尽量使之有效"的原则确立灵活、多元的法律适用原则。自20世纪30年代以来，受国际上简式主义思想、意思自治原则的影响，基于尽量使法律行为有效成立的基本政策，各国普遍放弃了对法律行为方式的严格要求。反映在法律行为方式的法律适用上，即表现为对有关的冲突法规则进行软化处理或规定复数连结点以增加准据法可选性的立法趋势，如允许对法律行为的方式选择适用法律行为实质要件的准据法、行为地法、当事人共同的属人法、法院地法和法律关系成立地法等。1946年《希腊民法典》第11条即规定："法律行为的方式如果符合决定行为内容的法律，或者符合行为地法，或者符合全体当事人的本国法，就认为有效。"

这里需要特别指出的是，某些特殊的法律行为的方式并不一定适用上述诸原则，大致有以下几点：

（1）票据法律行为方式一般只能适用行为地法。如《罗马尼亚国际私法》第128条规定："……对于支票只须满足支付地法律对形式的要求即可。"我国《票据法》第98条也规定："票据的背书、承兑、付款和保证行为，适用行为地法律。"

（2）物权，如房屋转让、财产租赁、土地抵押等设定的登记和处分等行为方式，一般只能适用物之所在地法。如《泰国国际私法》第 9 条第 2 款规定："……对于不动产契约、证书或者在效力上有所要求的其他法律行为的方式，依财产所在地法。"《中华人民共和国国际私法示范法》亦采取此种做法，该法第 70 条规定："……关于不动产的处分行为，其方式适用不动产所在地法。"

（3）国际贸易法律行为方式适用特别规定。依据各国通常的做法，对于外贸行为方式，一般由国际条约或有关国家协商解决，或者适用内国的专门立法。如《苏俄民法典》第 556 条第 1 款规定："外贸法律行为的权利和义务，如果双方协议无别的规定，由法律行为实施地的法律规定。"接着第 565 条以"适用于法律行为形式的法律"为题又规定："在国外所实施的法律行为的形式，应遵守行为实施地法律。但如果法律行为遵守了苏联法律和本法典的要求，不得因未遵守形式而宣告无效。"并且特别强调："苏联组织所实施的外贸法律行为形式……不论这些法律行为在何地实施，都由苏联法律规定。"不过，在苏联及俄罗斯的对外贸易实践中，往往由缔约双方的协议对此作专门规定。[1]

第二节 代理的法律适用

一、国际代理概述

代理作为一种制度向来是商品经济活动中一项不可缺少的重要内容，在推动经济发展中起着十分重要的作用。而各国也早在民事制度设立之初就相继建立了代理法律制度。在现代社会，随着经济一体化进程的不断深化和跨国民商事交往的日益频繁，具有涉外因素的代理关系正日趋增多，国际代理冲突问题正日益彰显。尽管如此，国际社会关于代理的统一实体规范仍十分有限，其法律冲突的解决主要依靠冲突规范，即法律适用规范。

从国际代理实践来看，由于两大法系对代理的基本问题的认识不同，反映在国际私法的解决方法上亦有很大差别。目前国际上大体存在两种不同的做法：单一制和分割制。前者是指将国际代理关系看作一个整体，统一适用一个地方法律加以调整；后者则提倡将代理关系分割为不同方面分别由不同的法律支配。此外，国际私法会议于 1978 年订立了《海牙代理法律适用公约》，对本人与代理人之间的内部关系，本人与第三人、代理人与第三人之间的外部关系的法律适用以及其他相关问题做了全面的规定。

---

[1] 张仲伯：《国际私法学》，中国政法大学出版社 2007 年版，第 203~205 页。

二、代理的法律适用规则

(一) 代理内部关系的法律适用规则

1. 意思自治原则。代理的内部关系也即被代理人与代理人的关系实质就是一种委托代理合同关系，并不产生特殊的法律适用问题，一般受合同适用的冲突规范支配。其首要原则是意思自治原则，由当事人合意选择的法律支配被代理人与代理人之间的关系。罗马尼亚、美国、德国、瑞士等国立法和实践及《海牙代理法律适用公约》都采用此项原则。

意思自治作为处理委托代理法律适用的首要原则，其优势是显而易见的，它有利于审理结果的可预见性、一致性，也有利于争议迅速解决。

2. 适用代理人营业地法。当事人未做法律选择时应如何适用法律，各国理论和实践分歧较为明显，根据保护利益的取向不同主要可分为五种做法：依代理行为地法，如罗马尼亚、奥地利等；依代理人营业所所在地法，如《中华人民共和国国际私法示范法》；依代理关系成立地法，如澳大利亚和德国等；以适用营业所所在地法为主，特定情况下适用代理行为地法，如《代理法律适用公约》；依最密切联系或重心所在地法，如美国等。总体而言，依代理关系成立地法的弊端比较明显，因为代理关系的成立地通常是偶然的，尤其在电报、电传及电子商务手段广泛应用的今天更加难以确定，所以代理关系成立地并不能反映委任合同的特征性履行。而依最密切联系地或法律关系重心所在地法的法律适用规则，虽然很灵活，但另一方面却又显得较抽象，此种做法更适合于赋予法官较大司法裁量权的普通法系国家。

实际上，除意思自治原则外，任何法律适用规则本质上均可说是力求适用最密切联系地法或法律关系之本座法，关键是如何在具体的代理内部关系中落实最密切联系地或法律本座，这便需要借助特征性履行说，找出最能反映代理内部关系特征性履行的连结点。而代理内部关系法律适用规则主要基于这样的考虑，代理合同的目的在于代理人按规定完成其代理业务，使被代理人的利益得到实现，按照特征性履行说，代理合同的重心一般在代理人业务开展地。所以，在未做法律选择时，适用代理关系成立时代理人营业所所在地比较合适，而且代理人的营业所在绝大多数情况下都和代理人行为地相重合。在二者不重合的情况下，出于维持本人和代理人利益的平衡，适用代理人营业所所在地法比代理行为地法更好，实际上代理人在何地为代理行为，有时候他自己也难以预料到。

3. 适用代理人住所地或惯常居所地法。在代理人没有营业所的情况下，代理人的住所或惯常居所地也可充当代理内部关系的重心，因为代理人如果没有营业所，一般在其住所地或惯常居所地开展业务。很多学者认为惯常居所比住所作为连结点更具合理性，因为住所不仅需要当事人久住的事实而且还要久住的意思才能认定,而我国法律干脆把住所解释为户籍登记或者其他有效身份登记记载的居所,这早已不符合现代经济的流转需要。而惯常居所只需要当事人的久住事实即可认定,更能反映代理人最近的经济活动重心。因而很多国际私法立法摒弃了住所作为连结点,而采用惯常居所为代替,《海牙代理法律适用公约》即如此。

4. 适用代理行为地法。代理人营业所所在地、住所或惯常居所地作为代理关系重心地也并非一成不变。如果本人在代理人代理行为地有营业所、住所或惯常居所,则代理行为地很大程度上应为法律关系重心所在地。《海牙代理法律适用公约》即采用这种做法,其第 6 条规定:"在没有根据第 5 条选择法律的情况下,适用的法律应是在代理关系成立时,该代理人设有营业所的国家的国内法,或者如果没有营业所,则是其惯常居所地国家的国内法。但如果本人在代理人主要活动地国设有营业所,或者虽无营业所但在该国设有惯常居所,则该国国内法应予以适用。在本人或代理人有一个以上的营业所时,本条涉及的营业所系指与代理协议有最密切联系的营业所。"

(二) 代理外部关系的法律适用规则

代理的外部关系是指被代理人与第三人的关系以及代理人与第三人的关系,它常表现为代理人与第三人的法律行为是否拘束本人的问题。

关于代理外部关系法律适用的连结点选择,理论和实践上主要有三种做法:①适用本人住所地法或调整代理内部关系的法律。这种立法着眼于保护本人的利益,在 19 世纪末期为各国普遍采用,此种主张现在已无多少人赞同。②适用主要合同准据法,英国、法国采用这一做法,1940 年《蒙得维的亚公约》第 41 条也规定主要合同的准据法是规范整个外部关系的准据法,但代理的外部关系多为代理人与第三人所为的法律行为是否拘束本人的问题,与主合同的准据法并不一致。③适用代理人代理行为地法,这是一种着眼于保护第三人利益的法律适用原则,瑞士的立法和实践、《海牙代理法律适用公约》皆采此种做法。

总的来说,代理外部关系的法律适用关键要体现保护第三人利益的原则,由这个原则出发选择第三人能够期待或者预见的连结点比较合适。首先,代理外部关系的主要争议焦点在于本人通过代理人的活动与第三人缔结的契约效力如何。出于第三人利益考虑,第三人对行为地的法律适用最能预见。其次,无论被代理人还是第三人,总会和代理人发生关系,所以双方当事人都能预见到代理人营业所所在地,而且代理行为地绝大多数情形下和代理人营业所所在地相重合。但出于法律适用的灵活性,将这两个连结点规定为选择性连结点比较好,因为在某些情形下,代理行为地很难确定,两者兼用才能相得益彰。而且在绝大多数情况下代理行为地和代理人营业所所在地都是重合的,当两者不一致时,由法官行使自由裁量权也可增强法律适用的灵活性。

三、《海牙代理法律适用公约》

《海牙代理法律适用公约》（Convention on the Law Applicable to Agency），1978 年 3 月 14 日第 13 届海牙国际私法会议通过，1992 年 5 月 1 日生效。

该公约共 5 章 28 条。其主要内容有：①适用范围。公约适用于由一方（代理人）有权代表他人（被代理人）与第三人进行交易活动所产生的具有国际性的关系的准据法的确定。不管代理人是以自己的名义或以被代理人名义进行代理活动，都属于该公约的适用范围。②本人与代理人之间内部关系的法律适用。一是意思自治原则；二是当事人未作选择时的法律适用。③本人、代理人和第三人之间外部关系的法律适用。公约采取折中方案，规定以代理人的营业地和行为地作为连结点。④一般条款和其他问题。规定了与公约适用有关的一些基本问题，如公共秩序保留、公约的保留、国内法强制性规定的优先适用等。根据公约第 16 条规定，法院应该给予任何一个与特定的代理关系有重要联系的国家的强制性法律优先适用的效力。

《海牙代理法律适用公约》将统一冲突法的范围从家庭法扩展至商事法，它调和了大陆法系和普通法系对代理法律适用的不同规定和分歧，在相当广泛的范围里为国际代理提供了一套便捷明确的、具有实际操作性的法律选择规则，公约不仅根据当事人意思自治原则和最密切联系原则来确定代理关系的准据法，而且采取了复数连结点的方法来决定法律适用，这对于促进各国代理法律适用的统一、简化代理程序、排除代理分歧、寻求代理的共同点有着一定的现实意义。

四、我国关于涉外代理法律适用的规定

《法律适用法》第 16 条规定："代理适用代理行为地法律，但被代理人与代理人的民事关系，适用代理关系发生地法律。当事人可以协议选择委托代理适用的法律。"仔细剖析该条规定，我们可以得出三层含义：①"代理适用代理行为地法律"，这其实是规定了代理外部关系的法律适用；②"被代理人与代理人的民事关系，适用代理关系发生地法律"，这符合代理内部关系的法律适用的规定；③"当事人可以协议选择委托代理适用的法律"，这是对委托代理当事人意思自治法律适用原则的确认。

第三节 诉讼时效的法律适用

一、诉讼时效概述

诉讼时效亦称消灭时效。所谓消灭时效是指："因一定期间权利之不行使，而使其请求权归于消灭之制度。"从诉讼时效的定义可知，其直接关乎当事人之

请求权能否得到法律的保护，因此诉讼时效问题历来备受当事人关注。由于世界各法域关于诉讼时效的规定各异，加之各法域在私法领域无不承认外法域法在本法域内的域外效力，因此在国际或区际民商事纠纷中就必然会产生适用何法域诉讼时效规定的冲突。

二、诉讼时效的法律适用规则

（一）大陆法系和英美法系对诉讼时效的识别

在各法域的国际私法上，一个永恒的真理便是在实体与程序之间做出区分。在正常情况下，识别不同必然导致准据法的不同。程序由法院地法支配，而实体事项则由法律选择规则所指引的法律准据法支配，这一法则已经得到世界各法域的广泛承认与适用。

大陆法系以成文法为其特色，其实体法与程序法是相对分立的，如诸法域均有独立的民法典与民事诉讼法典。反映在立法上，大陆法系诸法域均在其民法典或民事基本法律中规定了诉讼时效制度，因而诉讼时效制度当属实体法性质无疑，反映在国际私法上，大陆法系法域均将诉讼时效识别为实体问题。

在英美法系中，无论在观念上还是在立法上，程序与实体之间并不像大陆法系那样泾渭分明。英美法系普遍没有制定像大陆法系中的民法典。诉讼时效制度往往单独立法，或在民事诉讼规则以及法院规则中予以规定。在英国，按一般理解，"程序"包括诉讼时效。英国法院原来的判例可分为两种情况：一种是根据外国法（案件准据法），涉外民事案件已经失去诉讼时效，但是根据英国法，案件没有失去诉讼时效，原告可以在英国法院提起诉讼。另一种是原告在外国法院提起诉讼，但是根据该外国法律，案件已经失去诉讼时效，外国法院不予受理。然而根据英国法律，案件没有失去诉讼时效，于是原告可以在英国法院提起诉讼。这就表明在传统上英国将诉讼时效问题识别为程序问题。在诉讼时效被当做程序问题的前提下，只要根据法院地法诉讼没有失去诉讼时效，即便根据案件的准据法诉讼已经失去诉讼时效，原告也可以在该国法院提起诉讼。如果根据法院地法，诉讼已经失去诉讼时效，即便根据案件的准据法，诉讼还没有失去诉讼时效，该诉讼也不能在该国法院进行。在美国，诉讼时效问题被识别为程序问题还是实体问题，往往取决于个案的情况，立法及判例均留给法官较大的自由裁量权。1979年美国最高法院在审理豪森诉杜克一案[1]中，将诉讼时效识别为实体问题，而在1988年太阳石油公司诉沃特曼案[2]中又将诉讼时效识别为程序问题，肯定了堪萨斯州最高法院把诉讼时效识别为程序法问题从而

---

[1] Housen v. Duke 444 U.S. 863.
[2] Sun Oil Co. v. Wortman 486 U.S. 717.

适用法院地法的做法，其理由为，美国宪法中关于充分信任和尊重以及正当程序的条款，没有禁止州法院对准据法是其他州实体法的案件在诉讼时效冲突时适用法院地法关于更长的诉讼时效的规定。总之，在英美法系中，对于影响当事人诉权行使的诉讼时效问题，法院一般只适用法院地法，而不管案件依其准据法是否已经失去诉讼时效。[1]

值得注意的是，英美法系法域在诉讼时效识别问题上的态度均有转变。英国率先以成文法形式规定诉讼时效应识别为实体问题。英国法律委员会1982年第114号报告提议废除实体问题与程序问题的二分法，并正式通过一项一般原则：如果外国法在英国适用，那么该外国法中的诉讼时效也将予以适用。1984年英国议会采纳了英国法律委员会的建议，正式通过了1984年《外国诉讼时效期间法》。该法规定英国的冲突法规则把所有的外国诉讼时效一律识别为实体问题，而不管外国法把诉讼时效识别为实体问题还是程序问题。如果英国冲突法规则指定适用一个外国法，则包括适用该外国法关于诉讼时效的规定，而英国法关于诉讼时效的规定将被排除适用。也就是说，作为准据法的诉讼时效法适用于在英国法院审理的涉外诉讼，无论该外国国家将诉讼时效识别为实体问题还是程序问题，均排除适用有关诉讼时效的英国法院地法。同时，根据1984年《外国诉讼时效期间法》，适用外国法不仅包括确定有关诉讼时效期限长短的规则，而且包括诉讼时效的起算、延期、中断及重新起算等规则。

在美国，许多州都普遍采用了"借用法"，将外州或外国的诉讼时效视为实体问题，在涉外民商事案件中予以适用。同时，在美国有关法院的判例中，例如1973年新泽西州和威斯康星州法院的判例以及第三巡回上诉法院的判例，都把诉讼时效问题识别为实体问题。1982年美国统一各州法律的全国委员大会正式通过了《统一冲突诉讼时效法》，该法至少被20个州所接受。根据该法第2、4条的规定，诉求如果是根据另一州的实体法提出来的，诉讼时效也应适用该州的法律，除非适用另一州的诉讼时效没有给原告提供公平的诉讼机会，或者在辩护方面给被告不公平的负担，则适用本州的诉讼时效法。另外，1988年美国法学会对《第二次冲突法重述》进行了修改，其中关于诉讼时效方面的变化体现在以新的第142条取代了原来的第142、143条。新的第142条规定，表明与诉讼时效问题有最重要联系的法律将被适用于诉讼时效的抗辩，而不再一味地适用法院地法。同时它也标志着依据英美普通法将诉讼时效识别为传统的程序问题不再具有说服力了，从而使美国关于诉讼时效的冲突法理论与英国和欧洲国家最新的

---

[1] 葛成书等："诉讼时效冲突问题探讨"，载黄进主编：《武大国际法评论》（第7卷），武汉大学出版社2007年版。

立法在较大程度上保持了一致。

以上分析表明，在英美法系法域中，对诉讼时效的识别虽然总体上存在从原来的识别为程序问题转向识别为实体问题的趋势，但目前尚未完全统一。因此，概而言之，英美法系法域将诉讼时效识别为程序性问题，而大陆法系法域将诉讼时效识别为实体性问题。

（二）诉讼时效识别的标准

诉讼时效是识别为程序问题还是实体问题，向来见仁见智。总体而言，区分标准有以下几种：

1. 以是否方便为标准。戴西和莫里斯早就指出将某事项划分为实体问题或程序问题的方法自始就受到了批评，这是因为实体与程序的区别绝不是泾渭分明的。因此，他们指出在将某事项识别为实体或程序时，应该具体考虑作这种划分的目的，而作这一划分的主要目的乃在于避免法院在审理其所不熟悉的含有涉外因素的案件时所带来的不方便。基于此，如果法院在处理涉外案件时有可能适用外法域法而不会造成不方便时，那么就不应该将那些事项归入程序性范畴。然而，方便与否只是一个相对的概念。以诉讼时效为例，在查明外法域诉讼时效制度的前提下，一方面我们可以认为法院按照另一法域的诉讼时效规则处理案件并不存在什么不便，因为诉讼时效规则主要是关于诉讼时效的期间、中断等的规定，这类规则的适用并不存在太高的技术难度；另一方面，我们也可以认为法院按照另一法域的诉讼时效规则处理案件十分不便，这是因为不同法域之间的诉讼时效制度常常存在巨大的差异，诸如诉讼时效期间起算点的确定、中断中止事由的确定等。

2. 依是否在实质上影响案件结果为标准的"实质影响案件结果说"。即凡在实质上会影响案件结果的所有争议都应被归类为实体性的。按照这一标准，诉讼时效冲突问题必须探讨时效是否会在实质上影响案件结果。这一问题的结论是肯定的，因为诉讼时效期间是否届满直接关系到一个案件的胜败。按照这一标准，诉讼时效当然可作为实体问题看待。但问题在于，这个标准本身并不能将程序与实体问题完全区分开来。一些典型的程序问题，如举证时限、证据的真伪等，同样会在根本上影响案件的结果，导致当事人诉讼的胜败。因此，依这个标准来识别诉讼时效，难以奏效。

3. 以是否消灭权利为界限。许多学者在比较两大法系关于诉讼时效识别上的区别时认为，在大陆法系法域，诉讼时效之所以被当做实体问题，是因为诉讼时效不仅阻止救济，而且消灭权利；而在英美法系法域，诉讼时效只是阻止救济，并不消灭权利。然而，就全世界范围而论，诉讼时效的效力均表现为抗辩权的发生，并不发生什么权利的消灭，英美法中的反占有制度等特殊情形除外。因此,从实体权利是否因诉讼时效届满而消灭来甄别诉讼时效是实体或程序问题,是站不住脚的。对于这一点,许多英美法学者早就指出,所谓诉讼时效只阻止救济而不消灭权利的区分完全是人为的,他们感慨一个救济被阻止的权利不再是权利,一个不能通过诉讼得到执行的权利已经失去了最有价值的部分,仅仅以阻止救济与消灭权利之间的区别显然不足以导致将诉讼时效识别为程序。

(三) 诉讼时效的冲突规范

冲突规范仅指定某种涉外民商事关系应适用何法域的法律,并不直接规定当事人的具体的权利与义务关系,它必须与被其指定的那一法域的法律规范结合起来才能最终确定当事人的权利与义务关系,完成解决涉外民商事争议的任务。纵观世界各法域的国际私法关于诉讼时效的冲突规范,可谓类型有别,大致包括以下几种:

1. 关于诉讼时效的冲突规范类型规定只适用内国法。采用这种冲突规范类型的法域,并不考虑域外法关于诉讼时效的规定,一概只适用本法域法。由于这种冲突规范完全不考虑其他法域的因素,不利于国际的相互来往,因此采用该立法类型的国家并不多见。

2. 关于诉讼时效冲突规范的类型采用选择适用准据法的冲突规范,即在冲突规范中规定与争议有实际联系的并可供当事人选择的连结点,留待当事人做出选择。比如1979年《匈牙利国际私法》第30条规定,除当事人另有协议外,债权人检查的权利或义务是否存在,检查的方法,有关诉讼的时效及因素的法律上效果,依目的地或交货地法。当事人可选择二者之一为准据法。

3. 关于诉讼时效冲突规范的类型规定一个待确定的连结点,由该连结点指明诉讼时效问题应适用的准据法。比如1984年《秘鲁民法典》第2091条规定,在诉讼时效存续期间变更有体财产的所在地,其诉讼时效适用法律规定的诉讼时效期间届满时该有体财产的所在地法。

4. 关于诉讼时效冲突规范的类型规定诉讼时效问题直接适用主要法律关系的准据法。这种类型是目前国际上立法的一个趋势,也就是说在诉讼时效冲突规范中直接规定准据法的适用范围包括诉讼时效及其中止、中断等有关的问题。这种立法因将诉讼时效问题简单化,有利于统一诉讼时效与法律关系实体问题的法律适用,日益为许多国家立法及国际条约所效仿。

三、我国关于诉讼时效的法律适用规定

我国在立法上没有明确规定把诉讼时效识别为实体问题还是程序问题,但我国关于诉讼时效的法律适用规定反映出,我国与其他大陆法系国家一样,是将诉讼时效识别为实体问题的。《法律适用法》第7条规定:"诉讼时效,适用相关涉外民事关系应当适用的法律。"《中国国际私法示范法》第73条也规定:"时效,适用其所属民商事关系的准据法。"由此可见,我国将诉讼时效识别为实体问题,并将主要问题的准据法作为诉讼时效的准据法。应该说,我国当今关于诉讼时效的识别及其准据法确立的做法符合当今世界各法域的发展趋势。

理论思考与实务应用

一、理论思考

（一）名词解释

《代理法律适用公约》 诉讼时效的识别

（二）简答题

1. 什么是法律行为方式的准据法？简述各国法律关于民事法律行为方式及其准据法的不同规定。

2. 法律行为方式适用行为地法的学理依据是什么？选择适用行为地法的原则和方法有几种？

3. 代理关系的成立表现为哪些特点？国际私法涉及的几项代理关系如何确定准据法？

4. 简述《代理法律适用公约》的基本内容。

（三）论述题

试述我国关于诉讼时效的法律适用规定。

二、实务应用

（一）案例分析示范

案例一

1986年,19岁的丹麦人贝比特与中国某纺织品进出口公司在杭州签订一份纺织品原料购销合同,贝比特向中国某纺织品进出口公司出售纺织品原料。合同签订后,这种纺织品原料的价格在国际市场上大涨。贝比特是一个商人,并不生产这种产品,只是通过贸易方式赚取利润。国际市场纺织品原料价格大涨,使贝比特左右为难。履行合同,他要赔钱,不履行合同,要承担违约责任,也要赔钱。在这种情况下,贝比特选择了不履行合同。中国某纺织品进出口公司在中国法院提起诉讼,请求法院判令贝比特承担违约责任。

贝比特进行了答辩,认为他不是合同的适格主体,因为签订合同时他为19岁,依照丹麦法律规定是未成年人,不具有完全的行为能力。

问：贝比特是否应当承担违约责任？适用何国法律认定贝比特是否具有行为能力？

【评析】各国在承认人的行为能力适用当事人的本国法的同时,还承认这样一种例外：在商事领域，为保证交易的安全，许多国家规定，对在本国内进行与经贸活动有关的法律行为，其主体的民事行为能力应依行为地法来判断。中国立法对自然人民事行为能力的法律适用也作了类似规定。本案中的合同是贝比特与中国某纺织品进出口公司在杭州签订的，合同的履行地也是中国，应认定合同的行为地在中国，应适用中国法律认定贝比特是否具有行为能力。中国法律规定，18周岁为成年人，贝比特签约时已是19岁，具有完全的行为能力，应承担违约责任。

案例二

2001年6月，韩国海南实业公司与山东省威海市化工进出口有限公司口头协商，海南实业将其收购的活鲈鱼苗委托威海化工出口到韩国，但威海化工是否负有租船及找船的代理义务，双方未明确约定。2001年6月28日，威海化工与烟台文丰公司签订租船合同，约定租船时间、租船方式和付款方式等事项。海南实业向威海化工汇款四十多万元用于支付代理费和运费等。2001年7月4日，海南实业将其收购的26万尾活鲈鱼苗装船，并取得了烟台文丰公司签发的正本提单三份。但鱼苗随后大量死亡，承运人因此未按照约定将货物运抵韩国。海南实业以威海化工为被告向威海市中级人民法院提起诉讼。

问：本案是否涉及涉外代理法律关系？应如何适用法律？

【评析】本案所涉及的是典型的涉外代理法律关系，被代理人为韩国法人海南实业，代理人为威海化工，相对人为烟台文丰公司。海南实业与威海化工之间的关系为代理内部关系，受双方之间的委托合同支配；威海化工以自己的名义与烟台文丰公司之间签订货物运输合同，该合同直接约束海南实业和烟台文丰公司，双方之间的关系为代理的外部关系。《法律适用法》第16条规定："代理适用代理行为地法律，但被代理人与代理人的民事关系，适用代理关系发生地法律。当事人可以协议选择委托代理适用的法律。"本案中双方协议选择中国法律，因此应当适用我国法律。

（二）案例分析实训

案例一

1995年3月15日，"回浪"号油轮满载原油在公海上与另一轮船相撞，导致船体倾斜，原油外溢。"回浪"号船长与"可替"救助公司签订了该救助公司提供的格式救助合同。合同中约定，即使救助无效果，也应给予救助公司相当于救助费用2倍的报酬。3月20日，救助未获成功，油轮沉没，原油污染了大片海域。4月11日，救助公司请求支付救助费用时，油轮所有人A公司称：救助合同是船长越权代理行为，依法为无效合同。根据"无效果，无报酬"的国际惯例，救助未获成功，不应当支付报酬。1997年3月29日，救助公司提起诉讼，要求A公司按照合同约定支付救助报酬。

问：如何按照国际私法规定解决该合同的效力问题？

案例二

澳门尼珈多次地产公司与澳大利亚昆士兰房地产公司签订了一份代理协议，由尼珈多次地产公司作为昆士兰房地产公司的代理人，在澳门和东南亚寻找买主购买位于澳大利亚昆士兰州的土地。双方在代理协议中约定该协议适用澳门法律。后来，尼珈多次地产公司因其收取佣金的要求得不到满足，就在澳大利亚的法院对昆士兰房地产公司提起诉讼。被告主张原告不能取得代理佣金的理由是，原告并未按昆士兰州法律的要求获得充当不动产代理人的许可证，而且代理协议规定的佣金额已超过昆士兰州法律所允许的最高限额，不遵守该法的规定是要被处以罚款的。

问：该案应如何确定准据法？

案例三

1996年5月11日，新加坡松鱼私人有限公司向新加坡工商银行申请办理一批冷冻黄花鱼货款的托收。申请书载明，付款人为深圳市水产公司进出口贸易部，托收方式为承兑交单，货款258 692美元，要求将单据送到深圳发展银行。新加坡工商银行向深圳发展银行发出一份《托收通知》，通知载明该托收受国际商会第522号出版物《托收统一规则》约束。

1996年5月20日，深圳发展银行收到上述托收通知及附件后，向贸易部发出《进口代收来单通知书》。当日，贸易部经理在该通知书上签名盖章并背书"承兑"后，取得全部单据。在承兑付款期限届满后，庄昕、何伟玲凭单在广州办理了进口报关，提取了货物并进行了销售。在承兑付款期限届满后，庄昕、何伟玲委托香港庄业南向松鱼公司支付了10万美元。由于追讨余款未果，1997年12月31日，松鱼公司以水产公司为被告向广州市中级人民法院提起诉讼，请求判令水产公司支付尚欠的货款及其利息。

问：(1) 本案是否是外贸代理纠纷？

(2) 本案应如何适用法律？

主要参考文献

1. 霍政欣：《国际私法学》，中国政法大学出版社2020年版。

2. [德] 马丁·沃尔夫著，李浩培、汤宗舜译：《国际私法（上下卷）》，北京大学出版社 2019 年版。
3. 章尚锦、杜焕芳主编：《国际私法》，中国人民大学出版社 2019 年版。
4. 徐冬根编著：《国际私法案例百选》，高等教育出版社 2019 年版。
5. 李双元、欧福永主编：《国际私法》，北京大学出版社 2018 年版。
6. 杜新丽、宣增益主编：《国际私法》，中国政法大学出版社 2017 年版。
7. 冯霞：《国际私法：原理与案例》，北京大学出版社 2017 年版。

第八章

国际物权关系的法律适用

【本章概要】 国际私法中涉外物权关系的法律适用规则是为了解决不同国家在物权的种类、客体、内容、保护方法等方面作了不同规定而引发的法律冲突。物权关系适用物之所在地法是国际上解决涉外物权法律冲突的基本原则。该冲突规范适用的范围非常广泛,一般用来解决物权客体的范围、动产和不动产的区别、物权的内容和种类、物权的取得和变动、物权的保护方法等。当然还有一些特殊的动产,如运输途中的动产等需要适用特殊的法律适用规则。国有化法令的域外效力及其补偿标准以及信托的法律适用问题都是与物权关系有密切联系的法律问题。

【学习目标】 理解涉外物权关系适用物之所在地法原则的原因和适用范围,分析不动产物权和动产物权法律适用的不同点。

第一节 国际物权关系及其法律冲突概述

一、物权的概念及其种类

(一) 物权的概念和特征

"物权"(right in rem)一词是大陆法系民法中所特有的概念,是指权利人在法律规定的范围内对物进行直接支配、享有其利益并排除他人干涉的权利。物权与债权相对应,相对于债权而言,物权是一种典型的支配权、绝对权和对世权。物权的特征在于:①其权利主体是特定的人,而义务主体是不特定的;②其内容是排除他人干涉的对物的直接支配权;③其客体是物而不能是行为;④物权具有追及效力,无论物权的标的位于何处,权利人都可以追及该物而主张权利。

英美法系的国家并没有使用"物权"这一用语,而是采用了"财产权"的概念,后者包括的范围则更为广泛,债权、物权、知识产权等皆为财产权,即除了一般的动产和不动产物之外,还包括各种无形财产,诸如股票和其他商业票据等。

(二) 物权的种类

根据物权法定主义原则,有关物权的种类及其设定、变更和丧失均由各国法律加以规定,但不同的历史时期和不同国家的法律对物权种类的规定是不一样的。例如罗马法将物权分为所有权与定限物权两大类，其中定限物权又分为地役权、地上权、永佃权、质权、抵押权等。而1804年的《法国民法典》规定了所有权、地役权和担保物权。《德国民法典》除规定了所有权之外，还规定了地上权、地役权、动产质权和权利质权、抵押权、土地债务等。物权有自物权和他物权之分，其中所有权为自物权，地上权、地役权、永佃权等属于他物权；物权还有用益物权和担保物权之分，前者包括地上权、地役权、永佃权等，而后者如抵押权、质权和留置权等。我国《民法通则》在立法时受到了当时苏联的影响，并没有使用"物权"的概念，而是选择了"财产所有权和与财产所有权有关的财产权"的概念；而2007年10月1日正式实施的《物权法》不但明确了"物权"这一概念，而且规定了所有权、用益物权和担保物权、占有等物权类型。2021年1月1日开始施行的《民法典》承继了《物权法》的规定，将其列入第二编"物权"之中。

二、国际物权关系及其法律冲突

含有涉外因素的物权关系即为国际物权关系，具体包括以下三种情况：①物权主体一方或双方为外国自然人或法人，有时候也可以是外国国家；②物权客体位于国外；③引起物权关系产生、变更或终止的法律事实发生在国外。

各国物权法关于物权的主体、客体、种类、内容以及物权取得与变动规则和保护方法等的规定均有所不同。以所有权转移为例，《法国民法典》第1583条规定："买卖双方当事人只要对买卖的标的物及价金意思一致，标的物所有权即由出卖人转移至买受人。"而《德国民法典》则规定除须双方当事人意思表示一致之外，还必须以交付动产为必要条件。在涉外物权关系中如果依不同国家的法律来处理，就可能会得到不同的结果，这将势必导致有关国家在涉外物权领域的法律冲突。

这里试举1860年英国法院审理的"卡梅尔诉西韦尔"（Cammell v. Sewell）一案来说明涉外物权关系可能产生的法律冲突：英国人卡梅尔委托一个在英国有住所的俄国人为其代理人，在俄国港口将一批货物装上一艘德国船，运往英国交给其本人。船在行至挪威海岸附近失事，但所运货物被打捞上岸。船长本可将打捞上来的货物转船运往英国，但却将货物在挪威公开拍卖，卖给了一个善意第三者。该善意第三者又在挪威将货物卖给了本案的被告西韦尔。其后，货物由西韦尔运到英国，卡梅尔获知后，便在英国法院起诉，主张对这批货物行使所有权，并要求补偿货物被非法占有所受到的损失。如果根据挪威法律，船长在本案发生的情况下，有权将货物以适当的方式出卖，并将所有权有效转让给一个善意的买主；但是如果根据英国法律的规定，在同样的情况下，船长无权转让上述货物，货物的所有权仍应归卡梅尔所有。可见，该案依据英国法律或者挪威法律来处理，会得到截然相反的结果，由此产生了涉外物权关系上的法律冲突，从而需要相应的国际私法规则来确立其准据法以解决这些冲突。

第二节 物之所在地法原则

物权依物之所在地法（lex loci rei sitae，lex situs）是国际上解决涉外物权法律冲突的基本原则，即在涉外物权关系中适用客体物所在地的法律。

一、物之所在地法原则的产生和发展

物之所在地法原则是由14世纪意大利"法则区别说"的代表人物巴托鲁斯首先提出来的，他将意大利各城邦的习惯法分为人法和物法，提出不动产物权应依物之所在地法，动产物权则适用当事人的属人法。在该学说的影响下，欧洲各国开始流行并适用"动产随人"或"动产附骨"的规则，即动产物权适用所有人或占有人的住所地法来解决。

之所以要在不动产和动产物权之间适用不同的冲突规范，主要是因为那时的动产种类不多，经济价值也不像不动产那样重要且一般存放于权利人的住所地。然而伴随着国际民事交往的日益频繁以及商品形式的不断丰富，流动资本不断增加，价值逐渐增大，特别是伴随着有价证券的出现，动产所有人与其动产经常处于分离的状态，且可能分布于数个国家境内。因此，单一的"动产随人"原则已经不适应现实发展的要求，从而逐渐为各国所抛弃，转而采用物之所在地法的原则。至此，无论是动产还是不动产，适用物之所在地法成为解决物权法律冲突的基本原则。

二、物之所在地法原则的理论

为何物权关系应该适用物之所在地法？为了回答这一问题，学者们给出了不同的见解：

1. 主权说。法国学者梅兰认为每个国家都有自己的主权且不可分割，物权关系适用物之所在地法是主权在法律适用方面的体现，任何国家都不愿意外国法适用于本国境内的物，否则主权将丧失其不可分割的性质。

2. 法律关系本座说。德国学者萨维尼认为物权关系之所以依物之所在地法，是因为物权关系的"本座"在标的物所在地，任何人要取得、占有、处分某物，必须委身于该物之所在地，并自愿受制于该地实施的法律。

3. 利益需要说。德国学者冯·巴尔认为法律是为集体利益制定的，适用物之所在地法是集体利益和全人类利益的需要，否则物权的取得和占有将处于不确定状态。

4. 方便说和控制说。英国学者戴西和莫里斯认为，不动产适用不动产所在地法是基于便利和适宜的理由，因为所在地是第三人可以合理寻求确定所有权的客观和易于确定的连结因素。此外，财产的所在地国能实施有效控制，与所在地国法律相冲突的判决亦不能生效。

5. 物权关系本质要求说。我国的学者大多认为物权关系依物之所在地法，是物权关系本身的性质决定的。从权利人的角度来看，圆满实现其对物的直接利用，保护权利不受他人侵害，适用物之所在地法最为有效。对其他人而言，保证法律关系的稳定和商品流转的安全顺畅，使其正当利益得到合理保护，适用物之所在地法方便可靠。从物之所在地国来看，各国总希望本国法律能够支配位于本国境内之物或影响与其有关的权利关系，以维护其主权、利益和经济秩序。

三、物之所在地法的确定及其适用范围

（一）物之所在地法的确定

物之所在地的确定是对物之所在地的识别，也可以说是对物之所在地这一连结点的解释，原则上应依法院地法来判定。一般而言，不动产和有体动产的所在地易确定，而对于无体动产和运输中的有体动产，其所在地则难以确定。目前，各国确定物之所在地的方法主要有：

1. 不动产和有体动产的物之所在地为其物理上的所在地。

2. 对于运输或运动过程中的有体动产，如船舶或飞机，其物之所在地一般为其注册国（港）。

3. 对某些有体动产和无体动产的所在地，在冲突规范中用时间加以限定，如"动产物权适用物权发生时该动产所在地法"。

4. 无体动产一般以其能被有效追索或执行的地方为所在地。例如，有价证券和流通票据以证券上的权利的实现地；公司股票以证券所在地或证券登记地；信托权益以信托财产所在地或受托人居住地；专利商标权以允许此项权利转让的登记地。

（二）物之所在地法的适用范围

1. 物之所在地法适用于动产与不动产的区分。在通常意义上讲，动产和不动产的区别在于物是否能从一个地方移动到另一个地方且不损害其经济价值，能移动之物为动产，不能移动之物为不动产。

2. 物权客体的范围由物之所在地法决定。笼统地讲，作为物权客体的物在范围上是十分广泛的，凡是存在于人身之外、能为人力所支配和控制并能够满足人们的某种需要的物，都能够成为物权的客体。

3. 物权的种类和内容由物之所在地法决定。根据物权法定原则，物权的种类是由法律具体规定的。

4. 物权的取得、转移、变更和消灭的方式及条件，一般由物之所在地法决定。物权的取得、转移、变更和消灭是基于一定的法律行为或法律事实而发生的，各国法律对其方式及条件都有自己的规定。对于物权变动的方式及条件，也有主张区别因法律行为而变动和因事实而变动而分别确定准据法的。在因法律行为而发生物权变动时，物权法律行为的成立和效力，一般应依物之所在地法。但对当事人行使物权的行为能力，大陆法系各国一般主张适用当事人属人法。英、美普通法系国家则主张，物权的法律行为方式，如登记或进行处分的法律行为方式（如土地抵押设定方式、房屋让渡方式、财产租赁方式等），概依行为地法。但也有主张依行为属于物权行为还是债权行为而分别确定准据法的。在因法律行为以外的事实（例如果实分割等）或事实行为（例如无主物的占有、遗失物的拾得、埋藏物的发现等）而发生物权变动时，一般都主张只适用物之所在地法。物遭灭失的风险承担，由于各国均认为应属所有权人，因而依何种法律确定所有权转移的时间是非常重要的。对此，一般主张依物权准据法（即物之所在地法）而不是依债的准据法来判定所有权的转移时间。但1958年订于海牙的《国际有体动产买卖所有权转移法律适用公约》第2条主张适用买卖合同的准据法。

5. 物权的保护方法由物之所在地法决定。当物权人在其物权受到侵害时，他可以依法寻求对其物权的保护。在民法上，物权的保护方法主要有物权人请求停止侵害、排除妨碍、恢复原状、返还原物、消除危险、确认其所有权或其他物权存在、损害赔偿等。物权人是否有上述请求权以及如何行使均应依物之所在地法决定。

四、物之所在地法的例外

"物之所在地法"原则是解决涉外物权的普遍原则，但并非解决一切物权法律关系的唯一原则，某些财产因其具有特殊性或处于特殊状态，因而适用该原则并不恰当，故各国根据其司法实践形成了一些特殊规则。

（一）运输中的物品

运输中的物品处于经常变换所在地的状态中，难以确定到底以哪一所在地国的法律来调整有关物权关系。即使能够确定，把偶然与物品发生联系的国家的法律作为支配该物品命运的准据法，也未必合理，而且运输中的物品有时处于公海或公空，由于这些地方不受任何国家的法律管辖，并不存在有关的法律制度。因此，运输中的物品的物权关系不便适用"物之所在地法"。在实践中，主要有适用送达地法、发送地法和所有人本国地法三种解决方案。

（二）船舶、飞机等运输工具

这些运输工具虽然有固定的经停地，但它们也经常处于运动之中，往往还处于公海或公空，也不宜用"物之所在地法"原则来确定其应适用的法律。在国际上，一般主张适用运输工具注册登记国或旗国法或标志国法来解决船舶、飞机等运输工具的法律适用问题。

（三）与人身关系密切的财产

这类财产关系一般也不适用"物之所在地法"原则。如各国在解决遗产继承问题时，有单一制和区别制之分。前者是不管遗产为动产抑或是不动产，一律适用同一法律；后者是将遗产区分为动产和不动产，分别适用不同的法律。再如在夫妻财产方面，英美国家赞同当事人意思自治原则，而大多数欧洲大陆法系国家则以当事人属人法为主要原则。

（四）外国法人财产破产清算

外国法人在自行终止或被其所属国解散时，其财产的清理和清理后的归属问题，也不应适用"物之所在地法"，而应该依其属人法解决相关问题。不过，若外国法人在内国境内因违反内国的法律而被内国取缔时，该外国法人的财产处理就不一定适用其属人法了。

五、我国关于涉外物权法律适用的立法规定

（一）立法规定

关于涉外物权的法律适用上，我国《法律适用法》第五章"物权"作了专章的规定。

1. 对于涉外不动产物权的法律适用，该法第 36 条规定："不动产物权，适用不动产所在地法律。"这一规定无疑顺应了国际上关于不动产物权法律适用的立法潮流。就不动产而言，目前各国法律适用的一般趋势是对有关其所有问题均适用不动产所在地法，以保障案件最终能够顺利的承认和执行。

2. 涉外动产物权的法律适用此前在立法中一直处于缺失的状态，《法律适用法》在"物权"部分重点对这一问题作出了规定：

第 37 条规定："当事人可以协议选择动产物权适用的法律。当事人没有选择的，适用法律事实发生时动产所在地法律。"本条款可以视为是对涉外动产物权法律适用的总则性规定。值得特别注意的是，该条将"当事人意思自治"原则正式引入物权的法律适用领域，体现出物权法律适用多元化的趋势，毕竟从根本上说，物权本身是一种私权，应当通过权利人的自治予以体现、保障和实现。在当事人没有选择的情况下，涉外物权关系适用物之所在地法的原则早已成为世界各国解决涉外物权法律冲突所采用的主要原则，尽管在有些情况下不能适用"物之所在地法"，但这只是有关动产物权法律适用的极小的一部分例外情况，其他大多数情况下还是要适用该原则，这既有利于国家主权的行使，还有利于动产物权所有人及其他利害关系人的动产权利的有效实现。

第 38 条是对"运输途中的物"这种特殊动产物权的法律适用所作的专门规

定，考虑到这类特殊的物难以确定"物之所在法"，因此本条再次适用"当事人意思自治"原则来确定其准据法；在当事人没有作出选择的情况下，我国采用的是运输目的地法。

第39、40条分别对有价证券和权利质权的法律适用作出了规定，这突显出这些特殊财产权利在当今国际经济交往当中的重要地位。其中有价证券适用的是"证券权利实现地"或"其他与该有价证券有最密切联系的法律"，而权利质权则适用"质权设立地法律"。这些规定遵循了"场所支配行为"的原则，同时引入"最密切联系"原则这一灵活连结点更体现出法律选择的多元化的趋势。

此外，对于其他一些特殊动产的法律适用规则在我国的一些单行法当中有所规定，包括《海商法》《民用航空法》《票据法》等。鉴于教材后面的章节将对继承法进行专门讲解，故本章将主要介绍前三部法律的相关内容。

1992年颁布的《海商法》第270~272条就船舶物权作出了规定：①关于船舶所有权，第270条规定："船舶所有权的取得、转让和消灭，适用船旗国法律"；②关于船舶抵押权，第271条规定，船舶抵押权也适用船旗国法，但该条同时规定，船舶在光船租赁以前或者光船租赁期间，设立船舶抵押权的，适用原船舶登记国的法律；③关于船舶优先权，第272条规定："船舶优先权，适用受理案件的法院所在地法律。"

1995年颁布并于2021年修正的《民用航空法》第185~187条对民用航空器物权作了规定：①关于民用航空器的所有权，第185条规定："民用航空器所有权的取得、转让和消灭，适用民用航空器国籍登记国法律"；②关于民用航空器的抵押权，第186条规定："民用航空器抵押权适用民用航空器国籍登记国法律"；③关于民用航空器的优先权，第187条规定："民用航空器优先权适用受理案件的法院所在地法律。"

两法规定基本一致，对船舶和航空器的所有权的取得、转让和消灭，抵押权等都适用船旗国法或航空器国籍登记国法律，优先权适用受理案件的法院所在地法律。从我国《海商法》和《民用航空法》的规定来看，我国采用了相同的冲突原则来解决这两类特殊的运输工具的物权规定，而且这些原则与许多国家的相关规定也是一致的。

同样于1995年通过并于2004年修正的《票据法》第94~101条就"涉外票据的法律适用"作了专章规定，分别对票据债务人的行为能力以及出票、背书、承兑、追索等票据行为应该适用的法律作出了规定。

（二）立法评价

在《法律适用法》颁布实施之前，涉外物权法律适用的规定始终是我国国际私法立法中比较薄弱的部分，特别是动产物权法律适用的缺失令司法机关在处理相关案件时只能类推适用不动产物权法律适用的规则,甚至以"物权适用物之所在地法"是一项国际惯例为理由予以适用,未免牵强。因此,新法的规定填补了我国物权冲突规范立法的空白,对我国司法机关公正、合理、合法地解决民商事案件,维护我国国家权益以及中外当事人的合法权益大有裨益。综观我国涉外物权的国际私法立法,呈现出以《法律适用法》的第五章为主体,以各单行法的相应冲突规范为补充的架构。在立法之初,曾经有专家建议把《海商法》《民用航空法》和《票据法》的有关法律适用规定"统一"到新法当中,但是考虑到商事领域的法律众多,制度内容不同,监管要求也不同,情况十分复杂,什么情况下可以适用外国法律,还是在单行法中作出规定为宜,同时在立法中作出衔接性规定:"其他法律对涉外民事关系的法律适用另有特别规定的,依照其规定。"

但是,综观新法关于涉外物权法律适用的规定,条文在以下几个方面的规定中还存在一些不足之处:①对动产物权一概允许当事人协议选择适用的法律似有不妥,毕竟动产在当今经济交往中的形式及其价值都与往日不可同日而语,涉及动产所在地的交易和经济安全,特别是在认定动产性质的问题上仍应当尊重动产所在地或法院地法的适用;②该法将《海商法》《票据法》《保险法》《证券法》《民用航空法》等单行法律中的法律适用规定的章节保留给各单行法解决,但是却又单独规定了"有价证券""权利质权"的法律适用规则,容易同单行法的适用造成混淆。

第三节 国有化、征收与补偿问题

一、国有化、征收的含义

国有化(nationalization)或征收(expropriation),通常是指主权国家或政府根据本国的法律,将某些原属私人(包括外国自然人和法人)所有的财产和权利收归国有,由国家或其机构加以控制和使用并予以补偿的一种法律措施。国有化是一种大规模的征收行为,而征收是广义的国有化;国有化只是在其范围和程度上,而不是在法律性质上与其他类型的征收有不同之处。尽管二者之间存在着如此密切的关系,但是大多数国家的投资立法或者国际投资协定都没有对它们的定义进行明确的解释和区分。

从当前的趋势来看,大规模的国有化行为虽然依然在一些国家的特殊经济领域实施着,但无论从发生的频率还是规模上都与20世纪60年代的情况不可同日而语,因此逐渐淡出了研究者和立法者的视线。当前,国际法对于外国投资者及其财产的保护更为完善、标准更为严格，各国及其投资者显然更为关注东道国实施的一般征收行为，即使这些行为从实施的目的到实施的规模都尚未达到国有化的程度和水平，但却变得更加频繁且隐蔽，而处于"灰色地带"，临界于正常的政府管理措施和征收行为之间的政府行为如何定性，及是否涉及赔偿的问题俨然已成为当前国际法研究的重点。

二、关于国有化、征收的性质及其补偿标准

（一）国有化、征收的性质

一个国家实行国有化或征收是国家的主权行为，任何主权国家都有权采取国有化措施，其他国家不得干涉，这是国际法上公认的原则。而国有化和征收措施本身是一种强制措施，具有强行的法律效力。

（二）国有化、征收补偿的标准

对于被国有化或征收的财产是否给予补偿以及补偿的标准，国际上一直存在着分歧，主要有以下三种不同的理论与实践：

1. 不予补偿。不予补偿即指任何国家都有权从国家利益出发，根据有关法律或法令采取国有化措施，这是主权国家行使主权的内政问题。一切外国自然人或法人都必须尊重和服从居留国的法律，如果实行国有化的国家对本国人不予补偿，则对外国人也同样不予补偿。历史上不论资本主义国家还是社会主义国家都有这方面的实践。不予补偿的做法在一定历史时期和特定的历史条件下有其合理性和存在的理由，但在现代社会已不合时宜，不仅脱离实际，且不利于建立良好的投资环境，不利于吸引和利用外资。

2. 给予充分、即时、有效的补偿。资本输出国为保护其海外私人投资者的利益，从私有财产神圣不可侵犯的原则出发，主张对收归国有的外国人的财产给予充分、即时、有效的补偿，该补偿标准又被称为"赫尔公式"。所谓"充分"，指的是对被国有化的财产予以全额补偿，包括财产的直接损失和应得利益等间接损失；"即时"是指实行国有化后应当毫不迟延地给予补偿；"有效"指的是实行国有化的国家给予的补偿必须便于外国所有人实际控制，具体包括使用国际硬通货予以补偿，而且政府保证受补偿人能够将所得补偿汇出境外等。西方发达国家所要求的这种补偿标准对于实行国有化或征收的国家，特别是发展中国家来说是不合理的，因为发展中国家实行国有化或征收的目的就是要摆脱外国资本的控制，推动国家经济的发展与进步，如果对被征收财产实行"充分、即时、有效"的补偿标准，则有可能超过国有化国家的经济负担能力，不但失去了国有化、征收的意义，还可能会使该国经济陷入困境。

3. 给予适当、合理的补偿。这是目前大多数发展中国家所主张的标准。其含义是：①给予补偿；②该补偿是实施国有化或征收的国家的财政能力所能负担

的；③双方协商同意，补偿为投资者所接受。可见"适当"与"合理"的补偿只是一项原则，而不是具体的标准，对于补偿数额与方式的确定，应根据当时当地的具体情况由双方协商决定。例如1964年埃及与瑞士签订的《关于补偿瑞士利益的协定》规定，因国有化措施影响瑞士自然人和法人的利益将以65%的比率给予补偿。给予适当、合理的补偿，既维护了国家主权，也保障了国际私人的商业活动，具有相当的合理性与灵活性，不仅为许多国家所接受，而且也为国际条约所确认。联合国大会于1962年通过的《关于自然资源永久主权的决议》、1974年通过的《各国经济权利和义务宪章》都规定，各国对被国有化、征收的财产应给予"适当"的补偿。

三、国有化、征收法令的域外效力

（一）含义

国有化、征收在国际私法中的法律问题主要集中在其法令的域外效力方面。其含义是指国有化法令的效力能否及于其境外的财产，也就是实行国有化或征收的国家能否将国有化对象在国外的财产收归国有，关键在于该财产所在地是否承认该国国有化法令的效力。这具体表现在两个方面：①一国国有化或征收法令或法律能否及于为该国法人或自然人所有但位于外国的财产，即对本国人在外国的财产的效力；②一国国有化或征收法令能否及于该国境内属于外国法人或自然人所有的财产，即对于外国人在本国的财产的效力。

（二）理论与实践

1. 国有化法令对本国人在外国的财产的效力。一国实行国有化后，若该国的某个公司将国有化的财产通过贸易转移到国外，该财产的原所有人主张对财产的权利，这时该外国法院就面临着是否承认外国国有化法令的域外效力的问题。对于这种情况，为了维护本国的经济利益，各国往往采取实用主义的态度，承认外国国有化法令的域外效力。至于一国的国有化法令对被国有化的本国企业位于外国的财产是否有效，资本主义国家在理论和实践中往往否认别国国有化法令的域外效力。其否定的理由大致如下：①外国国有化法令或措施是惩罚性的，其效力不及于国外；②违反公共政策；③以物权适用物之所在地法来否定国有化法令的域外效力；④以有关外国未被承认为由，拒绝承认其国有化的域外效力。

2. 国有化法令对外国人在本国的财产的效力。关于国有化法令对外国人在本国的财产的效力，原来的资本主义国家以禁止征收外国人财产为由往往拒绝承认，但随着主权原则受到广泛尊重，同时国际社会的合作不断增强，各国一般倾向于承认外国国有化法令对位于其境内的外国人的财产的效力。

我们认为国有化完全是一种主权行为，具有域内效力，其效果及于一国境内的所有财产，既包括本国人的财产也包括外国人在本国的财产。同时，国有化法令又具有域外效力，其效果及于本国人在境外的财产，但不能及于外国人在境外的财产。因此，在国际民商事交往中，从尊重国家主权的原则出发，各国应当在不影响其公共秩序的基础上相互承认对方国有化法令对其本国人在境外财产的效力。

四、中国对国有化、征收问题的法律规定及实践

对于国有化的效力，中国学者的观点是：国有化是国家行为，任何国有化都是一般性的社会经济措施而不是对个别人的刑事惩罚，不管被国有化的财产是否为本国所实际控制，也不管某国是否在外交上承认了实行国有化的国家，国有化法令都当然具有域外效力并引起财产所有权的转移。

新中国成立初期，为了肃清帝国主义在华经济特权，中国政府采取了没收、征用、收归国有等强制性方法，对外国政府根据不平等条约霸占的财产、第二次世界大战时德意日等敌国财产及一部分外国在华企业实行国有化，这种国有化通常是无偿的。

改革开放以后，中国加强了对外联系和经济交往。为了吸引外资，中国在立法上对国有化及其补偿问题作了明确规定，1986年《外资企业法》第5条规定："国家对外资企业不实行国有化和征收；在特殊情况下，根据社会公共利益的需要，对外资企业可以依照法律程序实行征收，并给予相应的补偿。"这种"相应的补偿"体现了当时发展中国家所主张的"适当"与"合理"的补偿原则。

另外，在中国同美国、德国、法国、加拿大、意大利、澳大利亚等国家签订的双边投资保护协定中，也规定有保护投资者财产权利的内容，对国有化及其补偿标准也有较明确、具体的规定。这些内容大致包括：

（1）原则上对外资企业、合营企业和外国投资者的财产不实行国有化和征收，只有在根据公共利益的需要，依照法律程序，并且在给予相应补偿的基础情况下才可对外国投资者的财产实行征收和其他相同效果的措施。

（2）征收应给予补偿。补偿的金额应相当于被征收之日财产的实际价值；补偿的金额应能实现兑现和自由转移，并不应有不适当的延迟，应在履行转移手续通常所需要的时间内完成。

（3）对投资的保护和补偿发生争议的，可由双方协商解决，在一定时间内未获解决的，可提交仲裁，仲裁应根据双方签订的协议和一般国际法原则进行。

第四节 涉外信托的法律适用

一、涉外信托的概念及其法律冲突

信托（trusts）作为一种古老的转移与管理财产的法律制度，早在古埃及和古罗马时期，就已经有了萌芽。信托是将自己的财产委托给足以信赖的第三者，使其按照自己的希望和要求进行管理和运用的法律制度，受托人依信托文件所定，为受益人或特定目的而管理或处分信托财产。信托财产可以是动产，也可以是不动产。近现代的信托制度发源于英国，随着国际民商事交往的不断发展，信托制度不仅在英美法系国家广泛传播，而且也为一些大陆法系国家所接受，如日本、韩国、中国都颁布了信托法。

但是，大陆法系和英美法系关于信托的法律规定并非完全一致。两大法系在信托制度方面的差异主要有以下几个方面：信托的定义、信托财产的构成、信托制度的内容（如委托人地位、信托管理人的设计、受托人的责任等）、信托的生效要件等。即使在同一法系的不同国家之间，信托制度也不尽相同：如美国型信托将委托人的意志即信托的目的放在第一位，而英国型信托则比较强调受托人的权利。此外，还有些国家甚至没有信托制度。随着国际民商事交往的发展，很容易出现甲国的委托人将其在乙国的财产委托给丙国的受托人，而受益人在丁国的情况。因此，涉外信托的法律适用问题就成为国际私法理论与实践中的一个重要课题。

二、涉外信托法律适用的一般原则

（一）分割原则

信托依据不同的标准，可作多种不同的分类：①根据信托意图的不同，可分为公益信托和私益信托；②根据信托设立的时间，可分为生前信托和遗嘱信托；③根据信托设立的期限，可分为永久信托和期限信托；④根据信托成立的方式，可分为明示信托、默示信托、推定信托等。

同时，信托法律关系也极为复杂，涉及信托财产的有效转移、信托收益权的有效设立、信托文件的解释、信托财产的管理、受托人的权利义务及违反信托的责任等问题。在信托中包含了一系列不同的法律关系，财产委托人与受托人之间的关系、受托人与受益人之间的关系、受托人与第三人的关系。所以，在信托准据法的选择过程中，大多数学者认为应根据分割原则，对于信托的不同性质的各个方面，分别由不同的法律来支配。一般说来，可将信托纠纷分为三类：信托效力的纠纷、信托管理的纠纷以及信托构成及解释的纠纷。根据纠纷的不同类型，有针对性地选择准据法。例如，对信托效力的纠纷，适用信托自体法、合同履行地法；设定信托的当事人的行为能力，适用当事人的属人法或信托自体法；对于信托管理纠纷可以适用信托管理地法；对于信托构成及解释的纠纷，可适用信托自体法。

（二）意思自治原则

国际私法上的意思自治原则是指当事人可以通过协商一致的方式自由选择支配某一法律关系的准据法。该原则现已成为各国国际私法普遍采用的一项法律适用原则。该原则也被许多国家作为确定涉外信托法律适用的首要原则。意思自治原则起源于契约自由原则，而信托制度的基本价值取向就是自由，即将财产委托给具有专业管理能力的受托人来经营，巧妙地规避了社会加之于财产转移上的种种限制与负担，赋予个人以最大限度的支配财富的自由。又由于许多大陆法系国家大多将信托定性为契约，信托与契约在很多方面具有相似之处，所以意思自治原则应成为涉外信托法律适用的基本原则。

（三）最密切联系原则

因为信托既不是单纯的物权，也不是单纯的债权，其既有物权的内容，也有债权的内容，因此不能简单地直接适用物之所在地法。在当事人没有明示或默示地选择应适用的法律，或者当事人的选择被裁定无效时，各国一般规定适用与信托有最密切联系的法律。在确定最密切联系地时，考虑的因素包括财产管理地、不动产所在地、受托人的居所或营业所等。

三、《关于信托的法律适用及其承认的公约》的适用

为了解决涉外信托的法律冲突问题，来自于32个成员的代表于1985年在第十五届海牙国际私法会议上一致通过了《关于信托的法律适用及其承认的公约》（以下简称《公约》）。《公约》对信托的概念、可以适用《公约》的信托类型、法律适用、信托的承认和适用法律时应考虑的强行性规则都作了统一的规定。

（一）《公约》的适用范围

《公约》第2条规定："公约所指信托是因委托人生前行为和死后所设立的，为了受益人的利益或某一特定目的，将财产转移于受托人的控制之下所产生的法律关系。信托具有下列特征：该项财产为独立的资金，而不是受托人自有财产的一部分；以受托人名义或以代表受托人的另一个人的名义持有信托财产；受托人有根据信托的条件和法律所加于他的特殊职责管理、处分或使用财产的权利和应尽的义务。财产授予人保留某些权利和权力以及受托人本身得享有作为受益人的权利这一事实，并不一定与信托的存在相矛盾。"可见，这个定义是很宽泛的，不仅包括了传统的信托概念，也包括了一些传入国家如日本、韩国、波兰等国家的信托概念。《公约》第3条规定："本公约仅适用于自愿设定并以书面证明的

信托。"该条强调《公约》仅适用于完全自愿设立的信托,不管该信托是无偿的还是出于营利目的。该信托也不必通过书面文件设立,但须有书面证据。《公约》排除了法定信托和司法裁定的信托。

(二) 信托准据法及其适用范围

对于信托的准据法,《公约》规定:①适用当事人意思自治原则,当事人的选择方式可以是明示的,也可以是默示的。默示选择的法律可由以下两种情况推知:委托人在信托文件中明显地提到某一特定法域信托法的条款,并对其适用作了排除、限定或扩展;信托文件中特别插入专门条款,仅仅是为处理信托依据某法域法律可能出现的问题,尽管信托文件未指明该法,也应推定委托人默示适用该法。②在当事人没有选择或当事人选择的准据法是没有信托制度的国家的法律时,信托适用与之有最密切联系的法律。《公约》还列举了在实践中据以确定最密切联系地的几个因素:信托管理地、信托财产所在地、受托人居住地或营业所、信托的目的地及其目的实现地。可见,《公约》对最密切联系原则的适用采用了较为灵活的做法,不像大陆法系国家那样,用特征性履行方法对最密切联系原则的适用加以限制。

信托准据法可支配信托的有效性、解释、效力及管理等问题。公约也采用了分割原则,即信托的某一可分割事项,特别是管理事项可由不同的法律支配。

(三) 信托的承认

如前所述,并非各国都采用信托制度,因此,公约各成员国之间,成员国与非成员国之间便会发生对信托的承认问题。《公约》强调了承认信托的重要性,以帮助尚无信托制度的国家公正、快捷、高效地处理在其管辖范围内提起的国际信托诉讼。《公约》规定了承认信托的基本原则,即根据《公约》第二章中关于信托准据法的规定的法律所产生的信托,被承认为信托。

该项承认至少意味着信托财产为独立的资金,受托人能以受托人的身份起诉或应诉。《公约》还进一步规定了信托承认的内容,即受托人个人的债权人不得请求以受托财产清偿债务;受托财产不构成受托人无力还债或破产时的清算财产等。《公约》同时规定了不承认信托的情况:如果与信托有最密切联系的国家没有信托制度,对这种信托可以不予承认。最后,公约规定了一些特殊事项,如尊重各国强行法、公共秩序保留、排除反致等。

四、我国关于涉外信托法律适用的立法规定

改革开放以来,我国的信托业务飞速发展,1979年10月,中国国际信托投资公司宣告成立,此后信托投资公司大量涌现出来。然而我国在信托方面的立法却一直滞后于信托业的发展。2001年我国历史上第一部全面调整信托关系的法律——《信托法》正式出台,该法的诞生可以说是我国信托立法的里程碑,对保护当事人的合法权益、促进社会投资和公益事业的发展，促进经济的发展起到了重要的作用。但令人遗憾的是，该法并没有调整涉外信托法律关系的规定。

事实上，相关法律缺位的状态直到《法律适用法》的出台才得以终结。该法第17条规定："当事人可以协议选择信托适用的法律。当事人没有选择的，适用信托财产所在地法律或者信托关系发生地法律。"该条款首先适用了"当事人意思自治"原则，由于信托一般是委托人自主处分其财产权的行为，因此委托人应当有权选择其信托所适用的法律，除非这种选择违背中国的公共政策或强制性法律。在当事人没有选择的情况下，该条款并没有采用《公约》所规定的"最密切联系"原则，而是直接适用信托财产所在地法或信托关系发生地法。但是该条款并没有进一步说明如果信托人财产位于不同国家的情况下应当如何解决，也没有采用分割制对不同的信托事项分别适用法律。

学术视野

无体动产是与有体动产相对应的概念，是指不以实体形态存在的财产，由于其所在地难以确定，因而在法律适用规则上与有体动产的规则不同。无体动产可以分为以下几个种类：①诉权；②由一些文书所代表的、不仅可以交割且在现代社会可以作为独立物流通的权利，例如债权、流通票据和股票等。

对于无体动产转让的法律适用问题，理论上存在着三种选择：①无体动产据以创设的法律也应适用于其转让的法律关系，即主债自体法规则；②以支配该无体动产交易的法律来适用于无体动产转让的法律关系，即转让自体法规则；③最密切联系原则。《法律适用法》第39条规定："有价证券，适用有价证券权利实现地法律或者其他与该有价证券有最密切联系的法律。"第40条规定："权利质权，适用质权设立地法律。"

理论思考与实务应用

一、理论思考

（一）名词解释

动产随人　物之所在地法

（二）简答题

1. 涉外不动产物权的法律适用规则。
2. 涉外动产物权的法律适用规则。
3. 物之所在地法原则的适用范围和例外。

4. 国有化补偿标准。

（三）论述题

国有化法令的域外效力如何？

二、实务应用

（一）案例分析示范

案例一

原告葛佩琪，女，1957年1月25日出生，汉族，住日本国东京千代田区九段北1-9-14-905。被告上海康园房地产开发有限公司，住所地上海市西康路1068号。

原告葛佩琪诉称，1996年初，被告在日本销售由其开发建设的"上海维多利大厦"外销商品房，称凡购买该房的业主可采用按揭形式付款，而被告能以包租形式提供租金保证，且被告与交通银行东京分行达成协议，购房者可由交通银行东京分行提供按揭贷款，被告提供的租金可用来偿还抵押贷款的本息。原告据此与被告签订了《上海市外销商品房预售合同》，购买维多利大厦A幢17层D室，合同约定于1997年1月1日以前交付房屋。1996年4月16日双方又签订了《租赁承诺确认书》，约定被告对原告购买的上述房屋做出7年的租金保证承诺，承诺于1997年1月1日开始。期间被告每月向原告支付租金2191.43美元，支付日最迟不得超过每月28日。租金保证期间，如被告未能代理将房屋出租或代理出租的租金低于保证租金额，被告仍确保向原告实现其所作的保证。期间应向政府支付的有关税费由原告承担，而物业管理费、水费、电费、通讯费则由被告承担。1996年8月被告取得系争房屋的交付使用许可证，同年12月19日，原、被告又签订了系争房屋的《房屋出售合同》。1997年3月24日原告取得了房屋产权证并由被告予以保管。1997年1月1日起，《租赁承诺确认书》开始履行，被告每月向交通银行东京分行支付给原告应还贷款1731.23美元（已扣除有关税费）。然而，自1997年7月起至同年12月，因我国有关法规规定外销房屋租赁的税收由每次租金收入的21%下降为10.5%，故被告每月少付原告10.5%的租金款，尤其是从1998年3月起被告停止支付原告租金至今。原告现要求被告立即支付1998年3月至7月的房屋包租租金计10957.15美元，立即付足1997年7月至12月的包租租金差额计1380.6美元。因被告的违约行为，自1998年3月起使原告每月遭受相当于当月被告应付租金额14.5%的银行延期付款的赔偿款的直接经济损失，故还要求被告赔偿该部分损失计394.47美元。

原告向法院提交了下列证据：①原、被告间签订的系争房屋预售合同；②原、被告间签订的《租赁承诺确认书》；③原、被告间签订的系争房屋出售合同；④系争房屋产权证；⑤原告与交通银行东京分行及被告三方签订的《抵押及回购协议书》。

被告上海康园房地产开发有限公司辩称，原告在与被告就维多利大厦系争房屋签订了预售合同后，双方确又签订了《租赁承诺确认书》，依照我国有关房屋租赁的法律规定，出租方出租房屋应在取得该房屋的所有权后始能实施，而原告与被告签订确认书在先，签订出售合同及取得物权标志即产权证在后，因此原告是在无权出租系争房屋的情况下与被告签订确认书的，故该确认书是无效合同。为了管理外销商品房的包租，有关部门于1997年7月颁布并于1997年10月1日起执行了《上海市新建外销商品房售后包租试行办法》，参照此办法，本租赁确认书既未向有关部门申请登记，又未经我国公证机关公证，因此本确认书更不具备法律效力。故不同意原告提出的支付租金的诉讼请求。被告在实际履行合同过程中，是按约定给付租金的，虽然被告是收到过税率下降的通知，但税务机关仍是按21%征收的，故原告提出缺少10.5%的租金是不符合事实的，被告不予认可。实践中被告是将租金汇入原告在东京分行开设的账户，而非以租金来偿还原告的贷款本息，租金和贷款是不同的法律关系，故对原告提出赔偿损失的请求亦不接受。被告向法庭提交了下列证据：①系争房屋预售许可证；②系争房屋交付使用许可证；③被告税金单据。经查，原、被告间就"上海维多利大厦"外销商品房达成了买卖协议，期间又达成了租赁承诺协议，自1997年7月起因被告违约未给付原告其承诺应付的租金，双方产生纠纷，原告遂起诉至法院要求判决如其诉请。法庭审理中，原、被告对双方签订的房屋预售及出售合同中所约定的原告所购房屋坐落位置、房价及房屋交付日期、房屋实际交付情况、产权证取得情况均无异议。被告对原告提交的《上海市外销商品房预售合同》《上海市外销商品房出售合同》及系争房屋的个人所有产权证明表示认可；原告对被告提交的房屋预售许可证及交付使用许可证亦予以认可。同时，被告对原告提交的《租赁承诺确认书》的真实性亦未表示异议，双方对签订该确认书的情况、确认书中有关出租的具体房屋情况、租金的数额及被告保证支付的承诺、双方的责任分担情况的陈述均系一致。

问：以我国法律判断本案的争议焦点，即双方签订的《租赁承诺确认书》是否具有法律效力并说明原因？试对本案进行分析。

【评析】本案虽然是房屋租赁合同纠纷，但是房屋租赁合同的法律适用规则不完全等同于一般的国际商事合同，本案的争议焦点为双方签订的《租赁承诺确认书》是否具有法律效力、被告上海康园房地产开发有限公司是否应承担给付原告租金和赔偿的责任，这些问题必须考察房屋所在地的法律法规后才能得出结论，所以本案的焦点确切地说是关于涉外不动产物权的法律适用问题。本案属于不动产物权的权利变更是否有效合法的问题，属于物之所在地法的适用范围。涉案的标的物——该房屋位于中国境内，根据物之所在地法原则，本案应适用不动产所在地即中华人民共和国法律。

（1）关于《租赁承诺确认书》的效力问题。原告认为，《租赁承诺确认书》是原、被告双方真实意思的表示，符合我国有关法律规定，是具有法律效力的。被告则认为该承诺确认书是原告在尚未取得房屋所有权的前提下签订的，且不符合我国有关法律规定，是无效合同。原告对此陈述道，原告购买系争房屋是在被告以提供租金保证，以还原告按揭贷款为促销手段的前提下方才购买的，签订确认书确在双方签订出售合同、原告取得房屋产权证之前，但该确认书真正履行是在1997年1月1日，即双方签订出售合同、被告交付房屋之后，被告也是从该日起开始给付原告租金的，因此不存在合同无效的问题。至于被告所述的法规是本案事实发生之后的1997年10月1日方才实施，该法规并无溯及力，因此该确认书亦不存在违反法规的问题。被告辩称，政府部门正因考虑到外销商品房包租的问题，才出台了前述法规，其目的就是为了规范外销商品房经营市场，本案的租赁情况正是法规所适用的包租情况，因此应参照该法规确认本租赁协议的效力问题。更何况系争房屋的预售合同、出售合同均经公证机关公证，唯独《租赁承诺确认书》未经公证，亦能证明该确认书不应具有法律效力。

（2）关于被告应否承担给付租金和租金差额的责任的问题。原告诉称，既然双方签订的《租赁承诺确认书》是合法有效的，被告就应按约履行义务。被告自1997年7月至12月起每月从租金中扣除21%的款项作税金，而实际税收只有10.5%，被告应补足该差额。被告否认少付10.5%的租金款，称有关文件确实规定从1997年7月起税金降至10.5%，但税务机关直至1997年12月仍按21%征收税金，故该差额不应由被告承担。庭审中，被告承认自1998年3月起未付原告租金，但认为确认书是不合法的，故不应承担付款责任。

（3）关于被告是否承担赔偿责任的问题。原告称其之所以购买被告开发的房屋，就是因为被告承诺可以每月包租金来偿还原告向银行按揭贷款的本息，现因被告的违约行为造成原告每月向银行延期付款而产生损失，被告对此理应承担责任。被告则认为，原告所依据的确认书和与银行的抵押和回购协议中从未有过以被告的租金来偿还原告贷款的约定，被告是将租金汇给原告设在交通银行东京分行的户头，并非直接汇给该行。原告称，租金和贷款数额是一致的，而且原告的产权证现由被告管理，说明东京分行得到被告许诺，虽然还贷款义务由原告承担，但被告应用租金形式代原告支付。被告辩称，租金和贷款是两个法律关系，一个是租赁法律关系，一个是按揭贷款保证法律关系，以按揭贷款保证协议来要求被告在租金中补偿原告因贷款而引起的损失，是缺乏法律依据的，因此被告不应承担赔偿责任。

根据不动产适用不动产所在地法的原则，上海市普陀区人民法院经审理认为原、被告签订房屋预售合同和《租赁承诺确认书》之时，我国尚无对外销商品房在预售过程中包租问题进行调整的法律法规，1997年10月1日实施的《上海市新建外销商品房售后包租试行办法》对外销商品房销售过程中的包租行为作了明确的界定：即指房地产开发经营企业为促进销售，在其投资建造的外销商品房出售时与买受人约定，在出售后的一定年限内由该房地产开发经营企业以代理出租的方式进行包租，以包租期间的租金冲抵部分售价款或偿付一定租金回报的行为。本案原、被告所签订的《租赁承诺确认书》是双方在平等自愿的前提下签订的，是原、被告双方真实意思的表示，其中的所有约定都得到了原、被告的认可。虽然双方于系争房屋预售合同订立后、订立出售合同和取得产权证之前订立了租赁确认书，但确认书约定的租赁日期是原、被告签订的预售合同中明确的被告应交付房屋的日期，即1997年1月1日，此时的原告已支付了所有购房款，并与被告签订了房屋出售合同，系争房屋的物权标志产权证是一个申办手续的问题，被告也自1997年1月1日起履行了支付租金的约定。包租试行办法颁布实施虽在双方订立《租赁承诺确认书》之后，但双方的约定并未有与法规抵触之处，应认定《租赁承诺确认书》的效力。虽然按照法规规定，包租协议应由公证机关予以公证，但此规定公布在原、被告签订确认书之后，因此不能以此瑕疵来否定确认书的效力。合同双方应严格依照合同约定履行义务。

原告依约将自被告处购得的外销商品房交由被告出租，被告依约应支付其向原告所保证的租金，被告自1998年3月起未付原告租金，属违约行为，故对原告提出的要求被告支付1998年3月至7月的租金的诉请应予支持。至于10.5%的租金差额一节，被告对其提出的税务机关仍按21%征税的主张未提供相应的证据，而原告依据国家有关规定，主张该部分权利，其诉请亦应支持。关于原告要求被告赔偿原告因延期向银行付款而产生的损失之请求，法院认为租赁关系和按揭贷款关系确系两种不同的法律关系，双方亦从未约定过被告以确认书约定的租金冲抵按揭贷款的本息，因此原告提出的将租金款额汇给原告设在东京分行的账户、以按揭贷款保证协议书来要求被告以租金补偿原告因贷款而引起损失，缺乏法律依据，故对原告的该部分诉请不予支持。

案例二

1999年10月，中国公民王某、张某、刘某、蔡某合伙成立富兴渔业公司，每人投资25%购得一条船进行经营。该船在当地港务部门进行了登记。2000年2月，富兴渔业公司与丹麦雪亮公司签订长期鲜鱼供应合同。丹麦雪亮公司提出要富兴渔业公司提供担保。王某、张某、刘某同意将船抵押作为债务担保，蔡某不同意。王某、张某、刘某遂以合伙名义与丹麦雪亮公司签订了船舶抵押合同并共同到港务部门进行了抵押登记。同年 3 月,蔡某听说有一外地人何某要买船,出价高出当地船价 1 倍,于是主张将船卖给何某,再另买一条船进行经营。四人都同意,并与何某签订了船舶转让合同,但双方均未到港务部门进行登记。同年 6 月,该船遇风暴沉没灭失。同年 9 月,丹麦雪亮公司发现转让船舶之事,于是向我国法院起诉,主张该船舶转让合同无效,船舶所有权并未转移,要求确认自己享有抵押权。

问:(1) 本案应如何适用法律?

(2) 王某、张某、刘某在不经蔡某同意的情况下与丹麦雪亮公司签订的船舶抵押合同有效吗?双方设定抵押担保,在程序上是否合法?

(3) 富兴渔业公司与何某之间的船舶转让合同是否有效?船舶所有权转移了吗?

(4) 丹麦雪亮公司要求确认自己享有抵押权的请求能否得到满足?为什么?

【评析】

(1) 本案是有关船舶所有权、抵押权的涉外确权之诉,依《海商法》第 270、271 条的规定应适用船旗国法律。本案的争议标的即船舶是在中国登记,因而船旗国是中国,所以本案依法应适用《海商法》及相关法律来处理。

(2)《海商法》第 16 条规定:"船舶共有人就共有船舶设定抵押权,应当取得持有 2/3 以上份额的共有人的同意,共有人之间另有约定的除外。"本案中,王某、张某、刘某和蔡某是共同出资购买船舶,共同经营该船舶,依照《民法通则》有关规定,该船属于 4 人共有财产。在抵押共有财产的问题上三人同意,占总份额的 3/4。因此,该船舶抵押合同依法有效。蔡某不同意将船舶抵押作为债务担保,不影响设置船舶抵押权行为的有效性。本案中,抵押双方签订了书面的船舶抵押合同,并共同办理了抵押权登记,依照《海商法》第 12、13 条的规定,抵押双方设定的抵押担保,在程序上是合法的。

(3) 抵押权作为一种担保物权,对所有权人的处分权能起到一定的限制作用。本案中,富兴渔业公司未经抵押权人同意,擅自将被抵押船舶转让给何某,依据《海商法》第 17 条和《合同法》有关违反法律和行政法规的合同无效的规定,该转让合同依法无效。因此,该船舶所有权并未发生转移,依法仍属于富兴渔业公司所有。

(4) 本案中,被抵押船舶已于 2000 年 6 月遇风暴沉没灭失,依《海商法》第 20 条的规定,设置其上的抵押权依法随之消灭,因此丹麦雪亮公司要求确认自己享有抵押权的请求无法得到满足。

案例三

1962年，意大利AGIP公司依据刚果法律在刚果设立布拉公司，该公司主要从事石油产品的销售经营。1974年1月，刚果政府依该国有关法令对石油产品销售行业实行国有化。依据此前AGIP公司与刚果政府达成的一项协议，布拉公司作为例外不在被国有化之列。该协议规定，AGIP公司将布拉公司50%的股份转让给刚果政府，后者同意保留布拉公司在私法上的有限责任公司地位。刚果政府在协议中还作了将为布拉公司融资提供部分担保，以及有关确保布拉公司销售份额等多项承诺。协议还规定，对由该协议的适用或解释所产生的任何争议，应依刚果人民共和国已经批准的《解决国家与他国国民之间投资争端公约》的规定组成仲裁庭予以解决，适用的法律应为刚果的法律，必要时以国际法原则作为补充适用。由于刚果政府未履行其在协议中所作的部分承诺，布拉公司因而难以经营。1975年4月，刚果政府宣布对布拉公司实行国有化，理由是：该公司停止经营活动严重损害了作为公司股东的刚果国家利益。刚果政府同时还宣布该国有化法令不产生任何要求补偿的权利。后来，刚果政府通过发布新的法令同意给以补偿。AGIP公司对此表示不满，遂在《解决国家与他国国民之间投资争端公约》规定设立的常设机构提起仲裁，要求刚果政府赔偿AGIP公司所遭受的全部损失。

问：实施国有化的条件有哪些？刚果政府对布拉公司的国有化行为是否正当、合法？补偿标准如何？

【评析】近年来，由于国家主权原则和属地优越权原则受到广泛尊重，各国一般倾向于承认外国国有化法律、法令对位于其境内的外国人的财产的效力。但同时各国也认为国家实施国有化的权利，不是完全的和绝对的，需要受到某些限制，即实施国有化的几个条件：①以公共利益为目的；②不实行歧视待遇；③一些西方学者还提出第三个条件，即给予外国人公正的补偿，而发展中国家一直反对这个条件。

在本案中，由于刚果政府未履行其与意大利AGIP公司所签协议中做出的部分承诺，导致布拉公司难以经营，而其后又以布拉公司停止经营活动损害了作为公司股东的刚果国家利益为由，对布拉公司实行国有化，并且拒绝任何形式的补偿。在这一过程中，明显可以看出刚果公司实行对布拉公司国有化行为的不法性和不正当性。首先，刚果政府已经通过协议的方式确认不对布拉公司实行国有化，后来又违反承诺对布拉公司实行国有化，这就使该国有化行为从一开始就不具合法性；其次，刚果政府对布拉公司实行国有化也缺乏合理的根据，布拉公司之所以会出现难以经营的情况，很大程度上是由于刚果政府不完全履行承诺造成的，所以刚果政府以一个由自己本身造成的情况为理由对该公司实行国有化，缺乏合理因素；最后，该国有化行为也不符合公认的实施国有化的条件。在实行该行为时，刚果政府明显对意大利 AGIP 公司实行歧视待遇，且没有对 AGIP 公司给以补偿。

综上所述，刚果政府对布拉公司的国有化行为是不合法的、不正当的，应被视为无效。刚果政府应承担全部补偿意大利 AGIP 公司实际所受损失的责任。

（二）案例分析实训

案例一

中国公民张某原与丈夫蔡某侨居马来西亚，解放初期，张某偕子女回中国厦门定居。1958 年，张某用丈夫蔡某寄回的侨汇购买了厦门市住房一座，房主登记为张某。此后，其子女又先后出国或去香港定居。1987 年，张某申请去香港定居获准。因在厦门已无亲人，其欲在出境前将此房卖掉。经人介绍，张某在未取得其丈夫同意的情况下，与印尼华侨吴某于 1989 年 4 月签订了房屋买卖契约，将该房以人民币 15 000 元出卖给吴某。签约后，张某收取了大部分房款，并将部分房屋交给吴某居住。同年 10 月，双方前往房管部门办理产权过户手续，因张某未能提供其夫同意出卖的证明，房管部门未给其办理产权过户手续。此后，张某因身体原因未去香港定居；同时，其夫蔡某得知其卖房之事，从国外来信指责，并通过律师到房管部门要求不予办理产权过户手续。在此种情况下，张某向吴某表示要求取消买卖房屋契约，各自返还已收取的房款和占住的房屋。吴某因坚持房屋买卖有效，双方不能协商解决，吴某于 1990 年 11 月起诉至一审法院，要求确认房屋买卖有效。

问：（1）本案应适用哪国法律？
（2）张某与吴某之间的房屋买卖关系是否有效？

案例二

印度某贸易公司作为买方，于 1985 年 5 月分别与本案原告四个公司签订了四份货物买卖合同，标的为工业用油 2000 吨，二十号标准橡胶 1500 吨。1985 年 7 月，四原告根据各自的买卖合同，共同租用了巴拿马籍货轮"热带皇后"号，承运上述货物。该船长分别签发了提单，目的港为孟买。"热带皇后"在驶向印度途中失踪。

一个月后，广澳公司和兴利公司经香港某公司经理介绍，与香港利高洋行（本案第三人）签订了买卖标准橡胶 1460 吨和工业用油 1456 吨的成交确认书，价格为 CIF 汕头。8 月底，一艘"塔瓦洛希望"号轮船抵达汕头港，广澳公司向海关申报进口时，由于没有领取橡胶许可证，海关只验收了工业用油，对橡胶加以监管。由于工业用油有变质危险，广澳公司留 5 桶作样品，其余的在 1985 年

10 月至 1986 年 4 月全部出售。

1985 年 8 月，接受原告投保的保险公司经过调查认为，停靠在汕头的"塔瓦洛希望"号轮船就是"热带皇后"号，从该轮船上卸下的货物就是原告丢失的货物。在与被告协商未果的情况下，原告以持有该批货物的正本提单为由，向广东省高级人民法院起诉，要求法院确认原告是货物的所有权人，并要求被告无偿返还货物，如货物已被处置则赔偿。

问：(1) 本案涉及几个法域？
(2) 受诉法院享有管辖权的根据是什么？
(3) 法院应如何适用法律？

案例三

广轻公司分别于 1979 年和 1980 年与香港东明公司签订两份"包销协议"，约定由东明公司定牌及包销广轻公司生产的 TMT 牌吊扇，吊扇所用 TMT 文字和图形组合商标由东明公司提供，由广轻公司在国内办理商标注册。1982 年东明公司歇业，由 TMT 公司接手原东明公司与广轻公司的业务，也承受 TMT 商标。广轻公司并曾于 1987 年 10 月和 12 月向 TMT 公司发出两份文件证明广轻公司注册的 1980 年第 142201 号"TMT"商标以及其他相关的两个商标由香港 TMT 公司所有和受益，广轻公司只是作为受托人代表 TMT 公司持有此商标。1994 年双方又签订一份协议，约定在中国境内，TMT 商标由广轻公司注册，该公司有绝对的经营和管理权利，并负责处理境内任何假冒或侵犯该商标的行为。后来双方在履行中发生纠纷。1998 年，TMT 公司向广东省高院起诉，请求判令终止其委托广轻公司在国内注册和管理 TMT 商标的关系，并赔偿损失。

问：(1) 本案中是委托关系还是信托关系？
(2) 法院应适用什么法律？

主要参考文献

1. 吕岩峰、边爱军："物权法律适用的历史演进"，载韩德培等主编：《中国国际私法与比较法年刊》(2003 年卷)，法律出版社 2003 年版。
2. 黄进："论国际私法上的物权问题"，载《法商研究（中南政法学院学报）》1995 年第 3 期。
3. 何智慧："论涉外动产物权的法律适用"，载《现代法学》2000 年第 4 期。
4. 屈广清、周后春："论物权法律适用的分割制"，载《大连海事大学学报（社会科学版）》2004 年第 1 期。
5. 佘延宏："论国际私法中动产物权的客体范围问题"，载《武汉大学学报（哲学社会科学版)》2004 年第 1 期。

6. 肖永平:"论几类特殊动产的法律适用",载《政治与法律》1994 年第 1 期。
7. 韩德培、肖永平编著:《国际私法学》,人民法院出版社、中国社会科学出版社 2004 年版。
8. 丁伟主编:《国际私法学》,上海人民出版社 2004 年版。
9. 肖永平:《国际私法原理》,法律出版社 2003 年版。

第九章

国际知识产权关系的法律适用

【本章概要】 知识产权是指权利主体对其在科学、技术、文化、艺术等领域内创造的精神财富依法享有的权利。在国际私法体系中,知识产权的法律适用是一个新问题,它在国际私法的理论和实践中具有越来越重要的意义。本章介绍了知识产权的法律特征、法律冲突和世界各国解决知识产权法律冲突的一般做法,然后分析了专利权、商标权和著作权的法律冲突及法律适用规则。本章的重点是知识产权法律冲突的具体表现、专利权的法律冲突和法律适用规则。

【学习目标】 掌握专利权的法律冲突和法律适用规则;掌握商标权的法律冲突和法律适用规则;掌握著作权的法律冲突和法律适用规则;了解知识产权国际保护的法律制度。

第一节 国际知识产权的法律冲突

一、知识产权的法律特征

知识产权包括专利权、商标权、著作权以及禁止不正当竞争权。近些年来"知识产权热"促使国际私法更深入地研究涉外知识产权的法律冲突及法律适用问题。知识产权的法律特征如下:

1. 知识产权虽然是一种财产权,但其客体是智力成果或称精神财富,既不是有体物,也不是行为,而是一种无体财产权。

2. 知识产权的主体、客体及内容都必须经法律直接确认,而且要履行一定的登记程序。

3. 知识产权具有专有性,只有权利主体本人才能享有这种权利,未经权利人同意或法律的特别规定,其他任何人不得享有或使用这种权利。知识产权具有地域性,各国一般只保护在其领域内取得的知识产权,但这一点随着知识产权的国际化,正在发生变化。知识产权具有时间性,对已在内国取得的知识产权,法律只在规定的时间内对其权利加以保护,期限届满后,权利人对智力成果的独占权即告消灭。但著作权中的人身权则具有永久性。

4. 知识产权中的财产权可以转让或继承,但与这种财产权密切联系的人身权利则不能转让或继承。

二、知识产权上的法律冲突产生的原因

1. 各国有关知识产权的法律对各种知识产权在取得、行使、保护范围和保护期限等方面作了不同的立法规定。例如，在新颖性问题上，各国规定的具体标准不同，法国、英国等采用"世界新颖性"标准；日本及我国等采用"有限世界新颖性"标准，即要求未在世界范围内公知，未在本国范围内公用；希腊及巴拿马等采用"一国新颖性"标准。此外，美国、英国等国家对用化学方法制造出来的物质（包括药品）可以授予专利，有些国家规定只有这种物质的制造方法可被授予专利，而物质产品则不被授予专利。

2. 各国承认外国人的民事法律地位。诸如《保护工业产权巴黎公约》（以下简称《巴黎公约》）等一些重要的国际条约都规定缔约国要相互给予对方公民或法人以国民待遇，但这种待遇的给予是有条件的，它还要受到独立原则的制约。这实际上等于确认了各国法制的不同，接受法律冲突的存在，并承认各国可以依自己的法律规定去解决知识产权的法律冲突问题。因此，在权利的原始国法律与被请求给予属地保护的国家的法律之间，就会因各自法律规定的不同而发生法律冲突。另外，值得注意的是，这些国际公约大多都对缔约国提出了一些应遵循的基本原则，某些具体的制度尚有待于各国通过各自的国内立法去进一步补充和完善。

3. 国际条约对同一问题所作的具体规定也不尽一致。例如，对录音制品的保护方面，《保护文学艺术作品伯尔尼公约》（以下简称《伯尔尼公约》）第18条规定，对于在作品来源国尚处于专有领域的作品，新参加公约的成员国应给予追溯保护。而《保护录音制品制作者防止未经许可复制其录音制品公约》第7条则规定，新参加公约的成员国，可以对其原先未加保护的录音制品仍旧不予保护，即使该制品在其来源国尚处于专有领域。

4. 各国在一定条件下承认外国知识产权法律在内国的域外效力。这是知识产权领域发生法律冲突不可或缺的先决条件。所谓知识产权法律的域外效力，是指一国制定的知识产权法律不仅适用于本国领域内的一切人，并且适用于在国外的本国人。但是这种域外效力只有在别的国家根据主权原则和平等互利原则予以承认时才能得以实现。随着相关知识产权国家条约的相继缔结，越来越多的国家在一定条件下承认知识产权的域外效力。

由此可见，知识产权领域的法律冲突是国际社会中客观存在的，在这一现实的社会实践基础上，涉外知识产权法律关系应运而生。在知识产权保护国际统一实体法尚不能企及的发展阶段，各国制定相关的冲突法是现实的必然选择。

三、世界各国解决知识产权法律冲突的立法方式

世界各国立法或法官在涉外知识产权案件选择适用法律时所考虑的诸因素中，知识产权的地域性是一个压倒其他因素而起着决定性作用的因素。从有关国家知识产权冲突法的立法来看，尽管各国立法规定各不一样，但它们都体现着知识产权的地域性。大体而言，各国有关知识产权法律适用的规定可分为以下四类：

（一）适用权利授予国法

权利授予国法律即权利成立地法律，对于需登记或注册才能成立的知识产权而言，也就是权利登记地法。著名的《布斯塔曼特法典》就采取这种做法，其第115条规定："著作权和工业产权应受现行有效的或将来缔结的特别国际公约的规定支配。如无上述国际公约，则此项权利的取得、登记和享有均应依授予此项权利的当地法。"同样采"权利登记地法说"的1984年《秘鲁民法典》以类似的方式不承认知识产权的域外效力。1992年《罗马尼亚关于调整国际私法法律关系的第105号法》部分采取权利授予国法说，其第61条规定："工业产权的成立、内容和转让适用交存或注册国，或者提交所在国或注册申请所在国的法律。"另外，1979年《匈牙利国际私法》、1967年《法国关于补充民法典中国际私法内容的法律草案》都规定，工业产权适用权利授予国法。

（二）适用行为地法

行为地法是指知识产权使用行为地或侵权行为地的法律。1978年《奥地利国际私法》就采行为地法说，其第34条规定："①无形财产权的创立、内容和消灭，依使用行为或侵犯行为发生地国家的法律……"采用行为地法说的还有意大利和列支敦士登。知识产权适用使用行为或侵权行为地法，这类冲突规范是以知识产权的地域性理论为基础的。知识产权诉讼多由智力成果使用行为合法性的争议引起的。知识产权的地域性特点决定了判断此类行为的合法性只能依行为地法。

（三）适用法院地法

1987年《瑞士联邦国际私法法规》即采此举，其第110条规定："知识产权，适用提起知识产权保护诉讼的国家的法律。"知识产权适用法院地法，这是法律属地主义的极端表现，似不应为号称最具有国际主义的瑞士国际私法典所采纳。但根据该法典第109条的规定，瑞士法院不受理知识产权在外国的有效性或注册的诉讼，因而瑞士法院在有关本国知识产权的诉讼中适用法院地法（即本国法）倒也符合知识产权的地域性。

（四）适用来源国法

一些国家在著作权领域采取此种做法。作品来源国通常就是作品最初发表地国，作品尚未发表的，以作者的国籍国为作品来源国，如《罗马尼亚关于调整国

际私法法律关系的第 105 号法》第 60 条规定："知识产品著作权的成立、内容和消灭使用作品以出版、演出、展览、广播或其他适当方式首次公开发表的国家的法律。" 1967 年《法国关于补充民法典中国际私法内容的法律草案》第 2305 条规定："文化及艺术产权由作品的首次发表地法规定……"采用此类冲突规范的罗马尼亚和法国都否定了知识产权的域外效力。《罗马尼亚关于调整国际私法法律关系的第 105 号法》第 63 条之规定明确否定了知识产权的域外效力。法国最高法院 1959 年的判例表明，法国依法国法解决在法国受侵害之著作权问题。

四、我国对涉外知识产权法律适用的规定

我国《法律适用法》对涉外知识产权的法律适用区分三种情况作了规定。该法第 48 条规定："知识产权的归属和内容，适用被请求保护地法律。"被请求保护地是一个总括性的概念，就专利权而言，被请求保护地是专利申请地国家；对商标权而言，是注册登记地国家；对著作权而言，由于著作权的获得不需履行任何法定程序而依法自动产生，因而其被请求保护国为权利主张地国家。对涉外知识产权贸易的法律适用，《法律适用法》第 49 条规定："当事人可以协议选择知识产权转让和许可使用适用的法律。当事人没有选择的，适用本法对合同的有关规定。"对涉外知识产权侵权行为的法律适用，《法律适用法》第 50 条规定："知识产权的侵权责任，适用被请求保护地法律，当事人也可以在侵权行为发生后协议选择适用法院地法律。"

第二节　专利权的法律适用

一、专利权的概念

专利权是指一国专利主管部门根据该国法律的规定，授予发明创造人或合法申请人对"某项发明创造在法定期限内享有的一种独占权或专有权"。专利权的主要内容有制造权、使用权、许诺销售权、销售权、进口权、转让权和许可使用权等。一般而言，专利包括发明专利、外观设计专利和实用新型专利三类。专利权具有独占性、地域性和时间性等特点，是知识产权最重要的组成部分。由于各国专利法关于专利的种类、保护范围、申请原则、审查制度和保护期限的规定不同，专利权的跨国保护就会产生法律冲突现象。

二、专利权的法律适用

（一）专利权的成立、内容和效力，适用专利申请地法

专利权具有明显的地域性，无论申请人国籍、住所在何处，在哪里申请专利就必须按申请地的规定办理申请手续。被授予的专利权也只能在授予国境内有

效。专利权人要想就同一发明创造在另一国境内享有权利，必须按该国的专利法到其境内办理有关申请手续并获得批准。因此，一项发明创造是否符合法定的申请条件，是否能被授予专利以及专利权的内容和效力如何，只能依专利申请地法律来确定。

（二）专利权的创立、内容和消灭，适用实施权利行为或侵权行为发生地法

一项在原始国产生的专利权能否在某外国真正得到保护，应取决于专利权实施地或侵权行为地法律，而不是其他地方的法律。例如，1978 年《奥地利国际私法》第 34 条规定："无形财产权的创立、内容和消灭，依使用行为或侵权行为发生地国家的法律。"

（三）专利权的保护，适用专利证签发国或专利申请地国法

原则上，专利在登记国的保护依登记地国的法律。但是，这种法律适用显得过于机械，不能适应当今国际交流的发展。因此，有的国家提出了专利权原始国法与申请地法选择适用的双边冲突规范。例如，1979 年《匈牙利国际私法》规定："对发明者或其利益继承人的保护，适用专利证发出国或专利申请地法。"因此，解决涉外专利权冲突问题，应平等地适用内国法或外国法，主要看专利证发出国或专利申请地国在何处而定。

（四）专利权的保护，适用专利权原始国法

这条冲突规范使用得最为普遍。如 1928 年《布斯塔曼特法典》第 105 条规定："一切财产，不论其种类如何，均依其所在地法。"第 108 条规定："工业产权、著作权以及法律所授予并准许进行某种活动的一切其他经济性的类似权利，均以其正式登记地为其所在地。"第 115 条规定："著作权和工业产权应受现行有效的或将来缔结的特别国际公约的支配。""如无上述国际公约，则此权利的取得、登记和享有均应依授予此项权利的当地法。"由此可见，涉外专利的保护应适用专利权原始授予国的法律。

（五）对于涉外专利权的法律冲突，根据其特点，分别适用不同的准据法，即法律适用上的"分割论"

例如，有关专利申请日及优先权，适用被申请国的国内法；关于是否批准外国人的发明专利权，适用被申请国法律；专利权的保护范围和保护方法，适用被请求保护国的法律；有关专利职务发明适用劳动合同准据法；有关专利的转让，适用当事人选择的法律，在当事人没有明示或默示选择法律时，适用与专利权转让有最密切联系国家的法律、受让方或转让方国家的法律。[1]

---

[1] 肖永平：《国际私法原理》，法律出版社 2007 年版，第 159~160 页。

三、我国有关涉外专利权的法律适用的规定

我国《专利法》对涉外专利权的法律适用规定主要有以下几点：

1. 在中国没有经常居所或者营业所的外国人、外国企业或外国其他组织在中国申请专利的，按照其所属国同中国签订的协议或共同参加的国际条约，或者按照互惠原则，根据中国专利法办理。

2. 外国申请人就同一发明或实用新型在外国第一次提出申请之日起 12 个月内，或者就同一外观设计在外国第一次提出申请之日起 6 个月内，又在中国提出申请的，依照其所属国同中国签订的协议或者共同参加的国际条约，或者依照相互承认的优先权原则，可以享有优先权。

第三节　商标权的法律适用

一、商标权的概念

商标权是商标专用权的简称，是指商标主管机关依法授予商标所有人其注册商标受国家法律保护的专有权。商标注册人依法支配其注册商标并禁止他人侵害的权利，包括商标注册人对其注册商标的排他使用权、收益权、处分权、续展权和禁止他人侵害的权利。商标是用以区别商品和服务不同来源的商业性标志，由文字、图形、字母、数字、三维标志、颜色组合或者上述要素的组合构成。由于各国商标法在商标权的获取原则、注册原则和保护期限方面的差异，涉外商标权保护和法律冲突在所难免。

二、商标权法律适用的主张

（一）商标权的成立、内容和效力，适用商标注册地法

世界上大部分国家采取商标注册原则，商标权通过注册核准产生，受法律保护。由于商标权具有严格的地域性，在一国或地区核准的商标，只在该国或地区内有效力。因此，有关商标权的得失、内容、范围和效力等的法律适用均应依注册地法，亦即权利成立地法。《布斯塔曼特法典》第 108、115 条对此作了类似规定。

（二）商标权的成立、内容和效力，适用商标先使用地法

世界上有些国家的商标法按照使用商标的先后来确定商标权的归属，商标注册手续只从法律上起到申请和告示作用，而不能决定商标权的归属，他人可以使用在先为由对抗使用在后、注册在先的人，请求撤销注册商标。商标权的地域性也要求有关商标权的生效要件、范围、效力及存续期间等的法律适用，依商标先使用地法。

（三）商标权的成立、内容和消灭，适用实施权利的行为地或侵权行为地法

1978年《奥地利国际私法》第34条规定："无形财产权的创立、内容和消灭，依使用行为或侵权行为发生地国家的法律。"商标权是无形财产权的一种，可以适用这种冲突规范。

（四）商标权的保护，适用商标注册证发出国或商标申请地国法

1970年《匈牙利国际私法》规定，商标权的法律冲突可以采用专利权法律冲突的原则，也就是依商标注册证发出国或商标申请地国法。

（五）商标权法律适用的"分割论"

对于商标权的法律适用，根据其具有的特点，分别适用不同的准据法。例如，有关商标注册申请日及优先权，依被申请注册国法；有关是否批准外国人的商标注册，适用被申请国的法律；有关商标的保护范围和保护方法，依被请求保护国法；有关商标的转让，适用当事人选择的法律，当事人没有选择的，按照最密切联系原则确定准据法。

三、我国关于涉外商标权的法律适用的规定

1. 外国人或外国企业在中国申请注册商标的，应按其所属国和中华人民共和国签订的协议或者共同参加的国际公约办理，或者按照对等原则办理。在具体程序上，外国人在我国申请注册商标或办理其他商标事宜，应当委托国务院指定的机构进行代理，并应当使用中文，外文书件应附中文译文。提交的代理委托书应办理有关公证、认证手续。

2. 外国人在我国注册商标所享受的优先权问题，根据我国参加的《巴黎公约》的原则，我国政府规定，凡公约成员国国民，已向《巴黎公约》的任何一个成员国提出商标注册申请之后，又在中国就同一商标在相同商品上提出注册申请的，可以从第一次申请后6个月内要求享受优先权。凡要求享受优先权的，应当提交书面声明以及在其他成员国第一次申请的副本和其他有关证明文件。

3. 我国商标需要在外国注册的，首先应在我国工商行政管理机关注册，然后按照我国参加的《巴黎公约》和《商标注册马德里协定》，或根据对等原则以及对方国家规定的无条件国民待遇原则，并委托国务院指定的机构代理在外国申请商标注册。到国外申请商标注册的，申请者应先到所在地县、市工商行政管理局登记。到国外申请商标，必须是申请者自己的商标。

第四节 著作权的法律适用

一、涉外著作权概述

著作权是指著作人依法对科学研究、文学艺术诸方面的著述和创作所享有的权利。而涉外著作权则是指含有涉外因素的著作权。凡是著作权的主体为外国自然人或法人、无国籍人，或者著作权的客体在国外，或引起著作权法律关系的事实发生在国外，例如著作权许可使用合同的订立、履行发生在其他国家的，都可以产生涉外著作权法律关系。

二、涉外著作权的法律适用原则

（一）适用著作权首次发表地法，也称作品来源国法

许多国家著作权法规定了"作品国籍原则"，即文学艺术作品首次在哪国发表，就取得了该国的作品国籍，就取得了该国的著作权，受该国著作权法保护。这样规定的最大目的就是保证作品能够在不同的国家享受到同等的保护，并且能够使权利人有权自由决定著作权的法律适用，避免给侵权人以选择相关准据法的机会。1974年《阿根廷国际私法草案》第21条规定："文学和艺术作品受首次发表国的法律支配。外国文学艺术作品的保护期依照其原始国的规定，但不得超过阿根廷准许的期限。"1928年《布斯塔曼特法典》第115条第2款规定，著作权的取得、登记和享有均依授予此项权利的当地法。

（二）未发表作品的著作权，适用作者的属人法

对于未发表作品的著作权保护的内容、范围等问题，因其缺乏最初发表地的因素，则应依作者的属人法，包括本国法、住所地法或惯常居所地法为其经常创作及完成创作之场所。作品是创造者人格的直接表露，因此作品与作者有密不可分的关系，对于未发表作品的著作权的保护，适用作者的属人法为宜。

（三）适用被请求国法，即保护国法

在原始国取得的著作权，如果想在另一国得到保护，就必须依被请求国法律。保护国法是知识产权地域性的体现。由于地域性的特点，对于外国著作权进行保护时须依照内国法进行，同时还避免了由于来源国（地）的不同而使得不同国家或地区的知识产权在一个内国中待遇不同的情况，这就是保护国法主义的初衷。

适用被请求国法主要针对有关著作权的实质内容方面。如《伯尔尼公约》第14条第2款乙项（a）目规定：确定电影作品版权的所有者，属于被要求给予保护的国家法律规定的范围。第14条第3款丙项又规定：分享利益之方式和比

例由各国法律确定。《伯尼尔公约》第 5 条第 2 款就更为明确地确立了除公约条款外，只有被要求给以保护的国家的法律才能决定保护范围以及如何保护作者的权利而向其提供的补救方法。同样，《世界版权公约》第 4 条第 2 款指出，各成员国可以在自己的立法中对于保护作者的基本权利方面允许有一些例外的规定。

（四）适用著作权的实施地或侵权行为地法

由于著作权是无形财产权，又具有严格的地域性。因此，著作权的使用以及在使用中是否受到侵害等问题，应受使用地或侵权行为地法支配。

（五）适用公约的规定

依有关国际著作权的公约的规定，凡被请求保护国的法律低于其所参加或缔结的国际公约的最低要求，要依国际公约的规定。而有的国家国内法也明确规定，涉外著作权的保护可依共同参加的国际条约进行。如我国《著作权法》第 2 条第 2 款规定，外国人在中国境外发表的作品，根据其所属国或者经常居住地国同中国签订的协议或者共同参加的国际条约，享有著作权，受本法保护。

三、我国对涉外著作权的法律适用问题的规定

从我国《著作权法》等的有关规定中不难看出，关于涉外著作权法律适用的基本原则是，在适用国内相关法律规定的同时，也必须确保法律适用符合我国加入的 TRIPs 协议和其他知识产权国际条约的规定。《伯尔尼公约》与《世界版权公约》是现今国际上专项的著作权（版权）国际公约，其内容着重于权利的实施，即如何使著作权（版权）得到法律保护的各种法定程序与救济措施。我国法院对于《伯尔尼公约》和《世界版权公约》优先适用，不过条件是只有国内立法与国际条约的规定相抵触时才优先适用，而两者相符时仍适用我国《著作权法》。

第五节　知识产权的国际保护

一、知识产权国际保护的概念

知识产权国际保护是指旨在确立并保护各类知识产权的互惠、双边或多边的国家间保护制度。互惠保护是一种附条件的保护，其含义是指某一外国若承认并保护依本国法确定的知识产权，那么本国亦承认并保护依该外国法确认的知识产权。互惠保护主要为一些知识产权立法滞后或差异的国家采用。双边条约的保护是指双方通过签订双边条约的方式，相互保护对方的知识产权。多边公约包括世界性公约和区域性公约两种，前者的适用范围没有区域限制，而且内容多系立法性的，规定各缔约国知识产权立法的最低水平，因此对知识产权国际保护影响最

大；后者是为适应局部地区的特殊需要而产生的，其对于协调区域内各国知识产权保护制度，维持相同的知识产权保护水平作用很大。

二、《保护工业产权巴黎公约》

《保护工业产权巴黎公约》于1883年3月20日在巴黎签订，1884年7月7日生效。1985年3月19日，中国成为该公约成员国，我国政府在加入书中声明：中华人民共和国不受公约第28条第1款的约束。

（一）历史背景

19世纪，在有关保护工业产权领域的其他国际条约产生之前，由于各国法律的差异性，所以在世界各国要想获得工业产权的保护是很困难的。而且，专利应用不得不同时在所有的国家产生，以避免在一国的公开导致破坏其在其他国家的新颖性。这些现实问题引起了克服这些困难的强烈愿望。到19世纪的后半期，技术全球化趋势的加强以及世界贸易的增长要求工业产权法的和谐统一，尤其在专利和商标领域。

1873年，当奥匈帝国政府邀请世界其他国家参加在维也纳举办的一场有关发明的万国博览会时，许多国家的发明者考虑到对展览品没有充分的法律保护，而不乐意参展。这促进了以下两方面的发展：①奥地利通过一项特别法对所有参加展览的外国参展者的发明、商标和工业品外观设计提供暂时性保护；②于同年即1873年，在维也纳召开了关于进行"专利改革"的会议，会上通过了几项决议，提出若干有效且实用的专利原则，并且敦促各国政府要积极倡导专利制度保护以引起世界范围内对专利的关注，以早日达成专利国际保护协约。

作为维也纳大会的后续工作，1878年在巴黎召开了一次有关工业产权的国际性会议。与会代表决定请求各国政府召集一次正式的国际（外交）会议，以便解决在工业产权领域的"统一立法"问题。会后，法国准备了一份提议建立保护工业产权"国际联盟"的最终草案，由法国政府分送给各有关国家，并且联带着一个有关参加1880年在巴黎召开的国际会议的邀请函。那次会议采纳了一项草案公约，它大体上包含有那些至今仍然表现为《巴黎公约》主要特征的实质性条款。

1883年，在巴黎召开了一次新的外交会议。最终，比利时、法国、巴西、萨尔瓦多、意大利等11个与会国通过并签署了《巴黎公约》，1884年7月7日公约生效。以后又有英国、突尼斯、厄瓜多尔等国家加入，至1985年，其成员已经达到了97个国家和地区；至2004年12月底，已经发展到了168个联盟成员，包括中国在内的世界上大部分国家都参加了联盟。

（二）主要结构

《巴黎公约》的条款可以分为四个主要类别：

1. 实体法规则，它们保证基本权利，即每个成员国的"国民待遇"问题。
2. 确立另一个基本权利，即"优先权"。
3. 关于国际组织和成员国之间法律的一致性和执法的统一性问题，要求或允许成员国主管机关根据《巴黎公约》的条款制定出相应的法律条文，并且规定了申请人应遵守《巴黎公约》中规定的各项义务。
4. 关于行政机构的问题，如联盟大会、国际局的设立、财务制度和分配原则等，并且还规定了各项最终条款。

（三）基本原则和重要条款

1. 国民待遇原则。在工业产权保护方面，公约各成员国必须在法律上给予公约其他成员国等同于其本国国民的待遇，即使是非成员国国民，只要他在公约某一成员国内有住所，或有真实有效的工商营业所，亦应给予相同于本国国民的待遇。

2. 优先权原则。《巴黎公约》规定，凡在一个缔约国申请注册的商标，可以享受自初次申请之日起为期6个月的优先权，即在这6个月的优先权期限内，如申请人再向其他成员国提出同样的申请，其后来申请的日期可视同首次申请的日期。优先权的作用在于保护首次申请人，使他在向其他成员国提出同样的注册申请时，不致由于两次申请日期的差异而被第三者钻空子抢先申请注册。发明、实用新型和工业品外观设计的专利申请人从首次向成员国之一提出申请之日起，可以在一定期限内（发明和实用新型为12个月、工业品外观设计为6个月）以同一发明向其他成员国提出申请，而以第一次申请的日期为以后提出申请的日期。其条件是：申请人必须在成员国之一完成了第一次合格的申请，而且第一次申请的内容与日后向其他成员国所提出的专利申请的内容必须完全相同。

3. 独立性原则。申请和注册商标的条件，由每个成员国的本国法律决定，各自独立。对成员国国民所提出的商标注册申请，不能以申请人未在其本国申请、注册或续展为由而加以拒绝或使其注册失效。在一个成员国正式注册的商标与在其他成员国注册的商标无关。这就是说，商标在一成员国取得注册之后，就独立于原商标，即使原注册国已将该商标予以撤销，或因其未办理续展手续而无效，都不影响它在其他成员国所受到的保护。同一发明在不同国家所获得的专利权彼此无关，即各成员国独立地按本国的法律规定给予或拒绝、撤销、终止某项发明专利权，不受其他成员国对该专利权处理的影响。这就是说，已经在一成员国取得专利权的发明，在另一成员国不一定能获得；反之，在一成员国遭到拒绝的专利申请，在另一成员国则不一定遭到拒绝。

4. 强制许可专利原则。《巴黎公约》规定，各成员国可以采取立法措施，规定在一定条件下可以核准强制许可，以防止专利权人可能对专利权的滥用。某一项专利自申请日起的 4 年期间内，或者自批准专利日起 3 年期内（两者以期限较长者为准），专利权人未予实施或未充分实施，有关成员国有权采取立法措施，核准强制许可证，允许第三者实施此项专利。如在第一次核准强制许可特许满 2 年后，仍不能防止赋予专利权而产生的流弊，可以提出撤销专利的程序。《巴黎公约》还规定了强制许可不得专有、不得转让；但如果连同使用这种许可的那部分企业或牌号一起转让，则是允许的。

5. 商标的使用。《巴黎公约》规定，某一成员国已经注册的商标必须加以使用，只有经过一定的合理期限，而且当事人不能提出其不使用的正当理由时，才可撤销其注册。凡是已在某成员国注册的商标，在一成员国注册时，对于商标的附属部分图样加以变更，而未变更原商标重要部分，不影响商标显著特征时，不得拒绝注册。如果某一商标为几个工商业公司共有，不影响它在其他成员国申请注册和取得法律保护，但是这一共同使用的商标以不欺骗公众和不造成违反公共利益为前提。

6. 驰名商标的保护。无论驰名商标本身是否取得商标注册，公约各成员国都应禁止他人使用相同或类似于驰名商标的商标，拒绝注册与驰名商标相同或类似的商标。对于以欺骗手段取得注册的人，驰名商标的所有人请求取消注册或禁止使用的期限不受限制。

7. 商标权的转让。如果其成员国的法律规定，商标权的转让应与其营业一并转让方为有效，则只须转让该国的营业就足以认可其有效，而不必将所有国内外营业全部转让，但这种转让应以不会引起公众对贴有该商标的商品来源、性质或重要品质发生误解为条件。

8. 展览产品的临时保护。公约成员国应按其本国法律对在公约各成员国领域内举办的官方或经官方认可的国际展览会上展出的产品所包含的专利和展出产品的商标提供临时法律保护。

二、《保护文学艺术作品伯尔尼公约》

（一）历史背景

19 世纪，西欧尤其是法国涌现出了许多大文学家、大艺术家，他们创作的大量脍炙人口的作品流传到世界各地，这些国家相应地开始重视版权的国际保护。1878 年，由雨果主持在巴黎召开了一次重要的文学大会，建立了一个国际文学艺术协会。1883 年该协会将一份经过多次讨论的国际公约草案交给瑞士政府。

瑞士政府于 1886 年 9 月 9 日在伯尔尼举行的第三次大会上予以通过，定名为《保护文学艺术作品伯尔尼公约》（Berne Convention for the Protection of Literary and Artistic Works，以下简称《伯尔尼公约》）。原始签字国有英国、法国、德国、意大利、瑞士、比利时、西班牙、利比里亚、海地和突尼斯10国，1887年9月5日，签字国互换批准书（只有利比里亚没有批准），公约3个月后生效（1887年12月），这就是世界上第一个国际版权公约，所有参加这一公约的国家组成一个联盟，称伯尔尼联盟。并选出了联盟的国际局，规定了以后参加国应履行的手续、公约的修订程序。1992年10月15日，中国成为该公约成员国。

《伯尔尼公约》的产生标志着国际版权保护体系的初步形成。美国也派代表参加了1886年大会，但因当时美国的出版业远不如英法等欧洲国家发达，参加公约对美国不利。所以，美国代表便以该条约的许多条款与美国版权法有矛盾，得不到美国国会的批准为借口，拒绝在公约上签字，直到1989年3月1日才参加伯尔尼联盟，成为第80个成员。

（二）主要结构

《伯尔尼公约》由联合国专门机构——世界知识产权组织（总部设在日内瓦）管理。加入《伯尔尼公约》即成为联盟成员国。联盟的日常工作由世界知识产权组织国际局负责。各成员国每年要交纳会费。

现行的《伯尔尼公约》的核心是规定了每个缔约国都应自动保护在伯尔尼联盟所属的其他各国中首先出版的作品和保护其作者是上述其他各国的公民或居民的未出版的作品。联盟各国必须保证使属于其他成员国国民的作者享受该国的法律给予其本国国民的权利。如果作者最初是在一个伯尔尼联盟成员国内出版，但其作者是非联盟成员国的国民，该成员国对这一作品的保护可以只限于作者系其国民的国家对这种作品给予保护的程度。

公约从结构上分正文和附件两部分，从内容上分实质性条款和组织管理性条款两部分。正文共38条，其中，前21条和附件为实质性条款，正文后17条为组织管理性条款。该公约的规定比较具体、详细，规定作品享有版权不依赖于任何手续（如注册登记、缴纳样本等），保护期也比较长。

《伯尔尼公约》附件为关于发展中国家的特别条款，它规定发展中国家出于教育和科学研究的需要，可以在《伯尔尼公约》规定的限制范围内，按照《伯尔尼公约》规定的程序发放翻译或复制有版权作品的强制许可证。这是在1971年修订《伯尔尼公约》时因发展中国家强烈要求而增加的。

（三）核心内容

1. 国民待遇原则。作为联盟任何一成员国公民的作者，或者在任何一成员国首次发表其作品的作者，其作品在其他成员国应受到保护，此种保护应与各国给予本国国民的作品的保护相同。

2. 保护范围。公约保护的作品范围是缔约国国民的或在缔约国内首次发表的一切文学艺术作品。

"文学艺术作品"包括文学、科学和艺术领域内的一切作品，如图书、讲课、演讲、讲道、戏剧、哑剧、舞蹈、乐曲、电影作品、图画、建筑、雕塑、摄影作品，以及实用艺术品和地理学、解剖学、建筑学或科学方面的图表、图示及立体作品等；还包括"演绎作品"，即翻译、改编、乐曲整理，以及某一文学或艺术作品的其他改造，只要不损害原作的著作权，这种改造就得到与原作同等的保护。《伯尔尼公约》生效时保护期未满的作品也给予保护，即有追溯力。

3. 保护权利。公约既保护精神权利，又保护经济权利。关于精神权利，它只规定了作者的署名权和修改权，而没有规定发表权。关于经济权利，公约规定了翻译权、复制权、公演权、广播权、朗诵权、改编权、录制权和电影权。此外，公约还有关于"追续权"的规定，但并非最低保护要求，各成员国可以自行决定是否采用。

4. 自动保护。根据该公约受保护作品的作者，自动享有各该国法律现在和将来给予其国民的权利和该公约规定的权利，不履行任何手续；现行的公约的核心是规定了每个缔约国都应自动保护在伯尔尼联盟所属的其他各国中首先出版的作品和保护其作者是上述其他各国的公民或居民的未出版的作品。联盟各国必须保证使属于其他成员国国民的作者享受该国的法律给予其本国国民的权利。如果作品最初是在一个伯尔尼联盟成员国内出版，但其作者是非联盟成员国的国民，该成员国对这一作品的保护可以只限于作者系其国民的国家对这种作品给予保护的程度。

5. 独立保护原则。作品在各成员国受到保护不以其在起源国受保护为条件。

6. 保护主体。公约将作者列为第一保护主体，保护其包括精神权利和财产权利在内的专有权利。公约规定了作者享有以下几种财产权利：翻译权、复制权、公开表演权、广播权、公开朗诵权、改编权、延续权（此权系大陆法系版权法的产物，带有精神权利的特点。英美法系国家的版权法大都没有规定这项权利。因此，公约允许承认延续权的国家在外国作品是否享有该项权利，实行互惠原则）。公约保护作者不依赖其财产权利而独立存在的精神权利，即使作者把自己某部作品的版权（即财产权利部分）全部转让给了出版者或广播组织，后者也无权将作者的名字从作品上删去，或者篡改他的作品。

7. 保护期限。作品的保护期限，公约针对不同的作品作了不同的规定：①对于一般文学艺术作品而言，公约给予的保护期为作者有生之年及其死后 50 年。这个期限为作品保护的最低期限。②对于电影作品，是指从作品公映后 50 年期满，如果作品摄制完成后 50 年内未公开放映，那么这一作品受保护的期限自作品摄制完成后 50 年期满。③对于匿名作品（没有署名的作品）和署笔名的作品，其保护期为作品发表之日起 50 年。④对于摄影作品和实用美术作品的保护期，由各国法律自行规定，但最短期限不能少于作品完成后的 25 年。⑤对于合作作品，也适用上述各有关规定，但作者死后的保护期应从最后一位作者死亡时算起。

学术视野

关于知识产权领域到底有没有法律冲突存在的两种观点

传统观点认为，一国通过专利法、商标法、著作权法和禁止不正当竞争法等国内实体法授予专利人应有的专有权利，这些权利的使用、转让、侵权和讼争均因循该国国内立法，因而知识产权并无法律冲突可言，不是传统冲突法调整对象。在传统国际私法中，涉及知识产权问题，也都是从所谓"统一实体规范"的角度来说明对它采取的国际保护措施，而不是从所谓"冲突规范"的角度来说明对它采取的法律适用原则。如果从"严格的地域性"这一特征来看，知识产权领域似乎不应产生法律冲突，当然也就无所谓冲突制度。这种认识在刚刚开始知识产权保护制度的国家（如我国）普遍存在。

另一种观点认为，尽管地域性从知识产权制度出现的那一天就伴随着知识产权，但并不能就此认为地域性是知识产权本身不可缺少的属性。知识产权地域性实际上是国家主权原则在知识产权领域中的具体体现。"地域性"，是外部环境加于知识产权及其立法的，而不是它们本身所固有的。因此，只要各个国家愿意和需要，它们就完全可以放弃对知识产权的地域性的固执，进而承认知识产权及其立法的域外效力，从而使在一国取得的知识产权在其他国家也当然地得到承认和保护，使一国的知识产权立法在其他国家也可以具有某种支配作用。随着知识产权立法的发展和国际经济技术交流的大规模发展，知识产权正在逐渐突破传统的地域性，这一趋势主要表现在：①在一国产生的权利人对智力成果的专有权，迫切需要各国像对待在自己领域以外依他国法律取得的物权那样，加以承认和保护；②产生了诸如欧洲专利、比荷卢三国集团专利等跨地区性的知识产权；③随着各国之间经济技术上更为突出的互相依赖，从而使一项在甲国开始进行而在乙国完成、在丙国取得的知识产权而在丁国使用的智力成果已屡见不鲜，这就使某一项知识产权常常牵涉多个国家法律效力的问题。当知识产权的地域性被突破的时候，知识产权领域的法律冲突便会随之产生。

理论思考与实务应用

一、理论思考

（一）名词解释

专利权　商标权　著作权　知识产权国际保护

（二）简答题

1. 知识产权发生法律冲突的原因是什么？
2. 简述涉外专利的法律适用规则。
3. 简述涉外商标的法律适用规则。
4. 简述涉外著作权的法律适用规则。

（三）论述题

试论《巴黎公约》的基本原则和重要条款。

二、实务应用

（一）案例分析示范

案例一

某省钻头厂与美国史密斯公司签订技术许可合同，从美国史密斯公司引进某种类型的地矿钻头生产专利技术，许可合同中的"鉴于"条款规定："史密斯公司拥有某地矿钻头生产专利，能够合法地向引进方授予制造某地矿钻头的生产许可证……"许可合同签订后，在双方的密切合作下，很快生产出合格的合同产品，但当该产品销往美国后，美国休斯公司提出诉讼，指控某省钻头厂的产品侵犯其专利权。

问：某省钻头厂是否必须应诉？其具有什么法律权利？

【评析】某省钻头厂不必应诉。根据"鉴于"条款的规定，应责成美国史密斯公司应诉。因为"鉴于"条款主要说明双方当事人签订许可合同的目的和愿望、受方引进技术的目标、供方转让技术使用权的合法性和该项技术是否具有实际生产经验等。这些说明具有潜在的法律作用，即要求双方在签订许可合同时就明确作出某些法律上的保证。一旦双方因合同发生纠纷，仲裁机构或法院就可以根据这些保证，解释其他有关条款，判断谁是谁非，分清责任。

在本案中，供方史密斯公司对其转让的某地矿钻头生产专利技术的合法性作出保证，一旦受方某省钻头厂的合同产品被第三方指控为侵权行为，该公司即负有不可推卸的责任。由于供方史密斯公司的违约行为而造成受方某省钻头厂的经济损失，受方有权向供方提出赔偿损失的请求。

案例二

2005年，我国某省某公司与荷兰某公司草签了一项引进挖泥船设备和制造挖泥船专有技术的许可合同。其中有这样一个条款："对那些挖泥船用户的总机构是在中华人民共和国之外注册的，假如与荷兰某公司的利害关系无冲突和将无冲突，那么这些挖泥船的建造和交船可以进行，对上述情况必须经双方协商最后判断。对荷兰某公司利害关系是否存在或是否将存在冲突，最后由荷兰某公司单方决定。"

问：对这样的条款，我方是否应该接受，为什么？

【评析】这样的条款是不能接受的。因为《技术进出口管理条例》第29条第7项规定，技术进口合同中，不得含有下列限制性条款：不合理地限制受让人利用进口的技术生产产品的出口渠道。

案例三

2003年9月27日，曾把国内百万学子培养成外语人才的北京新东方学校，为其盗版使用国外考试机构的版权试卷、教材付出了"血淋淋"的代价。美国教育考试服务中心（简称ETS）、研究生入学管理委员会（简称GMAC）起诉北京新东方学校侵犯其著作权及商标权纠纷案，历经两年多的审理，由北京市第一中级人民法院作出一审判决，法院认定两原告指控新东方学校侵犯其著作权、商标权的三个案件事实成立。

问：北京市第一中级人民法院作出判决的理由是什么？

【评析】法院在判决书中说：ETS主持开发了美国大学、研究生院入学考试和以英语作为外语的考试以及作为美国大学和研究生院录取标准的"研究生录取考试"（简称GRE考试）。ETS将其开发的上百套考试试题在美国版权局进行了著作权登记。ETS以"TOEFL""GRE"（文字）作为商标在中国核准注册。因此，ETS的著作权和商标权均受中国法律的保护。但是自20世纪90年代中期以来，新东方学校未经ETS的同意，即大量复制、出版和发行ETS享有著作权和商标权的GRE考试试题，非法获利巨大，给ETS造成了损失。2001年1月，ETS向北京市第一中级人民法院起诉，请求人民法院判令被告停止侵权；销毁其所有的侵权资料和印制侵权资料的软片；在全国媒体上向ETS公开赔礼道歉；赔偿经济损失人民币一百余万元。

(二) 案例分析实训

案例一

2004年，自然人张力发现自己在国家知识产权局注册外观设计的几件床上用品,被易趣网冠以"无限魅力""丁香天堂"和"魔法 zoom"的名称,公布价格并出售。张力认为这些商品与自己拥有外观设计专利权的产品十分相似,而自己只将专利授予江苏堂皇家纺有限公司使用,且易趣网公布的价格低于堂皇公司产品的价格。张力和江苏堂皇家纺有限公司将易趣网的经营者——易趣网络信息服务(上海)有限公司和上海易趣贸易有限公司告上法庭,要求对方停止侵权、赔礼道歉,并赔偿经济损失 20 万元。

问:根据本章内容,判断原被告双方的诉讼理由是什么?

案例二

凯利公司是美国一家专业生产装卸机械的工厂,其主要产品是卸料机,利用这种机械可将货物从卡车上卸到码头的堆放处。这项产品原系加勒特·P.凯利发明并取得专利权,后来专利权被转让给凯利公司,凯利公司开始从事该专利产品的制造和销售。1964 年,凯利公司又将该专利非独占许可给尤纳科公司使用。在专利许可证协议签订后不久,德克萨斯州的一家名为升降门的联合企业的董事长为了扩展装卸机械方面的业务,打算将凯利公司买下或者将其兼并。但当时尚未正式签订协议,与此同时,升降门公司还与尤纳科公司接触,并于 1969 年 8 月 4 日签订了购买它的卸料机分厂及其全部资产(包括与凯利公司签订的许可证合同)的协议。凯利公司得知后,通过律师于 8 月 13 日告知升降门公司,他们原来签订的专利许可证协议"只限于给尤纳科公司"。1969 年 10 月 20 日,尤纳科公司和升降门公司向地区法院起诉,要求确认该许可证协议的可转让性。地区法院判决尤纳科公司有权转让该许可证协议。美国第七巡回上诉法院认为尤纳科公司无权转让该许可证。

问:该专利许可证协议中的专利是否可以再转让?

案例三

美国一家食品公司 Chicken Delight Inc. 自 1952 年起开始经营炸鸡等快餐食品,其使用的商标是 Chicken Delight。20 世纪 60 年代中期,该公司与美国另一家经营快餐食品的 Siegel 公司签订了一项技术转让合同,合同中规定 Chicken Delight 公司允许 Siegel 公司经营其快餐食品,并向其传授经营管理技术诀窍,还允许使用其商标和商号,但合同中同时规定,Siegel 公司必须购买 Chicken Delight 公司一定数量的煮锅、煎锅、餐具、包装和调料等作为交换条件。上述商品的购买价格均高于同类商品的一般市场价格。不久,原告 Siegel 公司向地方法院起诉,指控被告 Chicken Delight 公司有搭售行为,违反了美国反托拉斯法的有关规定,要求获取 3 倍于原告实际损失的赔偿。地方法院判定该合同违反了反托拉斯法的规定，但对赔偿问题未作结论。为此，原告就赔偿问题向美国第九巡回上诉法院上诉，负责审理此案的美国第九巡回上诉法院在审理过程中对这两个问题作了分析，并提出了判决意见。

问：Chicken Delight 公司对 Siegel 公司提出的要求是否属于国际技术贸易中的限制性商业做法？

主要参考文献

1. 霍政欣：《国际私法学》，中国政法大学出版社 2020 年版。
2. ［德］马丁·沃尔夫著，李浩培、汤宗舜译：《国际私法（上下卷）》，北京大学出版社 2009 年版。
3. 章尚锦、杜焕芳主编：《国际私法》，中国人民大学出版社 2019 年版。
4. 徐冬根编著：《国际私法案例百选》，高等教育出版社 2019 年版。
5. 李双元、欧福永主编：《国际私法》，北京大学出版社 2018 年版。
6. 杜新丽、宣增益主编：《国际私法》，中国政法大学出版社 2017 年版。
7. 冯霞：《国际私法：原理与案例》，北京大学出版社 2017 年版。
8. 孔祥俊：《知识产权法律适用的基本问题》，法制出版社 2013 年版。

第十章
国际债权关系的法律适用

【本章概要】 债是一种以请求和给付为内容的，具有相对性的法律关系。根据发生原因的不同，可将债分为意定之债和法定之债。其中，意定之债又可分为合同之债和单方允诺之债；法定之债分为侵权之债、不当得利之债、无因管理之债以及缔约过失之债。涉外之债是含有涉外因素的债权债务法律关系，包括涉外合同之债、涉外侵权之债、涉外不当得利之债和涉外无因管理之债等。

国际合同种类的多样性、规范国际合同关系法律的多样性以及合同涉及问题的多样化，使得如何解决国际合同的法律适用成为国际私法最复杂、最混乱的领域之一。本章主要介绍合同准据法的一般理论和方法以及我国合同法律适用的立法和司法实践。此外，还将介绍非合同之债的法律适用问题，包括侵权、不当得利和无因管理。

如何确定合同的准据法，理论上有主观论和客观论之争，分割论和统一论之争。确定合同准据法的方法有意思自治说、最密切联系说、客观标志说和合同自体法说。目前，合同自体法说得到了国际社会的普遍认可，即首先依据当事人选择的法律作为合同的准据法；在当事人没有选择的情况下，依最密切联系原则确定合同的准据法。

我国在合同法律适用方面的立法与实践是与国际上的一般做法相一致的，基本上采用了合同自体法说。当事人意思自治原则为合同法律适用的首要原则，最密切联系原则是合同法律适用的补充原则，并以特征性履行作为确定最密切联系地的标准，同时肯定了国际条约优先原则、国际惯例补缺原则和公共秩序保留原则。随着科学的发展，侵权行为的内涵和形式也发生了很大变化。本章在介绍了一般侵权行为法律适用的规则之后，还探讨了几种特殊侵权行为之债的法律适用规则，以及我国的相关立法和实践。最后对不当得利和无因管理的法律适用作了简单介绍。

【学习目标】 了解国际合同的概念；涉外侵权行为的含义及法律冲突；涉外海上侵权行为、涉外空中侵权行为、涉外公路交通事故及涉外产品责任的法律适用；涉外不当得利之债与涉外无因管理之债的法律适用。

理解合同准据法的概念；合同法律适用的理论分歧；合同特殊方面及特殊合同的法律适用；侵权法律适用的主要规则。

掌握确定合同准据法的方法；我国确定合同准据法的主要原则和立法；我国侵权法律适用的立法。

第一节 合同的法律适用

一、国际合同及其法律冲突

合同是当事人之间设立、变更、终止民事关系的协议。合同是最为重要的债的发生原因。国际合同是"以某种方式与两个或两个以上的国家（法域）相关联的合同"[1]。实践中判断"国际性"的标准各异：在国内和国际立法中，有的以当事人的营业地或惯常居所地在不同的国家为标准，而有的则采用更为基本的标准，如合同"与一个以上的国家有重要联系"或"涉及不同国家之间法律的选择"，或是"影响国际贸易的利益"等[2]。需要注意的是，判断一个合同是否为国际合同，不可只看在合同行为或合同关系中是否有外国因素，还应看是否因为有这种因素而涉及外国的立法管辖权或外国法的适用问题。

由于各国有关合同立法的规定不同，导致国际合同的实践中必然产生复杂的冲突，我们将其统称为合同之债的法律冲突。这些法律冲突主要表现为：合同主体（当事人缔约能力）、合同形式、合同的成立和内容等方面的法律冲突。

1. 合同主体的法律冲突。合同的主体包括自然人和法人。首先，各国对自然人的缔约能力规定各异。除了禁治产人或准禁治产人的规定不同之外，主要体现在对成年人年龄的规定上。各国的成年年龄从 18 岁到 25 岁不等。其次，法人缔约能力的规定也不尽相同。法人上的分类方法不同，例如，大陆法系法人通常分为公法人和私法人；民法法人和商法法人；公益法人和营利法人等等。而英美法系则分为独任法人和团体法人。另外，不同法人的民事责任差异也很明显。

2. 合同形式的法律冲突。一般法定的合同形式包括书面、口头或者基于某种行为能够证明合同已经订立的形式。《联合国国际货物销售合同公约》第 11 条规定："销售合同无须以书面订立或书面证明，在形式方面也不受任何其他条件的限制。销售合同可以用包括人证在内的任何方法证明。"但各国对于具体采用何种形式以及书面形式的具体要求等差异很大。例如，《美国统一商法典》规定合同金额在 500 美元以上的，必须采用书面形式。有些国家则无此规定。

3. 合同的成立、内容的法律冲突。合同的成立一般要经过要约和承诺两个步骤，但在要约能否撤回或撤销，以及承诺何时生效等方面，英美法系和大陆法

---

[1] 邵景春：《国际合同——法律适用论》，北京大学出版社 1997 年版，第 3~5 页。
[2] 参见 1994 年《国际统一私法协会国际商事合同通则》引言的注释。（见《国际私法学》高等教育出版社马工程教材 P281 页）

系的规定差异很大。合同虽然原则上以交付为基本内容，但何为完全履行、何为履行不能，各国法律差异很大。

解决合同法律冲突的方法包括冲突法方法和实体法方法两种。统一实体法是指包含国际合同在内的实体法条约和国际贸易惯例。比较重要的有 1980 年《联合国国际货物销售合同公约》、1994 年签订的《国际商事合同通则》（2010 年修订）和国际商会《国际贸易术语解释通则（2010）》。冲突法的解决方法，即通过国内冲突立法或者国际冲突法立法的方法确定合同的准据法从而解决合同法律冲突的方法。

二、合同法律适用的理论分歧

国际合同的法律适用是指如何确定合同的准据法，即依据冲突规范确定合同应适用何国的实体法或国际统一实体法[1]。广义的合同准据法是指经冲突规范指引用来解决合同一切法律问题的实体法规则；狭义的合同准据法仅指用来解决合同的成立、效力与解释等主要问题的实体法规则[2]。而当事人的缔约能力和合同形式具有特殊性，需要考虑当事人的属人法、行为地法等，属于合同特殊方面的法律适用。

对于合同的法律适用，国内外学者历来有不同主张，归纳起来有以下几种对立的理论：

（一）分割论与同一论

所谓分割论，是指将合同分成几个部分，使其各个方面的环节或者事项分别适用不同的法律。所谓单一论，是指将国际合同看作一个整体受同一特定法律体系的支配，即合同的准据法适用于该合同之一切事项。

"分割论"与"同一论"的对立主要体现在两方面：一是对于同一合同来说，"单一论"主张对整个合同适用同一法律，"分割论"则主张把合同诸因素加以分割，选择适用不同的法律；二是对于不同性质的合同，"同一论"主张不分合同类型，采用一个冲突规范来指引准据法，而"分割论"则主张区分合同的不同种类，分别选择准据法。

1. 对于同一个合同而言，"分割论"主张将合同分割为不同的方面（例如当事人的缔约能力，合同的成立、内容和效力，合同的形式等）分别适用不同的法律，选择不同的准据法。这一理论可追溯到意大利的法则区别说：当时巴托鲁斯就主张对合同的不同部分适用不同的法律，如合同的形式及合同的实质有效性适用缔约地法；对合同的效力，如当事人一致同意在某地履行，则应适用该履行地

---

[1] 章尚锦主编：《国际私法》，中国人民大学出版社 2000 年版，第 241 页。
[2] 肖永平：《国际私法原理》，法律出版社 2003 年版，第 174 页。

法,在当事人无此种明示或默示的约定时,则可适用法院地法;对当事人的能力,适用当事人住所地法(即当事人原属城邦的法则)。在这一学说的基础上,后来许多国家的学说与实践,都主张对合同当事人的缔约能力适用当事人属人法,对合同的形式适用缔约地法,对合同的成立及效力适用合同准据法。分割论在比尔教授的影响下,被写进了1934年的美国《第一次冲突法重述》,继而被1971年《第二次冲突法重述》所沿用。1928年《布斯塔曼特国际私法典》和1987年瑞士《关于国际私法的联邦法》也采用了分割论。

"同一论"是指将合同看作一个整体,统一适用一种法律。其理由是:一项合同无论从经济还是从法律观点看,都应是一个整体,因而其履行、解释等都只应由一种法律支配。从当事人的主观愿望来讲,他们也不可能期望将一个合同分割为若干方面而分别受制于不同的法律。《(欧共体)关于合同债务的适用法律公约(1980年)》和1986年海牙国际私法会议通过的《国际货物销售合同法律适用公约》采取了同一论的主张。

2. 对于不同性质的合同而言,"分割论"主张区分合同的不同种类,分别来选择准据法。而"同一论"主张不分合同类型,采用一个冲突规范来指引准据法。

分割论和同一论都有其存在的客观依据。两种理论对各国立法和司法实践以及统一立法,都有不同的影响和作用。但比较起来,"分割论"存在较大的优势和生命力。现代社会日益错综复杂的合同关系以及合同种类和性质愈加呈现出的复杂多样性,使得对一切合同都只适用一个单一的准据法未免缺乏针对性和合理性。大多数国家在实践中采用了分割论。当然,分割论现在也已经超越了传统,发展成了新的分割论。

(二)主观论与客观论

1. 主观论主张根据合同当事人双方的意思来确定合同准据法,即"当事人意思自治"理论。理由是合同当事人既然有权按照自己的意志创设某种权利义务,他们当然有权选择适用于合同的法律。至今,绝大多数国家都将当事人意思自治作为确定合同准据法的首要原则。

2. 客观论主张依"场所因素"确定法律的适用。理由是合同的有效成立和效力是与一定的客观标志相联系的,因而合同应适用何国法律不能根据当事人自己的选择,应根据合同与哪国或哪几种因素有最密切联系的客观标志来确定。纵观历史上的众多客观论者,或认为客观标志是缔结地法,或认为是债务人住所地法,或认为是履行地法,或认为是当事人的本国法。[1]

相比较而言,客观论的渊源较早,直到16世纪杜摩兰重新阐释当事人意思

---

[1] 李双元:《国际私法(冲突法篇)》,武汉大学出版社2001年版,第508页。

自治理论后,其才逐渐被主观论取代。现在的状况是人们倾向于在主观论基础上,吸收客观论的合理成分,将二者加以结合确定合同的准据法。

(三)"适当论"

"适当论"主张根据国际合同关系的性质和特点,遵循"适当"的原则来解决合同的法律适用问题。"适当论"是在对上述"同一论"和"分割论"、"客观论"和"主观论"的意见加以评析整合的基础上,充分考虑合同关系的本质和处理合同问题的价值取向,指出的理论。事实上,晚近有关合同法律[1]适用的国内立法和国际条约大多采用此做法。

三、合同特殊方面的法律适用

(一)缔约能力的法律适用

缔约能力,是指合同当事人订立和履行合同的行为能力,各国法律通常规定,未成年人和禁治产人没有缔约能力或只有受限制的缔约能力。由于各国法律确定的成年年龄和禁治产人标准不同,在缔约能力问题上会发生法律冲突。

当事人缔约能力的法律适用,主要有以下几种不同主张:

1. 采当事人属人法。最早在巴托鲁斯的法则区别理论中提出。但是在商业交易领域,如果当事人属人法与行为地法规定不同,依其中一个为有(或无)能力,而依另一个为无(或有)能力,则往往会给交易的安全带来麻烦。这方面人所共知的一个案例便是法国法院 1861 年处理的李查蒂案。李查蒂为一墨西哥 22 岁的青年,他在法国签发了一张期票,向巴黎商人购买珠宝,后来他被诉请付款时,竟以他依其属人法(墨西哥法)为未成年而无行为能力(墨西哥法规定 23 岁为成年)主张原合同无效。李查蒂的主张被法国法院驳回,并从而否定了缔约能力完全依属人法的制度。

2. 采属人法与合同缔结地法。为了保证交易安全以及保护国籍或住所在合同行为地国的当事人的正当权益,对于商业合同,各国多在采用属人法的同时,还规定了属人法的例外,如依属人法无行为能力而依行为地法有行为能力的,以行为地法为准。瑞士《关于国际私法的联邦法》(2017 年文本)第 36 条为典型代表。

3. 采合同准据法(即支配合同成立和效力的法律)。此外也有国家采用对缔约能力统一适用合同准据法,只要这个合同准据法是与合同存在着重大联系的。1971 年美国《第二次冲突法重述》中关于缔约能力的规定是第 186～188 条:应适用当事人合意选择的法律,以及在无此合意时,依有关原则选择适用具有最重要联系的法律,这显然均是指合同准据法,不过其同时指出,如果依据当事人的住所地法当事人有缔约能力,则通常是应该认为他有缔约能力的。

---

[1] 吕岩峰:"'适当论':国际合同法律适用理论的归结与扬弃",《法制与社会发展》1999 年第 5 期。

(二) 合同形式的法律适用

合同形式是当事人订立合同的意思表示方式，决定着合同的形式有效性。各国法律对合同形式都有一定要求，只有符合法定要求的合同，在形式上才具有效力。合同形式基本上可以分为口头形式与书面形式两种。由于各国法律对合同形式的规定不同，在涉外合同关系中会发生合同形式效力的法律冲突。

合同形式应适用的法律，主要有以下几种不同主张：

1. 适用缔约地法。自巴托鲁斯以来，"场所支配行为"的原则一直占据主导地位。现代许多国家，如西班牙、葡萄牙、阿根廷等国仍是这样规定的，尤其是对不动产合同，有些国家法律仍规定应适用不动产所在地法对形式的要求。

2. 选择适用缔约地法或合同准据法。随着国际商事交往的发展，简式合同逐渐取代了要式合同，电子合同取代了纸质合同，缔约地法的风光不再。现代国际私法学倾向于认为"场所支配行为"原则并不是强制性的，并且认为如果合同符合了它的准据法对形式的要求，则其也应是有效的。

3. 适用合同准据法。有的国家直接规定合同的准据法适用于债务关系的所有方面，特别是适用于合同的订立、形式、有效要件等。有的国家甚至规定合同只受准据法支配，如1939年《泰国国际私法》第13条第2款就规定："……契约方式，依支配该契约效力的法律。"

有关合同形式的法律适用，当今国际私法立法与学说的主要倾向是采用多种连结因素并力求使合同在形式上有效来选择准据法。这种倾向同样见于合同成立的法律选择方法。这也是保障交易安全与稳定交易秩序所需要的。

四、确定合同准据法的方法

合同准据法的确定大致经历了三个发展阶段：第一阶段是以缔结地法等单纯的空间连结因素来确定合同准据法的阶段。这一阶段主要受客观论的指导，尤其是受到巴托鲁斯的影响。后来又有萨维尼的履行地法的补充和发展，直至19世纪中叶才告终结。第二阶段是以意思自治为主，强调依当事人主观意志确定合同准据法的阶段。这一思想是在16世纪提出的，法国学者杜摩兰再次阐述后得到广泛关注，直到1865年《意大利民法典》首次立法，并在19世纪中叶以后取得主导地位。直到现在，意思自治说原则仍是确定合同准据法的首要原则。第三阶段是意思自治为主，最密切联系原则为辅的两者有机结合确定合同准据法的阶段。这一阶段以英国学者戴西和莫贝斯所创立的"合同适当法"理论为指导。该理论奠定了当事人意思自治原则优先的同时，以最密切联系原则为补充，并在更高层次上实现了合同法律适用的"主观论"和"客观论"的结合。这一阶段从20世纪中叶开始，合同准据法进入了比较成熟的状态。特征性履行方法为确定最密切联系地提供了方法上的基础。

(一) 客观标志原则

1. 客观标志原则的含义和地位。客观标志说主张根据法律规定的客观标志来确定合同的准据法。该学说的理论基础是合同的成立与效力总是与一定的场所相联系，因而最适合于合同的法律，就是合同关系在那里"场所化"了的地方的法律。在意思自治原则产生前，各国立法及理论多主张按客观标志原则确定合同的准据法。意思自治原则产生并得到各国立法及司法实践的肯定之后，客观标志原则就成了意思自治原则的补充。当然也有一些国家或者一些特殊的合同仍然采用客观标志原则确定合同的准据法。

2. 常用的客观标志。客观标志是合同关系与应适用的法律之间客观上存在着的联系因素。

（1）合同缔结地。这一标志容易确定，用它来确定准据法具有预见性和稳定性，因而为各国所采用。但是，采用这一标志也有其弊端：一是合同的缔结地具有一定偶然性；二是给当事人规避法律提供了可能；三是隔地合同的订立，其缔结地难以确定。

（2）合同履行地。履行地通常是合同预定结果发生地，当事人债权的实现地，往往与合同有最密切的联系，所以为一些国家所采用。但是当合同有两个或多个履行地时，其确定就会产生困难。

（3）合同当事人的国籍或住所。但在当事人的国籍国法与当事人之间的合同无任何关系时，适用当事人的国籍国法显然有失公平。

（4）物之所在地。对于涉及不动产的合同，一般主张依物之所在地法。

（5）法院地或者仲裁地。许多国家的司法实践主张，如果合同当事人在合同中将其争议提交某国法院或仲裁机构管辖，则表示其自愿接受法院地法或仲裁地法的支配，以合同中的仲裁地或法院地为标志确定合同准据法。

(二) 意思自治原则

合同法律适用上的"意思自治"是指当事人可以通过协商一致的意思表示选择支配合同关系的准据法。早在14世纪，意大利的学者就提出了这一原则，但直到16世纪法国学者杜摩兰再次阐述后，该原则才获得广泛关注[1]。经过几个世纪的发展演变，"当事人意思自治原则"已经成为合同法律适用领域广为接受的基本原则，为世界上几乎所有国家法律所接受[2]。

1. 意思自治原则的具体运用。

（1）当事人选择法律的方式。当事人选择法律的方式通常有两种：明示的

---

[1] 当时杜摩兰并未用"意思自治说"命名，而是由后人命名的。
[2] P. Nygh, *Autonomy in International Contracts*, Clarendon Press, Oxford 1999, p. 8.

选择和默示的选择。①明示的选择是指合同当事人在缔约时或争议发生之后，以文字或者言词明确作出选择合同准据法的意思表示，通行的做法是在合同中规定有法律选择条款；②默示的选择是指当事人在合同中没有明确选择合同准据法的情况下，由法官根据当事人缔约行为或者一些因素来推定当事人已默示同意该合同受某一特定国家法律的支配。

明示选择已为各国所普遍接受，但对于默示选择各国则态度不一，大致有以下三种：①土耳其、尼日利亚、秘鲁、中国等少数国家只承认明示选择，不承认任何形式的默示选择；②荷兰、美国有限度地承认默示选择；③承认默示选择，允许法官在审理时推定当事人的意图。多数国家和国际公约持此种态度，如法、英、德、奥、瑞士及海牙《代理法律适用公约》和海牙《国际货物销售合同法律适用公约》等[1]。默示选择之所以得到承认，其根本的原因在于这些国家的法律传统。它们本来就重视法官在司法过程中的作用，尊重当事人在合同关系中的广泛的自由。

(2) 当事人选择法律的时间。从新近的国际公约和各国国内立法来看，多数国家对当事人选择法律的时间不加严格限制。当事人可以在订立合同之前或者之后选择法律，甚至允许变更原来所选择的法律，但是这种变更不得使合同归于无效或者使第三人的合法利益受到损害。

(3) 当事人选择法律的范围。一般来说，当事人选择的法律应是某一特定国家的国内法。但这一原则已经有所松动，例如美国 2001 年《统一商法典》第 1-301 条，已经允许合同当事人选择非国家规则。尤其是在国际商事仲裁中，主流观点认为当事人可以选择非国家法律支配其合同。

当事人根据意思自治原则自主协议选择的法律应当是实体法，而不包括冲突法，即在合同法律适用问题上，不允许反致或转致。因为在合同领域适用反致有可能导致当事人意料不到的法律得以适用，这不仅会增加合同法律适用的不确定性，也不符合当事人的合理预期，有违意思自治原则。这是目前大多数国家的立法和国际公约一致认可的，而且倾向于允许当事人选择适用于整个合同关系的法律，或者适用于合同某些方面的法律。

至于当事人选择的法律是否必须与合同有某种联系，国际上有不同做法。现在，不要求当事人选择的法律与合同存在某种特定联系是当事人意思自治原则的发展趋势之一。[2]

(4) 当事人选择法律的效力。当事人的法律选择合同应当是独立的合同。

---

[1] 马工程教材《国际私法学》290 页。
[2] 李双元主编：《国际私法》，北京大学出版社 2007 年版，第 293~294 页。

主合同的效力并不必然影响法律选择合同的效力。对于法律选择合同的准据法，国际上有以下几种主张：①适用法院地法。从法院的角度，此法简单易行，但从当事人的角度看，合同的效力不可预见，而且有时还会导致挑选法院。②适用当事人选择的法律。晚近的立法多采用此主张。[1]③适用当事人没有作出法律选择时将会适用的法律。一些国家适用了当事人居所地法。④由法院自由裁量。

2. 意思自治原则的限制。

（1）当事人协议选择法律必须"善意""合法"，且不违反公共秩序。凡是当事人通过胁迫、欺诈、恶意串通等方式选择的准据法，或是意在规避强制性规则的情况下选择的准据法，均违反了善意原则，应认为无效。此外，适用公共秩序保留制度限制当事人的意思自治是各国通行的做法。各国都认为违反内国公共秩序的当然无效，而对于违反外国公共秩序的一般由法院自由裁量。

（2）意思自治要受本应支配合同的法律中的强行法的限制。强行法是指当事人不能通过协议减损的法律规则。它具有直接适用的效力，不管当事人是否选择它，或者是否选择了其他法律，都应予以适用。[2]当事人的自主选择只能在任意性法律范围内进行，而不得违背法律中的强制性规范。最初，强制性规范仅指法院地国的强制性规范，而晚近立法还包括合同准据法所属国的强制性规范，甚至还包括与合同有最密切联系的第三国之强制性规范。[3]

（3）特殊合同的法律适用中意思自治的限制。近年来，意思自治原则在某些特殊的合同中呈现出受到限制或排除的趋势。例如：①雇佣合同。雇员通常是合同中的弱方当事人，应当考虑其被雇主操纵的可能性。因此，许多国家对雇佣合同的意思自治加以限制：雇佣合同中双方当事人的法律选择，不得剥夺根据法律的强制性规定给予雇员的法律保护。当事人没有选择法律时，适用对雇员有利的法律，通常是劳动者惯常完成其工作地的国家的法律。②消费合同。消费合同当事人作出的法律选择不得剥夺消费者惯常居所地国家法律的强制性规定给予消费者的保护。当事人没有选择法律时，受消费者惯常居所地国家法律支配。③不动产合同。关于土地及其附着物、建筑等不动产的合同，绝大多数国家都采用"不动产合同适用不动产所在地法"的原则，从而排除不动产合同中当事人的意思自治。

（三）最密切联系原则与特征性履行方法

由于采用客观标志原则只着重某一方面而忽视另一方面，而且客观标志具有僵化、执行困难等缺点。为避免上述缺点，以美国为首的一批国家对其进行了革

---

[1] 刘卫翔等：《中国国际私法立法理论与实践》，武汉大学出版社1995年版，第344~345页。
[2] 章尚锦主编：《国际私法》，中国人民大学出版社2000年版，第245页。
[3] 霍政欣：《国际私法学》，中国政法大学出版社2020年版，第190页。

新，赋予其崭新的内容，使之演变为最密切联系说。

1. 最密切联系原则。最密切联系原则是美国学者里斯在主持编纂美国《第二次冲突法重述》时，系统提出的一种折中理论。依据最密切联系原则，合同应适用的法律是合同在经济意义或其他社会意义上集中地定位于某一国家的法律。在当事人没有选择应适用的法律或者选择无效的情况下，由法院依据这一原则在与该合同关系有联系的国家中，选择一个与该法律关系本质上有重大联系、利害关系最密切的国家的法律予以适用。

最密切联系原则具有以下主要特征：①最密切联系原则是一种新的法律选择方法；②最密切联系原则的核心是通过对合同以及与合同有关的各要素进行综合分析来寻找与合同有最密切联系的法律；③最密切联系原则给予法官较大的自由裁量权。

最密切联系原则是意思自治原则的补充原则，其思想渊源可追溯到萨维尼的"法律关系本座说"。但萨维尼认为每一法律关系只有一个本座，人们必须建立起一套机械的法律选择规范体系；而最密切联系说恰恰反对建立机械的法律选择规范体系，强调一切争议由法院依据具体的情况作出选择。因而，最密切联系原则不是对"法律关系本座说"的简单承袭，而是扬弃。

2. 特征性履行方法。"特征性履行方法"又名"特征性履行原则"，指在涉外合同当事人未作出法律选择时，法院应按在性质上足以使此种合同区别于其他各种合同从而使它特定化起来的一方的履行来确定适用于合同的法律。所谓特征性履行，就是双务合同中代表合同本质特征的当事人履行合同的行为。如买卖合同中卖方交付物品的给付行为，雇佣合同中受雇人提供劳务的给付行为反映了这两种合同的本质特征，因而是特征性履行；而买方支付货款的行为，雇佣人支付劳务费的行为均属金钱给付，是双务合同的共性，不能反映买卖合同和雇佣合同的本质特征。

目前，大陆法系国家在立法上普遍接受和运用"特征性履行"理论，将其作为确定最密切联系的客观依据。立法方式有：①首先规定合同的法律适用依最密切联系原则，然后依据"特征性履行"理论规定若干主要合同的固定冲突规范，并确认这些规则就是最密切联系原则的具体化；②明确在立法中将特征性履行方的惯常居所地或管理中心所在地的法律，规定其为与合同有最密切联系的法律；③按照合同的不同性质，直接规定按照特征性履行确定各类合同的法律适用。

特征性履行方法与最密切联系原则相结合，使合同准据法的确定具有了可预见性。它的运用展示了最密切联系说的光明前景。但特征性履行方法范围太窄，而且特征性履行并不总是容易确定，所以特征性履行方法只是确定合同准据法的一种辅助方法。此外还有"合同要素分析法"。

合同要素分析法也称为质量分析法,是指法官通过对合同各种要素进行"量"与"质"的综合分析来确定合同的准据法。量的分析分为两个步骤:第一步,确定有关的具体合同的基本要素总量;第二步,分析合同要素在有关国家中的分布数量。质的分析采用"一般分析"和"特殊分析"的方式进行。[1]

(四) 合同自体法

合同自体法是英国学者首先提出的,但其具体内容尚存有争议。根据莫里斯的理论,合同自体法可分解为三个规则:①当事人已明示选择了法律,该法律一般应被适用;②当事人没有明示选择法律,但依情况可以推断他们所选择的法律时,适用被推断的法律;③当事人没有明示选择,又不能依情况推断他们所选择的法律时,适用与合同有最密切、最真实联系的法律。

合同自体法理论完成了合同法律适用问题上主观论与客观论的协调,平息了主观论与客观论的纷争,有利于维护当事人和有关国家的利益。合同自体法理论已经为一些国家和国际公约的实践所采纳,例如,美国《第二次冲突法重述》《(欧共体)关于合同债务的适用法律公约(1980年)》和1986年海牙《国际货物销售合同法律适用公约》等。

第二节 我国关于国际合同法律适用的立法与实践

我国关于合同法律适用方面的立法与实践相对于其他领域更为完善,已经建立起以意思自治原则为主,最密切联系原则为补充的合同法律适用体系。主要渊源包括《法律适用法》《民法典》《海商法》《民用航空法》和《票据法》中的有关规定,以及最高人民法院的相关司法解释。另外,《联合国国际货物销售合同公约》在我国实践中也运用广泛。

一、意思自治原则是国际合同法律适用的首要原则

《法律适用法》第41条规定:"当事人可以协议选择合同适用的法律……"《海商法》第269条也规定,合同当事人可以选择合同适用的法律,法律另有规定的除外。《民用航空法》第188条也作了同样的规定。

适用这一原则时,应注意以下几个问题:

1. 当事人选择的法律不得违背中华人民共和国的社会公共利益。否则将适用中华人民共和国法律。《法律适用法》第5条规定:"外国法律的适用将损害

---

[1] 肖永平:《国际私法原理》,法律出版社2003年版,第182页。

中华人民共和国社会公共利益的，适用中华人民共和国法律。"

2. 选择法律的方式。《法律适用法》第3条规定："当事人依照法律规定可以明示选择涉外民事关系适用的法律。"这里需要注意以下几个问题：①当事人协议选择的法律必须是我国法律明确规定当事人可以选择的法律。《法律适用法解释（一）》第4条规定："中华人民共和国法律没有明确规定当事人可以选择涉外民事关系适用的法律，当事人选择适用法律的，人民法院应认定该选择无效。"②对于法律规定当事人可以选择的法律，当事人可以明示选择。③"明示"不等于"书面"。选择的形式可以是口头，也可以是书面。④司法实践中存在一种特殊情况，即当事人没有明示选择法律，但诉讼中各方当事人援引相同国家的法律且未提出法律适用异议的，对此，《法律适用法解释（一）》第6条第2款规定："各方当事人援引相同国家的法律且未提出法律适用异议的，人民法院可以认定当事人已经就涉外民事关系适用的法律做出了选择。"一般认为这属于明示选择法律的情况。

3. 法律选择的时间。对此我国规定得相当宽松，既可以在订立合同时，也可在发生争议后，甚至一审法庭辩论终结前。按照《法律适用法解释（一）》第6条第1款规定："当事人在一审法庭辩论终结前协议选择或者变更选择适用的法律，人民法院应予准许。"我国法律未对当事人变更法律施加必要的限制。不少国家规定，当事人变更选择的法律不得使合同归于无效，或使第三人的合法利益受到损害。笔者认为，未来我国也应对当事人变更法律作出必要的限制，防止当事人恶意变更法律。

4. 选择法律的范围。①当事人协议选择的或者人民法院按照最密切联系原则确定的处理合同争议所适用的法律，是指现行的实体法，而不包括冲突法和程序法。《法律适用法》第9条规定："涉外民事关系适用的外国法律，不包括该国的法律适用法。"②我国法律不要求当事人选择的法律必须与合同有实际联系。《法律适用法解释（一）》第5条规定："一方当事人以双方协议选择的法律与系争的涉外民事关系没有实际联系为由主张选择无效的，人民法院不予支持。"对于当事人在合同中援引尚未对中华人民共和国生效的国际条约的，《法律适用法解释（一）》第7条规定："……人民法院可以根据该国际条约的内容确定当事人之间的权利义务，但违反中华人民共和国社会公共利益或中华人民共和国法律、行政法规强制性规定的除外。"③当事人选择的法律仅限于一个国家的任意法，而不能选择强行法。

5. 强制适用中国法的规定。强制性规定，一般是指本国法律中明确规定某类法律关系应直接适用某法律规定，不允许当事人选择，也不能通过约定排除适用，法院在审理案件中也不必通过本国的冲突规则的指引而予以直接适用的法律。《法律适用法》第 4 条规定："中华人民共和国法律对涉外民事关系有强制性规定的，直接适用该强制性规定。"《法律适用法解释（一）》第 8 条不仅对何为我国法律的强制性规定进行了一般性描述，即"涉及中华人民共和国社会公共利益、当事人不能通过约定排除适用、无需通过冲突规范指引而直接适用于涉外民事关系的法律、行政法规的规定"，还以不完全列举的方式解决可操作性问题。有下列情形之一的，人民法院应当认定为《法律适用法》第 4 条中的强制性规定：①涉及劳动者权益保护的；②涉及食品或公共卫生安全的；③涉及环境安全的；④涉及外汇管制等金融安全的；⑤涉及反垄断、反倾销的；⑥应当认定为强制性规定的其他情形。此外，《民法典》第 467 条第 2 款，即"在中华人民共和国境内履行的中外合资经营企业合同、中外合作经营企业合同、中外合作勘探开发自然资源合同，适用中华人民共和国法律"，也属于强制性规定。

二、最密切联系原则的补充适用

最密切联系原则是我国国际合同法律适用的补充原则。《法律适用法》第 41 条规定："……当事人没有选择的，适用履行义务最能体现该合同特征的一方当事人经常居所地法律或者其他与该合同有最密切联系的法律。"此外，《海商法》第 269 条以及《民用航空法》第 188 条也有类似规定。

在适用这一原则时，应注意以下几个问题：

1. 按照最密切联系原则确定的处理合同争议所适用的法律，是指现行实体法，而不包括冲突法和程序法，排除了反致或转致[1]。《法律适用法》第 9 条明确规定："涉外民事关系适用的外国法律，不包括该国的法律适用法。"

2. 特征性履行方法的采用。《法律适用法》第 41 条规定，当事人没有选择的，适用履行义务最能体现合同特征的一方当事人经常居所地法律或其他与该合同有最密切联系的法律。这实质上是以立法的形式确认了以"特征性履行"作为确定最密切联系地的基本标准。但这种将最密切联系"原则"与特征性履行"方法"处于平等地位的做法，如果适用特征性履行方法指向甲国法，而合同与乙国有最密切联系，则会造成法官的选择困境。

三、特殊合同的法律适用

（一）消费者合同

依据《法律适用法》第 42 条，消费者合同，原则上适用消费者经常居所地法律；消费者选择适用商品、服务提供地法律或者经营者在消费者经常居所地没有从事相关经营活动的，适用商品、服务提供地法律。该条将消费者经常居所地

---

[1] 国际上在合同领域的法律适用中不采用反致或转致已经是各国的通行做法，且在关于合同的法律适用公约中得到认可。

作为消费者合同法律适用的基本原则，盖因消费者熟悉其经常居所地法，同时作为理性的人，如消费者主动选择了商品、服务提供地法律，通常系因商品、服务提供地法比其经常居所地法更有利于保护其利益。而经营者在消费者经常居所地没有从事相关经营活动的，经营者不知晓消费者的"主动消费"，如适用消费者经常居所地法显失公平，因此适用商品、服务提供地法律。

（二）劳动合同

依据《法律适用法》第43条，劳动合同，原则上适用劳动者工作地法律；如果难以确定劳动者工作地的，适用用人单位主营业地法律。劳务派遣，可以适用劳务派出地法律。可见该条第1款调整一般劳动合同，基于劳动者对工作地法律的熟悉，原则上适用工作地法律，符合劳动者的预期。但如难以确定工作地的，则适用用人单位主营业地法律。第2款调整劳务派遣合同，既可以适用劳动者工作地法律也可以适用劳务派出地法律，难以确定劳动者工作地的，适用用人单位主营业地法律。所谓劳务派遣是指劳务派遣单位（用人单位）与用工单位订立劳务派遣协议，按约定向用工单位派遣劳动者的行为。劳务派遣中，用工单位与用人单位签订劳务派遣合同，用人单位与劳动者订立劳动合同，用工单位与劳动者订立劳务协议。

这里需要注意两个问题：①《法律适用法》第43条与《劳动合同法》第2条的关系，前者应该优先适用于涉外劳动合同。②依据《法律适用法》第4条及《法律适用法解释（一）》第8条，我国法律关于劳动者权益保护的强制性规定，如涉及我国社会公共利益，则应直接适用。

第三节　涉外侵权行为之债的法律适用原则

一、侵权行为之债及其法律冲突

（一）侵权行为之债的概念

侵权行为之债是指因不法侵害他人非合同权利或受法律保护的利益，并造成损害而承担民事责任所构成的一种法定之债。侵权行为发生之后，在加害人与受害人之间将产生侵权损害赔偿之债的关系，受害人作为债权人，有权请求作为债务人的加害人赔偿损失。

（二）侵权行为之债的法律冲突

各国关于侵权行为之债的法律冲突主要表现在以下几个方面：

1. 侵权行为的范围规定不同。法律健全的国家比法律尚不健全的国家规定的范围要广泛。例如，对于性骚扰、隐私权和对于家庭关系的侵扰等，在法律健全的国家都被视为侵权，而法律尚不完善的国家则不如此认为。

2. 侵权行为构成要件的冲突。仅以该行为与损害的关系为例，法国法规定侵权行为的构成要件包括：过错、损害以及两者之间的因果关系。德国法则规定违法性、侵犯权利和错意是侵权行为的构成要件。

3. 侵权行为案件中可获得赔偿的受害人范围不同。法国和奥地利的法律规定，受害人范围不仅限于本人，还应包括他的直系亲属。一般而言，胎儿不作为受害人。但在很多国家的立法中，胎儿就赔偿请求权而言，视为已出生。例如日本法、美国法都有类似的规定。

4. 损害赔偿的原则、标准、数额及限额不同。关于赔偿的原则和标准有两种：英美法系通常采用充分补偿的原则，对有严重过失的侵权人予以严厉的惩罚；一些国家则采用全部补偿的原则，损失多少，赔偿多少。关于赔偿数额，一般而言，发达国家要高于发展中国家。赔偿限额的区别主要体现在有无限额和限额高低。

5. 诉讼时效的规定不同。诉讼时效在英美法系国家被识别为程序问题，适用法院地法；在一些大陆法系国家则被识别为实体问题，适用时效的准据法。

（三）侵权责任与违约责任竞合时的法律选择

侵权责任与违约责任发生竞合时，二者的关系如何，请求权人如何主张权利，各国历来有所差异，大体上可分为以下三种解决方法：①以法国法为代表的禁止竞合制度。②以德国法为代表的允许竞合和选择请求权制度。其具体又可分为不同做法，包括允许受害人在两种诉讼和两种请求权之间自由选择；承认合同责任与请求责任存在竞合现象，而强行将其归入某一种责任制度或将二者合一重新建立起另一种责任制度。③以英美等国家为代表采取的有限制的选择诉讼制度。我国对于侵权责任与违约责任竞合的处理，原则上是允许当事人选择行使请求权。但我国目前尚没有关于责任竞合时的法律适用的规定。

二、一般侵权行为之债的法律适用

（一）适用侵权行为地法

"侵权行为之债适用侵权行为地法"是国际私法最早确立的侵权行为法律适用原则，但对于适用侵权行为地法的理由，学者存在不同的观点。依据"法则区别说"，侵权所产生的民事责任，来自于行为地法，其性质也决定于行为地法。依据"法律关系本座说"，侵权行为的"本座"是侵权行为地，故应适用之。"既得权说"认为受害人的损害赔偿权产生于侵权行为地，这种既得权，其他国家应予承认。

尽管许多国家采用了侵权行为地法原则，但由于对"侵权行为地"的理解不同，各国立法对如何确定"侵权行为地"存在着分歧，主要有以下几种主张：

①以加害行为地作为侵权行为地，世界上大多数国家采取此种做法；②以损害发生地作为侵权行为地，例如美国《第二次冲突法重述》第377条；③凡与侵权事实发生有关的地方，包括加害行为地或损害发生地均可作为侵权行为地，例如1982年《南斯拉夫国际冲突法》第41条。

（二）重叠适用侵权行为地法和法院地法

首先明确提出侵权行为之债适用法院地法的是德国学者韦希特尔。其理由在于：①各国的侵权法具有强行法的性质，任何国家只能适用自己的侵权行为法；②一行为在外国被认为是侵权行为，在法院地未必作为侵权行为处理，因此只能依据法院地法。但这一主张并未得到各国法律的采纳，绝大多数国家都规定侵权行为之债应首先适用侵权行为地法。不过侵权行为发生在外国的，法院地国也不会一味适用该外国法，往往重叠适用侵权行为地法和法院地法。实践中有两种做法：①以侵权行为地法为主，兼采法院地法；②"双重可诉原则"。

（三）侵权自体法和最密切联系原则

所谓"侵权自体法"（proper law of the torts），是指侵权行为适用与侵权案件有最密切联系的法律。侵权自体法理论最早由英国学者莫里斯提出。侵权自体法不同于合同自体法，它不存在当事人对准据法的选择，而是对侵权行为地法、法院地法以及当事人属人法的综合考虑，其核心是对最密切联系原则的运用。

最密切联系原则最早由学者在合同领域提出，但由于该原则自身具有的灵活性，适应了当今社会多元化的发展，因此被越来越多的国家在侵权领域的立法和司法实践中采用。1963年美国联邦高等法院审理的贝克科诉杰克逊一案（Babcock v. Jackson）将此原则从合同领域引入了侵权行为领域。该判决标志着美国侵权行为法领域的重大变革，从此最密切联系原则成为美国确定侵权行为准据法的主要依据，为美国《第二次冲突法重述》所采纳。

（四）有限制的意思自治原则

意思自治原则运用于侵权领域是对传统侵权行为法律适用原则的突破，为侵权行为的法律适用注入了新的活力，允许当事人协议适用法院地法可扩大法院地法的适用，为法官审理案件带来便利。例如《瑞士联邦国际私法》第132条规定，当事人可以在侵权事件发生后任何时候约定适用法院地法。但在侵权领域运用意思自治原则应注意以下几个问题：①法律选择的主体是双方当事人，必须经双方达成一致方能适用所选择的法律；②法律选择的时间是在侵权行为发生之后、纠纷解决之前；③法律选择的范围仅限于法院地法。2007年欧盟《非合同义务法律适用条例》更进一步，于第14条规定正在从事商业活动的各方当事人还可在导致损害的事实发生以前通过自由协商选择准据法。[1]

(五) 当事人共同属人法原则

如果侵权行为当事人双方具有相同国籍，或者他们的住所地、居所地位于同一个国家，由于偶然原因到国外，并在国外相互发生了侵权行为，在这种情况下适用侵权行为地法显然有点牵强，对此，许多国家采取当事人共同本国法或共同住所地法原则。当事人共同属人法原则在各国的立法中一般是作为侵权行为地法原则的补充，而由法官来选择适用或优先适用的。

(六) 对受害人有利的法律

1979 年《匈牙利国际私法》第 32 条第 2 款规定，如果损害发生地对受害人更有利，以该法作为准据法。

此外，有些国家采用选择适用侵权行为地法或当事人共同属人法的做法，有些国家采用重叠适用侵权行为地法和法院地法的做法，还有的重叠适用侵权行为地法、法院地法和当事人共同属人法。可以说，对于一般侵权行为的法律适用，各国差异非常显著。

三、特殊侵权行为之债的法律适用

随着现代技术的发展，侵权行为也发生了显著的变化，例如运输中的交通事故引起的侵权行为、产品责任引起的侵权行为等。这些侵权行为与一般侵权行为不同，因而需要适用特殊的法律适用规则。

(一) 海上侵权行为的法律适用

海上侵权行为主要包括以下几种情形：①船舶相撞或船舶与海上设施碰撞所发生的侵权行为；②船舶内部的侵权行为，比如发生在船舶与旅客之间或旅客之间的侵权行为；③因海上运输致旅客死伤、行李毁损所发生的侵权行为；④因船舶油污排放或泄漏造成污染损害所发生的侵权行为。

1. 船舶碰撞的法律适用。如果船舶碰撞发生于一国领海之内，各国一般规定适用碰撞地法律，即领海国法律。1977 年《统一船舶碰撞中有关民事管辖权、法律选择、判决的承认和执行方面若干规则的公约》也作了如是规定。如果船舶碰撞发生于公海之上，则区分两类情形：①如果碰撞船舶属于同一国籍，适用船旗国法；②如果碰撞船舶国籍不同，或适用加害船舶国籍国法，或适用被害船舶国籍国法，或适用法院地法，或由当事船舶选择所适用的法律。

2. 发生在船舶内部侵权行为的法律适用。对于发生在船舶内部的侵权行为，无论该船舶是处于公海或某国领海，多主张适用船旗国法。

3. 海上运输致旅客死伤、行李毁损所发生的侵权行为的法律适用。关于海

---

[1] 刘仁山主编：《国际私法》，中国法制出版社 2010 年版，第 267 页。

上运输致旅客死伤、行李毁损所发生的侵权行为的法律适用，因为存在着运输合同关系，因此各国多主张以合同准据法为依据。但旅客安全常受到相关国家强制性法律的保护，这些强制性的法律规定又是必须适用的。

4. 油污损害赔偿的法律适用。联合国际海事组织在1992年于伦敦订立了《修正1969年国际油污损害民事责任公约的1992年议定书》，公约现已生效。该公约属于实体法公约，对油污损害的民事责任作了全面的规定。此外，《1969年国际干预公海油污事故公约》也是目前国际油污损害赔偿法律适用的重要依据。

(二) 空中侵权行为的法律适用

1. 发生在航空器内部的侵权行为。对于发生在航空器内部的侵权行为，由于航空器在空中活动而无法确定侵权行为地，或者由于航空器的速度极快而不易确定侵权行为地，况且航空器内部的侵权行为一般和航空器航行时地面所属国无关，因此多数国家主张适用航空器登记国法，而不是侵权行为地法。

2. 因航空器碰撞或航空器与其他物体碰撞所发生的侵权行为。对于因航空器碰撞或航空器与其他物体碰撞所发生的侵权行为，一般主张适用被碰撞或受害一方的航空登记地法，这是出于保护受害一方利益的考虑。如果被碰撞的一方也有过失的话，也可以适用法院地法。如果有关的航空器具有相同登记地国的，则可以适用它们的共同登记地国法。但是，从各国已有的关于此类侵权的冲突规范及相关判例来看，在保留传统法律适用原则的同时，也增加了一些新的考虑因素，体现了新的倾向。

3. 因航空器事故致旅客死亡或物品毁损的侵权行为。对于因航空器事故致旅客死亡或物品毁损的侵权，各国的航空立法和司法实践存在较大差别。为了统一各国的相关法律规则，出现了一些具有广泛影响的国际统一实体法公约。如1929年《统一国际航空运输某些规则的公约》(以下简称《华沙公约》)、1955年《修订1929年华沙公约的议定书》(以下简称《海牙议定书》) 和 1952年《罗马公约》及《1978年在蒙特利尔修正的1952年罗马公约的议定书》。

(三) 公路交通事故的法律适用

公路交通事故中侵权法律适用的国内立法实践，一般适用侵权行为地法。有关国际公约如1971年《海牙公路交通事故法律适用公约》(以下简称《公路事故公约》) 也对公路交通事故的法律适用作了全面规定。

1. 《公路事故公约》的适用范围。《公路事故公约》旨在规范由公路交通事故引起的非契约性质的民事责任的法律适用。《公路事故公约》适用于涉及一辆或数辆机动或非机动车辆，并与公路、向公众开放的地面或特定人有权出入的私有地面上的交通有关的事故。但《公路事故公约》不适用于以下情况：①车辆制造者、销售者或修理者的责任；②所有人或养护通行道路或保护使用者安全的其他人的责任；③除车辆所有人、被代理的本人或雇主的责任之外的代理责任；④有责任人员间的追索诉讼；⑤就保险公司而言，追索诉讼及代位求偿权；⑥由社会保险机构、其他类似的机构或汽车事故公共保证基金会提出、或对其提出的诉讼和追索诉讼，以及支配这些机构的法律所规定的责任的免除。

2. 公路交通事故的法律适用。《公路事故公约》规定可以适用的法律为事故发生地国家的国内法，但有以下例外：①只有一辆车涉及事故，且该车又非在事故发生地国内登记，则登记国的国内法可予适用，以确定其对下列人员的责任：司机、车主或者控制车辆或对车辆享有权利的其他任何人，不管其惯常居所在何处；受害者为乘客而其惯常居所不在事故发生地国家的；受害者在事故发生地的车辆外，而其惯常居所设在车辆登记地国内的。如果有两个或两个以上的受害者，则应分别确定其应适用的法律。②有两辆或两辆以上的车涉及事故，且所有的车辆都在同一国家登记时，才能适用该登记国的法律。③有一个或几个人涉及事故，而在事故发生时，其人在车辆之外并可能负有责任，则只有在所有这些人均在车辆登记地国内设有惯常居所时，才能适用该登记国的法律，即使这些人同时又是事故的受害者。《公路事故公约》还规定，上述准据法不仅调整对受害者的乘客所承担的责任，还调整由该车辆承运并且属于该乘客或委托该乘客管理的货物的损害赔偿责任；上述用于调整车辆所有人责任的法律，也支配对由该车辆承运的由乘客或委托该乘客管理的货物以外的货物的损害赔偿责任。但车外货物的损害赔偿责任，依事故发生地国家的国内法；车外受害者私人携带物的损害赔偿责任，依车辆登记地国家的国内法（如果该法将用以确定对受害者应负的责任）。《公路事故公约》同时强调，不论所适用的法律是什么，在决定责任时都应该考虑事故发生时发生地有效的有关交通管理的规则和安全规则。

3. 《公路事故公约》确定的准据法应支配的事项。《公路事故公约》第8条规定，应适用的法律支配下列各项：①责任的根据及其范围；②免除责任以及任何限制责任和划分责任的理由；③可能导致赔偿的侵害或损害是否存在及其种类；④损害赔偿的方式及其范围；⑤损害赔偿请求权可否转让或继承；⑥遭到损害并能直接请求损害赔偿的人；⑦本人对其代理人的行为或雇主对其雇员的行为所负的责任；⑧包括消灭时效或除斥期间的开始、中断和中止在内的规则。

(四) 涉外产品责任的法律适用

目前对于产品责任的法律适用，各国作出明文规定的不多。大多是按照解决一般侵权的冲突规范来确定产品责任的准据法；也有的主张适用侵权行为地法，如法国、意大利；或者主张适用侵权行为地法和法院地法，如英国。

为了统一产品责任法律适用的规定，海牙国际私法会议于1972年制定了《海牙产品责任法律适用公约》（以下简称《产品责任公约》）。《产品责任公约》于 1977 年 10 月生效，目前成员包括奥地利、法国、比利时、荷兰、瑞士、卢森堡、葡萄牙等。

1. 《产品责任公约》的适用范围。《产品责任公约》的适用范围非常广泛。《产品责任公约》在第 1 条第 1 款就明确规定："本公约确定制造商和其他由第三条规定的人因产品造成损害，包括因对产品的错误说明或对其质量、特性或使用方法未提供适当说明而造成损害责任所适用的法律。"

2. 关于产品责任准据法的确定。《产品责任公约》在产品责任法律适用的确定方面规定得非常具有特色。它以侵害发生地、直接遭受损害人惯常居所地、被请求承担责任人的主营业地、直接遭受损害的人取得产品的地方这四个连结因素作为连结点，采用多元连结因素来确定准据法，体现对各方利益的充分考虑。《产品责任公约》第 5 条规定，产品责任所应适用的法律，首先应是直接遭受损害人的惯常居所地国家的国内法，如果该国同时又是被请求承担责任人的主营业地，或直接遭受损害的人取得产品的地方。在第一适用顺序不能满足的情况下，按照《产品责任公约》第 4 条的规定，应当适用侵害地国家的国内法，但要求符合下列条件之一：①该国同时又是直接遭受损害人的惯常居所地；②该国同时又是被请求承担责任人的主营业地；③该国同时又是直接遭受损害的人取得产品的地方。此外《产品责任公约》给予原告一定的选择权。当《产品责任公约》第 5 条和第 4 条指定适用的法律都不适用时，依据《产品责任公约》第 6 条的规定，原告可以基于侵害地国家的国内法提出请求，适用侵害地国家的国内法。在第 5 条和第 4 条指定适用的法律都不适用，原告也没有基于侵害地国家的国内法提出请求时，产品责任的准据法应为被请求承担责任人的主营业地国家的国内法。

根据《产品责任公约》确定的准据法解决上述问题时，应当遵守以下规定：①应当考虑产品销售市场所在国家通行的有关行为规则和安全规则；②只有在其适用会明显与当地的公共秩序相抵触时，才可以拒绝适用依据《产品责任公约》规定确定的准据法；③根据《产品责任公约》规定适用的法律与任何互惠的要求无关，即使应适用的法律是非缔约国的法律，亦应予以适用。

四、我国关于侵权行为之债法律适用的立法与实践

（一）侵权责任法律适用的一般原则

我国关于一般侵权行为之债法律适用的规定，集中在《法律适用法》第 44 条以及相关的司法解释中。《法律适用法》第 44 条规定："侵权责任，适用侵权行为地法律，但当事人有共同经常居所地的，适用共同经常居所地法律。侵权行为发生后，当事人协议选择适用法律的，按照其协议。"据此，在涉外侵权纠纷中，确定准据法的顺序如下：侵权行为发生后，当事人协议选择适用法律的，按照协议。没有协议选择，有共同经常居所地的，适用共同经常居所地法律。没有协议选择，且无共同经常居所地的，适用侵权行为地法律。可见，《法律适用法》第 44 条将侵权行为地法律作为侵权责任法律适用的基本原则，而当事人共同属人法和意思自治原则被确立为适用侵权行为地法的例外。需要注意的是，意思自治只能由当事人在侵权行为发生后进行选择。而当事人共同属人法的连接点是经常居所地。

1. 适用侵权行为地法。《法律适用法》第 44 条规定："侵权责任，适用侵权行为地法律……"

2. 优先适用当事人共同属人法。《法律适用法》第 44 条规定："……但当事人有共同经常居所地的，适用共同经常居所地法律……"

3. 优先适用"意思自治原则"。《法律适用法》第 44 条规定："……当事人协议选择适用法律的，按照其协议。"

（二）侵权责任法律适用的特殊规定

除了在第 44 条规定了一般侵权责任的法律适用外，《法律适用法》还专门规定了产品责任、人格权侵权的法律适用条款。

1. 产品责任侵权。《法律适用法》第 45 条规定："产品责任，适用被侵权人经常居所地法律；被侵权人选择适用侵权人主营业地法律、损害发生地法律的，或者侵权人在被侵权人经常居所地没有从事相关经营活动的，适用侵权人主营业地法律或者损害发生地法律。"可见产品责任的法律适用，我国是以适用"被侵权人经常居所地法律"为原则。例外情况如被侵权人选择适用侵权人主营业地法律、损害发生地法律的，或者侵权人在被侵权人经常居所地没有从事相关经营活动的，适用侵权人主营业地法律或者损害发生地法律。

2. 人格权侵权。《法律适用法》第 46 条规定："通过网络或者采用其他方式侵害姓名权、肖像权、名誉权、隐私权等人格权的，适用被侵权人经常居所地法律。"可见，无论侵权人通过网络还是其他方式，只要是侵害了他人的姓名权、肖像权、名誉权、隐私权等人格权的，都适用被侵权人经常居所地法律。

（三）特殊侵权行为的法律适用

对于海上侵权行为的法律适用，《海商法》第 273 条、274 条和 275 条作出了若干规定：①船舶碰撞的损害赔偿，适用侵权行为地法律。船舶在公海上发生碰撞的损害赔偿，适用受理案件的法院所在地法律。同一国籍的船舶，不论碰撞发生于何地，碰撞船舶之间的损害赔偿适用船旗国法律。②共同海损理算，适用理算地法律。③海事赔偿责任限制，适用受理案件的法院所在地法律。此外，《海商法》第 268 条规定："中华人民共和国缔结或者参加的国际条约同本法有不同规定的，适用国际条约的规定；但是，中华人民共和国声明保留的条款除外。中华人民共和国法律和中华人民共和国缔结或者参加的国际条约没有规定的,可以适用国际惯例。"以及《海商法》第 276 条:"依照本章规定适用外国法律或者国际惯例,不得违背中华人民共和国的社会公共利益。"关于空中侵权行为的法律适用,《民用航空法》第 189 条规定:"民用航空器对地面第三人的损害赔偿,适用侵权行为地法律。民用航空器在公海上空对水面第三人的损害赔偿,适用受理案件的法院所在地法律。"对于发生在航空器内的侵权行为以及因航空器事故给旅客造成侵害及行李物品损毁的侵权责任的法律适用问题未作规定。不过,我国加入了《华沙公约》和《海牙议定书》,公约的规定对我国有效。

第四节 不当得利的法律适用

一、不当得利之债概述

不当得利是指无法律上的原因而受利益,致他人受损害之事实。其法律性质属于自然事实中之事件,为债权发生之原因。

自罗马法至当代各国民法,对不当得利均有规定,但大陆法系和英美法系国家对其规定不尽相同。以不当得利的构成要件为例,大陆法中,不当得利的构成要件有:①一方受益;②致他方受到损害;③无法律上的原因。而在英美法中,其构成要件为:①被告受有利益;②致原告受损;③被告保有该利益具有"不正当"性。[1]大陆法系中,"无法律上原因"是不当得利构成的中心要件。正因为不当得利无法律原因,虽属既成事实也不能受到法律的保护。因此,不当得利应该返还给受损失的人。这种不当得利返还的权利义务关系就是不当得利之债。其中,获得不当得利的人为受益人,也是不当得利的债务人;受损失的人称为受害人,也是不当得利的债权人。而英美法以"不正当"的抽象概念为中心要件。两大法系在不当得利法律制度上的冲突主要表现在以下几个方面:原因上的冲突、适用范围上的冲突、成立要件及效力上的冲突。

二、不当得利之债的法律适用原则

不当得利之债的法律适用原则,根据各国国际私法的相关规定,大致可以划分为以下几种:

1. 适用事实发生地法,又称事实发生地法主义。其理由是不当得利涉及不当得利发生地国的公共秩序、社会道德风尚和法律观念。法国、意大利、日本、泰国等国家的立法或判例即是如此。这是目前比较通行的法律适用原则。

---

[1] 肖永平、霍政欣:"不当得利的法律适用规则",载《法学研究》2004 年第 3 期。

2. 适用基本法律关系的准据法，又称原因准据法主义。1978年《奥地利国际私法》第46条规定，如不当得利是在履行法律义务或关系的过程中发生的，应适用支配原法律义务或关系的法律。例如，原来的合同关系卖主已将货物交给买主，后来合同无效，买主是否应承担返还不当得利的义务，就应受原合同准据法支配；如原本无有效的合同，而只是各人的财产因合并或添附而发生的不当得利，就应适用合并或添附在那里发生的国家的法律。

3. 适用最密切联系原则。美国采用此规则。美国《第二次冲突法重述》第221条规定如下：①当事人在不当得利诉讼中有关该特定问题的权利和义务，按照该文件第6条规定的原则，由与案件的事实和当事人有最密切联系的那个州的法律调整。②适用该文件第6条的原则以决定对某问题应适用的法律时，应考虑下列联系：当事人之间关系集中的地方，但不当得利须与该关系有实质性联系；不当利益发生地；不当得利起因行为发生地；当事人的住所、居所、国籍、公司成立地及营业地，以及与不当得利有实质性联系的有体物，如土地或动产，在不当得利产生时的所在地。这些联系应按其对特定问题的重要程度加以衡量。

4. 适用当事人属人法。1966年《波兰国际私法》第31条第2款规定，在当事人有同一国籍且在该国均有住所时，应适用他们的共同本国法。

5. 适用有限的意思自治原则。1988年7月1日生效的《瑞士联邦国际私法》第128条规定，不当得利之诉，首先应适用支配不当得利得以产生的实际的或假想的法律关系的法律，但当事人也可以协议选择适用法院地的法律。这样在这一法定之债的领域内，也引进了意思自治原则。

6. 适用法院地法。其理由是不当得利事关正义与内国公共秩序，故应适用法院地国本身的法律。该说由艾伦·茨威格所提倡，其最大的弊端在于容易造成当事人"挑选法院"。

综上所述，各国在不当得利法律适用问题上的相关立法主要采用事实发生地法或基本法律关系准据法与事实发生地法相结合的原则。

三、我国关于不当得利法律适用的规定

我国现行立法对不当得利法律适用问题作了与世界各国不同的规定，首先适用意思自治；其次，当事人没有明确选择时适用当事人的共同属人法；最后，如两者都不符合的，适用不当得利发生地法。即《法律适用法》第47条规定，不当得利适用当事人协议选择适用的法律。当事人没有选择的，适用当事人共同经常居所地法律；没有共同经常居所地的，适用不当得利发生地法律。

第五节 无因管理的法律适用

一、无因管理及其法律冲突

无因管理是指无法定的或者约定的义务而为他人管理其事务的行为。实施管理的人称为管理人；接受管理事务的人，称为本人。管理人与本人之间构成无因管理之债。无因管理的构成要件包括：管理他人的事务；有为他人管理的意思；无法律上的义务。

英国法不承认无因管理之债。即使在大陆法系国家中，对无因管理的规定也存在着不同，其主要表现在：①在民法中的地位不同；②界定标准与立法体例不同；③关于管理人是否具有行为能力的规定不同。因此可能产生法律冲突。

二、无因管理之债的法律适用

（一）适用行为实施地法律

这是各国通行的做法。其主要原因是：①无因管理使本人和管理人之间形成了一种债权债务关系，与人身关系无关，不宜适用当事人的属人法；②无因管理在性质上属于事实行为而非法律行为，法律行为以意思表示为其要素，而无因管理作为事实行为，其成立无须有效之意思表示，因此无因管理不能适用当事人意思自治原则；③无因管理是一种为他人管理事务的行为，根据"场所支配行为"这一传统的国际私法原则，应适用事实发生地法；④无因管理主要是管理人为了本人的利益而为，有利于鼓励人类相互帮助，是一种值得提倡和鼓励的行为，因此适用行为实施地法最为合宜。

（二）适用与无因管理有关的另一法律义务或关系的准据法

适用与无因管理有密切联系的另一法律义务或关系的准据法，主要是因为它与无因管理有更为密切的联系，符合最密切联系原则的要求。

（三）适用当事人属人法

无因管理制度既然是为保护本人的利益而设立的，故适用本人的住所地法才是最为适宜的。德国的齐特尔曼主张对管理人和对本人的义务分别适用他们的本国法。当然，对无因管理之债适用当事人属人法的国家一般规定，适用当事人属人法应符合一定条件。

（四）适用意思自治原则

虽然意思自治原则是合同领域的主要法律适用原则，但由于其体现了对当事人的尊重，现在已被侵权、继承等其他领域所采用，同样有些国家将意思自治原则适用于解决无因管理的法律冲突问题。

对于无因管理的法律适用，应该说适用行为实施地法是各国的普遍做法。但值得注意的是，已有越来越多的国家对无因管理的法律适用并不单纯采用一种原则，而是将上述法律适用原则结合使用，互为补充。这些国家或采取行为实施地法和与无因管理有关的另一法律关系的准据法相结合，或采取行为实施地法与当事人属人法相结合的原则。

三、我国无因管理的相关规定

与不当得利一样，我国立法作出了与世界各国不尽相同的规定。《法律适用法》第47条规定，无因管理适用当事人协议选择适用的法律。当事人没有选择的，适用当事人共同经常居所地法律；没有共同经常居所地的，适用无因管理发生地法律。

学术视野

侵权行为地的认定标准

各国对侵权行为地的认定标准不同，有的主张以侵权行为实施地作为侵权行为地，有的主张以侵权结果发生地作为侵权行为地，也有的把侵权行为地理解为包括侵权行为实施地和侵权结果发生地。因此，各国在采用侵权行为适用侵权行为地法时又各有特色，大致可以分为以下几种：

1. 适用侵权行为实施地法律。采用此种立法例的国家有意大利、阿尔巴尼亚等。此外，日本、波兰、泰国、埃及、约旦等国也把侵权行为实施地视作侵权行为地，但是这些国家不是单纯采用侵权行为实施地法，而是对侵权行为重叠适用侵权行为实施地法和法院地法。

2. 适用侵权结果发生地法律。采用此种立法例的国家有加蓬等。1972年《加蓬民法典》第41条规定，侵权行为责任依损害事实发生地法律。

3. 无条件选择适用侵权行为实施地法律或者侵权结果发生地法律。采用此种立法例的国家有原捷克斯洛伐克等。此外，中国也采用相同做法，原《民通意见》第187条规定："侵权行为地的法律包括侵权行为实施地法律和侵权结果发生地法律。如果两者不一致时，人民法院可以选择适用。"

4. 有条件地选择适用侵权行为实施地法和侵权结果发生地法。采用上述无条件选择适用冲突规范时，如果一个行为依实施地法为侵权而依结果发生地法不是侵权或者相反，则会使法院无所适从，因而有的国家便采取有条件地选择适用的冲突原则。例如，1984年《秘鲁民法典》第2097条规定，非合同之债，依引起损害发生的主要行为地法，如果行为人依行为地法不负赔偿责任，在行为人应该预见该不法行为将造成损害时，适用损害结果发生地法。

5. 适用待确定的侵权行为地法。正是因为侵权行为的发生一般具有偶发性的特征，不便机械地硬性规定何地为侵权行为地，因而有些国家只规定侵权行为适用侵权行为地法，至于何地为侵权行为地，则在具体案件中另行确定。例如，1946年《希腊民法典》第26条规定侵权行为的债务适用侵权行为地法。1962年《马达加斯加国际私法》第30条第2款和1965年《中非国际私法》第42条第2款均规定，侵权行为适用侵权行为地法。

上述五种做法中，第一种和第二种做法固然有明确性的优势，但其规定过于硬性，失之灵活，不足以更好地保护内国当事人的权益；第三种做法的优缺点刚好跟上述二种做法的优缺点相反，灵活有余而明确性不足，如果一个行为依实施地法为侵权而依结果发生地法不为侵权或者相反，一个行为依结果地法为侵权而依实施地法不为侵权，那么到底是适用侵权行为实施地法还是侵权结果发生地法呢？这对当事人来说可是至关重要的。此种做法的结果不但增加了法院在准据法适用上的困难，同时在客观上也为法官可能的徇私裁判和当事人及其代理人"走后门""打关系"提供了途径和条件。应该说第四种做法较为可取，既有足够的灵活性，又有明确的选择标准。第五种做法也保持了足够的灵活性，使法官在具体案件中确定何地法律为侵权准据法提供了相当大的自由度，但其可能存在的弊端同第三种做法。

理论思考与实务应用

一、理论思考

（一）名词解释

国际合同　合同的准据法　意思自治原则　最密切联系原则　特征性履行　侵权行为地法

（二）简答题

1. 如何确定合同的准据法？
2. 如何理解合同准据法的适用范围？
3. 简述不当得利和无因管理的法律适用。

（三）论述题

1. 如何理解合同法律适用的"同一制"与"区别制"？
2. 如何理解合同法律适用的"主观论"和"客观论"？
3. 分析我国法律关于合同法律适用规定中意思自治原则的具体运用。
4. 如何运用"特征性履行"确定最密切联系地？
5. 如何理解一般侵权行为之债的法律适用原则？

6. 分析我国法律关于侵权行为法律适用规定的不足与完善。

二、实务应用

（一）案例分析示范

案例一

中国 A 公司和营业地在 B 国的 B 公司于 2002 年 7 月 1 日在 C 国签订了一项货物买卖合同，合同规定 A 公司向 B 公司出口 1 万台电视。后双方发生纠纷诉至中国法院。

问：(1) 假设 B 国是《联合国国际货物销售合同公约》的成员国，A 公司和 B 公司对该合同的法律适用已合意选择 C 国法。我国法院应适用什么法律作为审理该合同纠纷的准据法？为什么？

(2) 假设 B 国是《联合国国际货物销售合同公约》的成员国，A 公司和 B 公司对该合同的法律适用没有作出选择。我国法院应适用什么法律作为审理该合同纠纷的准据法？为什么？

(3) 假设 B 国不是《联合国国际货物销售合同公约》的成员国，A 公司和 B 公司对该合同的法律适用没有作出选择。我国法院应适用什么法律作为审理该合同纠纷的准据法？为什么？

【评析】

(1) 适用 C 国法。因为《联合国国际货物销售合同公约》对缔约国当事人不具有强制性，如果当事人已约定合同准据法的，则首先适用当事人所选择的法律。

(2) 适用《联合国国际货物销售合同公约》。在当事人没有对准据法进行选择的情况下，公约自动适用于营业地位于不同缔约国境内的当事人之间的国际货物买卖合同关系。

(3) 适用中国法律。因为如果 B 国不是《联合国国际货物销售合同公约》缔约国的话，该合同原则上不能适用公约。在当事人没有对准据法进行选择的情况下，我国法院将依据最密切联系原则确定准据法。在我国司法实践中，对国际货物买卖合同在当事人没有选择法律的情况下，一般以卖方营业地所在地为与合同有最密切联系的地方，此案中的卖方营业地所在地位于中国境内，故应适用中国法。

案例二

上海某集团公司与甲国某投资公司（在中国无住所）于 2001 年 9 月在上海签订了一份合资企业合同。不久，该投资公司又与我国某银行在上海签订了一份贷款协议，约定由投资公司向该银行贷款 1000 万元人民币用于在上海的投资，并约定贷款合同根据甲国法律进行解释。投资公司分数次从该银行提取该笔贷款，但未按合同约定用于合营项目。该银行在贷款到期后数次催款未果的情况下，于2003年在上海中级人民法院起诉甲国投资公司，要求其立即偿还全部贷款本息。但是投资公司认为，贷款协议约定由甲国法律进行解释，等于约定由甲国法院管辖，据此提出管辖异议。

问：(1) 甲国投资公司提出管辖异议的理由是否成立？为什么？
(2) 如果上海市中级人民法院有管辖权，该案应适用哪国法律？为什么？

【评析】

(1) 理由不成立。本案中，双方当事人只是在合同中约定该合同依甲国法律进行解释，并没有对管辖权进行约定。依据《民事诉讼法》第265条（2021修正后为第272条）的规定："因合同纠纷或者其他财产权益纠纷，对在中华人民共和国领域内没有住所的被告提起的诉讼，如果合同在中华人民共和国领域内签订或者履行……可以由合同签订地、合同履行地……人民法院管辖。"本案中，合同的签订地和履行地位于我国境内，故我国法院有管辖权。

(2) 本案应适用中国的法律。本案中，双方当事人没有对合同的准据法进行约定，故依据原《合同法》第126条第1款的规定，应以最密切联系原则来决定准据法。在司法实践中，我国以特征性履行方法对最密切联系原则予以具体化。在贷款合同中，一般以贷款银行所在地的法律为与贷款合同有最密切联系的地方的法律。本案中，贷款银行所在地位于中国境内，故应适用中国法律。

案例三

某国旅游团在我国某自然风景区观光游览，由于日本游客某甲擅自提前拉开索道车车门，导致其本人和日本人乙、美国人丙摔出车外并受到伤害。当晚，丙乘飞机回美国治疗，后因伤势过重抢救无效死亡，乙和丙的亲属向我国法院起诉，要求对甲的行为追究赔偿责任。

问：(1) 依我国法律，甲和乙之间的赔偿纠纷应适用何国法律？为什么？
(2) 甲和丙之间的赔偿纠纷应适用何国法律？为什么？

【评析】

(1) 适用日本法。依我国《法律适用法》第44条的规定，侵权责任，适用侵权行为地法律，但当事人有共同经常居所地的，适用共同经常居所地法律。本案中，甲、乙同为日本人，甲、乙之间的赔偿请求应适用共同经常居所地法即日本法律。

(2) 适用中国法。依我国《法律适用法》第44条的规定，侵权责任，适用侵权行为地法律。但当事人有共同经常居所地的，适用共同经常居所地法律。侵权行为发生后，当事人协议选择适用法律的，按照其协议。本案中，甲、丙之间未就赔偿纠纷法律适用达成事后合意，双方也无共同经常居住地，因此应适用侵权行为地法。侵权行为发生在中国，因此适用中国法。

（二）案例分析实训

案例一

我国甲公司在 B 国举办的博览会上与 B 国乙公司达成合作意向书，并于此后在我国 A 市签订合同，由甲公司承建 B 国某建筑，后在合同执行中由于乙公司多次拖欠工程款，双方发生纠纷，甲公司欲起诉乙公司。

问：（1）我国法院是否对本案具有管辖权？为什么？

（2）本案应如何适用法律？为什么？

案例二

2000 年 8 月 25 日，西安消费者刘某从北京买了一辆 A 国某公司生产的越野车。归途中司机踩刹车时该车制动系统发生故障，致使汽车失控翻入深沟，造成车内 4 人严重受伤。

2001 年 3 月 8 日，刘某等 4 人向北京市第二中级人民法院提出诉讼，要求该公司承担相应的产品侵权责任，共索赔 300 万元人民币。

问：（1）本案中的北京市第二中级人民法院是否有管辖权？为什么？

（2）本案应适用哪一国的法律？为什么？

案例三

一辆载有中国游客的旅游车于当地时间 2009 年 1 月 30 日，在美国亚利桑那州发生车祸，造成 6 名中国游客死亡、9 名中国游客受伤。后来，中国游客及其家属在亚利桑那州起诉要求赔偿。

问：（1）本案应由哪一国法院管辖？为什么？

（2）本案应适用哪一国法律？为什么？

（3）我国对于侵权之债的法律适用原则是什么？

主要参考文献

1. 肖永平：《法理学视野下的冲突法》，高等教育出版社 2008 年版。
2. 齐湘泉：《涉外民事关系法律适用法总论——学理·实证·判例》，法律出版社 2005 年版。
3. 李显冬主编：《国际民商事法律适用法案例重述》，中国政法大学出版社 2008 年版。
4. 章尚锦主编：《国际私法》，中国人民大学出版社 2000 年版。
5. 肖永平、霍政欣："不当得利的法律适用规则"，载《法学研究》2004 年第 3 期。

第十一章
国际婚姻家庭关系的法律适用

【本章概要】 随着各国人员交往的频繁，国际婚姻家庭问题逐渐增多，因各国婚姻家庭立法的差异而引起的法律冲突不可避免。本章主要介绍了国际婚姻家庭关系的法律适用，具体包括涉外结婚、离婚、夫妻关系、父母子女关系、扶养和监护等方面的准据法的确定。

【学习目标】 通过本章的学习，重点掌握结婚实质要件和形式要件的法律适用规则，离婚案件的管辖权和法律适用，以期能熟练运用我国涉外婚姻的立法规定解决目前日益增多的涉外结婚、离婚案件；了解涉外夫妻关系、父母子女关系、抚养与监护的法律适用规则，掌握我国在这些问题上的具体法律规定，从而正确地适用法律。

国际私法所调整的国际婚姻家庭关系是指在本国境内或外国境内形成的外国人和本国人之间、外国人之间的婚姻家庭关系。这类具有涉外因素的特定的人身关系包括结婚、夫妻关系、离婚、父母子女关系以及收养、扶养和监护等关系。由于各国关于婚姻家庭关系的立法不仅受到各国统治阶级意志的影响，而且还受到各国道德观念、宗教信仰、自然条件以及传统生活方式和风俗习惯的影响，在法律规定上存在较大差异，从而使得在这一领域所产生的法律冲突相对于国际私法其他领域而言更为复杂。

第一节 结　　婚

结婚是指男女自愿依据法律规定的条件和程序结合为夫妻的法律行为。这里所谓法律规定的条件和程序，即结婚的实质要件和形式要件。各国在结婚问题上的立法歧异也主要表现在这两方面。解决各国在涉外结婚实质要件和形式要件方面的法律冲突，正是国际私法调整涉外结婚关系的中心任务。

一、结婚实质要件的法律适用

结婚的实质要件是指法律规定的当事人必须具备和必须排除的条件。前者如男女双方必须自愿、必须达到法定婚龄等；后者如男女双方不得在一定范围内的亲等间通婚、不存在有碍结婚的疾病和生理缺陷、不得重婚等。

在结婚的实质要件上，各国立法差异甚大。这些立法上的差异，势必导致涉外结婚的法律冲突。对这类法律冲突的解决，从各国立法及实践看，主要有以下法律适用原则：

（一）婚姻缔结地法

结婚实质要件适用婚姻缔结地法，是指婚姻缔结地法认为有效的婚姻，在婚姻缔结地之外的任何国家或地区均应认为有效；反之，婚姻缔结地法认为无效的婚姻，在缔结地外的任何国家或地区也无效。美国和拉美国家现在多采用这一原则。如美国《第二次冲突法重述》第283条第2款规定："婚姻符合缔结地州规定的要求的，其有效性得为普遍承认……"

这一法律适用原则有多种理论依据。如有的学者认为，结婚也是一种契约关系或法律行为，依"场所支配行为"原则，其实质要件当然应受婚姻缔结地法的支配；也有的学者从"既得权说"出发，认为应将当事人依婚姻缔结地法缔结的婚姻也视为一种既得权，其他国家应当予以承认和保护；还有的学者认为，婚姻的缔结事关缔结地的善良风俗和公共秩序，而且结婚实质要件依缔结地法简便易行，能减少婚姻登记机关和当事人的麻烦。但反对者认为，单纯依缔结地法容易导致法律规避现象的产生，会使移住婚姻（migratory marriage）大量增加。

（二）当事人属人法

这一原则指结婚的实质要件适用当事人所属国家的法律。这里的属人法同样有住所地法和本国法之分。英国、加拿大、澳大利亚、新西兰等国家适用的是当事人住所地法；法国、德国、比利时、荷兰、卢森堡、奥地利、西班牙、意大利、葡萄牙、瑞士及日本、泰国等国家适用的是当事人本国法。但从这些国家的立法及实践看，又有以下几种不同做法：

1. 适用当事人各自属人法，即结婚实质要件适用双方当事人各自住所地法或各自本国法。根据该原则，在结婚实质要件上，当事人必须符合各自属人法的规定，其婚姻才能有效缔结；否则，婚姻不能成立。这种规定较为宽松，有利于当事人婚姻关系的成立，故采用当事人属人法的国家多采用这种做法。

2. 重叠适用当事人属人法。根据这一原则，男女双方结婚，其实质要件必须同时符合双方的属人法。如《匈牙利国际私法》第37条第1款规定："婚姻有效的实质要件依双方当事人缔结婚姻时共同属人法。如果双方当事人的属人法在缔结婚姻时不同，婚姻只有在满足双方当事人的属人法所要求的实质要件时才认为有效。"如果一年满18岁的匈牙利男子和一年满16岁的日本女子在匈牙利要求结婚，该日本女子虽已符合其本国法规定的16岁婚龄，但由于不符合匈牙利规定的18岁的婚龄，故该男女双方不能结为夫妻，这种规定无疑是较为严格的，因而只有少数国家采用。

（三）混合制

这一做法又称"折中标准"。它又分以下两种：

1. 以缔结地法为主，兼采当事人属人法。如《瑞士联邦国际私法法规》第44条规定，①在瑞士举行结婚的实质要件由瑞士法律支配；②外国人之间结婚，如果不符合瑞士法律规定的要件，但满足当事人一方本国法规定的要件，仍然可以举行；③在瑞士结婚的形式由瑞士法律支配。再如美国《第二次冲突法重述》第283条第2款规定："婚姻符合缔结地州规定的要求的，其有效性得为普遍承认，但违反配偶及婚姻与之有最重要联系的州的强有力的公共政策者除外。"从该条的规定可以看出，在原则上以缔结地法为主的前提下，如果双方当事人结婚会违背与配偶或婚姻有最密切联系州（该州可能是配偶一方的住所地或婚后当事人的共同住所地）的公共秩序时，则应适用该州的法律。1902年签订的《海牙婚姻法律冲突公约》第1条规定结婚依当事人各自本国法，其第2条和第3条又规定若当事人之间存在禁止血亲、通奸者结婚及其他禁令之情节，可以不适用当事人本国法，仍适用婚姻举行地法。

2. 以属人法为主，兼采缔结地法。如1982年《南斯拉夫国际冲突法》第32条规定，①婚姻成立之实质要件，适用各方当事人缔结婚姻时的本国法。②即使依要求在南斯拉夫结婚的当事人按其本国法具备结婚实质要件，如依南斯拉夫法认为该当事人存在着早婚、近亲或精神上无能力等婚姻障碍，仍不允许结婚。另外值得注意的是，一向坚持住所地法原则的英国，近来也开始有限地采用缔结地法。如关于当事人的结婚能力问题，英国虽多坚持适用当事人婚前住所地法，但如果婚姻举行地在英国，依英国法无结婚能力的，即认定为无结婚能力。[1]

二、结婚形式要件的法律适用

结婚的形式要件是指男女双方结为夫妻必须履行的手续或经过的程序，是婚姻合法成立在形式上的必备条件。

在结婚的形式要件问题上，多数国家采取的是民事登记方式；部分国家如西班牙、葡萄牙、希腊和塞浦路斯等则奉行宗教仪式；部分国家如英国、丹麦、瑞典等则采取民事登记和宗教仪式相结合的方式；少数国家如印尼和苏丹等则采取事实婚姻方式，只要男女双方在事实上依习俗以夫妻身份同居，即构成有效婚姻。在解决各国因结婚形式要件立法歧异而产生的法律冲突方面，各国主要有以下几种做法：

（一）婚姻缔结地法

在结婚的形式要件问题上适用婚姻缔结地法，其理论依据就是传统的"场所支配行为"论。该原则要求依婚姻缔结地法规定的方式缔结的婚姻，在其他国家也应被认为有效。这一做法是各国较普遍采用的做法。

---

[1] J. H. C. Morris, *The Conflict of Law*, Stevens, 3rd ed., 1984, pp. 165~166.

(二) 当事人本国法

即在结婚形式要件问题上适用当事人本国法。该原则要求凡本国公民，无论在何处结婚，其方式必须遵守本国法的规定。这是前述如西班牙、葡萄牙、希腊及塞浦路斯等在结婚形式要件上奉行宗教方式的国家所采取的做法。

(三) 混合制

即在结婚形式要件问题上，或以婚姻缔结地法为主兼采当事人属人法；或以当事人属人法为主兼采婚姻缔结地法。由上述规定，我们不难发现，在结婚形式要件问题上，若单纯采用婚姻缔结地法或当事人本国法，便会产生所谓"跛脚婚姻"（limping marriage）。前述在结婚形式要件问题上适用当事人本国法的国家如西班牙或希腊，其国民到国外（如美国或日本）以民事登记方式缔结的有效婚姻，在西班牙或希腊等国可能会被认为无效。为避免此种结果的发生，许多国家在立法中便采纳了这一折中标准。

1. 以婚姻缔结地法为主，兼采当事人属人法。如《波兰国际私法》第 15 条规定，①婚姻举行的方式，依婚姻举行地法；②虽有前项规定，但在波兰境外举行的婚姻，遵守夫妇本国法规定的必要方式，亦为有效。其他如德国、泰国、阿拉伯联合酋长国、塞内加尔以及约旦等国均有类似规定。1902 年《海牙婚姻法律冲突公约》第 5 条第 1 款也规定："依婚姻举行地法规定方式举行的婚姻，不论任何缔约国均应认为有效。"其第 7 条又规定："婚姻的形式在举行地国认为无效，但如依各该当事人的本国法举行的，在其他国家得认为其有效。"

2. 以当事人属人法为主，兼采婚姻举行地法。如 1978 年《奥地利联邦国际私法法规》第 16 条规定，①在内国领域举行的婚姻，其方式依内国法关于方式的规定。②在国外举行的婚姻，其方式依结婚各方当事人的属人法；但已符合婚姻举行地法关于方式的规定者亦属有效。

(四) 领事婚姻

所谓领事婚姻（consular marriage），是指在驻在国许可或不反对的前提下，一国授权其驻外领事或外交代表为本国侨民依内国法律规定的方式办理结婚手续，成立婚姻的制度。

领事婚姻起源于 19 世纪的欧洲。当时领事职务不断扩大，民事登记婚姻方式已被欧洲各国普遍采用，而对居住于国外的欧洲人来说，或居住地法规定的宗教婚姻方式与本国法相违背，或居住地没有理想的婚姻登记方式。于是，为解决这些人的婚姻成立问题，领事婚姻作为婚姻缔结地法的一种补救措施便应运而生，除美国等少数国家外，该制度已得到许多国家立法和国际条约的采纳。如《日本民法典》第 741 条规定："在外国的日本人之间欲结婚时，可以向日本驻该国大使馆、公使或领事申报……"1961 年的《维也纳外交关系公约》和 1963

年的《维也纳领事关系公约》等也规定了领事婚姻制度。但在具体实施过程中，各国又有一定差别：①要求实行对等原则。如《苏俄婚姻和家庭法典》第161条第3款规定，外国人之间在驻苏的大使馆或领事馆结婚，如果他们在结婚时是该国的国民，则根据对等原则，承认他们的结婚在苏俄有效。②要求结婚当事人都必须是使领馆所属国国民。如比利时、巴西和日本就是如此。③有的国家如丹麦、瑞典、挪威、意大利、澳大利亚、葡萄牙、保加利亚等国则只要求一方当事人是使领馆所属国国民。④有的国家如法国只要求丈夫一方为使领馆所属国国民。

领事婚姻制度虽然为当事人在国外结婚提供了诸多便利，但领事婚姻的效力却往往有赖于驻在国的承认，即如果驻在国承认领事婚姻，则领事婚姻在驻在国、派遣国和第三国都是有效的；如果驻在国对领事婚姻不予承认，则领事婚姻仅在派遣国国内有效，在驻在国和第三国均无效。

三、我国关于涉外结婚的法律制度

（一）关于涉外结婚的法律适用

由于现行《民法典》颁布和实施以后，《民法通则》《继承法》《合同法》等法律全部废止，而《民法典》在编纂过程中较少涉及关于涉外民事关系法律适用问题，这意味着涉外民事关系法律适用法将成为涉外法律适用的主要法律依据，体现了实体法与冲突法相分离的立法思路。因此，目前我国对涉外结婚的法律适用要以《法律适用法》的相关规定为准。关于结婚的法律适用，依据《法律适用法》第51条的规定："《中华人民共和国民法通则》第一百四十六条、第一百四十七条，《中华人民共和国继承法》第三十六条，与本法的规定不一致的，适用本法。"

1. 涉外结婚的实质要件。《法律适用法》第21条规定："结婚条件，适用当事人共同经常居所地法律；没有共同经常居所地的，适用共同国籍国法律；没有共同国籍，在一方当事人经常居所地或者国籍国缔结婚姻的，适用婚姻缔结地法律。"

2. 涉外结婚的形式要件。《法律适用法》第22条规定："结婚手续，符合婚姻缔结地法律、一方当事人经常居所地法律或者国籍国法律的，均为有效。"实践中，对于在我国境内缔结的涉外婚姻，2003年颁布的《婚姻登记条例》第5条规定，办理结婚登记的内地居民应当出具下列证件和证明材料：①本人的户口簿、身份证；②本人无配偶以及与对方当事人没有直系血亲和三代以内旁系血亲关系的签字声明。办理结婚登记的外国人应当出具下列证件和证明材料：①本人的有效护照或者其他有效的国际旅行证件；②所在国公证机构或者有权机关出具的、经中华人民共和国驻该国使（领）馆认证或者该国驻华使（领）馆认证的本人无配偶的证明，或者所在国驻华使（领）馆出具的本人无配偶的证明。

(二) 条约中关于领事婚姻的规定

我国同不少国家签订的有关条约中，均对领事婚姻制度予以了肯定。从我国的条约实践看，有这样几点是必须予以明确的：

1. 驻我国的使领馆只能办理双方当事人均为其派遣国国民的结婚。如 1960 年的《中捷领事条约》第 15 条规定："领事可以根据派遣国的法律办理双方都是派遣国公民的结婚登记……"

2. 对不承认领事婚姻制度的国家（如美国），我国驻该国使领馆不得办理领事婚姻。根据对等原则，我国也不允许该国驻我国使领馆办理领事婚姻。

3. 对承认领事婚姻制度却未与我国签订相关条约的国家，我国驻该国的使领馆可以办理领事婚姻，但如果该国在结婚问题上推行"缔结地法原则"，为避免婚姻的效力受到该国法律的否认，中国公民在使领馆进行结婚登记后，仍应到该国有关机关履行法定结婚手续。

第二节 离 婚

离婚是指夫妻双方在生存期间，依照法律规定的条件和程序解除婚姻关系的法律行为。国际私法对涉外离婚关系的调整，主要解决的是涉外离婚案件的管辖权和法律适用问题。

一、离婚案件的管辖权原则

在国际私法上，离婚案件的管辖权原则是指一国法院对涉外离婚案件行使管辖权的标准和依据。由于离婚案件既涉及一国的公共秩序，也涉及一国国民的切身利益，因而各国对涉外离婚案件的管辖权问题，往往除了在诉讼法中有专章规定外，还在其国际私法中作出系统的特别规定。从各国的立法及实践看，关于涉外离婚案件的管辖权之确认，主要有如下原则：

(一) 住所或居所管辖原则

这是以英、美为代表的普通法系国家长期奉行的原则。1973 年的《英国住所与婚姻诉讼法》（The Domicile and Matrimonial Proceedings Act）第 5 条第 2 款规定，如果离婚诉讼开始时，只要当事人中的一方在英国有住所（domicile）或惯常居所（habitual residence）达 1 年的，英国法院就有管辖权；该条第 5 款还规定，在对某一婚姻而发生的离婚、别居或无效婚姻案件结案之前，原告补充诉讼请求或提出不同的解决办法，或被告提出反诉，只要英国法院对原诉有管辖权且诉讼尚未结束，英国法院也可行使管辖权，并且法院在行使管辖权时，可不考虑该条第 2 款规定的管辖权标准。也就是说，只要法院对原诉有管辖权，那么法院在决定对原告的补充诉讼请求或被告提出的反诉行使管辖权时，对当事人是否在英国有住所或惯常居所的情况不予考虑。[1]

美国多数州在离婚案件中适用的是法院地的实体法，因而离婚案件要解决的主要问题就是管辖权问题。适用法院地法即意味着主张行使管辖权的法院与婚姻当事人及其婚姻关系有密切联系，因此美国《第二次冲突法重述》第 70~72 条规定美国各州法院行使管辖权的情况为：①夫妻双方均有住所的州；②夫妻一方的住所地州；③夫妻双方在其领土均无住所，但与该州"有联系"，且依此联系"解除双方的婚姻是合理的"。这一规定也为 1971 年《美国统一结婚离婚法》第 302 条第 1 款所采纳。

部分欧洲国家也以住所作为对离婚案件行使管辖权的标准。如荷兰原则上以夫的住所确定管辖，若夫在荷兰无住所时，则以妻之住所确定管辖。挪威、西班牙则原则上规定由夫妻共同住所地法院管辖，如无共同住所时，挪威规定由原告选择，西班牙则规定只许选择被告住所地法院管辖。《瑞士联邦国际私法法规》第 59、60 条规定，被告在瑞士有住所的，或原告在瑞士居住满 1 年或者原告为瑞士人的，瑞士法院有管辖权；如果夫妻双方在瑞士无住所而有一方为瑞士人，若离婚诉讼在配偶一方住所地不能提起或不能合理地提起，作为其中一方的原始住所地的瑞士法院对离婚或别居诉讼有管辖权。

(二) 以国籍为主、以住所或居所为辅的原则

这是以法、德为代表的另一些国家所奉行的原则。如《德国民事诉讼法典》第 606 条之一第 1 款规定，离婚当事人有一方为德国人或结婚时为德国人的，德国法院就有管辖权；如双方都为外国人且其中一方在德国有住所或惯常居所，同时排除所作出的裁决明显不会被夫妻一方所属的两个国家中的任何一国的法律所承认的情形时，当事人才可以在德国法院提起诉讼。目前许多欧洲国家虽然一般规定以国籍定管辖，但作为当事人的外国人只要在内国有住所或惯常居所，内国法院即可行使对离婚案件的管辖权。

二、离婚的法律适用

各国关于离婚条件和离婚程序的规定存在较大差异，这必然会导致涉外离婚的法律冲突。为解决这类冲突，各国关于离婚的法律适用主要有如下准据法原则：

(一) 法院地法

这是以英、美等国为代表的国家及部分欧洲国家所采取的法律适用原则。前述 1973 年《英国住所及婚姻诉讼法》规定，英国法院一旦确定对离婚案件有管

---

[1] Peter North, *Cheshire & North's Private International Law*, 12th ed., Butteraorths, 1987, pp. 624~626.

辖权后，即适用英国法；美国《第二次冲突法重述》第 285 条也规定："受理诉讼的当事人住所地州，得适用本地法确定离婚权。"坚持这一法律适用原则的理由是：离婚法属强行法的范畴，涉及一国的民族习俗、伦理观念和公共秩序，因此法院在确定对某一离婚案件的管辖权后，就应适用法院地法。但反对者认为，这一法律适用原则可能会导致当事人挑选法院（forum shopping）的现象发生。

（二）属人法

这里的属人法原则主要是本国法原则。欧洲部分国家如法国、比利时、葡萄牙、希腊、西班牙、卢森堡等采取的就是本国法原则。其中法国、比利时和葡萄牙的做法是适用夫妻双方的本国法。希腊则是适用夫妻最后共同本国法或丈夫本国法，如《希腊民法典》第 16 条规定："离婚和分居适用起诉前夫妻在婚姻存续中的最后共同本国法。如无共同国籍，适用结婚时夫的本国法。"适用属人法的主要理由是，离婚对人的身份关系影响甚大，所以离婚问题应授与人有永久关系的国家的法律支配。

（三）属人法和法院地法相结合的原则

这一原则又分两种：①重叠适用属人法和法院地法。如《日本法例》第 14、16 条规定，离婚，夫妻的本国法相同时，依该法律；无其法律时，而夫妻常居所地法律相同时，依该法律；无前述任何一种法律时，依与夫妻有最密切关系地的法律。但夫妻一方为在日本有常居所地的日本人时，依日本法律。1902 年的《海牙离婚及分居法律冲突与管辖冲突公约》第 2 条也规定："离婚的请求非依夫妻的本国法及起诉地法均具有离婚的理由的，不得提出。上述规定同样适用于分居。"②选择适用属人法和法院地法。如《波兰国际私法》第 18 条规定，离婚依请求离婚时夫妇所服从的本国法；夫妻无共同本国法，依夫妻住所地国法；住所不在同一国内的，依波兰法。

值得注意的是，目前欧洲大陆许多国家，对离婚采取宽松态度已成为一种趋势。这种趋势被冠之以"有利于离婚的法律说"，其准据法公式被称为"favour divortii"，其最普遍采用的方法即以法院地法作为辅助的应适用的离婚准据法。另外，有的国家还出现了在离婚的法律适用原则中引用"意思自治"的判例。[1]

三、我国关于涉外离婚的法律制度

（一）涉外离婚案件的管辖权原则

根据我国《民事诉讼法》第 22 条、第 23 条第 1 款和 2020 年修正的《民诉法解释》的规定，我国关于涉外离婚案件的管辖权原则主要如下：

1. 中国公民一方居住于国外，一方居住于国内，无论哪一方向人民法院起

---

[1] 韩德培：《韩德培文选》，武汉大学出版社 1996 年版，第 85 页。

诉，国内一方住所地的人民法院都有管辖权。如国外一方在居住国法院起诉，国内一方向人民法院起诉的，受诉人民法院也有管辖权。

2. 中国公民双方在国外但未定居，一方向人民法院起诉离婚的，应由原告或被告原住所地的人民法院管辖。

3. 在国内结婚并定居国外的华侨，如定居国法院以离婚诉讼须由婚姻缔结地法院管辖为由不予受理，而当事人向人民法院提起离婚诉讼的，由婚姻缔结地或一方在国内的最后居住地人民法院管辖。

4. 在国外结婚并定居国外的华侨，如定居国法院以离婚诉讼须由国籍所属国法院管辖为由不予受理，而当事人向人民法院提起离婚诉讼的，由一方原住所地或在国内的最后居住地人民法院管辖。

5. 配偶双方均为外国人（含华裔外国人）或无国籍人的离婚诉讼，比照前项管辖原则处理，即人民法院认定一方当事人的住所或经常居所在中国，也可行使管辖权。

(二) 关于离婚的法律适用

《法律适用法》第26条规定："协议离婚，当事人可以协议选择适用一方当事人经常居所地法律或者国籍国法律。当事人没有选择的，适用共同经常居所地法律；没有共同经常居所地的，适用共同国籍国法律；没有共同国籍的，适用办理离婚手续机构所在地法律。"第27条规定："诉讼离婚，适用法院地法律。"

第三节 夫妻关系

国际私法上的夫妻关系包括具有涉外因素的夫妻人身关系和夫妻财产关系，对这两类法律关系法律冲突的解决，分别适用的是两类不同的法律适用原则。

一、夫妻人身关系的法律适用

夫妻人身关系是指基于合法婚姻关系而产生的男女双方在社会上、家庭中的身份、地位等权利义务关系。它包括夫妻双方在生活上相互扶助、使用姓名、选择职业和住所、参加社会活动、进行诉讼或作出某种法律行为及教育子女等方面的权利义务关系。由于各国在这些方面法律规定的歧异，必然会产生涉外夫妻人身关系的法律冲突，各国对这类法律冲突的解决，主要有如下法律适用原则。

(一) 夫妻属人法

有些国家认为，夫妻人身关系理应适用身份能力的准据法。这些国家中，部分国家坚持的是夫妻本国法原则，而且对不同国籍的夫妻，多采取"妻从夫籍"

的原则。[1]如 1978 年《意大利民法典》第 18 条规定："不同国籍的夫妻之间的人身关系，适用婚姻存续间最后的共同本国法。如果没有共同本国法，则适用婚姻缔结时丈夫的本国法。"另一部分国家如丹麦、挪威、秘鲁及巴西等采取的是夫妻住所地法原则。《秘鲁民法典》第 2077 条规定："夫妻人身关系，依婚姻住所地法。如无共同住所地，则适用最后共同住所地法。"

（二）夫妻属人法兼行为地法

有些国家认为夫妻人身关系往往涉及行为地国家的公共秩序，因而在适用属人法时，对有些问题应考虑适用行为地法。这一做法为有关的国际条约所肯定。如 1905 年的海牙《婚姻对夫妻身份和财产关系效力的法律冲突公约》第 1 条规定："有关夫妻身份上的权利义务依双方本国法。但前项权利义务的行使，非依行为地法认可的方式不得为之。"

（三）多元化准据法

近年来，许多国家对夫妻人身关系的调整，抛弃了传统的单一属人法原则，在立法技术上，采取有序选择性法律适用规范。如《奥地利联邦国际私法法规》第 18 条规定，对夫妻人身关系问题，依序适用：①配偶双方共同属人法；②配偶双方最后共同属人法（只要其中一方仍保留有该国国籍）；③配偶双方均有习惯居所的国家的法律；④配偶双方最后均有习惯居所的国家的法律（只要一方还在该国保留有习惯居所）；⑤法院地法即奥地利法；⑥配偶双方与第三国有较强联系的法律。采用这一做法的国家还有波兰、匈牙利、瑞士及前南斯拉夫等。

二、夫妻财产关系的法律适用

夫妻财产关系是指男女双方在婚姻存续期间对家庭财产的权利义务，包括婚姻对双方当事人婚前财产的效力、婚姻存续期间所获财产的归属以及夫妻对财产管理、处分和债务承担等方面的问题。各国立法在这些问题上同样存在较大歧异，为解决因此而产生的法律冲突，主要有以下法律适用原则。

（一）意思自治原则

将婚姻关系视为特殊契约关系的国家，认为夫妻财产关系亦属契约关系，因而应适用夫妻双方协议选择的法律。如《瑞士联邦国际私法法规》第 52 条规定，夫妻财产关系适用配偶双方选择的法律，该被选择的法律可以是配偶双方共同住所地法或结婚后双方将有住所的国家的法律或配偶一方的本国法。

（二）属人法原则

有些国家在夫妻财产关系上直接规定夫妻财产应适用夫妻属人法而排除意思

---

[1] 印尼、泰国、瑞士、奥地利、阿富汗、伊拉克、埃塞俄比亚、利比亚等国的国籍法，《西班牙民法典》《萨尔瓦多宪法》均采取"妻从夫籍"原则。

自治原则的适用。这一做法又可分为两种：①不分约定财产制和法定财产制，规定适用同一法律适用原则。如《日本法例》第 15 条规定，夫妻财产制，如夫妻的本国法相同时，依该法律。其他国家如希腊、泰国、约旦和阿拉伯联合酋长国等也是如此。②对约定财产制和法定财产制分别规定应适用的法律。如《波兰国际私法》第 17 条规定："夫妇之间身份及财产关系，依夫妇双方的本国法""夫妇依契约而产生的财产关系，依缔结契约时夫妇所服从的本国法"。

（三）最密切联系地法

采用这一原则的目前主要是有关的国际公约。如 1978 年《海牙夫妻财产制法律适用公约》第 4 条规定："……如果配偶双方既未在同一国家内设有惯常居所，也无共同国籍时，其夫妻财产制应在考虑各种情况后受其关系最密切的国家的国内法支配。"

关于夫妻人身关系和夫妻财产关系的法律适用问题，我国《法律适用法》第 23、24 条分别规定，夫妻人身关系，适用共同经常居所地法律；没有共同经常居所地的，适用共同国籍国法律。夫妻财产关系，当事人可以协议选择适用一方当事人经常居所地法律、国籍国法律或者主要财产所在地法律。当事人没有选择的，适用共同经常居所地法律；没有共同经常居所地的，适用共同国籍国法律。

第四节　父母子女关系

父母子女关系又称亲子关系，它是指基于子女出生或收养的事实而形成的亲权关系。国际私法所调整的涉外父母子女关系主要涉及：婚生子女、非婚生子女的准正、收养、父母子女关系的效力等问题。

一、婚生子女的法律适用

婚生子女是指基于合法婚姻怀孕所生的子女。对于如何认定子女为基于合法婚姻怀孕所生，诸如婚前受孕所生子女是否为婚生、夫死或离婚后几个月内所生的子女可否认为是婚生等，各国法律规定是不一致的。虽然各国立法正努力消除婚生子女与非婚生子女的差别，但各国法律上对非婚生子女的歧视和不平等待遇仍不同程度地存在，因而基于婚生确权案件所产生的法律冲突是不可避免的。从各国立法及实践看，确定子女是否为婚生的准据法原则，主要如下：

（一）适用父母属人法

具体到不同国家，这一做法又分为：①适用生母之夫的本国法。如 1896 年的《德国民法施行法》第 18 条第 1 款规定，子之嫡出，如其出生时母之夫为德国人或者母之夫于子出生前死亡时为德国人，依德国法。②适用生父的住所地法。这主要是英国学者和判例的主张。③适用父母共同属人法。如《奥地利联邦国际私法法规》第21条规定："子女婚生的要件及因此而发生的争议，依该子女出生时配偶双方的属人法，如子女出生前婚姻已经解除，依解除时配偶双方的属人法……"④分别适用父母各自的属人法。1934年美国《第一次冲突法重述》主张应依父之住所地法和母之住所地法来分别确定父与子女和母与子女的关系。

（二）适用子女属人法

有些国家从保护子女利益出发，主张适用子女属人法。如1965年《波兰国际私法》第19条第2款规定，父子关系与母子关系的确认，依出生时子女的本国法。显然，这一做法在国籍取得的血统主义国家中是无法实施的。

（三）适用决定婚姻有效性的法律

这一做法的理论依据是合法婚姻中受胎或出生的子女。这一主张事实上将支配婚姻有效成立的准据法转换成确定子女是否婚生的准据法了。1982年《土耳其国际私法和国际诉讼程序法》第15条就规定："子女的婚生，适用子女出生时调整其父母婚姻效力的法律。"

（四）适用更有利于子女为婚生的法律

适用子女属人法并不一定对子女有利，因而，有的国家就明确规定适用对子女婚生更有利的法律。如前述1978年《奥地利联邦国际私法法规》第21条就规定，若配偶双方无共同属人法时，应依其中更有利于子女为婚生的法律。其他如1979年《匈牙利国际私法》、1984年的《秘鲁民法典》等均有类似规定。

二、非婚生子女准正的法律适用

非婚生子女是指非婚姻关系受孕所生的子女，如无婚姻关系的男女所生的子女、配偶一方与第三者通奸所生的子女，也有的国家将无效婚姻所生的子女视为非婚生子女。在我国及东欧等国家，非婚生子女与婚生子女享有同等的法律地位，但在大多数国家，非婚生子女要取得婚生子女的地位，均需准正。

所谓准正就是指赋予非婚生子女以婚生子女地位的法律制度。从各国的规定看，对非婚生子女准正的方式主要有三种：①父母事后婚姻，即非婚生子女出生后，可因其生父母结婚而取得婚生子女地位；②认领，即生父母对非婚生子女承认为其所生并领为自己子女的法律行为；③法律措施，即在发生拒绝认领，或父母一方死亡或父母不能举行事后婚姻等情况下，法院可判决确认非婚生子女与生父母间的血缘关系。

由于各国采取的准正方式不同，其法律适用原则也不同，具体如下：

1. 以父母事后婚姻为准正方式的国家，一般适用结婚时父的属人法。如英国和美国规定适用结婚时生父母的住所地法；奥地利则规定适用父母的共同本国法，国籍不同的，适用更有利于准正的法律。

2. 以认领为准正方式的国家，有的如泰国规定适用生父属人法（本国法）；有的如波兰规定适用子女属人法（本国法）；有的则是分别适用法律，如日本规定非婚生子女的认领，对其父母依认领时父或母的本国法，对其子依认领时的本国法。

3. 在以法律措施为准正方式时，各国多认为"法律措施"属国家行为，一般规定适用父母属人法或子女属人法。如《秘鲁民法典》第2086条第2款规定，行政或司法宣告准正，依准正宣告的父母一方住所地法，或者子女住所地法。还有一部分国家基于有利于婚生子女准正的考虑，由法院决定应适用的法律。

对非婚生子女准正的法律适用问题，我国立法及实践均无明确规定。这是我国国际私法在婚姻家庭领域有待完善的地方。

三、收养的法律适用

收养是指依照法律规定的条件和程序，领养他人子女为自己子女的法律行为。国际私法上的收养是指收养人和被收养人之间至少有一方具有外国国籍或在外国拥有住所或居所的收养，通常简称涉外收养、国际收养或跨国收养。

各国关于收养成立的条件的规定是不一致的，为解决由此产生的法律冲突，各国的立法及实践主要有以下几种做法：

（一）适用法院地法

英美两国是这一做法的主要代表。这两国在涉外收养问题上，主要注重的是法院管辖权问题，只要法院确定了对涉外收养案件的管辖权，就适用本国法来决定是否准予收养。如1958年的《英国收养法》规定，只要收养人和被收养人均居住在英国境内，英国法院就享有发布收养令的管辖权。而1978年的《英国收养法》则取消了要收养人和被收养人均居住于英国境内的要求，而规定只要收养人在英国有住所，被收养人或其亲生父母，或监护人在收养申请提出时"出现在"（presence）英国，英国法院就有管辖权。此外，1958年和1978年《英国收养法》均规定，法院在管辖收养案件时，适用英国法。在美国，其1971年《第二次冲突法重述》第289条也规定："法院适用其本地法决定是否准许收养。"

（二）适用收养人或被收养人属人法

这一做法又大致分为三种类型：①适用收养人属人法。采用这一做法的国家主要有法国、意大利、波兰及德国等。如1978年《意大利民法典》第20条规定："……收养人和被收养人之间的关系，适用收养人收养时的本国法。"②适用收养人和被收养人各自的本国法。采用这一做法的国家主要有希腊、瑞典、荷兰、日本、匈牙利、前南斯拉夫及拉美国家。如《日本法例》第20条第1款规定："收养依收养当时的养父母的本国法……"③适用被收养人属人法。采用这一做法的主要代表国为俄罗斯。《俄罗斯联邦家庭法典》第 165 条第 1 款规定，外国人在俄罗斯境内收养具有俄罗斯国籍的儿童以及收养居住在俄罗斯境内的具有外国国籍的儿童，适用俄罗斯法律。这一做法的主要理由在于：收养制度的价值在于保护作为弱者的被收养人的利益，故而适用被收养人属人法较为适宜。

我国关于涉外收养的法律适用问题，《法律适用法》第 28 条规定，收养的条件和手续，适用收养人和被收养人经常居住地法律。收养的效力，适用收养时收养人经常居住地法律。收养关系的解除，适用收养时被收养人经常居所地法律或者法院地法律。

四、父母子女关系效力的法律适用

父母子女关系的效力是指基于婚生、非婚生子女准正和收养而形成的亲权关系。实践中，各国立法在规定父母子女关系时，主要规定的是父母对未成年子女的人身（如抚养、教育、惩戒和保护）和财产（如财产取得、管理、收益和分配）的权利义务关系。为解决因各国法律对亲子关系规定的歧异所产生的法律冲突，各国主要有以下法律适用原则：

1. 适用父母属人法。采用这一做法的国家以法国、德国、日本及泰国等为代表。如《日本法例》规定，对亲子关系的效力"依父之本国法；如无父时，依母之本国法"。泰国的规定与日本相同。这一做法主要考虑的是父亲在家庭中的支配地位，但不利于对子女合法利益的保护。

2. 适用子女属人法。出于对子女合法利益予以保护的考虑，一些国家便强调父母对子女的抚养教育义务，在法律适用方面，规定适用子女属人法。如《波兰国际私法》第 19 条第 1 款规定："父母子女间的法律关系，依子女的本国法。"

3. 适用父母子女共同属人法。采用这一做法的有希腊、保加利亚、罗马尼亚、前南斯拉夫、韩国等。如《希腊民法典》第 18 条规定："父母和子女的关系适用父亲和子女的最后共同国籍法，如无共同国籍，适用子女出生时父亲的本国法。在父亲死亡以后，这种关系适用父亲死亡后母亲和子女的最后共同本国法，如无共同国籍，适用父亲死亡时母亲的本国法。"显然，这主要是为兼顾各方的利益而采用的法律适用原则。

我国关于涉外父母子女关系的法律适用问题，《法律适用法》第 25 条规定："父母子女人身、财产关系，适用共同经常居所地法律；没有共同经常居所地的，适用一方当事人经常居所地法律或者国籍国法律中有利于保护弱者权益的法律。"

第五节　扶养与监护

从各国立法及实践看，扶养和监护制度既可用于调整夫妻关系和父母子女关系，也可用于调整其他亲属关系。基于此，本章单列一节，阐述涉外扶养和涉外监护的法律适用问题。

一、扶养的法律适用

国际私法上所说的扶养，是指夫妻之间、亲子之间、旁系血亲之间以及姻亲之间互相承担生活供养义务的法律行为。各国关于扶养的立法歧异首先表现在扶养的范围上。如英美等国规定扶养义务限于夫妻关系和父母子女关系，不适用于其他亲属关系。而我国法律规定，除配偶、父母子女外，祖父母、外祖父母和孙子女、外孙子女分别负有抚养和赡养义务，有负担能力的兄姐对未成年的弟妹也有抚养义务。其次表现在扶养费数额的确定及支付办法、免除扶养的条件等。为解决因这些歧异所导致的涉外扶养的法律冲突，各国立法主要有以下法律适用原则：

1. 适用扶养义务人的属人法。如《日本法例》第 23 条规定：扶养义务（属于关于亲属关系及因之而发生的权利义务），依扶养义务人本国法。1962 年《韩国国际私法》第 23 条的规定也与此相同。

2. 适用被扶养人属人法。如 1979 年《匈牙利国际私法》第 47 条规定："亲属互相扶养的义务、条件、程序和方法，应根据扶养权利人的属人法确定。"德国则规定扶养之债适用被扶养人习惯居所地法律。其他如《捷克斯洛伐克国际私法及国际民事诉讼法》第 24 条第 1 款、《南斯拉夫国际冲突法》第 42 条、《泰国国际私法》第 36 条等均采此种规定。这种立法取向的意图与自 20 世纪 60 年代以来各国实体法中注重保护弱方当事人利益的规定是一致的，但是由于在逻辑上并不能得出被扶养人的属人法必然对被扶养人最为有利的结论，甚至有时还会产生恰恰相反的结果，因此采用"硬性冲突规范"来解决涉外扶养的法律适用问题，可能是一个难尽人意的方法。

1973 年的海牙《扶养义务法律适用公约》以确保被扶养人利益为宗旨，在立法技术上采用了有序选择性冲突规范，以便在法律适用的结果上尽量保障被扶养人获得扶养。该公约规定，凡因家庭关系、亲属关系、婚姻、姻亲关系而产生的扶养义务，包括对非婚生子女的扶养义务，首先适用扶养权利人惯常居所地国法；如依该法被扶养人不能获得扶养的，适用扶养权利人和扶养义务人共同本国法；如依该共同本国法仍不能使扶养获得有效解决的，适用法院地法，即受理机关的国内法。应该说，公约在扶养法律适用问题上采用的这种方法所产生的影响是较大的。有些国家在国内立法中便采纳了公约的做法，有些公约的成员国甚至在立法中明确规定扶养问题直接适用该公约的规定。如《瑞士联邦国际私法法规》第 83 条第 1 款就规定："父母与子女间的扶养义务，由 1973 年 10 月 2 日海牙《关于扶养义务法律适用公约》支配。"

《法律适用法》第 29 条规定："扶养，适用一方当事人经常居所地法律、国籍国法律或者主要财产所在地法律中有利于保护被扶养人权益的法律。"这一规定取代了原《民法通则》第 148 条所规定的最密切联系原则，这是保护弱者利益原则在涉外扶养领域的体现。

二、监护的法律适用

监护是指对无行为能力人和限制行为能力人（自然人）的人身、财产权益依法实行监督和保护。有的国家将对限制行为能力人的财产管理、而不及于人身的保护称之为保佐。

各国法律在被监护人的范围（如在无行为能力人和禁治产人定义上的差异）、监护人的资格及其职责等方面的规定存在较大歧异，为解决由此产生的涉外监护方面的法律冲突，各国主要有以下法律适用原则：

1. 适用被监护人属人法。如《奥地利联邦国际私法法规》第 27 条第 1 款规定："监护与保佐的构成与终止的要件及效力，依被监护人的属人法。"其他如日本、泰国、德国、土耳其、埃及等多数国家均采类似做法。只有极少数国家如匈牙利和原捷克斯洛伐克等国规定，对执行监护的义务适用监护人属人法。

2. 适用法院地法。英国是采这一做法的最具代表性的国家。1971 年英国《未成年人监护法》将监护管辖权与法律适用原则统一起来，规定只要英国法院对监护案件有管辖权，就适用英国法。此外，英国法中首先考虑子女利益的原则，也经常被用于决定有关监护人的问题。

我国《法律适用法》第 30 条规定："监护，适用一方当事人经常居所地法律或者国籍国法律中有利于保护被监护人权益的法律。"

> **学术视野**
>
> 近 20 年来，法律领域中注重保护弱方当事人利益的原则在涉外婚姻家庭领域得到了充分体现，在处理夫妻关系和父母子女关系时，原来只片面强调适用夫的属人法和父母属人法的做法已经越来越少见，转而强调对妻子和子女利益的保护，在法律适用上适用妻子或子女的属人法或有利于妻子和子女的法律。
>
> 我国《法律适用法》在这一问题上已取得可喜的进步，该法分别在父母子女关系、扶养和监护的法律适用规定中加入了保护弱者利益的因素，但如何在司

法实践中让这些规定落到实处，却是我们需要进一步思考的问题。

理论思考与实务应用

一、理论思考
（一）名词解释
领事婚姻　非婚生子女的准正
（二）简答题
1. 简述我国有关涉外离婚的管辖权和法律适用方面的主要规定。
2. 简述我国对涉外收养的法律适用。
3. 简述我国在涉外扶养和监护问题上的法律适用规则。
（三）论述题
试评价我国《法律适用法》对结婚的法律适用的规定。

二、实务应用
（一）案例分析示范

案例一

中国公民于某在1980年与妻子离婚，所生两个子女由前妻抚养，1985年，于某到西班牙经商。1991年，于某与一西班牙女子结婚，按照天主教仪式举行了婚礼，按照西班牙婚姻法的规定，天主教徒到天主教堂举行结婚仪式为双方缔结婚姻的形式要件。婚后不久，于某将在西班牙经商所获部分利润作为投资，回国内办厂并购有楼房一栋，另有一些古董及银行存款。1995年2月，于某因车祸去世，未留下遗嘱，他的子女与他在西班牙的妻子就遗产继承发生争执。于某的子女认为对于于某在西班牙结婚一事，他们一无所知，于某的婚姻未登记，不符合我国婚姻法的规定，于某的西班牙妻子不是于某的继承人。

问：于某在西班牙的婚姻是否有效？

【评析】于某在西班牙的婚姻是有效的。我国对涉外婚姻的法律适用问题的规定为，结婚手续符合婚姻缔结地法律、一方当事人经常居所地法律或者国籍国法律的，均为有效。

本案中，于某在西班牙侨居多年，在西班牙，天主教徒以在教堂举行结婚仪式为婚姻成立的形式要件，其婚姻符合婚姻缔结地即西班牙的法律，因此应认定他们之间的婚姻有效，符合婚姻缔结地即西班牙的有关法律规定。

案例二

中国公民沈某（男）与中国公民梁某（女）1939年在中国结婚，婚后生育二女。沈某 1949 年去台湾，1988 年加入加拿大国籍。双方分离后，常有通讯联系。梁某 1975 年赴加拿大与沈某共同生活。1984 年以后，沈某每年回国一次并购买、翻建了三套住宅。1989 年，梁某与沈某发生矛盾，沈某独自来中国并与一妇女同居。梁某知道这一情况后，要求沈某与同居妇女断绝关系。沈某不听，反到加拿大法院起诉离婚并获准。1991 年 3 月，沈某又来到中国，并于同年 8 月 17 日与原同居妇女到绍兴市民政局涉外婚姻登记处办理了婚姻登记。1991 年 12 月 14 日，梁某向绍兴市中级人民法院提起诉讼，要求与沈某离婚，分割夫妻关系存续期间的共同财产，要求判令沈某支付生活费。

问：（1）绍兴市中级人民法院对此案是否具有管辖权？请说明理由。

（2）本案应如何适用法律？

【评析】

（1）绍兴市中级人民法院可以受理这一离婚案件。沈某在加拿大法院离婚并获准，沈某与梁某的婚姻关系在加拿大解除。加拿大法院的判决在中国并不自动发生法律效力，只有当事人在中国向中国法院提出承认与执行的请求，中国法院经审查，认为该判决的承认与执行不与中国的公共秩序相抵触，中国法院作出裁定，承认外国法院的判决在中国发生法律效力后，该外国法院的判决才能在中国生效。沈某未在中国法院提出承认外国法院判决的申请，故该加拿大法院的判决在中国未发生法律效力，所以中国法院有权受理梁某提出的离婚诉讼。

（2）中国受理离婚诉讼案件后，应以中国法律为准据法。《法律适用法》第 27 条规定："诉讼离婚，适用法院地法律。"

案例三

1997 年，中国籍公民俞某与日本籍公民山口在中国结婚，婚后在中国生有一子。1999 年，山口独自回日本居住。2001 年，俞某以夫妻长期两地分居，感情淡漠为由，在中国法院提起离婚诉讼。山口同意离婚。在子女监护权和抚养权问题上，双方产生争议。山口要求将儿子带回日本，由她抚养；俞某要求将儿子留在中国，由他抚养。

问：本案应适用何国法律？为什么？

【评析】根据《法律适用法》第 25 条的规定："父母子女人身、财产关系，适用共同经常居所地法律；没有共同经常居所地的，适用一方当事人经常居所地法律或者国籍国法律中有利于保护弱者权益的法律。"

另外，《日本法例》第 21 条规定，亲子间的法律关系，子女的本国法与父或母本国法相同时，父母一方不存在时与他方本国法相同时依子女的本国法。于其他情形，依子女经常居所地法。本案应适用子女经常居所地法，即中国法。

(二) 案例分析实训

案例一

一对在英国留学的中国青年男女在英国的婚姻登记机关登记结婚,后因感情不和在中国法院提起离婚诉讼。其中男方当事人以该婚姻未在中国婚姻登记机关登记为由,主张该婚姻在形式上无效,请求法院宣告解除非法同居关系(目的是在财产处理上获得好处)。而女方当事人主张该婚姻关系无论是按照婚姻缔结地(英国)法律还是按照当事人双方本国(中国)法律,都不存在禁止结婚的情形,并且按照婚姻缔结地法律履行了婚姻登记手续,因而该婚姻关系应该是合法婚姻关系。

问:(1)对于该婚姻关系,我国法院应该适用哪国法律判断其婚姻的法律效力?为什么?

(2)对于该婚姻关系,我国法院应该适用哪国法律解决其离婚问题?为什么?

案例二

中国公民刘某与丁某于1990年结婚并育有一子刘甲,1994年刘某与丁某由于感情不和而离婚。同年刘某去英国留学,并与一名英国女子结婚。1998年丁某因意外身亡,刘甲于是与刘某寡居的母亲王某共同生活,两人居住在上海浦东区的一间小屋里。刘某去英国留学后很少与家里联系,也从来没有给其儿子刘甲和其母王某寄过生活费。2000年10月,刘甲与王某向浦东区人民法院提起诉讼,要求刘某承担对刘甲的抚养义务和对王某的赡养义务。

问:(1)上海市浦东区人民法院对此案是否有管辖权,为什么?

(2)本案应适用何国法律,为什么?

案例三

日本女子某甲在南京工作多年,与中国公民某乙于2001年在南京登记结婚。婚后不久,二人同赴日本。1年后,双方感情不和,某乙携带在日本积累的家庭存款返回南京。某甲来中国向南京某法院提起离婚诉讼并要求分割财产。

问:(1)受诉的南京法院有无管辖权?为什么?

(2)如果南京法院有管辖权,对于财产分割应适用哪国法律?为什么?

主要参考文献

1. 董立坤:"国际私法中的婚姻法律冲突",载《中国社会科学》1982年第4期。

2. 蒋新苗:"国际收养准据法的选择方式",载《法学研究》1999 年第 1 期。
3. 李双元等:《中国国际私法通论》,法律出版社 2007 年版。
4. 韩德培:《韩德培文选》,武汉大学出版社 1996 年版。
5. 蒋新苗:《国际收养法律制度研究》,法律出版社 1999 年版。
6. 齐湘泉:《涉外民事关系法律适用法侵权论》,法律出版社 2006 年版。
7. 李双元:《国际私法(冲突法篇)》,武汉大学出版社 2001 年版。
8. 章尚锦、徐青森主编:《国际私法》,中国人民大学出版社 2007 年版。
9. 黄进、何其生、萧凯编:《国际私法:案例与资料(中、英文)》,法律出版社 2004 年版。
10. [德]马丁·沃尔夫:《国际私法》,李浩培、汤宗舜译,法律出版社 1988 年版。

第十二章
国际继承关系的法律适用

【本章概要】继承是指将死者生前的财产和其他合法权益转归有权取得该项财产的人所有的法律制度。继承按照财产继承方式的不同,可以分为法定继承和遗嘱继承两种类型,继承制度是同特定的社会制度相联系的,是在社会出现私有制后产生的。本章所研究的是那些具有涉外因素的财产继承与遗嘱,即该种继承法律关系的主体、客体和法律事实的三个因素中,必有一个或一个以上的因素涉及外国或地区,或者被继承人、立遗嘱人的死亡事实发生在我国领域外。法定继承和遗嘱继承各有其特点,国际私法上一般分别就法定继承和遗嘱继承的法律适用问题作出规定。法定继承的法律适用主要有同一制和区别制两种做法,但从发展趋势而言,同一制取得了明显的优势。而对于遗嘱继承的法律适用,实践中一般将这一问题进行区分并分别确定其准据法。同时,如何处理无人继承的财产也是本章所要讨论的内容。

【学习目标】通过本章的学习,应了解法定继承和遗嘱继承的概念,掌握法定继承法律适用中同一制和区别制的区别及利弊,熟悉法定继承的法律适用规则,同时了解对遗嘱继承如何进行法律适用,把握无人继承财产的处理方式及法律适用,尤其需要重点掌握我国关于法定继承准据法的规定及其适用范围。

第一节 法定继承的法律适用

法定继承也称非遗嘱继承,是指在被继承人没有对其遗产的处理立有遗嘱的情况下,由法律直接规定继承人的范围、继承顺序、遗产分配的原则的一种继承形式。各国立法中对于法定继承都有明确的规定,但具体内容上则存在着较大的差别。在有关继承人的范围、继承人的顺序、应继份额以及有关代位继承、继承权的丧失、继承权的放弃等问题的规定上都存在着差异。由于各国对法定继承立法规定不同,在某一个涉及多国的跨国继承关系中,依据不同国家的法律处理就会得到不同的甚至是截然相反的结果,从而产生了涉外法定继承的法律冲突。这也要求相关冲突法规范对其进行相应的调整。

一、法定继承的法律适用

解决有关法定继承的法律适用问题,实质上是选择何种准据法来解决涉外法定继承关系的法律冲突问题。对于这一问题，综合各国的实践做法，主要有"同一制"和"区别制"两种不同的方法。

（一）同一制

同一制（unitary system）又称单一制，是指在涉外法定继承中，不区分遗产是动产还是不动产，统一使用同一冲突规范所指向的准据法，一般而言是被继承人的属人法。同一制源于罗马法中的总括继承理论（继承为基于亲属关系对财产和身份的总括继承），反映了继承的身份法性质，并在19世纪后期逐渐取得优势。如今世界上多数国家采用同一制。

在采取同一制作为法定继承法律适用原则的国家中，大多数国家都对属人法作出了具体的规定。其中一些国家将被继承人的本国法规定为属人法。采取这种做法的国家有意大利、德国、奥地利、日本、韩国、匈牙利、希腊、西班牙、葡萄牙、波兰、伊朗、芬兰、瑞典等国家。另一些国家则将被继承人的住所地法规定为属人法。采用这种做法的国家包括瑞士、以色列、挪威、丹麦、冰岛、哥伦比亚、巴西、阿根廷、秘鲁等国。[1]

由于采用同一制所带来的便利性，一些国际条约也接受了这种做法。如1928年拉美国家所通过的《布斯塔曼特法典》和1989年海牙《死者遗产继承的准据法公约》都采用了同一制。《欧洲议会和（欧盟）理事会2012年7月4日关于继承问题的管辖权、法律适用、判决的承认和执行和公文书的接受与执行以及创建欧洲继承证书的2012年第650号（欧盟）条例》也采用了同一制。

（二）区别制

区别制（scission system）又称分割制，是指在涉外继承中，将遗产区分为动产和不动产，分别适用不同的冲突规范来确定准据法。一般而言，动产适用被继承人的属人法，而不动产适用不动产所在地法。区别制是受法则区别说原则的影响而产生的，在相当长的历史时期中，区别原则是有关法定继承法律适用的主导原则。目前仍有许多国家采用区别制，包括英格兰、美国、法国、泰国、加拿大、澳大利亚、比利时、卢森堡等国。如《泰国国际私法》第37条规定，不动产继承，依财产所在地法；第38条规定，动产继承，不论法定继承或遗嘱继承，都依被继承人死亡时之住所地法。我国《法律适用法》第31条规定："法定继承，适用被继承人死亡时经常居所地法律，但不动产法定继承，适用不动产所在地法律。"该规定显然采用了区别制的做法。

（三）同一制和区别制的利弊

同一制和区别制作为法定继承法律适用的两大制度，各有其特点。一般而

---

[1] 李双元：《国际私法（冲突法篇）》，武汉大学出版社2001年版，第697页。

言,同一制强调了继承的身份法性质。采用这种做法,不论遗产是动产还是不动产,不论遗产分布在几个不同的国家,继承只受被继承人的属人法所支配,这在相当程度上便利了法律适用的过程。这一点是采用同一制最大的优点。然而,法律适用的简单方便却可能导致判决承认和执行方面的问题,这一点在遗产中存在不动产的情况下尤其突出。如果死者遗留的不动产不在其国籍国或住所地国内,同时死者国籍国或住所地国和遗产所在地国关于不动产继承的实体法规定不同的话,那么根据死者国籍国或住所地国法律所作出的判决,通常不能在不动产所在地国得到承认和执行。

采用区别制在很大程度上避免了同一制的这种缺点。采用区别制对动产和不动产的法律适用进行区分,动产和不动产分别依据不同的冲突规范来确定准据法,现代各国对于不动产一般适用不动产所在地法,这样一来,在遗产中涉及不动产的案件中,采用区别制便于判决的承认和执行。然而同样,区别制也有其本身所不能克服的问题,主要反映在采用区别制的结果上,遗产可能会由几个国家的法律支配,使得继承关系复杂化,进而引起种种麻烦和困难。

就目前的发展趋势而言,同一制由于其在法律适用上的便利性的优点得到了更多的支持,在一些国际立法上也得到了支持和肯定。[1]

二、我国有关法定继承的法律适用

我国有关法定继承的相关法律集中于《法律适用法》当中。《法律适用法》第 31 条规定:"法定继承,适用被继承人死亡时经常居所地法律,但不动产法定继承,适用不动产所在地法律。"可以看出,《法律适用法》对法定继承采用了区别制的做法,区分遗产中的动产和不动产。对于动产的法定继承,采用被继承人死亡时的经常居所地作为连结点进行法律适用。而不动产法定继承则以不动产所在地作为连结点进行法律适用。

第二节 遗嘱继承的法律适用

一、遗嘱继承及其法律冲突

遗嘱是立遗嘱人在生前将其财产进行处分并于死后发生法律效力的单方法律行为。遗嘱继承是指继承人按照被继承人的遗嘱,继承被继承人财产的法律制度。一般而言,遗嘱继承的效力要优先于法定继承,体现了现代法律对于当事人意思表示的尊重。遗嘱制度最早起源于罗马法,由于其能够充分体现立遗嘱人的

---

[1] 肖永平:《国际私法原理》,法律出版社 2003 年版,第 220 页。

意志，很快就成为各国普遍采用的一项比较完善的法律制度。但各国对遗嘱各项实质要件（包括遗嘱能力和遗嘱内容）以及形式要件（包括公证遗嘱、自书遗嘱、代书遗嘱、录音遗嘱、口头遗嘱）的规定存在较大的差别，从而导致这方面的法律冲突时有发生。

（一）立遗嘱能力

一份遗嘱要有效成立，必须满足相应的实质要件和形式要件。因为遗嘱是被继承人处分自己财产的法律行为，所以必须具有相应的行为能力才能使这一法律行为有效。因此，各国立法通常都规定立遗嘱人必须具有遗嘱能力。一般而言，这种立遗嘱能力与对一般行为能力的规定基本相同，即只有成年并具备完全行为能力的人，才具有立遗嘱的能力。英国、美国、加拿大等国立法上对遗嘱能力与一般民事行为能力的规定是一致的，只有完全行为能力人才具有遗嘱能力。但也有国家采取遗嘱能力与一般行为能力不一致的做法，例如法国、德国、日本、瑞士、奥地利、比利时、西班牙等国。《法国民法典》第488条规定，满18周岁为成年人；但第904条规定，年满16岁得以遗嘱方式处分财产，且其处分限度为成年人的一半。《日本民法典》第3条规定，满20岁为成年人；但第961条规定，已满15岁者可以立遗嘱。由此经常会出现这种情况，当事人依一国法律有立遗嘱能力，而依另一国法律便可能无立遗嘱能力，从而产生法律冲突。

（二）遗嘱方式

遗嘱方式即遗嘱的形式要件，是遗嘱制作的法定方式和程序。作为一种要式法律行为，遗嘱必须以法定方式、按照法定程序订立。各国民法和继承法对于遗嘱方式都有一定的要求。如《日本民法典》第967~984条详细规定了遗嘱的形式要件：首先，将遗嘱分为普通遗嘱方式和特殊遗嘱方式。普通遗嘱方式又分自笔证书、公证书、秘密证书三种遗嘱方式。自笔证书遗嘱必须由立遗嘱人自笔书写；公证书遗嘱必须由两个以上证明人到场；秘密证书遗嘱必须由立遗嘱人签封，同时要有两名证人和一名公证人在场。特殊遗嘱是指在死亡危急或其他灾害危难情况下所立的遗嘱，并需要三位证人在场，由有关机构确认后方能有效。英美法系国家的法律对遗嘱方式的规定，相对比较简单，一般分为自笔遗嘱和公证遗嘱两种遗嘱形式，只要遗嘱上有立遗嘱人签字，并且有两人以上证明，即为合法遗嘱。

这样一来，由于各国对于遗嘱方式都有不同的规定，一旦遗嘱中的财产涉及不同的国家，势必引起法律冲突。

（三）遗嘱内容

遗嘱内容是指被继承人生前处理其遗产的意思表示，即遗嘱规定的继承人的范围、继承顺序和继承财产的份额等内容。判断遗嘱内容的有效与否，关键是立遗嘱人处理遗产的意思表示是否反映其真实意愿以及是否违反法律的规定事项。如立遗嘱人能否任意剥夺未成年子女的继承权或特留份等内容。一般而言，遗嘱作为立遗嘱人的意思表示，反映了其按照个人意愿处分其财产的意思，应该在法律上对其予以尊重和保护，然而各国普遍对立遗嘱人的这种自由进行了限制，原因在于遗嘱作为一种同身份密切相关的法律行为，应当受到法律的强制性规定或某些道德原则的限制。然而，由于各国的有关这些限制的规定不同，也导致了法律冲突的出现。[1]

（四）遗嘱的变更和撤销

遗嘱是一种死因行为，只有发生死亡事实以后才能产生法律效力。因此立遗嘱人在其死亡之前随时可以变更和撤销遗嘱。现实生活的复杂性决定了遗嘱人意思表示变化的多样性。遗嘱人可能在立遗嘱时认为遗嘱已完全表达了自己的意志，但事后又认为原来订立的遗嘱并不完善，需要修改，或者认为遗嘱继承不如法定继承好，或者发觉自己的遗嘱继承人、受遗赠人对自己不尽义务或不忠实等，可以将原来所订立的遗嘱变更或撤销。这种变更或撤销遗嘱的事常有发生。

遗嘱的变更是指立遗嘱人在生存期间依法对遗嘱内容进行部分更改或取消，即立遗嘱人修改依法已经成立的遗嘱的部分内容。所谓遗嘱的撤销是指立遗嘱人在生前依法对已成立的遗嘱的全部内容的废弃。遗嘱变更与遗嘱撤销总的来说是一致的，并无实质性的差别。所不同的是遗嘱的撤销是指遗嘱人对于整个遗嘱的废弃、取消，或以新的遗嘱去取代它。而遗嘱的变更，是指遗嘱人部分地修改自己所立的遗嘱，并赋予修改后的遗嘱发生法律效力的可能性。由于遗嘱的变更实际上是撤销了遗嘱中的部分内容，因此某些国家仅规定了遗嘱的撤销问题。

由于遗嘱的变更和撤销是一种单方、要式的法律行为，各国对如何进行遗嘱的变更和撤销都进行了严格的规定。然而，这些规定不尽相同，在实践中不可避免地导致了法律冲突的发生。

二、遗嘱继承的法律适用

（一）立遗嘱能力的法律适用

对于立遗嘱能力引发的法律冲突，一般原则是依立遗嘱人的属人法来处理。然而由于各国对属人法的判断标准有别，对于这一问题，有的国家适用被继承人的本国法，如日本、奥地利、韩国、捷克、埃及和土耳其等国。《日本法例》第27条第1款规定，遗嘱的成立及效力，依其成立当时立遗嘱人的本国法。另一些国家则适用被继承人的住所地法或习惯居所地法，包括英国、阿根廷、泰国等国家。此外，还有的国家对这一问题进行较为宽松的规定，规定了多种可以选择

---

[1] 林欣、李琼英：《国际私法理论诸问题研究》，中国人民大学出版社1996年版，第208页。

的连结点来确定立遗嘱能力的准据法。如瑞士 1989 年 12 月 18 日《关于国际私法的联邦法律》第 94 条就规定，根据立遗嘱人的住所地法或习惯居所地法或其本国法，立遗嘱人有立遗嘱能力的，即认为其具有立遗嘱的能力。

同时要注意的是，在适用立遗嘱人属人法时，有时会遇到立遗嘱人立遗嘱时的国籍或住所与立遗嘱人死亡时的国籍或住所不同的情况。这时，立遗嘱人的立遗嘱能力是应当适用其立遗嘱时的本国法或住所地法，还是应该适用其死亡时的本国法或住所地法呢？对于这一问题，各国一般都规定应当适用被继承人立遗嘱时的属人法，日本、泰国、波兰等国都作出了类似的规定，理由在于一个有效的法律行为一旦完成，就不能因为之后属人法的改变而变为无效；同样，一项原本无效的法律行为也不能因为事后属人法的改变而变为有效。然而美国有部分州对这一问题采用立遗嘱人死亡时的住所地法，原因在于遗嘱是一种死因行为，在立遗嘱人死亡后方发生法律效力，立遗嘱人在死前还不能创设一个权利，因此只应适用死亡时的属人法。

（二）遗嘱方式的法律适用

在遗嘱方式的法律适用上，根据是否区分动产和不动产，目前大致上存在两种做法：第一种为单一制，又称同一制。这种做法主张不区分动产和不动产，对于遗嘱方式的法律，统一采用立遗嘱人的属人法或立遗嘱行为地法或遗产所在地法。第二种为区别制，这是为大多数国家所采用的做法，即区分动产和不动产，分别确定其准据法，不动产遗嘱方式采用不动产所在地法，而动产的遗嘱方式则比较灵活，一般可在立遗嘱人立遗嘱时的属人法或立遗嘱地法之间进行选择。在采用区别制的国家中，按照其对准据法选择的严格程度又可细分为两类：第一类首先依立遗嘱人的属人法，如果属人法不认为其遗嘱方式为有效，但立遗嘱时所在地法认为方式有效者，即承认其为有效。另一类则认为在属人法和立遗嘱时所在地法中，只要有一个国家的法律认为其遗嘱方式为有效，即承认其为有效。

1961 年海牙《遗嘱处分方式法律冲突公约》的相关条款对遗嘱方式的准据法采用了较为宽泛的态度，而各国晚近以来的立法也都受这一公约的影响，对遗嘱方式的准据法尽量放宽。

（三）遗嘱内容的法律适用

一般而言，遗嘱内容同立遗嘱人的国籍国或住所地国关系通常较为密切，因此各国一般都以属人法原则来解决有关遗嘱内容的法律适用问题。然而对于用何种连结点来确定属人法，各国还有着不同的规定。部分国家认为遗嘱内容应当适用立遗嘱人的本国法，采用国籍作为判断属人法的连结点。如 1948 年《埃及民法典》第 17 条第 1 款就规定，继承、遗嘱以及其他死亡遗赠，适用被继承人、遗嘱人或遗赠人死亡时的本国法。还有一些国家认为遗嘱的内容应当适用立遗人的住所地法或惯常居所地法。《泰国国际私法》第42条第2款规定，遗嘱全部或部分条款失效或消灭，依立遗嘱人死亡时的住所地法。

还有部分国家将遗嘱继承类比法定继承的做法，区分动产遗嘱和不动产遗嘱，分别适用不同的准据法。具体而言，即动产遗嘱的内容和效力适用立遗嘱人的住所地法，不动产遗嘱的内容和效力适用不动产所在地法。采用这种做法的主要理由是考虑到不动产的价值，为了方便涉及不动产的判决在他国的承认和执行。英国、美国、法国在实践中均采用这种做法。

（四）遗嘱的变更和撤销的法律适用

由于遗嘱的变更和撤销对原遗嘱的影响是根本性的，对于遗嘱变更和撤销的准据法，大多数国家都进行了直接明确的规定。一般而言，其法律适用多适用立遗嘱人的属人法，部分国家考虑到了遗嘱变更或撤销行为地法或法院地法。

对于这一问题，多数大陆法系国家采取了单一制的做法，不区分动产和不动产，统一适用一个准据法来解决具体的法律冲突问题。《日本关于遗嘱方式的准据法》第3条规定，遗嘱之撤销只要符合行为地法、立遗嘱人立遗嘱时或死亡时的国籍国法、住所地法、经常居所地法、不动产所在地法之一者，亦为有效。《泰国国际私法》第42条也规定，撤销全部或部分遗嘱，依撤销时立遗嘱人的住所地法；遗嘱全部或部分条款失效消灭，依立遗嘱人死亡时之住所地法。《奥地利国际私法》第30条规定，遗嘱的撤销应适用立遗嘱人撤销遗嘱时的属人法，但如该法不认为有效，而死者死亡时的属人法认为有效时，则适用立遗嘱人死亡时的属人法。

而英美法系国家对该问题多采用区别制，区分动产和不动产，进而分别解决遗嘱变更和撤销的法律适用问题。一般而言，这些国家对于涉及不动产的遗嘱的变更和撤销，适用不动产所在地法；而涉及动产的遗嘱的变更和撤销，则根据遗嘱变更和撤销方式的不同，适用不同的准据法。

三、我国现行立法规定

《法律适用法》第32条规定："遗嘱方式，符合遗嘱人立遗嘱时或者死亡时经常居所地法律、国籍国法律或者遗嘱行为地法律的，遗嘱均为成立。"该条规定的遗嘱方式指遗嘱的形式要件，即有关遗嘱的成立、变更与撤销等问题。该规定体现了"有利于遗嘱形式生效"原则。

《法律适用法》第33条规定："遗嘱效力，适用遗嘱人立遗嘱时或者死亡时经常居所地法律或者国籍国法律。"该条规定遗嘱的实质要件，具体包括立遗嘱人的立遗嘱能力和遗嘱内容的效力。本条采用了同一制，没有区分遗产中的动产和不动产。

第三节 无人继承财产

一、无人继承财产及其法律冲突

无人继承的财产又称绝产,是被继承人未立遗嘱,而在继承开始时无法定继承人,或虽有继承人(包括受遗赠人),但全部放弃继承、遗赠或丧失继承资格。在这种情况下,被继承人留下的财产被认定为无人继承的财产。国际私法上的无人继承财产,指的是具有涉外因素的无人继承财产。

对于无人继承财产,各国一般规定应当收归国家所有。少数国家对于此问题有着特殊的规定。如英国规定无人继承财产归王室所有,西班牙规定由学校或慈善机构获得这些无人继承财产。关于国家或法人根据何种理论取得这些财产,存在几种理论:

(一)继承权理论

该理论主张,法人或国家以继承人的资格取得无人继承财产。首先提出这一理论的是德国学者萨维尼。萨维尼认为,根据罗马法,国库的继承权实际上并不是称为继承,然而完全可以按照相同的原则处理。因此国库本身作为真正的继承人,可以取得与受遗赠人或委托受赠人相同的地位。《德国民法典》规定,在继承开始时,既无被继承人的血亲也无被继承人的配偶存在的,被继承人在死亡时所属的邦的国库为法定继承人。被继承人如果不属于任何邦的德国人,则帝国国库为法定继承人。实践中采取这一理论的还有意大利、西班牙、瑞士等国。

(二)先占权理论

该理论由法国学者魏斯所提出。他认为,为了防止个人对无人继承财产的先占引起社会紊乱和公益受到侵害,国家应根据领土主权以先占权取得。这一理论实质上是强调国家主权原则。《法国民法典》第 539 条规定,无主财产,或者去世后无继承人继承的财产,或者继承人放弃继承的财产,归于公有财产。《奥地利民法典》和土耳其的司法判例,均以先占权理论为据,处理无人继承财产案件。采用这一理论的还有日本、美国多数州和南美许多国家。

由于对国家或法人以何种资格取得无人继承财产,各国的立法规定存在很大不同,采用继承权的国家和采用先占权理论的国家在具体案件中可能由于各自依据的不同而同时对同一无人继承财产提出主张,进而引发法律冲突。

二、无人继承财产归属的法律适用

无人继承财产的归属问题,即应适用何国的法律处理这类无人继承财产。一

般而言，在国际实践中有以下几种做法：[1]

（一）适用被继承人属人法

这种做法一般以那些主张依继承权理论为依据，将国家以特殊继承人的身份取得无人继承财产的国家所采用，如德国。在相关的司法实践中，对于德国公民死亡后遗留在外国的无人继承财产，不论外国实行先占权还是继承权，德国都会以被继承人本国法的规定将相关财产归属德国国库；被继承人的本国法如把国家对无人继承财产的权利视为继承权，德国将会把此项财产交给被继承人所属国的国库所有；被继承人的所属国实行的是先占权制度，对于该所属国人死亡遗留在德国的无人继承财产，德国仍然会判定该财产由德国国库所有。

日本关于继承实行的是适用被继承人本国法的国家，但对如何确定无人继承财产的准据法存在两种不同的意见。一种意见认为：按照《日本法例》第26、27条关于继承、遗嘱分别适用被继承人和遗嘱人本国法的规定，无人继承财产应作为继承权问题，适用被继承人或立遗嘱人的本国法。另一种意见认为：日本是实行先占权的国家，加上《日本法例》第26、27条主要是以亲属关系为中心的财产继承关系，不能一律适用于无人财产继承案件，应依先占权的原则收归公共团体或日本国库。但在日本的司法实践中，对于收归公有无人继承财产，也不排除对被继承人有特殊关系的人，如未办理结婚登记的配偶、事实上的养子女或较长期照顾其生活的人享有分割此财产的权利。

（二）适用遗产所在地法

采取此项准据法的多为那些主张先占权原则的国家，即认为国家是基于先占权而取得无人继承财产的。如《奥地利国际私法》第29条规定，如依继承准据法（即被继承人死亡时的属人法），遗产无人继承，或将归于作为法定继承人的领土当局，则在该情况下，应以死者财产在其死亡时所在地国家的法律，取代该法律。这些国家对于无人继承财产，并不适用原来规定的继承关系的准据法，而是适用遗产所在地法。

三、我国关于无人继承财产的规定

我国《法律适用法》对涉外无人继承的财产应当如何处分进行了明确的规定，该法第35条规定："无人继承遗产的归属，适用被继承人死亡时遗产所在地法律。"该规定的依据是先占权理论。根据这一规定，我国法院判断无人继承财产的处分时，应当依据被继承人死亡时的遗产所在地的法律。

---

[1] 李双元等：《中国国际私法通论》，法律出版社2007年版，第474页。

> **学术视野**

法定继承中同一制和区别制的适用情况如下：

在解决法定继承法律适用的问题上，有关同一制和区别制孰优孰劣的问题长期存在。从中国法院处理涉外法定继承的实践来看，同一制有时很难实现，虽然它与区别制的适用结果常常一致，但有时会导致很不合理的结果。

如果被继承人的遗产分布在多个国家，这些国家的法院很难专门对遗产作出合理区分，继承人也不一定只请求一个国家的法院来分配被继承人的所有遗产。因为在没有相互承认与执行法院判决的国际条约安排下，一国法院就其境外遗产作出的判决要得到相关外国的承认与执行，其难度可能并不亚于在该外国法院就其境内的遗产提起继承诉讼。从这种角度而言，同一制可能过于理想化，特别是在中国与其他国家还缺少判决承认与执行方面的国际条约的情况下更是如此。

同时，虽然采用有利于继承权人之间公平分配遗产和遗债的清偿，但法院在审理继承案件时，实际上有赖于继承权人的积极主张，法院只能被动地依法裁判。因此在目前阶段，采取区别制仍是我国长期应当坚持的办法。

> **理论思考与实务应用**

一、理论思考

（一）名词解释

同一制　区别制　无人继承财产

（二）解答题

1. 简述涉外继承的法律适用原则。
2. 如何确定法定继承的准据法？
3. 遗嘱继承的法律适用规则有哪些？

（三）论述题

1. 论述我国有关涉外继承法律适用的规定。
2. 论法定继承中同一制和区别制的特点。

二、实务应用

（一）案例分析示范

案例一

吴某系上海某大学教师，1988 年辞去工作到日本留学，1990 年回国前夕，吴某在日本大阪市骑自行车上班途中被急驶而来的小轿车撞倒，经抢救无效不幸身亡。其在上海工作的妻子周某以全权代理人的身份到日本为其料理后事。吴某之妻周某委托日本律师与肇事方洽谈赔偿事宜。经过努力，双方最终达成赔偿协议。按照协议，周某获得以下赔偿：①"逸失利益"，即假定吴某健在，以死亡时始至退休时止，可以获得的经济收入；②"精神损害赔偿费"，即对受害人的父母、子女、配偶在精神上的损失所进行的赔偿；③对自行车的损害所进行的赔偿。此外，吴某在日本曾投保了人身保险，为此日本保险公司支付了500万日元的保险金。周某最终获得赔款总计人民币70万元。

对于周某从日本带回的巨额赔偿金和保险金应如何分配，吴某的父母及兄弟姐妹与吴某的妻子周某发生争执，无法解决。为妥善解决纠纷，吴某的父母及兄弟姐妹以吴某之妻周某及吴某与周某的女儿（6岁）为被告，起诉至上海法院。

问：本案所涉及的继承关系是否为国际私法所调整的涉外继承关系？理由何在？中国法院应当适用何种法律来解决这一问题？

【评析】本案中所涉及的继承关系是涉外继承关系，因为该继承关系在客体和内容两方面都体现了涉外因素。在客体方面，作为继承财产的逸失利益、精神损害赔偿、对自行车的损害所进行的赔偿和保险金都是在国外取得的。在内容方面，被继承人死亡的法律事实发生在国外。

继承法律关系的主体、客体和法律事实的三个因素中，只要有一个或一个以上的因素涉及外国或地区，或者被继承人、立遗嘱人的死亡事实发生在我国领域外，我们就可以将这种继承关系认定为涉外继承关系。同时，案例中没有表明死者吴某生前曾立过遗嘱，因此该70万元的遗产继承应当遵循法定继承的方式来处理。

根据我国《法律适用法》第31条的规定，法定继承，适用被继承人死亡时经常居所地法律，但不动产法定继承，适用不动产所在地法律。由于本案涉及的标的，即70万元为货币，属于动产，故应当适用被继承人死亡时经常居所地法律。1992年7月14日最高人民法院《民诉法意见》第5条规定，公民的经常居住地是指公民离开住所地至起诉时已连续居住1年以上的地方。但公民住院就医的地方除外。本案中吴某1988年到日本留学，并一直居住到1990年，因此吴某的经常居所地在日本。故本案应当适用日本法。

案例二

李某与其妻周某系美籍华人。李某夫妇生前在上海置有房产两处。一处为位于延安东路××号的混凝土三层楼房，总面积201.46平方米。另一处为位于淮海中路××弄××号的二层楼房，总面积98.76平方米。另外，李某夫妇在美国加利福尼亚州还购有住宅一座。李某和周某分别于1960年和1972年在美国去世。未留下遗嘱处分其财产。李某和周某有婚生子女二人，儿子李甲、女儿李乙以及养子李丙，三人均为美籍华人，住所均在美国。儿子李甲已于 1980 年去世。李甲有子女三人，女儿李某佳、长子李某明、次子李某亮，其中李某佳与李某亮为美国籍人，住所在美国，李某明为加拿大籍人，住所在加拿大。李某夫妇购置的上海淮海中路××弄××号的二层楼房有 50 平方米被征用，房屋折款 1500 元由李某佳领得。另一栋延安东路××号的三层楼房全部出租，50 年代后由李某佳代收房屋租金，管理房屋修理等事宜。在美国的住宅，由李某夫妇及女儿李乙共同居住。李某夫妇去世后，由李乙及其丈夫居住。1985 年，李乙委托代理人起诉于上海市中级人民法院，要求继承其父母所购置的上海延安东路××号的楼房。

问：本案所涉及的继承关系是否为国际私法所调整的涉外继承关系？理由何在？中国法院应当适用何种法律来解决这一问题？

【评析】本案为国际私法所调整的涉外继承关系。各继承人都具有外国国籍。同时，被继承人死亡的法律事实发生在国外。由于被继承人李某夫妇未立遗嘱，因此本案属于法定继承问题。

在解决法定继承的法律适用问题上，主要存在两种制度，即区别制和同一制。区别制也称分割制，是指在涉外继承中，将遗产区分为动产和不动产，对动产和不动产分别适用不同的冲突规范所指向的实体法，即动产适用被继承人的属人法，不动产适用物之所在地法。同一制也称单一制，指不管遗产是动产还是不动产，继承关系作为一个整体适用同一冲突规范所指向的实体法。我国在这个问题上所采取的是区别制。对此，我国的做法是：遗产的法定继承，动产适用被继承人死亡时住所地法律，不动产适用不动产所在地法律。由于本案涉及的房产为不动产，故法院应当采用中国法律来解决这一问题。此外，我国于 2010 年发布的《法律适用法》第 31 条规定，对于不动产的法定继承，仍适用不动产所在地法律。

案例三

玛尔多纳多是一位寡妇，为西班牙人，1924 年 10 月 11 日死于西班牙。死者生前未曾立过遗嘱，同时也没有任何继承人。她在英国有一笔遗产，是由伦敦汉堡罗斯股份有限公司保管的股票。西班牙政府在美国某法院提起诉讼，要求把死者留在英国的遗产的管理证书发给西班牙政府指定的代理人。

问：本案涉及国际私法中何种法律问题？

【评析】本案所涉及的是具有涉外因素的无人继承财产问题。无人继承的财产又称绝产，是被继承人未立遗嘱，而在继承开始时无法定继承人，或虽有继承人（包括受遗赠人），但全部放弃继承、遗赠，或丧失继承资格。在这种情况下，被继承人留下的财产被认定为无人继承的财产。国际私法上的无人继承财产，指的是具有涉外因素的无人继承财产。在本案中玛尔多纳多为西班牙人，但她所遗留的财产位于英国，同时没有遗嘱、也不存在继承人，因此这部分财产属于无人继承的财产。

(二) 案例分析实训

案例一

任某与姜某于1958年12月在广州市登记结婚，婚后育有姜甲、姜乙两个女儿。1963年姜某只身赴香港定居。1983年5月2日，姜某在香港九龙开设了新记毛织公司，从事制衣业。1984年10月6日，姜某和王某代表新记毛织公司与广东省某市某针织厂签订了来料加工合同，合同期限为3年。根据合同规定，由香港方向某市某针织厂提供不作价借用的制衣专用设备1套共126台（件），原总价值40万港元。双方履行合同后，在1984年10月至1985年12月间，香港方按合同规定应获得纯利润人民币26 100元（王某收到18 440元）。1985年12月28日，姜某在香港立下遗嘱，将其所有财产全部赠给王某。王某也在香港根据香港法律规定作出了接受遗赠的声明书。姜某除新记毛织公司所有财产外，另有股票计港币9.6万元。1986年1月10日，姜某在香港医院因病医治无效去世。1986年3月11日，姜某的妻子任某及两个女儿姜甲、姜乙向广东省某市人民法院起诉，要求继承姜某的所有财产。原告任某认为自己为姜某的妻子，应有一半财产归自己所有，此外请求法院认定姜某的遗嘱无效，并继承应得的部分财产。姜甲、姜乙认为自己是姜某的亲生女儿，作为第一顺序法定继承人有权继承父亲的财产。被告王某认为姜某所立遗嘱符合香港法律规定，自己亦按香港法律规定作出接受，姜某之遗产应全部归自己所有。

问：本案所涉及的继承关系是否为国际私法所调整的涉外继承关系？理由何在？中国法院应当适用何种法律来解决这一问题？

案例二

沈某与原配妻子朱某侨居印度尼西亚时，收养沈甲、沈乙、沈丙、沈丁四人为养子。沈某与朱某原生有一女，自幼许配给张某，后该女因病夭折，但沈某、朱某夫妇仍视张某为女婿，后张某与黎某结婚，沈某夫妇便将黎某视为女儿的替身，曾在经济上给予其一些支持。另有一女沈戊，沈某原拟将其作为养子沈乙的童养媳，后将沈戊改收为养女。1955年，沈某携妻子朱某回国定居，在广东省某市拥有自建二层房屋一栋，面积145平方米。现在该房屋由沈某的养子沈丙一家居住。1963年，朱某去世，当时沈某在中国银行广东分行存有人民币8万元。1964年，沈某与肖某结婚，1972年，沈某与肖某移居香港，成为香港居民。沈某与肖某在香港购置房屋一栋，面积160平方米，二人婚后未生育子女。1981

年，沈某去世，后各方因遗产继承问题发生了纠纷，原告沈戊和黎某（居住于广东省某市）以沈丙（现居住于广东省某市）、肖某、沈丁（现居住于香港）、沈甲及沈乙（现居住于印度尼西亚）等5人为共同被告，起诉于某市中级人民法院，要求继承遗产。在诉讼期间，被告之一的沈丙未经其他继承人的同意，私自将广东省某市自建楼房的一层租给某单位，每月租金6000元，至1988年6月，法院判决之前，沈丙已收取租金7.2万元。在诉讼中，原告黎某认为自己被沈某夫妇视为亲生女儿，因此有权继承沈某和朱某的遗产。被告肖某认为自己是沈某的配偶，有权获得沈某的一半遗产。

问：本案所涉及的继承关系是否为国际私法所调整的涉外继承关系？理由何在？中国法院应当适用何种法律来解决这一问题？

案例三

中国公民A在中国有住所，1988年在澳大利亚去世，留下的遗产包括澳大利亚房屋两栋、中国某银行存款及利息、某投资公司股票及股息等。A未立遗嘱，配偶早亡，只有两个儿子，一个在国内、一个在澳大利亚，后二子因遗产继承发生争议，诉至中国法院。

问：中国法院应当如何适用法律，理由何在？

主要参考文献

1. 李浩培："国际私法在遗产继承方面的几个新发展"，载中国国际法学会主编：《中国国际法年刊（1991）》，中国对外翻译出版公司1992年版。
2. 金彭年："中外法定继承冲突法比较研究"，载《杭州大学学报（哲学社会科学版）》1991年第3期。
3. 赵云："中国应尽早加入死亡人遗产继承准据法公约"，载中国国际私法学会编：《中国国际私法与比较法年刊（1998创刊号）》，法律出版社1998年版。
4. 浦伟良："浅议我国参加《遗嘱处分方式准据法公约》的必要性与可行性"，载中国国际私法学会编：《中国国际私法与比较法年刊（1998创刊号）》，法律出版社1998年版。
5. 肖永平：《国际私法原理》，法律出版社2003年版。
6. 李双元、欧福永、熊之才编：《国际私法教学参考资料选编（上册总论·冲突法）》，北京大学出版社2002年版。
7. 李双元：《国际私法（冲突法篇）》，武汉大学出版社2001年版。
8. ［日］北胁敏一：《国际私法——国际关系法Ⅱ》，姚梅镇译，法律出版社1989年版。
9. ［德］马丁·沃尔夫：《国际私法》，李浩培、汤宗舜译，法律出版社1988年版。
10. ［英］莫里斯：《法律冲突法》，李东来等译，中国对外翻译出版公司1990年版。

第十三章
国际商事关系的法律适用

【本章概要】商事关系是平等的商事主体基于持续的营业活动而建立起来的社会经济关系。本章所探讨的国际商事关系具体包括国际海事关系、国际票据关系和国际破产关系。较之一般的民事关系，商事关系由于其特殊性而需要特别的商事法来对其进行调整。这也使得其法律适用规则有一定的特点，因此单独讨论它们的法律适用问题是比较必要的。本章对国际海事关系、国际票据关系及国际破产关系中的诸多法律适用问题进行了研究，总结了相应的法律适用规则。

【学习目标】通过本章的学习，应该对国际海事关系有一定了解，并掌握海事关系中不同情况下如何进行法律选择。同时，了解国际票据关系中的诸多概念，并结合我国票据法的规定加以掌握。最后，对于国际破产问题尤其要予以重视，国际经济交往的增多使得国际破产方面的问题日益增加，如何对破产进行法律适用，尤其是破产宣告的域外效力问题是需要掌握的重点。

第一节 国际海事关系的法律适用

海事关系是由海商法所调整的特定海上运输关系和船舶关系。这类法律关系主要是围绕运输关系和船舶关系衍生出的一系列性质各异、复杂多变的法律关系。譬如海上运输合同、租船合同、拖航合同、保险合同、船舶抵押合同、船务代理合同、船舶买卖（建造、修理）合同等合同法律关系；船舶碰撞、恶意扣船、海上污染以及海上作业、海上运输、港口作业所发生的人身伤亡和财产损害涉及侵权行为产生的法律关系；船舶、货物以及船舶的所有权、占有权、抵押权、留置权、优先权涉及物权的法律关系；提单等单据的背书、转让涉及票据的法律关系；共同海损的受益方取得的补偿金额超过分摊价值所产生的不当得利法律关系等。海事关系较之一般国际民商事关系而言，有着其特殊之处，很多情况下需要借助独有的冲突规范来解决。

一、船舶国籍的准据法

船舶在各国民法中一般都被归类在动产的范畴之内，但由于其自身的特性以及其他法律上的考虑，立法者一般会授予其相应的拟制人格，确定船舶的名称、住所以及国籍。在海事关系中，很多情况下各种法律关系都发生在公海之上，给予船舶相应的国籍，最重要的目的是为了便于管理。只有确定了船舶的国籍，才能够在船舶进入公海之后，保障对船舶的管辖和治理。

在确定船舶的国籍问题上，国际法中没有一个统一的规定，各国自行立法决定如何授予船舶的国籍。一般而言，船舶国籍通过以下几种方式确定：①船舶所有人国籍说；②船员国籍说；③造船地国籍说；④资本控制说。

各国对于船舶国籍如何确定的标准不同，也引发了船舶国籍的冲突。一般发生这种冲突时，有以下几种解决方式：①船舶所有人意思说，即根据船舶所有人的意思来决定该船舶的具体国籍。②船旗国法说，即根据该船只所悬挂国旗的国家法律进行判断。③自然人国籍类推说，这种做法是指在内外国船舶国籍发生冲突时，内国船舶国籍优先；当外国船舶国籍发生冲突时，依照最密切联系原则进行确定。

二、船舶所有权的法律冲突

船舶所有权是财产所有权的一种。我国《海商法》第7条阐明了船舶所有权的概念。船舶所有权，是指船舶所有人依法对其船舶享有占有、使用、收益和处分的权利。船舶所有权作为一种民事法律关系，其权利主体是船舶所有人，义务主体是船舶所有人以外的不特定的人，客体是船舶，其内容是船舶所有人对其船舶享有的权利和非船舶所有人负有的不得侵犯的义务。

各国对船舶所有权的取得、转让以及消灭等问题存在着不同的规定，因此有关的法律冲突问题也在所难免。对于船舶所有权法律冲突的解决，目前国际上通行的有三种做法：①船舶所在地说；②船籍国法说；③最密切联系原则。我国《海商法》第270条规定，船舶所有权的取得、转让和消灭，适用船旗国法律。

三、船舶优先权的法律冲突

船舶优先权（maritime liens）又称船舶优先请求权、海事留置权或海上优先请求权，是海商法中特有的一项法律制度，它以法定的形式赋予某些特定的海事请求人对产生该海事请求的船舶以优先受偿之权利。其设立的理由在于促进航运业的发展、保证社会公共利益。

由于船舶优先权所担保的各类债权具有特殊的重要性，如船员工资请求、人身伤亡赔偿请求、救助款项给付请求等，故与其他船舶担保物权相比，船舶优先权的最重要特点就是其所具有的优先性，即较高的受偿位次。同时，作为一种法定权利，其还同时具有秘密性、追及性和法定性等特征。船舶优先权的行使不能由当事人直接进行，而必须通过法院对船舶的扣押、拍卖程序来实现。

基于船舶优先权的这种优先性，各国海商法中均对其作出了规定。然而，各国在具体规定上存在着一定的差异。在船舶优先权的受偿顺序、标的等方面，各国的规定不尽相同。例如，英国海商法将船舶、运费、货物、漂浮物、抛弃物、残骸等均作为船舶优先权的标的，而美国将船舶优先权的标的规定为船舶、货物、运费等，法国的船舶优先权标的则不包括货物。

对于船舶优先权引发的法律冲突，一般而言，各国在具体实践中采用以下几种原则来进行处理：①权利发生地主义，即适用债权发生时船舶现实所在地法；②船籍港所在地法主义，即适用船籍港所在地的法律；③法院地法主义，即适用船舶扣押地的法律；④原因行为准据法主义，即适用被担保债权的准据法；⑤船籍国法主义，即适用船舶的本国法，即船旗国法；⑥最密切联系原则，即适用与船舶有最密切联系的国家的法律。我国《海商法》第272条规定，船舶优先权，适用受理案件的法院所在地法律。

四、船舶抵押权的法律冲突

船舶抵押权（mortgage on vessel）是指船舶抵押权人对于抵押人提供的作为债务担保的船舶，在抵押人不履行债务时，可以依法拍卖，从船舶拍卖价款中优先受偿的权利。船舶抵押贷款是一种普遍采用的船舶融资方式。船舶虽然一般被划归为动产范畴，但由于一般而言其价值较高，各国都要求对船舶进行登记，将其视为不动产来进行管理，从而使得船舶可以作为抵押权的标的物。

船舶抵押权具有以下特性：①议定性，船舶抵押人和船舶抵押权人设定船舶抵押权时，应当签订书面船舶抵押合同。②登记的重要性，设定船舶抵押权时应当登记。一些国家的法律规定，登记是船舶抵押权的生效要件。我国《海商法》第13条第1款规定登记是船舶抵押权的对抗要件，未经登记的，不得对抗第三人。③转让被抵押船舶的限制性，船舶抵押权设定后，未经船舶抵押权人同意，抵押人不得将被抵押船舶转让给他人。④物上代位性，法律赋予船舶抵押权人以物上代位权，即当被抵押船舶灭失时，对于因船舶灭失所得的保险赔偿，船舶抵押权人有权优先于其他债权人受偿。

由于各国对于船舶抵押权的设定、登记、转移和消灭以及受偿顺序有着不同的规定，因此在这一领域也存在着大量的法律冲突。各国在解决此类法律冲突时通常采用以下几种法律适用原则：①物之所在地说，即适用船舶抵押权设定时船舶停泊地的法律；②船籍国法说；③法院地法说；④原因准据法说，即适用被担保债权的准据法；⑤累计适用说，即同时适用被担保债权原因准据法和船籍国法。

我国《海商法》第271条规定，船舶抵押权适用船旗国法律。船舶在光船租赁以前或者光船租赁期间设立船舶抵押权的，适用原船舶登记国的法律。

五、船舶碰撞的法律冲突

船舶碰撞，是指船舶在海上或者与海相通的可航水域发生接触而造成损害的事故。在实践中,船舶碰撞有广义和狭义之分。

广义的船舶碰撞是指船舶之间在任何水域中发生实际接触而造成一方或多方损害的海上事故。要构成广义的船舶碰撞,需具备以下要件:①碰撞双方均为船舶,船舶碰撞只能发生在船舶和船舶之间。②船舶和船舶间发生实质性接触构成船舶碰撞。必须在船舶之间发生了实质性的或直接的触碰,即两船或多船的某个部位同时占据了同一空间而产生力学上的作用和反作用对抗的物理状态,包括一船和作为他船组成部分的船舶属具,否则就不能归为碰撞事故。由此,间接碰撞或浪损就不属于船舶碰撞的范畴。所谓间接碰撞,是指船舶之间虽然没有直接的接触,但却导致了与直接碰撞相同的客观效果。所谓浪损,则指一船虽然没有直接触碰他船,但由于其掀起波浪使另一船与其他船舶发生碰撞,并导致了财产损害或人身伤亡。③碰撞可以发生在任何水域,凡发生在海上、与海相通的水域、不与海相通的内水水域,不论是否是允许公众航行的水域,均属船舶碰撞。④碰撞必须造成损害后果。

狭义上的船舶碰撞通常指海商法意义上的船舶之间在海上或与海相通水域发生实际接触而造成一方或多方损害的海上事故。船舶碰撞狭义说和广义说的主要区别在于:狭义的船舶碰撞适用的船舶范围小于广义的,限于海商法意义上的船舶;狭义的船舶碰撞适用的水域范围小于广义的,限于海上或与海相通的水域。各国在有关船舶碰撞的概念以及碰撞的船舶、地点、诉讼时效等方面规定不同,由此产生的法律冲突也需要分别确定准据法。

对于发生在领海内船舶碰撞引发的法律冲突,一般采用以下几种原则:①适用船舶碰撞地法;②统一适用法院地法;③适用领海国法;④区分适用论,即对在外国领海发生的内外国船舶碰撞适用该领海国法,而对在外国领海发生的同国籍船舶碰撞适用船旗国法;⑤折中理论,即异国船舶碰撞时适用领海国法,同一国家船舶碰撞且双方均无过失时依共同本国法,因一方或双方过失发生的适用领海国法。对于发生在公海内船舶碰撞引发的法律冲突,适用如下几种原则:①法院地法主义;②共同船籍国法主义;③侵权行为地法主义;④船籍国法主义。

六、海难救助的法律冲突

海难救助(salvage at sea)是海商法中一种古老的法律制度,其目的是为了保障船舶航行安全,降低航运风险,以促进航运业和国际贸易。一般而言,海难救助是指对遭遇海难的船舶、货物和客货运费的全部或部分,由外来力量对其进行救助的行为,而不论这种行为发生在任何水域。各国法律和国际公约一般都规定了海难救助,但对救助标的、风险等概念都有不同的规定。

一般而言,学理上将海难救助进行细分,分别确定准据法。①海上救助义务的准据法。救助义务是指船长在不危害其船舶、海员、旅客的限度内,对于淹没或其他危难之人有救助义务。对于发生在一国领水内的救助，一般适用领水国的法律或船籍国法来确定准据法。而对于发生在公海的海难救助，一般以船籍国来确定救助义务的准据法。②领水内海难救助的准据法。一般来说采用法院地法主义、事实发生地主义和船籍国法主义来确定。③公海上海难救助的准据法。对于合同救助，应依照合同准据法的一般原则确定应适用的法律。对于非合同救助，如果被救助船舶和救助船舶的国籍相同，应当适用共同船籍国法；如果被救助船舶和救助船舶的国籍不相同，一般适用法院地法。

七、共同海损的法律冲突

共同海损（general average）是指在同一海上航程中，当船舶、货物和其他财产遭遇共同危险时，为了共同安全，有意地、合理地采取措施所直接造成的特殊牺牲、支付的特殊费用，由各受益方按比例分摊的法律制度。只有那些确实属于共同海损的损失才由获益各方分摊，因此共同海损的成立应具备一定的条件，即海上危险必须是共同的、真实的；共同海损的措施必须是有意的、合理的、有效的；共同海损的损失必须是特殊的、异常的，并由共同海损措施直接造成。共同海损是海事法所特有的制度，对于共同海损的牺牲和费用，各国法律均有规定，但不尽相同，一旦发生法律冲突，一般按照以下几种原则进行法律适用：①当事人意思自治原则；②法院地法原则；③理算地法原则；④船籍国法原则；⑤发航地法原则；⑥终航地法原则；⑦卸货地法原则。

我国《海商法》第203条规定："共同海损理算，适用合同约定的理算规则；合同未约定的，适用本章的规定。"第274条规定："共同海损理算，适用理算地法律。"可见，我国法律采用了当事人意思自治原则和理算地法原则。

第二节 国际票据关系的法律适用

票据（negotiable instrument）是具有法律规定的形式，写明特定数额货币单位，由一方无条件交给另一方该数额货币单位的凭证。票据法中的票据较之日常生活用语中所使用的票据的概念而言相对狭窄，一般是指汇票（bill of exchange）、本票（promissory note）和支票（check）这三种有价证券。我国《票据法》第2条第2款规定，该法所称票据，是指汇票、本票和支票。当代国际社会主要存在两大对立的票据法体系，即英美法体系和日内瓦体系。由于各国票据法对票据种类、形式、出票、背书、保证、付款等问题规定的不同，票据在国际流通中必然会产生法律冲突。

一、票据行为能力的法律适用

票据行为是以票据权利义务的设立及变更为目的的法律行为。广义的票据行为是指票据权利义务的创设、转让和解除等行为，包括票据的签发、背书、承兑、保证、参加承兑、付款、参加付款、追索等行为。狭义的票据行为专指以设立票据债务为目的的行为，只包括票据签发、背书、承兑、保证、参加承兑等，不包括解除票据债务的付款、参加付款、追索等。在票据行为能力的法律适用问题上，一般适用当事人的属人法。然而各国对如何确定属人法有着不同的规定。英美法系国家主张票据当事人的行为能力应当由其住所地法或者行为地法决定，大陆法系国家则多认为当事人的行为能力应当由其本国法决定。而日内瓦《解决支票法律冲突公约》第2条则规定票据当事人的行为能力依其本国法决定的同时，还肯定了行为地法的作用，是一种折中的做法。同时该公约还承认反致。

我国《票据法》第96条规定："票据债务人的民事行为能力，适用其本国法律。票据债务人的民事行为能力，依照其本国法律为无民事行为能力或者为限制民事行为能力而依照行为地法律为完全民事行为能力的，适用行为地法律。"因此，在这一问题上我国采用的是一种折中的做法。

二、票据行为方式的法律适用

根据票据行为的性质，狭义的票据行为可以分为基本的票据行为和附属的票据行为。基本的票据行为是创设票据的行为，即出票行为。出票行为有效成立后，票据才可以有效存在。票据上的权利义务关系都是由出票行为引起的。附属的票据行为是指出票行为以外的其他行为，是以出票为前提，在已成立的票据上所做的行为。[1]

对于票据行为方式的有关法律冲突，一般适用行为地法。票据行为是否有效，取决于作出票据行为的行为地的法律规定。我国《票据法》第98条规定，票据的背书、承兑、付款和保证行为，适用行为地法律。第99条规定，票据追索权的行使期限，适用出票地法律。因此，对于票据行为方式问题，我国采用的是行为地原则，同时用最密切联系原则予以补充。《法律适用法》第39条规定："有价证券，适用有价证券权利实现地法律或者其他与该有价证券有最密切联系的法律。"

三、票据债务人义务的法律适用

票据债务人的义务包括票据主债务人的义务和票据从债务人的义务。票据主债务人的义务包括汇票承兑人及本票出票人对持票人所负的义务，而票据从债务人的义务包括汇票出票人、背书人或参加承兑人，以及本票背书人、支票出票人、背书人等对持票人所负的义务。

---

[1] 王小能编著：《票据法教程》，北京大学出版社2001年版。

对于票据主债务人的义务，根据日内瓦《解决支票法律冲突公约》的规定，应当依付款地法律；而对于票据从债务人的义务，该公约规定应当依据签字地的法律进行解决。我国《票据法》规定，影响有关票据债务履行的方面，应当适用付款地法，并结合最密切联系原则加以处理，但没有对债务人主从等问题进行详细的区分。

四、票据追索权行使期限的法律适用

票据追索权又称偿还请求权，是指持票人在提示承兑或提示付款而未获承兑或未获付款时，依法向其前手请求偿还票据金额及其他金额的权利。要行使追索权，必须同时满足相应的形式要件和实质要件。而一旦发生法律冲突时，各国一般依据票据成立地法即出票地法来解决。我国《票据法》第99条即规定，票据追索权的行使期限，适用出票地法律。

五、票据权利保全与行使的法律适用

有关票据权利的保全和行使问题在实践中也容易引起法律冲突。对于这一问题，各国一般都依据票据付款地法来规定。我国《票据法》第100条规定，票据的提示期限、有关拒绝证明的方式、出具拒绝证明的期限，适用付款地法律。第101条规定，票据丧失时，失票人请求保全票据权利的程序，适用付款地法律。

第三节 国际破产关系的法律适用

一、国际破产概述

破产是指债务人不能清偿到期债务，法院根据债务人或债权人的申请，将债务人的财产依法分配给债权人的一种法律制度。国际破产（international bankruptcy），又称为跨国破产，是指包含国际因素或涉外因素的破产。这种国际因素或涉外因素通常指破产中的债权人、债务人或债务人的财产在国外。

国际破产是随着各国经济交往和国际经济一体化的不断加强而出现的。进入20世纪后，国际破产得到了进一步重视，世界各国纷纷制定或修改自己的破产法，将国际破产问题纳入立法的考虑范围，同时一些民间的或政府间的国际组织也对国际破产的统一化做了大量的工作。其中一些区域性的破产公约已经生效，如1933年的《北欧破产公约》、1990年欧洲理事会通过的《关于破产的某些国际方面的欧洲公约》以及1995年欧盟理事会通过的《关于破产程序的公约》等。

一般而言，有关国际破产的国际私法问题主要有两个：①当债务人在一国被宣告破产后，是否需要在其他国家再次申请破产宣告；②一国作出的破产宣告能

否直接对位于他国的财产或居住于他国的人具有约束力,即破产宣告是具有普及效力还是只有地域效力。

二、国际破产的法律适用

由于国际破产涉及的问题较广,各国在具体实践上一般将国际破产进行划分,分别根据不同的原则进行法律选择。

(一)破产要件的法律适用

破产要件一般包括破产能力、破产原因、是否须经申请等方面,这些要件主要涉及的是诉讼权限和诉讼形式问题。对于程序问题,通常适用法院地法进行解决。因此,对于破产要件适用法院地法,即破产开始地法或破产宣告地法。1995年欧盟《关于破产程序的公约》第4条第2款规定,程序开始国法应决定程序开始的条件、实施及终结。

(二)破产财产的法律适用

破产财产也称破产财团,是指在破产程序中,当债务人依破产法被宣告破产时,为满足向所有债权人偿还财产的需要而由破产管理人组织起来的破产人全部财产的集合。一般而言破产财产必须具备以下条件:①必须是债务人可以独立支配的财产。债务人须对这部分财产享有完全处分权。②必须是破产程序终结前属于破产企业的财产。这意味着必须以破产申请受理为时间界限,在此之前已经合法处分的财产或财产权利不能被列入破产财产的范围,同时在破产申请受理后至破产程序终结前取得的财产和财产权利,也属于破产财产,如在破产程序中债务人清偿的债务、债务人获得的投资收益等。③必须是可以依破产程序强制清偿的财产。就破产财产的范围而言,主要有两种体例:

1. 膨胀主义。膨胀主义是指破产财产并不以破产宣告时破产人所有的财产为限,破产宣告后至破产程序终结之前债务人新取得的财产亦应划归破产财产。法国、意大利、奥地利、瑞士、比利时、西班牙、葡萄牙等国均采用这种做法。膨胀主义的立法理由在于:①这种方式能够增加破产财团的财产,从而增加破产债权的受偿金额;②采用膨胀主义可以防止债务人第二次破产。在破产程序进行过程中,破产人新取得的财产可直接为破产财团所吸收,纵有新债权人加入,也可以一并进行分配,从而避免破产分配程序的重复。

2. 固定主义。固定主义是指破产财产的构成范围以破产宣告时属于破产人的全部财产为限,破产宣告后债务人新取得的财产不作为破产财产。美国、德国、日本等国在实践中采用这种做法。固定主义的理论依据在于:①能及早给予破产人全新开始的机会;②破产财产的范围容易确定,便于破产财产分配方案和比例的及早确定,有利于破产程序的迅速终结;③能使新旧债权人各自得到公平分配;④有利于鼓励债务人主动申请破产,如果采用膨胀主义,不仅不能使破产人于破产宣告之后得到财产利益，同时也会因破产程序的拖延使破产人不能及早开始复苏，这样会使破产人企图回避或拖延破产申请，固定主义则相反；⑤债务人可以利用破产宣告后可能取得的财产作为商谈条件，促成债权人与其达成和解协议；⑥符合破产程序进行的目标和旨趣，既然判断债务人应否被宣告破产的时间点在于破产宣告当时债务人是否出现破产原因，破产债权在形成时间方面的构成要件仅限于破产宣告前所产生的债权，相应地，破产财产也应当限于破产宣告之时债务人所拥有的财产。

由于各国对破产财产如何认定规定不同，也导致法律冲突的产生。对于这类法律冲突，一般而言，破产财产的范围适用破产宣告地法（即法院地法），而破产财产中的动产与不动产的识别依照财产所在地法，债权人对破产财产的物权也适用物之所在地法。这些做法的共同特点在于它们都尽可能地保障破产能够得到他国的承认和执行。

（三）破产程序的法律适用

破产程序（bankruptcy proceedings；insolvency proceedings）是指法院审理破产案件，终结债权债务关系的诉讼程序，也叫破产还债程序。破产程序有广义与狭义之分，狭义的破产程序仅指破产的申请和受理、破产宣告、清算和清偿程序；广义的破产程序还包括和解和整顿、破产责任的追究等程序。我们这里所讨论的是狭义的破产程序。各国立法对破产程序的规定不尽相同，对破产程序的启动、终结都有各自的规定。在这一领域存在着大量的法律冲突。

然而，破产程序毕竟属于程序法的范畴，根据程序问题依法院地法的原则，对于破产程序的法律冲突，一般适用法院地法，即破产开始地法或破产宣告地法来解决。

三、破产宣告的域外效力

破产宣告的域外效力是指一国法院所作出的破产宣告的效力是否能够对位于他国的财产或居住于他国的人具有约束力的问题。对于破产宣告的域外效力问题，一般存在三种不同的主张。

（一）普及破产主义

普及破产主义认为一国的破产宣告具有域外效力。内国法院所作的破产宣告不仅及于破产人在内国的全部财产，而且及于破产人在国外的财产。[1]

普及破产主义起源于法国学者所主张的"破产之上再无破产"或"一人一破产"的法律格言。它认为一国的破产宣告具有完全的国际效力，即债务人一旦在某国被宣告破产，则其财产不管在国内或国外，均应归入破产财团，其他国家

---

[1] 石静遐：《跨国破产的法律问题研究》，武汉大学出版社1999年版，第221页。

或地区亦应帮助破产管理人收集当地的财产，制止个别债权人的自行扣押。1928年《布斯塔曼特法典》、1971年美国《第二次冲突法重述》和1987年《瑞士联邦国际私法》均采用这种观点。

对国际破产采用普及破产主义有利于简化跨国破产程序，符合公平对待所有债权人和迅速有效管理破产财产的目标，同时避免重复诉讼。但采用普及破产主义在具体案件的执行上可能会有些困难。[1]

（二）属地破产主义

属地破产主义也称为地域破产主义，即一国的破产宣告的效力仅及于破产人在该国领域内的财产，其位于国外的财产应继续保留在债务人手中，不能作为破产财产参加分配，除非它们被财产所在国债权人扣押或在财产所在国又开始了一次破产程序。阿根廷、日本、瑞士、德国等国家均采用这种做法。

采用属地破产主义的优点在于有利于保护本国债权人的利益，但会导致债权人之间的不平等以及对破产财产管理的混乱。

（三）折中主义

由于普及破产主义和属地破产主义各有其利弊，在实践中一些国家试图折中这两种做法。实践中，折中主义有以下几种表现：①认为本国的破产宣告具有普遍的效力，而不承认外国的破产宣告在本国的效力，采用这种做法的国家较少；②认为本国关于动产的破产宣告具有普遍的效力，而关于不动产的破产宣告仅具有域内效力；③立法上规定破产宣告的属地效力，而在具体实践中承认破产宣告的普及效力。

四、和解

和解（reconciliation）是指无清偿能力的债务人为避免被宣告破产或遭破产分配，经与债权人协议并经法院许可，以了结债权债务，解决债务危机的一种制度。和解是一种特殊的法律行为，而且要经过法院的裁定认可，方能成立。破产和解制度最早出现于1673年的《法国商事条例》，1807年的《法国商法典》也规定有破产和解制度的内容。但作为预防破产的和解制度，则首创于1883年比利时颁布的《预防破产之和解制度》。为了避免传统破产制度给社会、经济带来消极后果，其他国家也纷纷效法，尤其是20世纪70年代出现了以企业复兴为目标的破产改革运动，各国相继建立起企业拯救与再建型重整制度。

在国际破产中，和解的问题主要指对外国和解的承认。一般而言，国际实践中有以下几种做法：①给予外国和解与外国破产宣告相同的待遇。②坚持和解的地域效力原则，不承认外国和解。德国在实践中采用这一原则，理由在于和解只

---

[1] 韩德培主编：《国际私法新论》，武汉大学出版社1997年版，第395页。

是外国的一种执行行为、执行程序，不应当具有域外效力。③许可证制度也称特别许可制度，法国就对和解问题采用许可证制度，外国和解要想在法国得到承认，必须向法院进行申请，获得许可证。④有条件承认外国和解，瑞士是采用这种做法的代表，《瑞士联邦国际私法法规》规定外国和解必须具备一定的条件才能在瑞士得到承认。

学术视野

如何认识破产的域外效力，怎样看待有关破产国际立法的发展趋势。

破产宣告的域外效力问题直接关系到一国法院的破产宣告能否在其他国家实现，从而最终影响到相关债权人的权利，因此对于该问题应当予以足够的重视。

要解决该问题，途径有两种：一是各国对国内立法的修订；二是加强国际立法。也就是说，各国普遍承认普及主义以及通过国家间缔结双边或多边条约、地区性或国际性公约的形式，使各国相互承认破产宣告效力上的统一化。在目前既要进行国际经济合作，又要维护本国利益、公共利益和经济秩序的背景下，纯粹的普遍原则或属地原则都不可取。更有效的方法是将普遍原则和属地原则充分有效地结合起来，采用折中主义。

理论思考与实务应用

一、理论思考

（一）名词解释

船舶优先权　共同海损

（二）简答题

1. 简述票据行为能力的法律适用。
2. 简述破产程序的法律适用。
3. 简述和解制度。

（三）论述题

论破产的域外效力。

二、实务应用

（一）案例分析示范

案例一

1995年12月24日，合作公司与香港商人陈某约定：合作公司用400万港元从陈某手中购买香港某银行开出的×××60号和×××67号本票两张，金额分别为260万和240万港元。陈某在上述两张本票的收款人空白栏内填入合作公司后，合作公司当日即持票到某工商银行办理兑付。由于该行与香港某银行无直接业务关系，该行便建议合作公司到某中国银行办理兑付。同月25日，某工商银行与合作公司一起到某中国银行办理兑付业务。某中国银行（是香港某银行在海外的联行）审查后，认为该两张本票票面要件相符、密押相符，便在本票上盖了"印押相符"章，合作公司与某工商银行分别在两张本票后背书、签章。某中国银行即将500万元港币划入某工商银行账内，某工商银行又将此款划入合作公司账户。合作公司见款已入账，在认为没有问题的情况下将400万元人民币划到陈某指定的账户上。

某中国银行工作人员在划出500万元港币汇账后，便把两张本票留作存根归档。至1996年8月22日，有关人员在检查中发现后，方从档案中取出这两张本票，并向香港某银行提示付款。同月30日，某中国银行接到香港某银行的退票通知书称此两张本票系伪造，拒绝付款。某中国银行即日向某工商银行退回本票并说明理由，要求其将500万元港币归还。某工商银行接票后当日即函复某中国银行请求控制合作公司在某中国银行的港币账户。此时陈某已不知去向。某中国银行以某工商银行与合作公司为共同被告提起诉讼。

问：本案应当如何确定准据法？

【评析】本案是一起因涉外票据被伪造而引发的纠纷案。由于案件涉及香港地区的当事人，因此属于涉外票据纠纷，应当根据我国《票据法》中的冲突规范来决定案件中具体适用的法律。

其一，对于本案争议点之一即本票效力的认定问题，由于票据是一种要式证券，因此必须具备法定形式方可有效。根据我国《票据法》第97条第1款的规定，本票的形式要件应当适用出票地法律。在本案中，出票地为香港，故关于本票效力的认定应当依据香港法律来判定。其二，对于本案票据的背书、承兑和保证行为，根据我国《票据法》第98条的规定，应当适用行为地法律。在本案中，行为地在国内，那么应当根据我国《票据法》进行判断。其三，对票据的提示期限、有关拒绝证明的方式、出具拒绝证明的期限，根据我国《票据法》第100条的规定，应当适用付款地法，即香港法。其四，对于付款行为，根据我国《票据法》第98条的规定，应当适用付款行为地法，即香港法。其五，对于追索权应当按照《票据法》第99条的规定，适用出票地法，即香港法。

案例二

国际商业信贷银行（Bank of Commerce and Credit International，BCCI）是一家总部设在卢森堡的跨国银行集团，曾在世界各国设有许多子公司和分支机构，在中国深圳也设有一家分行。1990 年之后，BCCI 先后被六七十个国家的法院宣告破产。中国银行深圳分行作为 BCCI 深圳分行的最大债权人，也向深圳中院提起宣告 BCCI 破产并进入破产还债程序的请求。深圳中院在 1992 年受理了该案。根据中国债权人的申请，深圳中院迅速冻结了 BCCI 深圳分行位于中国的财产。根据《深圳经济特区涉外公司破产条例》第 5 条和 1991 年《民事诉讼法》第 243 条（注：现第 272 条）的规定，深圳中院任命了清算组，负责 BCCI 深圳分行的清算工作。清算组的报告表明，BCCI 深圳分行在中国的财产大约有 2000 万美元，而其负债达到 8000 万美元。

问：试评析本案所涉及的国际私法问题。

【评析】本案所涉及的问题是破产宣告的域外效力问题。破产宣告的域外效力是指一国法院所作出的破产宣告的效力是否能够对位于他国的财产或居住于他国的人具有约束力。对于这一问题，国际上通行三种做法，即普及破产主义、属地破产主义和折中主义。普及破产主义认为一国的破产宣告具有域外效力。内国法院所作的破产宣告不仅及于破产人在内国的全部财产，而且及于破产人在国外的财产。属地破产主义认为一国的破产宣告的效力仅及于破产人在该国领域内的财产，其位于国外的财产应继续保留在债务人手中，不能作为破产财产参加分配，除非它们被财产所在国债权人扣押或在财产所在国又开始了一次破产程序。而折中主义采用一个更为灵活的态度来对待他国作出的破产宣告。我国法院在本案中所坚持的是属地破产主义原则，采用这种原则有利于保护本国境内债权人的利益。

案例三

南海先锋模具有限公司为成立于 1993 年的中外合资企业，注册资本为 550 万美元，其中中方南海市吉利陶瓷实业公司出资 11 万美元，持有 2% 的股份；外方意大利 Nassetti Ettore s. p. a. 公司出资 539 万美元，持有 98% 的股份。1997 年 11 月 19 日，南海先锋模具有限公司变更名称为南海娜塞提先锋陶瓷机械有限公司（以下简称"南海娜塞提公司"）。1997 年 5 月 9 日，Nassetti Ettore s. p. a. 公司变更名称为 E. N. Group s. p. a. 股份集团公司（以下简称"E 公司"），并进入清理程序。1997 年 10 月 24 日，E 公司被意大利米兰法院破产法庭第 62673 号判决宣告破产。1999 年 4 月 14 日，米兰法院破产法庭作出了《关于 E 公司的破产不以拍卖形式出售分公司的法令》，判令将该破产公司所有财产、权利及持有股份的海外公司作为不可分割的整体进行出售。1999 年 9 月 30 日，米兰市法院民事、刑事法庭颁布《被没收财产转让判处令》，判处将隶属于 E 公司的所有财产、权利及所持海外公司的股份，以单一整体价格转让给申请人 B&T Ceramic

Group s. r. l. 有限公司（以下简称"B 公司"）；责令破产监护人将上述公司的财产完全交付于申请人，供其自由支配。

1999 年 5 月 2 日，E 公司与香港隆轩国际有限公司（Broao Win International Limited）签订《股份转让书》，将 E 公司在南海娜塞提公司 98% 的股份，以 539 万美元转让给了隆轩国际有限公司。1999 年 7 月 21 日，南海市对外经济贸易局以南外经合补字（1999）第 140 号文批准了上述股份转让，南海娜塞提公司外方股东由 E 公司变更为隆轩国际有限公司。申请人 B 公司认为：E 公司非法转让其已无权处分的其在南海娜塞提公司 98% 的股份给隆轩国际有限公司，侵犯了申请人作为唯一持有 E 公司海外股份的法定所有人的权利。故申请人于 2000 年 12 月 18 日向佛山市中级人民法院提出申请，要求承认和执行以下判决、判处令事项：①意大利米兰法院于 1997 年 10 月 24 日作出的第 62673 号破产判决；②意大利米兰市法院民事、刑事法庭于 1999 年 9 月 30 日作出的《被没收财产转让判处令》；③破产的 E 公司的所有财产，包括对南海娜塞提公司持有的 98% 股份，应完全交付申请人，由申请人自由支配；④确认申请人对南海娜塞提公司持有 98% 股份，并恢复申请人在合资公司的合法股东地位。

问：本案涉及国际私法中何种法律问题？

【评析】本案所涉及的是承认外国法院破产判决案件问题。本案属于国际破产案件，所谓国际破产案件，乃专指破产人的财产位于两国或者两国以上所形成的破产案件，由于其程序、标的具有跨国性或越界性，因而又被称为跨国破产或者越界破产。由于我国现行破产法没有规定国际破产程序，对国际破产案件只能适用相关国际条约和《民事诉讼法》的规定。

我国与意大利在相互尊重国家主权和平等互利的基础上，为了加强两国司法领域的合作，于 1991 年 5 月 20 日缔结了《中华人民共和国和意大利共和国关于民事司法协助的条约》（以下简称《中意司法协助条约》），该条约规定，如不存在被请求的行为或裁决内容有损于被请求的缔约一方的主权、安全、公共秩序或违反其法律制度的基本原则；作出裁决的法院无管辖权；根据作出裁决的缔约一方的法律，该裁决尚未生效等 6 种情形，裁决应得到承认并被宣告可予执行。我国法律规定，外国法院作出的发生法律效力的裁决，需要在中国法院承认与执行的，可以由当事人直接向中国有管辖权的中级人民法院申请承认与执行；人民法院对外国法院裁决，依照中国缔结或参加的国际条约，或者按照互惠原则进行审查后，认为不违反中国法律的基本原则或国家主权、安全、社会公共利益的，裁定承认其效力。由于米兰法院破产法庭作出的破产判决已发生法律效力，不存在《中意司法协助条约》规定的拒绝承认和执行的上述情形，且不违反中国法律的基本原则或者国家主权、安全和社会公共利益。因此申请人请求承认的申请，符合我国法律及《中意司法协助条约》规定的承认外国法院裁决效力的条件，故对其法律效力依法应予以承认。

(二) 案例分析实训

案例一

1976年12月21日，中国广州远洋公司所属的南平轮锚泊于埃及亚历山大港外，等候进港卸货。12月23日，苏联的鲁别若涅号也驶入亚历山大港，在南平轮后方很近处抛锚。12月28日10时左右，突然风雨交加，风力达7~8级，海面掀起了大浪，南平轮船长检查锚位未见变化。11时许发现船开始走锚，船长即令备车。由于主机身22日起停止使用，暖缸及启动需要一定时间，不能立即动车，而船却在大风浪的推动下，向苏船方向走锚。此时，苏船早已备车起锚。南平轮船长见状鸣笛五短声三次，但苏船不仅没有采取避让措施，反而转动船首对着南平轮左舷。11时50分两船相撞，南平轮左舷第四、五、六舱舷墙及尾楼左侧全部损坏。

苏船代理人太阳神航运代理处代表苏方向埃及法院要求扣押南平轮，要中方提供3万英镑（约合12万美元）的保证金，并要求以后在莫斯科解决此案。我方代理在我亚历山大总领事的协助下，也向法院备案，要求扣押苏船，并要苏方提供4.5万英镑的保证金。因鲁别若涅号已离港，法院扣留了与该船同属一公司的另一艘名为苏沃洛夫号的船。

该案由埃及法院审理。我方代理人请一位在法庭注册的海事专家作出海事分析，结论是：全部碰撞责任在苏船。1979年10月1日，埃及初级法院宣判我方胜诉，苏方应赔偿我方6.43万埃及镑。苏方不服，上诉于埃及上诉法院（在上诉时其曾提出莫斯科离开罗太远，主张将埃及法规定的上诉期限2个月再延长6个月）。1980年5月10日，上诉法院开庭并作出判决，拒绝苏方上诉，维持初级法院原判。1980年11月中旬，我国总领事馆收到对方赔偿64 300埃及镑。此案经过4年后以我方胜诉而结束。

问：试论本案所涉及的国际私法问题。

案例二

奥帕尔星轮属利比里亚的派里昂格莱特运输公司，具有利比里亚籍。1981年2月，该公司以该轮作抵押物，在美国纽约向美国欧文信托公司贷款815万美元。双方向设在纽约的利比里亚海事委员会作了登记，就船舶抵押达成协议并制作了抵押文书。该抵押文书规定：如果派里昂格莱特运输公司违反协议，欧文信托公司有权宣布所有尚未偿还的贷款本息均已到期，并可要求一并偿还，并行使利比里亚海商法或其他任何准据法赋予抵押人的权利。此后不久，"奥帕尔星"

轮更名为"奥帕尔城"轮。

1984年,"奥帕尔城"轮(以下简称奥轮)被卖给了利比里亚的詹尼斯运输公司,并将随船的抵押权利和义务全部转让给该公司。欧文信托公司同意这种转让,并与上述两家运输公司签订了转让合同。同时,利比里亚海事委员会也对该轮船舶登记证书所载抵押事项作了修改登记。从此,詹尼斯运输公司成了欧文信托公司的抵押债务人。其后,丹麦东亚有限公司与詹尼斯公司签订了租船合同,并按合同授权又将船舶转租给美国的梯·捷·斯蒂文逊公司,期限为2个月。

1985年3月,中国五金矿产进出口公司从澳大利亚宝勤山有限公司购买钢材,五金矿产公司委托美国矿产有限公司向斯蒂文逊公司承租了奥轮。7月15日,奥轮在澳大利亚怀阿拉港装货后,由于船东詹尼斯公司无力支付船员工资,船员拒绝开船,致奥轮滞留该港多日。后斯蒂文逊公司为完成原定航次,愿垫付船员工资和遣返费用,于是奥轮船长和船员将海事请求权及其他权益转让给斯蒂文逊公司。船舶抵达上海以后,斯蒂文逊公司以詹尼斯运输公司为被告,向上海海事法院提起诉讼,主张其为奥轮垫付船员工资、遣返费用及该轮在怀阿拉港滞留期间所发生的各种费用,具有优先请求权。欧文信托公司随后也提起诉讼,请求变卖奥轮,优先偿还被告所欠的抵押债务。

上海海事法院受理案件以后,应请求依法裁定扣船,并于1986年1月将该轮公开拍卖。随后,宝勤山有限公司、美国矿产有限公司等分别提出债权登记申请。

问:本案应如何适用法律?

案例三

1980年,港商投资4000万港元在深圳经济特区设立一家外商独资企业,该公司于1981年在香港向英国的莱斯银团借款3600万港元,并以其所有资产作为抵押。之后,该公司又向南洋商业银行透支2900万港元,并以其资产再次抵押,产生第二抵押之债。此外,该公司还欠香港其他公司款项共计840万港元。1984年,该公司的主要股东(占股67%)在香港经营房地产生意破产,被享有债权的银行清盘接管。此时,债权人莱斯银团抢在他人之前行使抵押权,向深圳中院提起诉讼,要求接管该公司。

问:结合本案例,分析国际破产的效力问题。

主要参考文献

1. 石静遐:"中国的跨界破产法:现状、问题及发展",载《中国法学》2002年第1期。

2. 石静遐：《跨国破产的法律问题研究》，武汉大学出版社 1999 年版。
3. 王国华：《海事国际私法研究》，法律出版社 1999 年版。
4. 赖来焜：《海事国际私法学》，神州图书出版有限公司 2002 年版。
5. 王小能编著：《票据法教程》，北京大学出版社 2001 年版。
6. 邹海林：《破产程序和破产法实体制度比较研究》，法律出版社 1995 年版。
7. 肖永平：《国际私法原理》，法律出版社 2003 年版。
8. 杜涛：《国际经济贸易中的国际私法问题》，武汉大学出版社 2005 年版。
9. ［英］莫里斯：《法律冲突法》，李东来等译，中国对外翻译出版公司 1990 年版。
10. ［德］马丁·沃尔夫：《国际私法》，李浩培、汤宗舜译，法律出版社 1988 年版。

# 第十四章

国际民事诉讼法

【本章概要】国际民事诉讼程序又称涉外民事诉讼程序，是指一国法院在审理涉外民事案件时，法院、当事人和其他诉讼参与人必须遵守的特殊程序。它是解决涉外民事法律冲突，维护当事人的合法权益、促进国际民商事交流发展的重要保障。由于涉外因素的存在，国际民事诉讼常面临下列特殊的法律问题：①外国人的民事诉讼地位问题；②涉外民事案件的管辖权问题；③涉外民事案件的期间、诉讼保全和时效问题；④涉外民事诉讼的司法协助问题。本章将分节依次论述这些问题。

【学习目标】通过本章的学习，应掌握国际民事诉讼法的概念、外国人民事诉讼地位的普遍原则以及诉讼费用、诉讼代理等方面的基本原理；了解国际民事管辖权的概念和意义及其相关立法，重点掌握我国关于国际民事管辖权的规定及其运用；掌握我国关于国际民事诉讼期间和诉讼保全制度的基本理论及实践；掌握国际司法协助的基本问题，熟悉域外送达和域外取证的方式，并掌握我国的相关规定；同时了解各国关于承认与执行外国法院判决的一般条件和不同程序，掌握并能运用我国关于承认与执行外国法院判决的制度。

国际民事诉讼程序规范是国际私法的规范组成之一。它是为调整国际民商事关系或涉外民事关系服务的，是涉外民事关系当事人对其权利义务行使司法保护权的依据。因此，国际民事诉讼法是本书体系的重要组成部分。

第一节 国际民事诉讼法的概念和渊源

一、国际民事诉讼法的概念

国际民事诉讼法亦称国际民事诉讼程序法或涉外民事诉讼程序法，是指一国法院在审理涉外民事案件时，法院、当事人及其他诉讼参与人所必须遵守的专用程序规范的总称。

所谓涉外民事案件，是指具有涉外因素的民事案件。同国内民事案件相比，涉外性是其显著特点。其表现一般为：诉讼当事人中必须至少有一方为外国人（或当事人的住所、居所或者惯常居所位于外国）；诉讼客体是位于外国的物或导致涉外民事关系产生、变更或消灭的法律事实发生于国外；援用的证据具有涉外因素；法院根据冲突规范的指引，需援引某一外国法作为案件的准据法；诉讼过程中会涉及国际司法协助问题等。

我国 2014 年 12 月 18 日通过的，并于 2022 年最新修正的《民诉法解释》第 520 条具体规定了司法实践中认定涉外民事案件的标准。该条规定，有下列情形之一，人民法院可以认定为涉外民事案件：①当事人一方或者双方是外国人、无国籍人、外国企业或者组织的；②当事人一方或者双方的经常居所地在中华人民共和国领域外的；③标的物在中华人民共和国领域外的；④产生、变更或者消灭民事关系的法律事实发生在中华人民共和国领域外的；⑤可以认定为涉外民事案件的其他情形。

正因如此，在法院从受理到审结各类涉外民事案件的整个诉讼过程中，必然会产生不同于一般国内民事案件的各种特殊程序问题。它们分别为：①涉外民事诉讼中的外国人、无国籍人、外国法人以及享有豁免权的外国国家和外交代表的诉讼地位问题；②一国法院对各类涉外民事案件的管辖权问题；③涉外民事诉讼的期间、诉讼保全及时效问题；④涉外民事诉讼中的司法协助问题。国际民事诉讼法就是专用于解决这些问题的程序性规范的总称。

二、国际民事诉讼法的渊源

国际民事诉讼法的渊源也具有双重性，即有国内渊源和国际渊源两大类。国内渊源表现为国内立法与判例；国际渊源则表现为国际条约。

(一) 国内渊源

国家主权原则要求一国法院行使司法裁判权时必须是独立的。因而，诉讼程序适用法院地法即是国家主权原则在国内司法领域所派生出的一条具体原则。所以，国际民事诉讼法的主要渊源是国内立法与判例。

国内立法作为国际民事诉讼法的渊源，主要有以下表现形式：

1. 在国内民事诉讼法典或国内民法典中以专编（或专章）形式，较系统地就国际民事诉讼程序作出规定。如新《法国民事诉讼法典》第一卷第十七编第三章、第二十编第二章、第四卷第六编，《德国民事诉讼法典》第一、二、六至八、十编，《秘鲁民法典》第十编第四章等，都专门就国际民事诉讼程序中的有关问题作出了较为全面的规定。

2. 在国际私法典中以专编（或专章）或分散形式就国际民事诉讼程序作出全面而系统的规定。前者如 1964 年《捷克斯洛伐克国际私法及国际民事诉讼法》第二部分，1979 年颁布的《匈牙利国际私法》第九至十一章，1982 年《土耳其国际私法和国际诉讼程序法》第二章。后者如 1987 年通过的《瑞士联邦国际私法法规》，其除在第一章第一节就涉外民事案件管辖权的基本原则作出规定外，在以后的各章节中还就各类涉外民事案件的管辖权、外国判决的承认与执行分别作出了具体的规定。

3. 在有关的单行法中，就国际民事诉讼某一方面的问题作出规定。例如1938 年《日本外国法院司法协助法》、1975 年《英国域外证据法》、1976 年《美国国家主权豁免法》等就是如此。

4. 在内国的执行性立法中规定相关的国际民事诉讼程序。所谓内国的执行性立法是指一国为实施自己参加或缔结的国际条约而制定的相应规则。这类规则通常具有派生性和特定性。派生性是指这类规则的制定必须以一国已经参加或缔结有关国际条约为前提；特定性是指这类规则是一国为实施某些条约而专门制定的，而且这类规则只能适用于特定的领域（或特定的问题）。日本、前联邦德国为执行 1954 年《海牙民事诉讼程序公约》和 1965 年《海牙关于向国外送达民事或商事司法文书和司法外文书公约》（以下简称《海牙送达公约》）而分别于1970 年和 1977 年所颁布的有关规定，以及意大利为批准和执行《海牙送达公约》所颁布的立法均属这类内国执行性立法。

判例作为国际民事诉讼法的国内渊源，主要存在于英美法系国家。在这些国家，判例的编纂往往是由学者完成的，如英国学者 J. H. C 莫里斯撰写的《戴西和莫里斯论冲突法》，美国学者里斯主持编纂的 1971 年《第二次冲突法重述》等著作，不仅汇集了大量的国际民事诉讼程序方面的判例，而且还对各类判例所确立的规则进行了系统化总结。因而这些著作经常可以成为这些国家的法院在司法实践中的直接依据。部分大陆法系国家中，在国际民事诉讼领域，也有在一定程度上依赖判例的，如日本有关国际民事诉讼法的规定未臻完备，故一般以学说及具体案件的判例作为弥补。另外，1967 年《日本涉外判例百选》的有关判例也是日本法院在国际民事诉讼程序方面的依据之一。在我国，目前还不承认判例可以成为法的形式渊源（当然，也有学者认为我国最高人民法院的司法解释是有中国特色的判例法），但我国学者一般认为，在国际私法（包括国际民事诉讼法）领域，应充分重视判例的作用，必要时应允许法院以判例来弥补成文法的缺漏。

我国国际民事诉讼法的国内渊源表现为两个方面：一方面为立法，另一方面为我国最高人民法院的有关规定。

立法上主要体现于 1991 年颁布、2021 年最新修正的《民事诉讼法》和 1999 年的《海事诉讼特别程序法》中。前者第四编为"涉外民事诉讼程序的特别规定"，该编共有五章内容，分别就涉外民事诉讼的一般原则、涉外民事案件的管辖权、送达与期间、仲裁、司法协助等作出了规定；后者则就有关涉外海事诉讼中的管辖等作出了规定。

作为我国国际民事诉讼法渊源的最高人民法院的有关规定可分为两类：一类

是最高人民法院颁布的有关司法解释和规定；另一类是最高人民法院或最高人民法院会同有关部门为执行我国缔结或参加的国际条约而制定的执行性规定。前一类有 2021 年《民诉法解释》；后一类有 1986 年最高人民法院、外交部、司法部《关于我国法院和外国法院通过外交途径相互委托送达法律文书若干问题的通知》、1987 年最高人民法院《关于执行我国加入的〈承认及执行外国仲裁裁决公约〉的通知》（以下简称《执行公约的通知》），以及 2021 年《最高人民法院关于依据国际公约和双边司法协助条约办理民商事案件司法文书送达和调查取证司法协助请求的规定》等。

（二）国际渊源

国际条约是国际民事诉讼法最主要的国际渊源。这类国际条约又分为双边条约和多边条约两类。目前，较有影响的多边国际条约主要有：

1. 普遍性国际条约。

（1）海牙国际私法会议通过的有关国际民事诉讼的主要条约：1954 年签订的《海牙民事诉讼程序公约》；1958 年签订的《海牙扶养儿童义务判决的承认和执行公约》；1958 年签订的《海牙国际有体动产买卖协议管辖权公约》；1965 年签订的《海牙收养管辖权、法律适用和判决承认公约》；1965 年《海牙送达公约》；[1] 1965 年签订的《海牙协议选择法院公约》；1970 年签订的《海牙民商事案件国外调取证据公约》（以下简称《海牙取证公约》）；1971 年签订的《海牙民商事案件外国判决的承认和执行公约》及《海牙民商事案件外国判决的承认和执行公约附加议定书》（以下简称《海牙公约》及其《附加议定书》）；1973 年签订的《海牙扶养义务判决的承认和执行公约》；1980 年签订的《海牙国际司法救助公约》；1996 年签订的《海牙关于父母责任和保护儿童措施的管辖权、法律适用、承认、执行和合作公约》；2005 年《协议选择法院公约》。

（2）联合国制定的有关国际民事诉讼的主要条约：1958 年《承认及执行外国仲裁裁决公约》（以下简称《纽约公约》）；1961 年《维也纳外交关系公约》（其中的有关规定）；1963 年《维也纳领事关系公约》（其中的有关规定）；2004 年《联合国国家及其财产管辖豁免公约》（其中的有关规定）。

2. 区域性国际条约。

（1）美洲国家 1928 年的《布斯塔曼特法典》（该法典第四卷是关于国际民事诉讼的规定）。

（2）北欧国家 1933 年的《外国判决的承认和执行公约》、1974 年的《关于

---

[1] 李双元主编：《中国与国际私法统一化进程》，武汉大学出版社 1998 年版，第 359 页。

相互间司法协助的协定》。

(3) 欧洲共同体 1968 年的《布鲁塞尔关于民商事案件管辖权及判决执行的公约》(以下简称《布鲁塞尔公约》),1988 年洛迦诺《关于民商事案件管辖权及判决执行的卢迦诺公约》(以下简称《卢迦诺公约》)等。

我国已于 1986 年加入了 1958 年《纽约公约》,于 1991 年批准加入了 1965 年《海牙送达公约》,于 1997 年批准加入了 1970 年《关于从国外调取民事或商事证据的公约》。自 1980 年以来,我国已先后与法国、波兰、比利时、蒙古、罗马尼亚、意大利、西班牙、俄罗斯、土耳其、乌克兰、古巴、白俄罗斯、哈萨克斯坦、保加利亚、埃及、希腊、塞浦路斯、匈牙利、摩洛哥、吉尔吉斯斯坦、塔吉克斯坦、新加坡、乌兹别克斯坦、越南、老挝、突尼斯、立陶宛、阿根廷、韩国、朝鲜、阿联酋、科威特、秘鲁、巴西、阿尔及利亚、波斯尼亚和黑塞哥维那、埃塞俄比亚、伊朗等国签署了双边的司法协助条约。其中,中法、中波、中蒙等 39 个司法协助条约已经生效(截至 2021 年 8 月)。随着我国对外开放的发展和需要,我国将更加积极地参加或缔结有关国际民事诉讼的国际条约。

为履行"条约必须信守"的国际法原则,我国《民事诉讼法》第 267 条规定:"中华人民共和国缔结或者参加的国际条约同本法有不同规定的,适用该国际条约的规定,但中华人民共和国声明保留的条款除外。"

三、国际民事诉讼法与有关部门法的关系

与国际民事诉讼法关系密切的主要有国际私法和国内民事诉讼法。

国际私法和国际民事诉讼法虽然都是用来调整涉外民事关系的,但前者主要解决的是国际民商事关系(国际民商事案件)的法律适用问题,后者主要解决的是国际民商事案件的管辖权以及由此引起的其他诉讼程序问题;因而二者间有着显著的区别。正因如此,有些国家如德国、瑞士、意大利、奥地利、匈牙利和我国的部分学者认为国际民事诉讼法是一个独立的法律部门,或者称之为"国际民事程序法"[1]。但另一方面二者间又有着密切的联系。因为根据国际私法的准据法规则所确定的涉外民事关系当事人的权利,如果得不到司法保护,即当某项权利受到侵犯或不能实现而又没有强制措施加以保证时,该项权利就无法行使;反之,如果仅有国际民事诉讼法的规定,没有根据国际私法所产生的权利,那么它就失去了具体保护对象,成为毫无意义和目的的东西。也正因为这样,国际私法和国际民事诉讼法的关系被认为是实体法和程序法的关系,国际民事诉讼法是国际私法的有机组成部分。[2]本书也正是基于这种考虑,将国际民事诉讼法

---

[1] 李浩培编著:《国际民事程序法概论》,法律出版社 1996 年版,第 4 页。
[2] 韩德培主编:《国际私法》,高等教育出版社、北京大学出版社 2000 年版,第 414 页。

作为国际私法的研究对象。

国际民事诉讼法与国内民事诉讼法是特别法和一般法的关系，如前述我国《民事诉讼法》第四编"涉外民事诉讼程序的特别规定"。诉讼程序适用法院地法是一条为国际社会所公认并被普遍采用的原则，一国法院审理涉外民事案件时，一般适用国内法的有关规定，因此从性质上讲，二者都是国内法。但是，这二者在具体适用上还是有区别的，即一国法院在审理涉外民事案件时，首先适用的是该国有关国际民事诉讼程序的特别规定和该国缔结或参加的国际条约的有关规定，只有在该国的国际民事诉讼法未作规定或规定不全时，才适用国内民事诉讼法的有关规定。前述我国《民事诉讼法》第266条的规定就是如此。另外，二者的渊源也不尽一致，前述国际民事诉讼法的渊源具有国内和国际双重性，而国内民事诉讼法的渊源只具有国内性。

第二节　外国人的民事诉讼地位

一、概述

外国人的民事诉讼地位是指一国根据内国法或国际条约的规定，赋予外国人在本国境内享有民事诉讼权利、承担民事诉讼义务的实际状况。

对国际民事诉讼法上所称的外国人应作广义理解，即这里的外国人是指不具有法院地国家国籍的所有人，不仅包括外国自然人，还包括外国法人及其他组织；不仅包括无国籍人和国籍不明的人，还包括享有豁免权的外国国家和外交代表。

外国人的民事诉讼地位是国际民事诉讼程序必须首先解决的问题。因为如同一国赋予外国人在内国以相应的实体法地位是涉外民事法律关系产生的前提条件一样，一国赋予外国人在内国以相应的民事诉讼地位则是国际民事诉讼得以发生和进行的前提条件。

外国人的民事诉讼地位所涉及的主要问题为：外国人民事诉讼地位的普遍原则问题、外国人进行民事诉讼时与诉讼费用有关的问题、诉讼代理问题、享有外交豁免权的外国人的民事诉讼地位问题，等等。一国关于这些问题的法律规定，构成该国的外国人民事诉讼地位规范。

二、外国人民事诉讼地位的普遍原则

尽管各国关于外国人民事诉讼地位的规定同关于外国人民事法律地位的规定一样，经历了从排斥到给予合理待遇的几个发展时期，但当今国际社会在外国人民事诉讼地位问题上，普遍实行的是国民待遇制度。

国际民事诉讼中的国民待遇原则是指一国赋予在本国境内的外国人与本国国民同等诉讼权利的一种制度。国民待遇原则最初被规定在有关的国际条约中。如1928年《布斯塔曼特法典》第四卷"国际程序法"第315条和第317条规定："任何缔约国不得在其领土内对其他缔约国的人员组织或维持特别法庭""缔约各国不得根据事物管辖和对人管辖在国际关系范围内区别有关当事人是国民还是外国人的身份，而使后者受到不利"。

随着社会进步和国际关系的不断发展，国民待遇原则在当今已成为国际习惯法。即使在国际条约没有规定的情况下，各国在其国内立法和实践中也赋予外国人与本国国民同等的诉讼权利。如1964年《捷克斯洛伐克国际私法及国际民事诉讼法》第48条规定："在诉讼过程中，所有当事人享有平等地位……"

实践中，各国为了确保本国国民在外国也能享受到与外国国民同等的民事诉讼权利，往往在给予外国人国民待遇时附有对等的或互惠的条件，即一国一旦证实某一外国国家对本国在该国国民的民事诉讼权利加以限制的，该国则根据对等原则，也有权限制对方国家的国民在本国的民事诉讼权利。我国早在1982年的《民事诉讼法（试行）》第186条第1款中就确立了外国人在民事诉讼地位方面的国民待遇原则。我国《民事诉讼法》再次肯定了这一原则，该法第5条第1款规定："外国人、无国籍人、外国企业和组织在人民法院起诉、应诉，同中华人民共和国公民、法人和其他组织有同等的诉讼权利义务。"该法第5条第2款规定："外国法院对中华人民共和国公民、法人和其他组织的民事诉讼权利加以限制的，中华人民共和国人民法院对该国公民、企业和组织的民事诉讼权利，实行对等原则。"这表明我国所实行的是有条件的国民待遇原则。另外，在前述我国与其他国家所签订的一系列双边司法协助协定中通常都规定有国民待遇原则，即规定缔约一方的国民在另一缔约国境内，享有与该另一方国民同等的司法保护，有权在与另一方国民同等的条件下，在另一方法院进行民事诉讼，而且规定这种待遇及于缔约双方的法人。这类规定使得缔约方相互给予对方的自然人、法人在本国境内在诉讼权利上的国民待遇成为一项国际义务，这无疑将有助于国民待遇制度最终得到贯彻实施。

三、诉讼费用

外国人在内国提起民事诉讼时所产生的诉讼费用问题为：诉讼费用担保及诉讼费用减免。

（一）诉讼费用担保

诉讼费用担保是指外国人或在内国未设住所的人在内国法院提起民事诉讼时，应被告的请求或根据内国法律的规定，由内国法院责令原告所提供的担保，其目的是防止一方当事人滥用诉讼权利或防止原告败诉后逃避缴纳诉讼费用的义务。因此，有关诉讼费用担保规定的实质就是一种限制诉讼权利的特殊制度，其适用的对象就是作为原告的外国人或在内国未设住所的人。关于这一问题，各国的规定可以分为以下六种类型：

1. 规定对诉讼费用担保义务的免除以实质性的互惠为前提。这类规定的代表国家有德国、日本、奥地利、匈牙利、前南斯拉夫和原捷克斯洛伐克等。如1982 年的《南斯拉夫国际冲突法》第 82 条第 1 款规定，住所不在南斯拉夫的外国人或无国籍人在南斯拉夫法院起诉，应根据被告的请求，提供诉讼费用担保。但该法第 83 条第 1 款又规定，在原告所属国不要求南斯拉夫公民提供诉讼费用担保的，被告无权请求诉讼费用担保。

2. 以国籍为标准，规定凡属外国原告均应提供诉讼费用担保，且一般不以互惠为条件。这类规定的代表国家主要有荷兰、伊朗、墨西哥、比利时等。

3. 以住所为标准，规定凡住所在外国的人（包括住所在外国的本国国民）在内国提起民事诉讼，均应提供诉讼费用担保，而住所在法院地国的外国人却可以免除此项担保义务。这类规定的代表国家或地区主要有挪威、以色列、泰国、部分中美洲国家以及瑞士和美国的大部分州。

4. 以原告在内国是否有可供扣押的财产为据，来决定是否免除其诉讼费用担保义务，即规定外国原告在法院地有可供扣押的财产，就可免除其诉讼费用担保义务。这类规定的代表国家或地区主要有巴西、英格兰、法国等。

5. 规定不论原告是外国人还是内国人，均应提供诉讼费用担保。这类规定的代表国家主要有哥斯达黎加等。

6. 规定不要求原告提供诉讼费用担保。这类规定的代表国家主要有前苏联、保加利亚、埃及、秘鲁、葡萄牙等。[1]

对诉讼费用担保问题，我国经历了一个从要求作为原告的外国人提供担保到实行互惠条件下互免担保的转变过程。1984 年最高人民法院发布的《民事诉讼收费办法（试行）》第 14 条第 2 款规定："外国人、无国籍人、外国企业和组织在人民法院进行诉讼，应当对诉讼费用提供担保。"根据我国对外开放的需要和国际社会的普遍实践，我国已经改变了这一做法。1989 年最高人民法院发布的《人民法院诉讼收费办法》第 35 条规定："外国人、无国籍人、外国企业和组织在人民法院进行诉讼，适用本办法。但外国法院对我国公民、企业和组织的诉讼费用负担，与其本国公民、企业和组织不同等对待的，人民法院按对等原则处理。"在 2006 年 12 月 19 日最高人民法院发布的《诉讼费用交纳办法》第 5 条当中也有类似的规定。在前述我国与部分国家签订的一系列司法协助条约中，也

---

[1] 李双元、谢石松：《国际民事诉讼法概论》，武汉大学出版社 1990 年版，第 365~369 页。

都有在互惠条件下互免诉讼费用担保的规定。

(二) 诉讼费用减免

诉讼费用减免是指作为诉讼当事人的外国人交纳诉讼费用确有困难的,可以向内国法院申请缓交、减交或免交,内国法院若审查属实的,可以根据条约的规定或互惠关系,准予外国当事人减交或免交诉讼费用的一种制度。

与诉讼费用减免相关的另一制度是司法救助。但司法救助的范围略大于诉讼费用减免的范围。司法救助除包含诉讼费用的减免之外,还包括其他费用,如律师费用的减免等。

需要明确的是,诉讼费用减免并不意味着免除偿还对方当事人诉讼费用的义务,即准予减免诉讼费用的人仍应偿还对方当事人因诉讼而支出的费用。

在我国,外籍当事人交纳诉讼费用确有困难的,可以向我国人民法院申请减交、免交或缓交。这是我国对外国当事人实行互惠国民待遇的具体表现。外国当事人可以减交、免交或缓交诉讼费用的范围包括:①案件受理费;②勘验、鉴定、公告及翻译费;③证人、鉴定人、翻译人员在人民法院决定的日期出庭产生的交通费、住宿费、生活费和误工补贴;④采取诉讼保全措施的申请费和实际支出的费用;⑤执行判决、裁定或者调解协议所实际支出的费用;⑥人民法院认为应当由当事人负担的其他诉讼费用。我国与外国签订的一系列司法协助协定对诉讼费用的减免和司法救助也作出了(或包含有)专门的规定。

四、诉讼代理

诉讼代理是指代理人依据法律的规定、法院的指定或诉讼当事人及其法定代理人的委托,以当事人本人的名义代为进行诉讼活动的一种制度。诉讼代理一般被分为法定代理、指定代理和委托代理。国际民事诉讼程序所涉及的主要是委托代理和领事代理。

在国际民事诉讼中,由于诉讼关系的复杂性和外国当事人对法院地国家法律的生疏,外国当事人需要有诉讼代理人代为参与诉讼活动。另外,是否允许外国当事人委托诉讼代理人以及委托什么样的人作为其诉讼代理人,同样涉及外国当事人在内国的民事诉讼地位问题。因此,各国立法对外国当事人的诉讼代理问题一般都有专门的规定。

国际民事诉讼中的委托代理主要是律师代理问题。一般认为,律师是国家的法律工作者,律师代为诉讼,其一是捍卫法律的尊严,其二是维护当事人的合法权益。律师制度是一国司法制度不可分割的组成部分。因此,各国在立法及实践中,虽然都允许参与国际民事诉讼的外国人委托律师代为参加诉讼,但一般都规定外国当事人只能委托内国律师。只是各国在诉讼代理人权限的规定上存在区别,即形成所谓律师诉讼主义国家和当事人诉讼主义国家。前者的法律规定,当事人必须委托律师作为诉讼代理人代为参加诉讼，律师可以基于授权实施所有诉讼行为，当事人则不必参加诉讼，这类国家以法国、德国和奥地利等国为代表；后者的法律规定，无论当事人是否委托了诉讼代理人，当事人都必须参加诉讼，这类国家以美国、英国、日本等国为代表。

领事代理是国际民事诉讼中的一种特殊的代理制度。它是指一国的领事可以根据驻在国的诉讼立法和有关国际条约的规定，在其职权范围内，在驻在国的有关法院代表派遣国国民或法人参与有关的诉讼，以保护派遣国国民或法人在驻在国的合法权益。1963 年《维也纳领事关系公约》第 5 条第 8、9 款规定，领事"在接受国法律规章所规定之限度内，保护为派遣国国民之未成年人及其他无充分行为能力人之利益……"；领事"以不抵触接受国内施行之办法与程序为限，遇派遣国国民因不在当地或由于其他原因不能于适当期间自行辩护其权利与利益时，在接受国法院及其他机关之前担任其代表或为其安排适当之代表，俾依照接受国法律规章取得保全此等国民之权利与权益之临时措施"。公约所肯定的这一制度为许多国家所签订的双边领事条约和国内立法所采纳。

需要明确的是，领事代理与律师代理是有显著区别的。领事代理是领事官员的一项职务，律师代理则是律师基于其与被代理人的委托代理契约且以律师身份所进行的诉讼代理；律师代理的终结以律师完成被代理人的委托事项为前提，而领事代理具有临时性，即只要当事人委托了诉讼代理人，或自己参加了诉讼，领事代理随即终止。

我国在律师代理和领事代理方面的做法与多数国家的做法是一致的。我国《民事诉讼法》第 270 条规定："外国人、无国籍人、外国企业和组织在人民法院起诉、应诉，需要委托律师代理诉讼的，必须委托中华人民共和国的律师。"结合 2021 年《民诉法解释》第 528、529 条的相关规定，在我国法院参与诉讼的外籍当事人可以委托的诉讼代理人范围包括：该外籍当事人所属国公民或中国公民、驻华使领馆官员、当事人本国律师和中国律师。但委托公民代理诉讼的，该公民必须是完全民事行为能力人或不会损害被代理人利益的人；委托驻华使领馆官员或当事人本国律师代理诉讼的，委托代理人只能以个人名义代理诉讼，且该使领馆官员不得享有外交特权和豁免权；外籍当事人要求诉讼代理人以律师名义参与诉讼的，则该委托代理人只能是中国律师。《民事诉讼法》第 271 条在有关委托程序上规定，外籍当事人要委托中国律师或其他人代理诉讼，从中国领域外寄交或托交的授权委托书，应当经所在国公证机关证明，并经中国驻该国使领馆认证，或履行我国与该所在国订立的有关条约规定的证明手续后才具有效力。根据 2021 年《民诉法解释》第 89 条的规定，该类授权委托书应在开庭审理前送交人民法院，并应写明具体授权内容。在领事代理方面，我国作为《维也纳领事关系公约》的成员国，在与美国、意大利、印度、波兰、蒙古、匈牙利、朝鲜、墨西哥、土耳其、罗马尼亚、古巴、老挝、阿根廷等国签订的领事条约中，都规定有领事代理制度。

五、外交豁免

（一）外交豁免的含义

外交豁免是指根据国际法或有关协议，在国家间互惠的基础上，为使一国外交代表在驻在国能有效地执行任务，而由驻在国所给予的特别权利和优惠待遇。

国际民事诉讼法上的外交豁免是一个广义上的概念，既包括外交豁免，又包括领事豁免。其内容是一国的外交代表及有关人员和领事代表及有关人员在其职权范围内所进行的行为，享有驻在国法院的管辖豁免权。

有关外交豁免权的理论依据主要有治外法权说、代表性质说和职务需要说三种。1961年《维也纳外交关系公约》和其他有关条约基本上采用的是职务需要说，同时又结合了代表性质说。

（二）国际条约的规定

《维也纳外交关系公约》关于外交豁免的规定主要体现于公约的第31、32和37条中。公约第31条规定，外交代表享有驻在国法院的管辖豁免权，但在下列民事案件中不享有司法豁免权：①外交代表以私人身份在驻在国境内有关私有不动产物权的诉讼；②外交代表以私人身份为遗嘱执行人、遗产管理人、继承人或受遗赠人的继承事件的诉讼；③外交代表于驻在国境内在公务范围以外所从事的专业或商务活动的诉讼。公约第32条规定，外交代表及其他依法享有司法豁免权的人，在下列情况下，也不享有司法豁免权：①派遣国明确表示放弃司法豁免的诉讼；②因主动在驻在国法院以原告身份提起诉讼而引起的与本诉直接相关的反诉。根据公约第31条和第32条的规定，外交代表及其他享有司法豁免权的人，在民事诉讼程序上放弃管辖豁免，不等于也放弃了判决的强制执行豁免（即对判决强制执行的豁免也必须是明示的）。外交代表及其他享有司法豁免权的人，没有以证人身份作证的义务，驻在国法院不得对其作执行之处分（但如果属于前述第31条所列之不享有司法豁免权的民事案件，且执行之处分对其不构成人身或寓所侵犯的，则不在此限）。

此外，根据公约第37条的规定，享有司法豁免权的其他人员是指外交代表的同户家属（如不是接受国国民，则享有全部外交豁免权）、使馆行政技术人员及其家属和使馆服务人员及其私人服务人员（这些人员必须不是接受国国民，且不在接受国永久居住）。1963年《维也纳领事关系公约》关于领事人员豁免权的规定主要体现在公约第43条和第45条中。公约第43条规定领事官员和领事馆雇佣人员只有在与其公务行为有关的案件中才能享受接受国法院的管辖豁免。但下列民事诉讼除外：①因领事官员或领馆雇员并未明示或默示以派遣国代表身份而订立的契约所产生的诉讼；②第三者因车辆船舶或航空器在接受国内所造成的意外事故而要求损害赔偿的诉讼。公约第45条是有关领馆官员及领馆雇员豁免权放弃的规定，其内容与《维也纳外交关系公约》的规定基本相同。

(三) 我国法律的规定

我国《民事诉讼法》第268条规定："对享有外交特权与豁免的外国人、外国组织或者国际组织提起的民事诉讼，应当依照中华人民共和国有关法律和中华人民共和国缔结或者参加的国际条约的规定办理。"这里的"缔结或者参加的国际条约"目前是指我国已参加的《维也纳外交关系公约》和《维也纳领事关系公约》；这里的"法律"是指我国于1986年9月5日颁布的《外交特权与豁免条例》和1990年10月30日颁布的《领事特权与豁免条例》。

我国《外交特权与豁免条例》规定了外国驻中国使馆和使馆人员的外交特权和豁免的内容及范围。根据该条例第14条的规定，外交代表除下列各项外，享有民事和行政管辖豁免：①以私人身份进行的遗产继承诉讼；②违反该条例第25条第3项的规定在中国境内从事公务范围以外的职业或商业活动的诉讼。但上述豁免可由派遣国政府明确表示放弃。外交代表一般免受强制执行，且没有以证人身份作证的义务。第15条规定，如果外交代表主动在我国法院起诉，对本诉及与本诉有关的诉讼，均不得援用管辖豁免。放弃民事或行政管辖豁免的，除非另有明确表示，不包括对判决的执行豁免的放弃。该条例第20条还规定，与外交代表共同生活的配偶及未成年子女，如果不是中国公民，享有第12条至第18条所规定的特权与豁免；使馆行政技术人员和与其共同生活的配偶及未成年子女，如果不是中国公民且不在中国永久居留的，享有第12条至第17条所规定的特权与豁免。但该条例第20条规定，民事和行政管辖豁免只限于执行公务的行为。外交代表如果是中国公民或者获得在中国永久居留资格的外国人，仅就其执行公务的行为享有管辖豁免和不受侵犯。来中国访问的外国国家元首、政府首脑、外交部部长及其他同等身份的官员，享有该条例所规定的特权与豁免（第23条）。对来中国参加联合国及其专门机构召开的国际会议的外国代表、临时来中国的联合国及其专门机构的官员和专家、联合国及其专门机构驻中国的代表机构和人员的待遇，按中国已加入的有关国际公约和中国与有关国际组织签订的协议办理（第24条）。该条例第25条规定，享有外交特权与豁免的人员，应当尊重中国的法律法规，不干涉中国内政，不得在中国境内为私人利益从事任何职业或商业活动，不得将使馆馆舍和使馆工作人员寓所充作与使馆职务不相符的用途。该条例第26条规定，如果外国给予中国驻该国使馆、使馆工作人员以及临时去该国的有关人员的外交特权与豁免，低于中国按该条例给予该国驻中国使馆、使馆人员以及临时来中国的有关人员的外交特权与豁免,中国政府可根据对等原则给予对方相应机关和人员外交特权与豁免。

我国《领事特权与豁免条例》规定了外国驻中国领事馆及其官员享有豁免权的范围及内容。该条例第14条规定,领事官员及领馆行政技术人员执行职务的行为享有司法和行政管辖豁免,但下列诉讼除外:涉及未明示以派遣国代表身份所订契约的诉讼;涉及在中国境内的私有不动产的诉讼,但以派遣国代表身份所拥有的为领馆使用的不动产不在此限;以私人身份进行的遗产继承的诉讼以及因车辆、船舶或航空器在中国境内造成的事故涉及损害赔偿的诉讼。

此外,在我国现有司法实践中,对以在我国享有特权与豁免的特定主体作为被告或第三人向人民法院起诉的,相关人民法院在决定受理之前,应报请本辖区高级人民法院审查;高级人民法院同意受理的,应当将其审查意见报最高人民法院。在最高人民法院答复前,一律暂不受理。

第三节 期间、诉讼保全

一、期间

(一) 期间的概念

期间是指法律规定的或法院依职权决定的,法院、当事人及其他诉讼参与人为一定诉讼行为的时间期限。因此,期间又可分为法定期间和指定期间。法定期间是指一国民事诉讼性立法所规定的进行某类诉讼行为的时间期限,法院、当事人及其他诉讼参与人都不得变更,故又称不变期间;指定期间是指法院依职权决定的进行某项诉讼行为的时间期限,其长短要视案件的客观情况而定,故又称可变期间。

国际民事诉讼同样也会涉及期间问题,而且在国际民事诉讼中,由于当事人位于国外或某些诉讼行为需要在国外完成,因而国际民事诉讼的期间理应长于国内民事诉讼的期间,这一点已为各国的民事诉讼法所肯定。我国《民事诉讼法》第277条就规定:"人民法院审理涉外民事案件的期间,不受本法第一百五十二条、第一百八十三条规定的限制。"

(二) 期间的计算

国际民事诉讼中期间的计算一般与国内民事诉讼中期间的计算相同。而且各国关于期间计算方法的规定也基本一致。

期间的计算单位一般为时、日、月、年;期间起始的时和日,不计算在期间内;期间届满的最后一日是节假日的,以节假日后的第一日为期间届满的日期;

期间不包括在途时间，诉讼文书在期满前交邮的，不算过期。

（三）期间的延误及其后果

期间的延误是指在诉讼期间内，法院或当事人应当进行某项诉讼行为而未进行的行为或事实。

延误期间就是对法定期间或法院指定期间的直接违反，其自然会导致一定的诉讼后果。对当事人而言，延误期间的后果就是不能再行使其本来可以行使的诉讼权利。如我国《民事诉讼法》第276条规定，在我国领域内没有住所的当事人若不服第一审人民法院的判决、裁定的，有权在判决书、裁定书送达之日起30日内提起上诉。根据这一规定，若当事人未在该法定期限内提起上诉，或延期申请虽获批准，但又未在准许的延长期限内提起上诉的，该当事人就丧失了原有的上诉权。

二、诉讼保全

（一）诉讼保全的概念

诉讼保全是指为及时有效地保护利害关系人或者当事人的合法权益，而在诉讼开始前或作出判决前，根据利害关系人或当事人的申请或主动依职权对有关当事人的财产所采取的一种强制性措施。我国《民事诉讼法》在2012年修订时整体删除了原第二十六章关于涉外民事诉讼财产保全的规定，统一适用修订后第九章的规定。

（二）诉讼保全的申请

一般而言，诉讼保全既可以由当事人一方申请由法院裁定实施，又可以由法院依职权主动实施。就国际民事诉讼中的诉讼保全而言，我国《民事诉讼法》第103、104条规定，财产保全既能基于当事人的申请或起诉前利害关系人的申请，也能由人民法院在必要时依职权主动实施。

（三）诉讼保全的范围及方法

各国关于诉讼保全的范围及方法规定得不尽一致。

我国《民事诉讼法》第105条规定，财产保全限于请求的范围或者与本案有关的财物。第106条第1款还规定，财产保全采取查封、扣押、冻结或者法律规定的其他方法。另外，《民事诉讼法》规定了两种解除财产保全的情况：①人民法院裁定准许财产保全后，被申请人提供担保的，人民法院应当解除财产保全。②人民法院裁定准许诉前财产保全后，申请人应当在30日内提起诉讼。逾期不起诉的，人民法院应当解除财产保全。

对财产保全申请人权利的限制问题，我国《民事诉讼法》规定有三方面的限制：①财产保全申请必须在具有前述《民事诉讼法》第103、104条规定的条件时才能提出；②《民事诉讼法》第107条规定，人民法院裁定准许财产保全后，被申请人提供担保的，人民法院应当解除财产保全；③《民事诉讼法》第108条规定，申请有错误的，申请人应当赔偿被申请人因财产保全所遭受的损失。

第四节 国际民事管辖权

国际民事管辖权是国际民事诉讼中极为重要的一个问题。无论普通法系国家还是大陆法系国家的国际私法学者，对国际民事管辖权的研究，都极为重视。

一、国际民事管辖权的概念

国际民事管辖权是指一国法院根据本国缔结或参加的国际条约和国内法的规定，对特定的涉外民事案件行使审判权的资格。

一般而言，国际民事管辖权涉及三方面的问题：①某一涉外民事案件应由何种机构（法院或仲裁庭）受理；②若某一涉外民事案件应由法院受理，那么该案件应由何国法院受理；③若某一涉外民事案件已确定由某国法院受理，那么该案件应由该国的哪一级法院受理。这三者中，某一涉外民事案件应由何国法院受理是国际民事管辖权所要解决的核心问题。这一核心问题的内容为：一国应根据哪些原则或标准来确定内国法院是否有权受理某一涉外民事案件。正因为这样，有学者将国际民事管辖权规则称为国际民事裁判权规则，它是用来划分各国对涉外民事案件的裁判管辖权的规则，加上"裁判"二字的目的在于表明这种管辖权与国家的立法管辖权和行政管辖权是有区别的。[1]

因此，国际民事管辖权具有如下特征：①它是一种司法管辖权，具有强制性。这是它与国际商事仲裁中仲裁管辖权的本质区别所在。②这种管辖权必须是"国际"的。其"国际"性的表现是：首先，国际民事管辖权规范的实质是国与国之间对涉外民事案件行使管辖权的分配性规则。因而它不同于一国之内不同种类、不同地域、不同级别的法院之间对民事案件行使管辖权的国内民事管辖权规范。其次，国际民事管辖权规范的渊源具有双重性，即一国法院据以受理涉外民事案件的原则或标准既源于国内法，也源于该国缔结或参加的有关国际条约；而国内民事管辖权规范则完全属于国内法。最后，在国际民事诉讼中，国籍往往是一国法院行使管辖权的重要连结因素；而在国内民事管辖权中是不存在这种情况的。

---

[1] 李浩培："论规范国际民事裁判管辖权的多边条约"，载中国国际法学会主编：《中国国际法年刊（1993）》，中国对外翻译出版公司1994年版，第202~203页。

二、国际民事管辖权的意义

国际民事管辖权具有非常重要的意义，这主要表现在：

1. 国际民事管辖权是国家主权在国际民事诉讼领域的具体体现。根据国家主权原则，任何主权国家都有属地管辖权和属人管辖权。根据属地管辖权，主权国家有权对其境内的一切人和物以及发生于其境内的一切行为行使司法管辖权（依国际法享有豁免权者除外）；根据属人管辖权，主权国家有权管辖在国外的本国国民。因此，一个国家的法院能否依此行使对有关涉外民事案件的管辖权，可以直接反映出该国的主权状况。而各国之间发生的国际民事诉讼管辖权冲突，正是国家主权原则发生作用的结果。

2. 管辖权问题是一国法院受理涉外民事案件所必须先行解决的问题。一国法院只有依据有关国际条约和国内法的规定，确定对某一涉外民事案件拥有管辖权之后，才会发生诸如域外送达、取证、判决或裁决的国外承认与执行等一系列国际民事诉讼程序问题。

3. 管辖权的确定直接关系到案件的审理结果。同一涉外民事案件在不同国家法院审理，会因各国法院对案件定性的不同而适用不同的冲突规范，导致适用不同的准据法，使案件的最终结果也各不相同，从而直接影响到当事人的权利义务。

正因为国际民事管辖权具有以上重要意义，所以各国不断扩大本国法院对国际民事案件的管辖权就成为国际民事诉讼管辖发展的趋势之一。如美国在新近提出和发展的"最低限度联系"（minimum contact）理论基础上形成的所谓"长臂管辖权"（long arm jurisdiction）法规就是典型代表。[1]

三、国际民事管辖权的立法

（一）国内立法

从各国关于国际民事管辖权的规定看，主要有以下三种类型：

1. 英美法系国家。英美法系国家一般把民事诉讼分为对人诉讼（action in personam）和对物诉讼（action in rem），并根据"实际控制"（也称"有效原则"）来分别确定内国法院对这两类诉讼的管辖权。

（1）对人诉讼是指针对某人提起的、以迫使其履行或不履行某种行为的诉讼。在英国，法院对自然人诉讼的实际控制表现为只要传票能送达在英格兰或威尔士的被告人（而不一定要求被告在那里有住所或居所），英国法院就有管辖权。对法人诉讼的实际控制表现为只要该法人在英国注册或有活动，就可以认为该法人存在于英国而英国法院拥有对它的管辖权。在美国，法院对自然人诉讼中

---

[1] 韩德培、韩健：《美国国际私法（冲突法）导论》，法律出版社1994年版，第43~58页。

的实际控制表现为对在法院地的被告能送达传票,或被告在法院地虽是暂时的"有形到场"(physical presence)(如被告乘坐的飞机飞越法院所属州的上空),法院亦拥有管辖权。对法人诉讼的实际控制表现为以"法人存在"理论作为确定管辖权的依据,即只要法人在某一州内有"连续性和系统性"(continuous and systematic)的经营活动(transaction of business),该州法院即拥有对该法人的管辖权。[1]

(2)对物诉讼是就某一特定财产的权利或利益的诉讼。在英国,法院在对物诉讼中的实际控制表现为只要诉讼标的物在英国,英国法院就有管辖权。如一艘外国船舶即使是暂时停泊或经过英国水域,英国法院即可对其行使管辖权。在美国,法院在对物诉讼中的实际控制标准先前与英国基本一致,但现代实际控制标准是"最低限度联系"原则,即法院行使属物管辖权的依据是法院地与争议之间要有最低限度的联系。美国有关属物管辖权的原则可适用于财产权利、海商、甚至身份问题(如婚姻状态)等的诉讼。

此外,协议管辖也是英美法系国家行使管辖权的依据。即当事人在契约中有明示选择法院处理争议的条款或默示同意接受法院管辖(如被告对法院管辖权无异议而出庭或应诉)的,视为法院有管辖权。

2. 拉丁法系国家。拉丁法系国家是指法国和立法上受 1804 年《法国民法典》影响较大的一些国家,如荷兰、卢森堡、比利时、意大利、西班牙、葡萄牙等。国籍是这些国家确定内国法院管辖权的重要标准,而且这些国家的法律基本上都规定,内国法院对凡有关内国国民的诉讼一概有管辖权。如《法国民法典》第 14 条规定:"不居住在法国的外国人,曾在法国与法国人订立契约者,由此契约所产生的债务履行问题,得由法国法院受理;其曾在外国订约对法国人负有债务时,亦得被移送法国法院受理。"第 15 条还规定:"法国人在外国订约所负的债务,即使对方为外国人时,得由法国法院受理。"法国的实践表明,法国已将上述做法适用于契约债务之外的案件,如侵权案件,甚至有关"权利能力"和身份地位的案件。

对外国人之间的诉讼,这些国家一般在原则上排除内国法院的管辖权。如法国法院一般只受理被告在法国有住所的外国人之间的诉讼。

此外,拉丁法系国家一般承认当事人可协议选择管辖法院。

3. 德国法系国家。德国法系国家是指包括德国在内的和立法上受 1877 年《德国民事诉讼法典》影响较大的一些国家,如瑞士、印度、奥地利、日本、泰国、缅甸、斯里兰卡、巴基斯坦等。

---

[1] See *Perkin v. Bengeut Consoidate Mining Co.*, 342 U.S. 437 (1952).

德国法系国家通常以地域管辖原则（或称普通管辖原则）作为内国法院确定国际民事案件管辖权的原则，而且往往以被告住所、居所及惯常居所等作为地域管辖的重要标志。如《德国民事诉讼法典》第 12、13、17 条所确立的依被告住所确定管辖权的原则可适用于对国际民事案件管辖权的确定。1987 年《瑞士联邦国际私法法规》第 2 条也规定："除本法有特别规定外，管辖权属于被告住所地的瑞士法院或主管机关。"在例外情况下，即对有关婚姻和身份地位的诉讼，德国法系国家又往往以当事人国籍作为确定管辖权的标准。

德国法系国家一般都允许当事人协议选择管辖法院，只是各国对当事人选择权利的限制程度存在差异。

（二）国际条约

目前在国际民事管辖权方面较有影响力的多边国际条约主要有 1971 年海牙《民商事案件外国判决的承认和执行公约》及其《附加议定书》（以下简称 1971 年《海牙公约》及其《附加议定书》）、1968 年《布鲁塞尔公约》和 1988 年《卢迦诺公约》。这些公约的规定表明，有关国际民事管辖权冲突的协调与解决呈现出以下态势：

1. 过度管辖权受到限制。所谓过度管辖权是指一国法院基于内国旨在扩大本国法院管辖权的国内立法和判例的规定，对有关国际民商事案件所行使的管辖权。对过度管辖权的限制主要表现在：当一国法院就某一国际民商事案件的判决或裁决需要委托某一外国法院承认和执行时，如果该受托法院根据有关条约的规定认为该委托法院行使管辖权是过度的，该受托法院即可拒绝承认或执行该判决。

1968 年《布鲁塞尔公约》和 1971 年《海牙公约》及其《附加议定书》对缔约国共同认为不能作为行使管辖权的一些根据分别作出了列举式的规定，即所谓"黑色一览表"，这两个公约的"黑色一览表"大体上一致规定下列事项不能作为缔约国法院行使管辖权的依据，否则即被认为是过度的：

（1）在判决作出国境内有被告的财产，或这种财产经原告申请而被扣押。根据这一规定，可以认为有关国家的国际民事案件管辖权条款是过度管辖权条款。如 1877 年《德国民事诉讼法典》第 23 条规定，关于对在德国无住所的人提起的财产诉讼，该人的财产所在地法院或诉讼标的所在地法院有管辖权。再如 1987 年《瑞士联邦国际私法法规》第 4 条规定："本法没有在瑞士指定法院的，财产保管的有效性的诉讼可在财产保管地瑞士法院提起诉讼。"

（2）原告具有内国国籍或在内国境内有住所、惯常居所或普通居所。根据这一规定，法国法院依前述《法国民法典》第 14、15 条的规定行使的管辖权可被认为是过度的。再如 1838 年《荷兰民事诉讼法典》第 126 条第 3 款规定，在对人诉讼或对物诉讼中，如果被告在荷兰境内既无住所也无实际居所，而原告在荷兰有住所时，则原告住所地的法院有管辖权。[1]这一规定也可视为过度管辖权条款。

（3）被告在判决作出国境内曾进行业务活动，但作为判决客体的诉讼标的与被告所进行的业务活动无关。根据这一规定，美国纽约州法院以所谓"营业活动"标准对"朗金斯—威特诺尔手表公司诉巴恩斯与赖内克有限公司"（Longiness-Witnauer Watch Co. v. Barness & Reineke Inc.）案的管辖可被认为是过度的。因为该案中，被告在纽约州的营业活动是曾经出售贵重金属并协助其安装，而原告是以被告不履行担保义务为由对被告提起诉讼，但该担保与被告在纽约州的营业活动并无关联。[2]

（4）在被告暂时身在判决作出国境内时对其送达了令状。根据这一规定，前述英美国家以传票能有效送达被告和以所谓暂时的"有形到场"为依据而行使的管辖权也可以被视为是过度的。

（5）原告未经被告同意而单方面（特别是在发票内）指定管辖法院的。

需要说明的是，1968 年《布鲁塞尔公约》第 3 条第 2 款规定，上述过度管辖权条款对在欧共体内有住所的人不适用，只适用于在欧共体内无住所的人，这一规定被谴责为"法律上的沙文主义"。尽管如此，《布鲁塞尔公约》的条款仍几乎全部为《卢迦诺公约》所采纳。因此，我们通过这些公约的规定及其影响可以看出，过度管辖权已经受到了一定的限制。

2. 当事人协议管辖受到了一定程度的承认。1968 年《布鲁塞尔公约》和 1971 年《海牙公约》及其《附加议定书》都将这一内容列在所谓的"白色一览表"中，即规定缔约国法院可依据当事人的协议选择管辖而行使管辖权。不同的是前者是从直接管辖权角度规定的，而后者是从间接管辖权角度规定的。但二者对协议管辖又都规定有一定的限制：前者规定当事人选择管辖法院表现是共同同意的、且以书面作出或证明，或在国际贸易或商务中以符合双方当事人知悉或应知悉的该贸易或商务的惯例方式作出。若协议只是为一方当事人的利益而达成的，则另一方仍有权依公约的规定向有管辖权的缔约国法院起诉。后者规定，当事人的协议应以书面形式，或以在合理时间内书面确认的口头合同形式达成。协议的内容是将某一特定法律关系所可能或已经发生的争端提交某国法院管辖，但合同不能是因争端而为被请求承认与执行判决国家所禁止订立的合同。这如同有

---

[1] 李浩培："论规范国际民事裁判管辖权的多边条约"，载中国国际法学会主编：《中国国际法年刊（1993）》，中国对外翻译出版公司 1994 年版，第 215~216 页。

[2] 韩德培、韩健：《美国国际私法（冲突法）导论》，法律出版社 1994 年版，第 48 页。

关国家的国内立法所规定的那样，就消费者契约而言，该类合同就不能规定将可能或已经发生的争端提交商人住所地法院管辖。[1]可见，从某种意义上讲，这种限制是旨在从程序上保护弱方当事人的利益。

3. 惯常居所成为确立国际民事管辖权的重要的连结因素。在普通管辖中，传统上英美法系国家多以被告的住所作为确定国际民事管辖权的基本标志，大陆法系国家则多以被告的国籍作为基本标志。这样便不可避免地会导致国际民事管辖权的冲突。因此，有必要寻找一个新的连结因素，并以之来协调国际民事管辖权方面的"住所地主义"和"国籍主义"的冲突。由于"惯常居所"在解决国籍冲突、住所冲突以及国籍与住所冲突中所具有的积极作用，它很早就成为海牙国际私法会议喜欢采用的术语。它既是海牙国际私法会议在一系列国际条约中确立的法律适用原则的重要连结点，也是该会议确立国际民事管辖权的重要标准。

1971年《海牙公约》及其《附加议定书》的"白色一览表"第一项内容为：在诉讼提起时，作为自然人的被告的惯常居所在判决作出国境内。这表明公约已摈弃住所，而迳以惯常居所作为法院行使管辖权的依据。由此，被告人的惯常居所所在国法院作出的判决需要在公约的其他成员国承认或执行的，该成员国法院应予以承认或执行。前述公约意图从程序上保护弱方当事人的利益时，也是借助了惯常居所这一连结点。1971年《海牙公约》的这一做法在海牙国际私法会议通过的其他一系列条约中都有所反映。因此，莫里斯认为："有可能这样，如果住所不能更好地改进，惯常居所作为一项连结因素和管辖因素将最终取代它。但这个过程不可避免地是一个渐进的过程。"

四、我国关于国际民事管辖权的规定

我国关于国际民事管辖权的规定，一方面体现于有关国内立法和司法实践中，另一方面体现于我国缔结或参加的有关国际条约中。

（一）国内立法与实践

我国国内立法和实践关于国际民事管辖权的规定主要反映在我国《民事诉讼法》和《民诉法解释》中，虽然《民事诉讼法》第二十四章只就部分涉外民事案件的管辖权作了规定，但依据《民事诉讼法》第266条，该法中某些关于国内民事案件管辖权的规定同样可适用于对涉外民事案件管辖权的确定。

从立法和司法实践看，我国关于涉外民事案件的管辖分为四种，即普通地域管辖（通常称普通管辖）、特别地域管辖（通常称特别管辖）、专属管辖和协议管辖。

1. 普通管辖。普通管辖是以被告的住所作为连结因素而行使的管辖权，即

---

[1] 1987年通过的《瑞士联邦国际私法法规》第120条第2款。

所谓"普通审判籍"。我国也是以被告的住所作为行使涉外民事案件管辖权的依据的。根据我国《民事诉讼法》第 22 条的规定，凡被告（自然人、法人或其他组织）的住所在我国境内的涉外民事案件，我国法院有管辖权。由于实际生活中被告（自然人）的住所与居所往往不一致，因此，我国也采取了其他国家的做法，即被告的住所与经常居住地不一致的，若其经常居住地在我国境内的，我国法院有管辖权。

《民事诉讼法》在确立了以"原告就被告原则"作为普通管辖原则的同时，还规定了以原告的住所和经常居住地作为普通管辖依据的补充。《民事诉讼法》第 23 条规定，对不在中国境内居住的人、对下落不明或宣告失踪的人提起的有关身份关系的诉讼，由原告住所地或经常居住地法院管辖。《民诉法解释》规定得更为详细，其第 15 条规定："中国公民一方居住在国外，一方居住在国内，不论哪一方向人民法院提起离婚诉讼，国内一方住所地人民法院都有权管辖。国外一方在居住国法院起诉，国内一方向人民法院起诉的，受诉人民法院有权管辖。"

2. 特别管辖。特别管辖是指以某些种类的国际民事诉讼与特定国家的联系作为行使管辖权的依据。《民事诉讼法》第 272 条规定，对在中国境内没有住所的被告提起的合同或其他财产权益的诉讼，如果合同的签订地或履行地，或诉讼标的物在中国境内，或者被告在中国境内有可供扣押的财产或设有代表机构的，或者侵权行为在中国境内的，中国法院有管辖权。

另外，《民事诉讼法》第 24~33 条有关特别管辖的规定也可作为我国法院对涉外民商事案件行使特别管辖的依据。

3. 专属管辖。《民事诉讼法》第四编仅有第 273 条为专属管辖条款。该条规定，因在我国境内履行的中外合资经营企业合同、中外合作经营企业合同、中外合作勘探开发自然资源合同发生纠纷提起的诉讼，由我国法院管辖。

另外，根据《民事诉讼法》第 266、34 条的规定，下列案件由我国法院专属管辖：①因不动产纠纷提起的诉讼，不动产所在地在我国境内的；②在我国的港口作业中因发生纠纷提起的诉讼；③因继承遗产纠纷提起的诉讼，被继承人死亡时住所地或主要遗产所在地在我国境内的。以上规定中，第 34 条第 3 项将遗产继承规定为专属管辖事项，主要是针对国内管辖作出的，若将此条的规定适用于涉外继承案件是不太适宜的。尤其对于被继承人的遗产在国外，而我国法院以被继承人死亡时住所地在我国而行使管辖权的一些案件而言，可能无助于判决或裁决的执行。

4. 协议管辖。《民事诉讼法》对协议管辖也作了肯定的规定。根据该法第 266 条和第 35 条的规定，涉外合同或涉外财产权益纠纷的当事人，可以用书面协议选择与争议有实际联系的地点的法院管辖。选择我国法院管辖的，不得违反诉讼法关于级别管辖和专属管辖的规定。

从以上规定看，我国对协议管辖有以下限制：①协议管辖的范围一般限于涉外合同或涉外财产权益纠纷，至于人的身份、能力、家庭关系方面纠纷的当事人，则不得选择管辖法院；②协议管辖必须以书面形式作出，且协议选择的法院必须与争议有实际联系；③协议管辖只能改变一般管辖和特别管辖，不得违反我国关于专属管辖的规定，因为协议管辖通常选择的是一国的"国际"管辖权；④当事人只能通过协议选择一审法院，因而若当事人选择我国法院管辖的，不得违反我国关于级别管辖的规定；⑤协议管辖必须是当事人之间平等协商的结果，若一方当事人采用胁迫、诱骗等手段使对方同意协议管辖约定的，法院核实后可确认此项选择无效。

此外，《民事诉讼法》第130条第2款确立了默示协议管辖原则。该条规定："当事人未提出管辖异议，并应诉答辩的，视为受诉人民法院有管辖权，但违反级别管辖和专属管辖规定的除外。"

5. 关于管辖的其他问题的规定。从我国的立法、实践来看，有关国际民事诉讼管辖的其他问题主要为：法院对管辖权的自由裁量问题、法院管辖权的限制问题。

（1）法院对管辖权的自由裁量问题。法院对管辖权的自由裁量是指法院根据法律所规定的弹性标准来决定对某一涉外民事案件是否可以行使管辖权，从而达到解决涉外民事案件管辖权积极冲突或消极冲突的目的。这一过程又可分为积极的自由裁量和消极的自由裁量两方面。前者是指在内国法律并没有明确规定本国法院能否对某一涉外民事案件行使管辖权的情况下，法院基于一定的原因而行使对该案的管辖权，或者是就某一案件而言，在明显没有其他法院可以提供司法救济的情况下，针对原告所提起的诉讼，法院可以行使对该案的管辖权；后者是指在内国法律规定本国法院应该对某一涉外民事案件行使管辖权的情况下，法院基于一定的原因而放弃对该案的管辖权，其主要原则是"不方便法院原则"(doctrine of forum non convenient)。

就管辖权的积极自由裁量而言，其作用主要表现在：这一做法可以通过解决或避免国际民事诉讼管辖的消极冲突，来达到维护本国及本国当事人合法权益的目的，因而这一做法为普通法系国家所肯定。如1971年美国《第二次冲突法重述》第39、52条就规定，一州法院只要认为因该州与某人（自然人、法人）之间存在联系而对该人行使管辖权是合理的，则该州法院就可以对该人行使管辖权。我国现有立法以及实践对此未作规定，但对此作出相应的规定又是必要的，因为这样既可以达到解决管辖权消极冲突的目的，又可以限制法院对自由裁量权的滥用。

就管辖权的消极自由裁量而言，"不方便法院原则"的作用在于它可以用来解决国际民事管辖权的积极冲突。其含义是指根据国内法的规定，一国法院对某一国际民事案件享有管辖权，但如果该法院认定本法院地对任何当事人来说是一个不公平或十分不方便的地点（unfair or seriously inconvenient place），而且另有更为方便的地点可作为法院地，则该法院可在其权限内拒绝行使管辖权。从各国实践看，法院在决定是否适用这一原则时，所考虑的主要有两方面的因素：①原告能否在其他法院获得与受诉法院实质上相同的救济措施；②原告是否会因另一法院适用的法律与受诉法院所适用的法律不同而遭受不利。

我国立法上没有关于这一原则的规定，但《民诉法解释》第532条明确规定，涉外民事案件同时符合下列情形的，人民法院可以裁定驳回原告的起诉，告知其向更方便的外国法院提起诉讼：①被告提出案件应由更方便外国法院管辖的请求，或者提出管辖异议；②当事人之间不存在选择中华人民共和国法院管辖的协议；③案件不属于中华人民共和国法院专属管辖；④案件不涉及中华人民共和国国家、公民、法人或者其他组织的利益；⑤案件争议的主要事实不是发生在中华人民共和国境内，且案件不适用中华人民共和国法律，人民法院审理案件在认定事实和适用法律方面存在重大困难；⑥外国法院对案件享有管辖权，且审理该案件更加方便。这表明我国在司法实践中正式引入了这一制度。

（2）法院管辖权的限制问题。一国法院对国际民事案件行使管辖权所受到的限制主要为：当事人的特别出庭、仲裁协议对法院管辖权的排除等。

所谓特别出庭（special appearance），是指若被告出庭仅仅是为了抗辩法院的管辖权，而未就争议的实质问题进行答辩的，就不能认为被告已出庭应诉，也不能认为被告已自愿接受法院的管辖。这一制度可以被视为默示协议管辖原则的例外。我国《民事诉讼法》确立了默示协议管辖原则，其规定中已经蕴含有特别出庭原则。

仲裁协议对法院管辖权的排除，是指国际民事诉讼的当事人若订有将其间可能或将要发生的争议提交某国仲裁机构裁决的书面协议，有关国家的法院就不得对该争议行使管辖权。仲裁协议具有排除法院管辖权的效力已为世界上大多数国家所公认，其对法院管辖权的排除通常可以分为两种情况：①有效合同中的仲裁条款对法院管辖权的排除；②无效合同中的仲裁条款排除法院管辖权的情况。我国立法及实践历来承认仲裁协议具有排除法院管辖权的效力。如《民事诉讼法》第278条第1款规定："涉外经济贸易、运输和海事中发生的纠纷，当事人在合同中订有仲裁条款或者事后达成书面仲裁协议，提交中华人民共和国涉外仲裁机构或者其他仲裁机构仲裁的，当事人不得向人民法院起诉。"《民诉法解释》第529条第2款也规定："根据民事诉讼法第三十四条和第二百七十三条规定，属于中华人民共和国法院专属管辖的案件，当事人不得协议选择外国法院管辖，但协议选择仲裁的除外。"

（3）"一事两诉"（stay because of pending action）问题。"一事两诉"是指某一国际民事诉讼的当事人就同一争议在一个以上国家的法院所提起的诉讼。它通常表现为两种情况：①所谓相同当事人的诉讼，即同一原告在内国和外国法院就同一争议对同一被告提起的诉讼；②所谓相反当事人的诉讼，即就同一诉讼标的而言，内国法院的原告乃外国法院的被告。可见允许一事两诉，必将导致国际民事诉讼管辖权的积极冲突。因而，各国有必要采取相应的措施以避免此类情况的出现，以利于国际民商事活动的正常进行。

从立法及实践看，各国对这一问题的解决有两类做法：①英美法系国家基于有关判例规则，由法院自由裁量决定；②部分大陆法系国家根据国内法的规定来决定支持"一事两诉"或禁止"一事两诉"。

我国立法中对此没有明确规定。《民诉法解释》第533条第1款规定："中华人民共和国法院和外国法院都有管辖权的案件，一方当事人向外国法院起诉，而另一方当事人向中华人民共和国法院起诉的，人民法院可予受理。判决后，外国法院申请或者当事人请求人民法院承认和执行外国法院对本案作出的判决、裁定的，不予准许；但双方共同缔结或者参加的国际条约另有规定的除外。"这一规定的不足主要表现为：①对"一事两诉"基本采取不区分具体情况的接受态度；②由于"一事两诉"通常涉及的是国际民事诉讼的直接管辖问题，而《民诉法解释》的这一规定还包含有承认与执行外国法院判决、裁决的内容，因而这一规定似嫌笼统。

（二）国际条约

我国已经参加的涉及国际民事管辖权的国际条约有《国际铁路货物联运协定》（1954年参加）、《华沙公约》（1958年参加）和《国际油污损害民事责任公约》（1980年参加）。此外，在前述我国与有关国家签订的一系列司法协助协定中，也有关于国际民事管辖权的规定。根据"条约必须遵守"的一般国际法原则和我国国内法的有关规定，我国法院在确定相关涉外民事案件的管辖权时，必须信守上述条约的规定。

《国际铁路货物联运协定》第29条规定，凡有权向铁路请求赔偿的人，即有权根据货运合同提起诉讼。这种诉讼只能由受理赔偿请求的铁路国的适当法院管辖。

《统一国际航空运输某些规则的公约》适用于所有以航空器运送旅客、行李或货物而收取报酬的国际运输以及航空运输企业以航空器办理的免费运输。公约规定对旅客因死亡、受伤或身体上的任何其他损害产生的损失，对任何已登记的行李或货物因毁灭、遗失或损坏而产生的损失,对旅客、行李或货物在航空运输中因延误而造成的损失,原告有权在一个缔约国内,向承运人住所地或其总管理机构所在地或订立合同机构所在地法院或目的地法院对承运人提起追索损害赔偿诉讼。

《国际油污损害民事责任公约》第9条规定,油污损害如在一个或若干个缔约国领土(包括领海)内发生,或在上述领土(或领海)内采取了防止或减轻油污损害预防性措施的情况下,有关的赔偿诉讼便只能向上述一个或若干个缔约国法院提出。因此,公约的每一缔约国应当保证其法院具有处理上述赔偿诉讼的必要管辖权。

在我国与部分国家签订的一系列双边司法协助协定中,有关相互承认与执行法院判决或裁决的规定实质上是关于国际民事诉讼间接管辖的规定,具体内容详见后文。

第五节 国际民商事司法协助

一、国际民商事司法协助概述

(一) 国际民商事司法协助的概念

国际民商事司法协助是指一国法院或其他主管机关,根据另一国法院或其他主管机关或有关当事人的请求,代为或者协助实施与诉讼有关的一定的司法行为。

一国司法机关只能在本国领域内而不能在其他国家内行使司法权,这是国家主权原则所要求的。国际交往的日益频繁必然导致各国司法机关处理的涉外案件日益增多,这就需要各国在司法领域进行广泛的合作,以维护正常的国际交往的法律秩序,保护当事人的合法权益。这样司法协助作为各国在司法领域合作的重要手段而为国际社会所广泛采用。

从各国的实践看,司法协助涉及民商事、刑事和行政诉讼。本书所述的司法协助仅指国际民商事司法协助,简称司法协助,它是国际民事诉讼程序的重要组成部分。在民商事司法协助中,提出请求的法院的行为称为法院委托,履行他国法院委托的行为就叫司法协助。

从司法协助的范围及内容看,无论是在理论上还是在实践中(国内法和条约实践),都有两种不同的主张,即所谓狭义上的司法协助和广义上的司法协助。前者认为,司法协助即指国与国之间所发生的送达文书、代为询问当事人和证人以及收集证据等行为;后者认为,司法协助除前述内容外,还包括外国法院判决和外国仲裁机构裁决的承认与执行。

在我国，虽然理论上对司法协助也有上述广义和狭义上的两种观点。但实践中，我国采纳的是广义司法协助的观点。我国《民事诉讼法》第二十七章是专门关于司法协助的规定，其内容包括送达文书、调查取证和法院判决（仲裁裁决）的承认与执行。

(二) 国际民商事司法协助的依据

一般而言，条约和互惠关系的存在是司法协助的依据。

为了维护正常的国际交往秩序和当事人的合法权益，各国有必要在司法领域进行广泛合作。但是，如果一国法院在某一案件的诉讼中，已经给予另一国法院必要的协助，而该国在今后类似的案件中却得不到该另一国法院相应的协助的话，那么这种单方面的司法协助最终将是毫无意义和不可能的。因此，在提供司法协助的过程中，相关国家间的权利义务应是一致的。另外，由于司法协助的后果毕竟要在最初受理案件的法院地国产生诉讼上的意义，提供司法协助的一方必然要顾及这种后果的合理性。而对这种后果合理性的考虑往往要顾及国与国相互间政治、经济、外交关系的现状以及对于对方法律制度和司法机关的信任程度，这样任何一国是不可能不分对象地向外国提供司法协助的。可见，司法协助只能是国与国之间在友好合作的前提下，在司法领域的一种互助行为，而这种互助必须以相互间存在条约或互惠关系为前提。

当然，在实践中还存在这样一种情况，即在两国之间既无条约依据，又无互惠关系的条件下，一国也可能会向另一国提供司法协助。这可能因为该两国之间在实践中已经形成一种事实上的互惠关系，而无需另作明示的承诺；或一国出于外交上的考虑，认为提供司法协助有利于其与请求国之间的关系；或有关案件涉及本国利益，提供司法协助有利于维护本国利益；等等。但这种情况一般被视为司法协助须以条约或互惠关系为依据的例外，而且这种情况一般也只发生于个案的诉讼中。

我国立法及实践表明，我国也是以条约或互惠关系的存在作为司法协助的依据的。

我国《民事诉讼法》第283条第1款规定："根据中华人民共和国缔结或者参加的国际条约，或者按照互惠原则，人民法院和外国法院可以相互请求，代为送达文书、调查取证以及进行其他诉讼行为。"因此，在我国与有关国家存在条约关系时，应根据条约的规定请求和提供司法协助。这里的条约既包括我国与外国缔结的双边司法协助条约，也包括我国参加的有关司法协助或含司法协助内容的多边国际公约。在我国与有关国家没有条约关系时，应根据互惠原则请求和提供司法协助。根据《民事诉讼法》第284条的规定，根据互惠原则请求和提供司法协助，可通过外交途径进行。

在有关国家与我国既无条约又无互惠关系时，该外国法院若需我国法院提供司法协助的，根据《民诉法解释》第549条的规定，该外国法院可通过外交途径提出请求。若未通过外交途径而直接请求我国法院提供司法协助的，我国法院应予退回并说明理由。另外，根据《民诉法解释》第544条的规定，若当事人向我国有管辖权的中级人民法院申请承认和执行外国法院所作出的发生法律效力的判决、裁定（离婚判决除外），如该法院所属国与我国无条约或互惠关系的，当事人可以在我国有管辖权的人民法院起诉，由该法院作出判决，予以执行。

（三）国际民商事司法协助中的法律适用

在司法协助中，由于请求方和被请求方是两个不同的国家，具有诉讼性质的司法协助行为，如送达文书、调查取证等就必须依据相关的法律予以实施，否则，就难以保证其效力。因此，司法协助也同样涉及法律适用问题，即提供司法协助也应依据相关的准据法进行。

但是，这里所说的法律适用与前面冲突法部分所说的法律适用是有区别的：①前面所说的法律适用是指对某一涉外民事案件确定适用某一冲突规范，并用它来援引准据法，其目的在于确定涉外民事案件当事人的权利与义务；这里所说的法律适用则不是为了确定某一涉外民事案件当事人的权利义务，而是为了明确是否提供以及如何提供司法协助。②在冲突法中，对不同性质和不同种类的涉外民事案件，往往要根据识别的结果，决定适用不同的冲突规范，从而适用不同的准据法；在司法协助中，则不论有关民事诉讼的性质和种类如何，被请求方在提供司法协助时，一般只适用国内民事诉讼法，在特殊情况下需要适用外国法的，也以外国法的适用不违背国内法为限，这是一国司法主权所要求的。③前面所说的法律适用中，往往允许当事人根据"意思自治原则"来选择准据法；而在司法协助中，无论何种涉外民事案件，均不允许当事人选择准据法。所以，我国国内法和我国缔结、参加的国际条约均对司法协助应适用的准据法作了明确规定，即一般适用司法协助提供国的国内法。

为了保证被请求国所提供的司法协助达到其应有的效果（如被请求国法院代为收集的证据效力能获得请求国的承认），各国法律也允许在一定条件下在司法协助中适用请求国法律，即所谓依照请求国所要求的特别程序进行。但该特别程序不得违背被请求国的立法或强制性规范。我国国内法和我国缔结、参加的有关国际条约也明确肯定了这一点。《民事诉讼法》第286条规定："……外国法院请求采用特殊方式的，也可以按照其请求的特殊方式进行，但请求采用的特殊方式不得违反中华人民共和国法律。"《中意民事司法协助条约》第11条第1款也规定："执行调查取证请求时应适用被请求的缔约一方的法律；如果提出请求的缔约一方要求按照特殊方式执行请求，被请求的缔约一方在采用这种方式时以不违反其本国法律为限。"其他如《中波司法协助协定》第 11 条、《中蒙司法协助条约》第 10 条、《中比司法协助协定》第 8 条等的规定均与此类似。

（四）国际民商事司法协助中的公共秩序

司法协助中的公共秩序是指如果请求国提出的司法协助事项与被请求国的公共秩序相抵触的，被请求国有权拒绝提供司法协助。

司法协助中的公共秩序与冲突法中的公共秩序是有区别的。冲突法中公共秩序适用的结果是法院在审理某一涉外民事案件时，排除适用冲突规范指定适用的某一外国法或国际惯例，但法院仍应以本国法或其他法律作为准据法继续审理案件；而司法协助中公共秩序适用的结果则是拒绝提供司法协助。

（五）国际民商事司法协助的机关

司法协助的机关有中央机关、主管机关和外交机关。它们在司法协助中的作用是各不相同的。

1. 中央机关。司法协助的中央机关是指一国根据本国缔结或参加的国际条约的规定而指定建立的，在司法协助中起联系、转递作用的机关。

1965 年《海牙送达公约》首先创立了"中央机关"制度，即设立中央机关以取代以往的外交机关来作为民商事司法协助的主要途径。这一制度避免了外交途径转递请求手续的烦琐，从而便利了各国间司法协助请求的转递；另一方面，这一制度也减轻了各国外交机关在司法协助方面的工作压力。因此，在这之后缔结的 1970 年《海牙取证公约》以及其他有关司法协助的多边或双边的国际条约也采用了这一制度。目前，以"中央机关"作为国际民事司法协助的联系途径，已成为一项普遍的国际实践。

但各国在实践中为司法协助而指定的中央机关不尽相同。我国于 1991 年批准加入《海牙送达公约》的决定中，指定我国司法部为中央机关和有权接收外国通过领事途径转递文书的机关。在我国与外国缔结的一系列双边司法协助条约中，也一般指定司法部为司法协助的中央机关。虽然也有同时指定司法部和其他最高司法机关（最高人民法院或最高人民检察院）为中央机关的规定，但这种情况主要出现在民、刑事司法协助条约中，且主要是考虑到业务对口机关联系的方便。因此，根据这类我国与他国缔结双边司法协助条约的规定，民事司法协助事项一般由作为中央机关的司法部负责联系和转递。

2. 主管机关。司法协助的主管机关是指国际条约或国内法所规定的有权向外国提出司法协助请求和有权执行外国提出的司法协助请求的机关。

司法协助的主管机关与中央机关在司法协助中的作用是不同的。前述中央机关主要负责司法协助中缔约国之间的相互联系，而主管机关则是司法协助请求行为的提出者和具体完成者。

各国通过司法协助程序完成的行为一般认为是司法行为,因而各国司法协助的主管机关也主要是司法机关。但各国对司法协助主管机关的指定又不尽一致。在有些国家,司法机关以外的机关(甚至有关人员)也可能成为司法协助的主管机关。譬如在波兰,除法院是民商事案件的主管机关外,公证处也有权处理数额不大的财产纠纷,以及有关遗嘱的有效性、遗产保护方面的纠纷;在比利时,有关送达文书的请求,一般由与律师地位相似的司法执达员(即司法助理人员)完成;在美国,律师又可以在法院的控制下依一定的程序完成送达等司法行为。

在我国,法院是民事司法协助方面的主管机关。

3. 外交机关。外交机关在司法协助中的作用主要如下:

(1)可作为司法协助的联系途径。在无司法协助条约关系的国家之间,司法协助一般应通过外交途径解决,这是国际社会的普遍实践。我国《民事诉讼法》第284条第1款规定:"请求和提供司法协助,应当依照中华人民共和国缔结或者参加的国际条约所规定的途径进行;没有条约关系的,通过外交途径进行。"

(2)可作为解决司法协助条约纠纷的途径。司法协助条约一般有这样的规定:因执行或解释条约而产生的困难或争议应通过外交途径解决。我国条约法的实践也是这样。如《中波司法协助协定》第29条规定:"本协定执行过程中所产生的任何困难均应通过外交途径解决。"

(3)可出具诉讼费用减免的证明。根据我国与外国缔结的双边司法协助条约,申请减免诉讼费用所需要的证明书,一般应由当事人住所地或居所地的主管机关出具,但申请人在缔约双方境内无住所或居所的,亦可由其本国的外交或领事机关出具。

二、域外送达

(一)域外送达的概念

域外送达是指一国法院根据国际条约或本国法律或互惠原则将司法文书和司法外文书送交给位于外国的诉讼当事人或其他诉讼参与人的行为。

(二)送达途径

实践中,司法文书的域外送达一般通过两种途径进行:①直接送达,即由内国法院根据内国法律或国际条约的相关规定通过一定的方式直接送达;②间接送达,即由内国法院依据内国法律和国际条约的有关规定通过一定的途径委托外国的中央机关代为送达,亦即通过国际司法协助的途径所进行的送达。

1. 直接送达。直接送达的方式,一般可以归纳为以下几种:

(1)外交代表或领事送达,即由内国法院将需要在国外送达的司法文书委托给内国驻有关国家的外交代表或领事代表代为送达。这种方式已为国际社会普遍认可和采用。1963年《维也纳领事关系公约》第5条和1954年《海牙民事诉讼程序公约》第6条都规定了这种送达方式，但此方式的送达对象只能是本国国民，且不得采取强制措施。

（2）邮寄送达，即国内法院通过邮局直接将法律文书寄给国外的诉讼当事人或其他诉讼参与人。1954年《海牙民事诉讼程序公约》（第6条）和《海牙送达公约》（第10条）都规定了这种送达方式。美国、法国等多数国家在批准和加入这两个公约时都认可了这一规定，但德国、瑞士、卢森堡、挪威、土耳其、埃及等国则明确表示反对。我国1991年批准加入《海牙送达公约》时也明确表示反对采用公约第10条所规定的方式在我国境内送达。

（3）个人送达，即内国法院将司法文书委托给具有一定身份的个人代为送达。这里的"个人"可以是有关当事人的诉讼代理人，或当事人选定的人或与当事人关系密切的人。这种方式一般为英美法系国家所采用。

（4）公告送达，即内国法院将需要送达的司法文书的内容以张贴公告或登报的方式告知有关当事人或其他诉讼参与人，自公告之日起一定期限届满后视为已送达。这一方式为许多国家的民事诉讼法有条件地认可和采用。

（5）以当事人协商的方式送达。这一方式主要为英美法系国家所采用。在美国，对外国国家的代理人或代理处、对外国国家或外国政治实体的送达，可依诉讼当事人之间特别协商的办法进行；在英国，合同当事人甚至可以在其合同中约定送达方式。

2. 间接送达。由于间接送达需要通过国际司法途径进行，即需要有关国家的中央机关参与，因而它必须经过特别程序。从各国国内立法和条约实践看，其特别程序主要如下：

（1）请求的提出。一般认为，提出请求的机关应依请求国法律来确定。如1965年《海牙送达公约》第3条将提出请求的机关规定为依文书发出国法律有权主管的当局或司法助理人员。因而，对作为《海牙送达公约》成员国的被请求国来说，在其中央机关收到另一缔约国某机关提出的请求后，则可不必了解该机关是否为有权提出请求的机关。对我国而言，我国一般认为送达文书属于法院职权范围，因而人民法院为我国有权向外国提出请求的机关。

请求途径一般应依据条约的规定进行，没有条约关系的，通过外交途径进行。这是为国际社会所认同的司法协助依据之一。实践中，我国法院向外国提出送达文书的请求是通过统一的途径进行的，即有关中级人民法院或专门人民法院应将请求书和需送达的司法文书送有关高级人民法院转最高人民法院，由最高人民法院送司法部转送给该国指定的中央机关；必要时，也可以由最高人民法院送我国驻该国使馆转送给该国指定的中央机关。

(2) 请求的执行和执行情况的通知。从《海牙送达公约》和各国的实践看，一国执行另一国的送达请求，主要有两种方式：①由被请求国法院按照本国法律对国内类似性质的文书所规定的方式送达；②按照请求国所要求的特殊方式送达，但这种方式不得与被请求国法律相抵触。在我国与外国所订立的一系列双边司法协助条约中，通常都规定有这两种送达方式。

至于执行结果的通知，国际社会的普遍做法是采用送达回证或由有关机构出具送达证明书的形式将执行情况通知请求机构，而且这种通知的途径与司法协助请求书的传递途径相同。

(3) 请求的拒绝。一般认为，当某些文书的送达将损害被请求国主权、安全或国内公共秩序时，被请求国有关机构可拒绝履行这种送达委托。我国《民事诉讼法》第283条第2款的规定也与此相同。另外，从《海牙送达公约》第1条和第4条的规定看，对受送达人地址不详或请求书不符合要求且不能及时补正的，也可以拒绝执行或对请求书提出异议。

(三) 我国的域外送达制度

我国的域外送达制度主要有以下两方面的内容：

1. 我国法院需要向国外送达司法文书的，有下列可供使用的方法：①依受送达人所在国与我国缔结或参加的条约规定的方式送达；②通过外交途径送达；③委托我国驻外使领馆对我国公民进行送达；④向当事人委托的有权代其接受送达的诉讼代理人送达；⑤向受送达人在我国领域内设立的代表机构或有权接受送达的分支机构、业务代办人送达；⑥在所在国法律允许的情况下，邮寄送达（自送达之日起满3个月，送达回证没有退回，但根据各种情况足以认定已送达的，期间届满之日视为送达）；⑦公告送达（自公告之日起满3个月的，视为已送达）；⑧电子方式送达；⑨留置送达。[1]

2. 外国法院向在我国境内的当事人送达法律文书的，可以采取的途径为：①外国与我国有条约关系的，依照缔结或参加的国际条约规定的途径进行；②没有条约关系的，通过外交途径进行；③外国驻华使领馆可以直接向在华的本国国民送达法律文书，但不得损害我国的主权、安全和社会公共利益，不得采取强制措施；④对拒绝转递我国法院通过外交途径委托送达法律文书的国家或有特殊限制的国家，可以根据情况采取相应的对等措施。

---

[1] 最高人民法院《关于涉外民事或商事案件司法文书送达问题若干规定》第12条规定，人民法院向受送达人在中华人民共和国领域内的法定代表人、主要负责人、诉讼代理人、代表机构以及有权接受送达的分支机构、业务代办人送达司法文书，可以适用留置送达的方式。

三、域外调查取证

(一) 域外调查取证的概念和范围

从国际社会的实践来看，域外调查取证是指案件的受诉法院在征得有关国家同意的情况下，直接提取案件所需的证据；或通过司法协助途径，以请求书的方式，委托有关国家的主管机关所进行的取证。因而，域外调查取证通常被分为直接取证和间接取证两种。

域外调查取证同司法文书的送达一样，是诉讼过程中的一项必经程序。法院的调查取证行为同样是行使国家司法主权的行为，它同文书的送达相比，更具有属地性，因而域外调查取证未经有关外国的同意，是不能在该国境内实施的。为了协调各国不同的取证制度，以便于域外取证，国际社会通过努力，缔结了大量的双边条约和多边条约。多边条约中较有影响的有1954年《海牙民事诉讼程序公约》（该公约第二章是关于域外调查取证的专门规定）和1970年《海牙取证公约》。

关于域外调查取证的范围，有关的多边国际条约和双边司法协助条约通常都未作明确规定。从我国与外国缔结的双边司法协助条约看，域外调查取证的范围为：询问当事人、证人和鉴定人，进行鉴定和司法勘验以及其他与调查取证有关的行为。当然，在我国与有关国家缔结的双边司法协助条约中，对调查取证范围未作规定的，对哪些属于需要调查取证的范围，通常依各国国内法确定。

(二) 域外调查取证的方式

1. 直接取证。直接取证不涉及取证地国家主管机关的司法行为，其方式主要有以下三种：

(1) 外交或领事人员取证。这种取证方式是指一国法院通过该国驻他国的外交或领事人员在驻在国直接调查取证。这种取证方式通常由领事进行，外交人员较少参与，或即使外交人员取证，实际上也是在行使领事职务，因此，此种取证方式一般被简称为领事取证。

从取证对象看，领事取证有两种情况：①对本国国民取证。这种方式已为《维也纳领事关系公约》和各国订立的大量双边领事条约所肯定，但葡萄牙、丹麦和挪威等国则要求事先需征得该国同意。②对驻在国或第三国国民取证。对这一取证方式，各国的做法不一，但一般都规定有不同程度的限制。

我国已加入的《海牙取证公约》和我国《民事诉讼法》以及我国与他国缔结的双边司法协助条约都对这一取证方式作了规定。在我国，外国领事取证的对象只能是领事所属国国民而不能是我国公民或第三国国民，且领事取证不得采取强制措施。

(2) 特派员取证。这种取证方式是指法院在审理涉外民商事案件时委派专门的官员去外国境内提取证据的行为。1970 年《海牙取证公约》规定了特派员（commissioner）取证制度。该公约第 17 条规定，在民商事案件中，被合法地专门指定为特派员的人，如果得到作为缔约国的取证地国家指定的主管机关的概括许可或对特定案件的个别许可，并遵守主管机关许可时所规定的条件，可以在不加强制的情况下进行取证。公约第 21 条规定，特派员取证时，可以按照派遣国法律所规定的方式进行，但此种方式不能是取证地国法律所禁止的。

我国与外国缔结的双边司法协助条约未规定特派员取证制度。我国《民事诉讼法》第 284 条第 3 款规定，未经中华人民共和国主管机关准许，任何外国机关或者个人不得在中华人民共和国领域内送达文书、调查取证。可见，我国原则上不允许外国特派员在我国境内取证。因此，我国在加入《海牙取证公约》时对公约第 17 条等条款提出了保留。[1]

（3）当事人或诉讼代理人自行取证。这种取证方式主要存在于英美法系国家，尤其是美国。该取证程序被称为"审判前取证"的程序。《海牙取证公约》第 23 条规定各缔约国可以声明不执行"在'普通法'国家叫作'审判前取证'为目的"的程序。虽然公约原则上并未否认这一取证方式，但美国以外的其他所有缔约国都对这一取证方式予以了保留。从前述我国《民事诉讼法》第 284 条的规定看，未经我国主管机关的许可，外国当事人及其诉讼代理人不得在我国境内自行取证。我国在加入《海牙取证公约》时也声明，对普通法系国家旨在进行审判前文件调查的请求书，仅执行已在请求书中列明并与案件有直接密切联系的文件的调查请求。[2]

2. 间接取证。间接取证即以请求书方式，通过司法协助途径进行的域外取证。因此，以这一方式取证必须要经过一些特别程序。《海牙取证公约》对此作了较为详细的规定，加之我国缔结的一系列双边司法协助条约也规定了这一取证制度，而且规定的内容也基本与《海牙取证公约》一致。因此，下述间接取证程序是以该公约的规定为依据的。

（1）请求的提出。请求应以请求书的形式向外国的中央机关提出，并由中央机关转交该国主管机关执行。请求书应以被请求国官方语言或有关条约所规定的语言并用一定的格式写成，或附有该文字的译文。请求书应包含有一定的内容。

（2）取证行为的实施和证据的移交。被请求国法院一般应依本国法律的规定，按照国内民商事案件的取证方式和程序提取证据。被请求国法院也可以按照

---

[1]《中华人民共和国全国人民代表大会常务委员会公报（1997 年 第四号）》。
[2]《中华人民共和国全国人民代表大会常务委员会公报（1997 年 第四号）》。

请求书所要求的特殊方式和程序取证，但以该方式和程序不违背被请求国法律为限。

被请求国法院实施取证行为后，无论结果如何，都应通过某种途径将执行情况通知请求机关，并将已提取的有关证据材料移交给请求机关。如果有关请求的一部或全部未得到执行，被请求国法院应通过同一途径及时地将这一情况及理由通知请求机关。

(3) 请求的拒绝。一般认为，请求书的执行不属于被请求国司法机关的职权范围，或被请求国认为其主权、安全将会因此受到损害的，被请求国机构可拒绝执行该项请求，并将拒绝的理由及取证请求书通过一定途径退回请求国。

(三) 我国的域外取证制度

我国的域外取证制度，一部分规定于国内法中，一部分规定于我国与外国缔结的双边司法协助条约中。

这里的国内法主要是指《民事诉讼法》的有关规定。《民事诉讼法》第283条规定，我国人民法院与外国法院可以依据国际条约或互惠原则，相互请求代为调查取证。但外国法院请求我国法院代为调查取证，不得有损于我国的主权、安全和社会公共利益，否则，不予执行。该法第284条第2款还规定，外国驻我国使领馆可以向该国国民调查取证，但不得违反我国法律，并不得采取强制措施。另外，1986年发布的《最高人民法院、外交部、司法部关于我国法院和外国法院通过外交途径相互委托送达法律文书若干问题的通知》第8条也指出，我国法院和外国法院通过外交途径相互委托代为调查或取证的，可参照该通知的有关规定办理。

我国与外国缔结的一系列双边司法协助条约中都有域外取证方面的规定。我国与这些国家相互委托调查取证时，应根据条约的规定办理。

第六节　外国法院判决的承认与执行

一、承认和执行外国法院判决的概念

通常认为，外国法院判决是指所有外国法院代表其主权国家对有关案件所作出的判决的总称。它包括民商事判决、刑事判决和行政判决三类。但在国际民事诉讼中，外国法院判决是指非内国法院根据查明的事实和有关法律的规定，对当事人之间有关民事权利和义务的争议或申请人提出的申请所作出的具有拘束力的裁判（judical decision）。对这一概念，应注意从广义角度理解以下三个问题：

1. "外国"的概念。这里所讲的"外国"，在多法域国家常被作广义理解。

如在英国，英格兰法院就将苏格兰和北爱尔兰法院的判决与德国等外国法院的判决一同归入"外国法院判决"的范畴。此外，"外国"的判决还包括国际法院、国际河流委员会等国际组织作出的判决，而不论作出该判决的地点是在内国还是在外国。[1]因而，这里的"外国"是一个国际法意义上而非地理意义上的概念。

2. "法院"的含义。这里的"法院"既包括具有民商事管辖权的普通法院，也包括劳动法院、行政法院、特别法庭，以及被国家赋予一定司法权的其他机构。《南斯拉夫国际冲突法》第86条第3款规定："其他机关作出的决定，如果在作成国里被同法院判决或法院和解协议同等对待，并用以调整本法第一条所规定的那些关系，也被视为外国法院的判决。"我国对外缔结的司法协助条约中，有的也规定"外国法院"是指"外国法院或其他主管机关"[2]。

3. "判决"的范围。这里的"判决"不仅指外国法院在民商事案件中所作的判决、裁定和调解书，还可以是外国法院对刑事案件中附带民事诉讼所作的判决和外国公证机关对某些特定事项所作的决定。因此，外国法院在民商事案件中所作出的裁决和调解书、外国法院对诉讼费用作出的裁决、经法院认可的司法调解书等均属可承认与执行的"判决"。1968年《布鲁塞尔公约》第25条规定："本公约所谓'判决'，系指某一缔约国法院或法庭所作的决定，而不论其该决定称作什么，诸如裁决、命令、决定或执行令状以及由法院书记官就诉讼费或其他费用所作的决定。"《海牙公约》第2条第1款也规定："本公约适用于由一缔约国法院作出的所有决定，不论请求国在诉讼程序上或在决定中称作为判决、裁定还是执行命令。"

一些我国对外缔结的司法协助条约中，将法院对刑事案件中有关赔偿请求作出的裁决和主管机关对继承案件作出的裁决，也纳入承认和执行的法院判决的范围（有的采用的是"法院裁决"的称谓）。[3]

我国《民事诉讼法》将需要承认与执行的法院判决规定为外国法院的判决、裁定（参见第288、289条），但对需承认与执行的判决的内容未作规定。

二、判定作出判决的外国法院具有管辖权的标准

如前所述，一国法院对涉外民事案件具有管辖权是涉外民事诉讼在该法院得以开始和进行的前提。对涉外民事案件无管辖权的法院所作出的判决是不能在他国获得承认和执行的。因此，被请求法院在被请求承认与执行某一外国法院判决时，首先必须依据一定的标准来判定作出判决的外国法院对该案件有没有管辖

---

[1] 李双元、谢石松：《国际民事诉讼法概论》，武汉大学出版社1990年版，第481~483页。
[2] 《中波司法协助协定》第16条第1款第3项、《中蒙司法协助条约》第17条第1项。
[3] 《中法司法协助协定》第19条及第三章的其他条款。

权。其判断标准来自于前面所述的"间接管辖权规范"。间接管辖权规范的渊源一般有两种：其一是国内法；其二是国际条约。

应该说，判定外国法院是否具有管辖权，仅以被请求国法律为据，在实践中是有较大困难的。因为作出判决的法院对他国法律中有关管辖权的规定可能并不了解或根本不了解，作出判决时难以预料该判决能否得到外国法院的承认与执行，从而导致诉讼活动的结果缺乏必要的明确性；而且，当被请求国法律与判决作出国法律在管辖权的规定上存有较大差异时，将管辖权问题完全交由被请求方判断，将大大增加不予执行的可能性，而这最终是不利于国际司法协助的。因此通过国际条约的形式，尤其是在有关国际条约中专门规定若干项管辖权标准，只要判决作出国法院符合所列标准之一的，即被视为有管辖权。这种做法无疑是较理想的。

但是，完全依靠上述国际条约的做法也是不行的。在请求国与被请求国之间没有条约关系仅有互惠关系时，若被请求国法律中没有关于间接管辖权的规定，被请求国法院在决定是否承认与执行外国法院判决时，就会无所适从。这同样也是不利于国际司法协助的开展的。

因此，恰当的做法是，一国在缔结或参加有关间接管辖权的国际条约的同时，宜在国内法中对间接管辖权问题作出相应的规定。当然，国内立法应当与国际条约或国际上通行的做法保持一致。这样一国有关间接管辖权的渊源就是两方面的（国内立法、国际条约），而不是单方面的。这也是当今国际社会较为普遍的实践。

许多国际条约和有关国家的国内法都有关于间接管辖权的规定。国际条约如1968年《布鲁塞尔公约》、1971年《海牙判决公约》和1988年《卢迦诺公约》；国内立法如《英国外国判决（相互执行）法》《美国统一外国金钱判决承认法》《瑞士联邦国际私法法规》等。这些条约和国内法的规定都是值得我们借鉴的。

三、承认与执行外国法院判决的条件

由于外国法院的判决毕竟不同于内国法院的判决，因此实践中各国对承认和执行外国法院判决都附有一定的条件，即规定外国法院判决只在符合有关条件的情况下才能得到内国法院的承认和执行，否则就不能得到承认与执行。通常而言，除前述外国法院判决必须是由有管辖权的法院作出的这一条件外，外国法院判决要获得内国法院的承认与执行，还必须具备以下条件：

（一）外国法院判决必须是一份"确定"的判决

所谓"确定"的判决，一般是指由一国法院或有审判权的其他机关按照国内法所规定的程序，对诉讼案件所作出的具有拘束力、已经发生法律效力的判决或裁决。简单地讲，确定的判决就是指根据判决作出国法律已经发生法律效力或

具有执行力的判决。因此,能被承认与执行的外国法院判决必须是"外国法院在诉讼程序上已经终结,已经不能因不服而对其提起上诉的那种判决"[1]。

我国《民事诉讼法》第288、289条规定,请求我国法院承认和执行外国法院的判决、裁定,必须是已经发生法律效力的判决、裁定。我国与外国缔结的司法协助协定也都规定,依判决作出国法律,判决已经生效或具有执行力是承认与执行的必要条件之一。[2]

(二) 外国法院进行的诉讼程序必须是公正的

从保护诉讼中败诉方当事人的合法权益出发,各国立法和有关国际条约大多规定,内国法院在被请求承认与执行外国法院判决时,如果发现判决国法院在诉讼中对败诉方当事人的合法权益未提供充分保护,且败诉一方是因为未得到合法传唤,从而未能陈述自己的诉讼主张;或败诉一方在没有诉讼行为能力时,没有得到适当代理的,被请求国法院便可以认定有关的诉讼因缺乏公正性而拒绝承认和执行其判决。1971年《海牙判决公约》第5条就规定,裁决是在违背法律的正当程序要求的诉讼中作出的,或在该案中当事人未能平等地得到充分的陈述机会的,被请求的缔约国法院可以拒绝承认和执行该裁决。

我国与外国缔结的司法协助条约均规定,如果根据判决作出国法律,未出庭的败诉方当事人未经合法传唤,或在没有诉讼行为能力时未得到适当代理的,则被请求方有权拒绝承认与执行请求方法院的判决。

(三) 不存在"诉讼竞合"的情形

国际民事诉讼中的"诉讼竞合",是指相同当事人基于同一诉讼标的在不同国家分别起诉的情况。对一国来说,为维护法律关系的稳定性及法律的严肃性,一事只能一诉,判决结果也只能有一个。如果一国法院对某一案件已作出了生效的判决,有关当事人之间的权利义务关系亦即得到了确定,当事人有义务服从该判决,而不允许利用另一国家法院对相同当事人之间就同一诉讼标的的诉讼所作的判决加以对抗。因此,各国均认可在此情况下应拒绝承认和执行外国法院所作的判决。同样,如果某国已经承认和执行了第三国法院对某一案件的判决,那么该国就不能再承认和执行另一国法院对相同当事人之间就同一诉讼标的的诉讼所作的判决。[3]

外国法院判决除具备以上条件外,还必须不得与被请求国公共秩序相抵触。这一点已在前面关于"国际民商事司法协助中的公共秩序"里述及。

---

[1] [日] 日本国际法学会编:《国际法辞典》,世界知识出版社1985年版,第200页。
[2] 《中法司法协助协定》第22条、《中波司法协助协定》第20条、《中意司法协助条约》第21条。
[3] 《中波司法协助协定》第20条第5款、《中罗司法协助条约》第22条第1款、《中意司法协助条约》第21条第5项、《中蒙司法协助条约》第18条第4项。

四、承认和执行外国法院判决的程序

（一）请求的提出

请求承认与执行外国法院判决这一程序主要涉及两个问题：其一是提出请求的主体问题；其二是请求的形式问题。

关于提出请求的主体问题，许多国家都允许当事人直接成为请求主体。如有的国家规定，承认与执行的申请只能由当事人提出，除非要求执行的事项是收取国家支出的诉讼费用；有的国家规定，这类申请必须由当事人首先向作出裁决的初审法院提出，然后再由该法院向被请求国法院提出；还有的国家规定，这类申请既可以由当事人直接向被请求国法院提出，也可以由作出裁决的法院向被请求国法院提出。

我国《民事诉讼法》采取的是上述最后一种做法。该法第287条第1款规定："人民法院作出的发生法律效力的判决、裁定，如果被执行人或者其财产不在中华人民共和国领域内，当事人请求执行的，可以由当事人直接向有管辖权的外国法院申请承认和执行，也可以由人民法院依照中华人民共和国缔结或者参加的国际条约的规定，或者按照互惠原则，请求外国法院承认和执行。"该法第288条又规定："外国法院作出的发生法律效力的判决、裁定，需要中华人民共和国人民法院承认和执行的，可以由当事人直接向中华人民共和国有管辖权的中级人民法院申请承认和执行，也可以由外国法院依照该国与中华人民共和国缔结或者参加的国际条约的规定，或者按照互惠原则，请求人民法院承认和执行。"

关于请求的形式问题，各国通常规定均须采用书面形式，并须附有支持该项请求的必要文件，即能证明承认与执行该项判决的各项条件均已具备的文件。

根据我国法律和我国对外缔结的司法协助条约的规定，请求承认与执行外国法院判决时，除请求书外，还需提供的文件通常包括：①经法院证明无误的判决副本，如果副本中没有明确指出判决已经生效和可以执行，还应附有法院为此出具的证明书；②证明未出庭的当事人已经合法传唤或在没有诉讼行为能力时已得到适当代理的证明书；③请求书和前两项所指文件经证明无误的被请求方文字或双方认可的第三国文字（通常为英文或法文）的译本。

（二）对外国法院判决的审查

对外国法院判决的审查也涉及两方面的问题：①审查的法律依据问题，即依何国法律进行审查；②审查的范围问题，即对外国法院判决是进行实质性审查，还是进行形式性审查的问题。

对于第一个问题，国际上通行的做法是适用被请求国法律。这与前述司法协助的法律适用是一致的。1971年《海牙判决公约》第14条第1款规定："外国判决的承认或执行的程序，在本公约未作相反规定的，由被请求国的法律支配。"

我国对外缔结的司法协助条约一般也规定，裁决的承认与执行，由被请求国法院依照本国法律规定的程序决定。[1]

就第二个问题而言，所谓实质性审查，就是被请求国法院对需予以承认与执行的外国法院判决，从对事实认定是否准确、法律适用是否得当等各方面进行全面审查，如果认为认定事实有错误或者适用法律不当，该法院就有权根据本国的法律予以变更或全部推翻，或不予承认和执行；所谓形式性审查，就是被请求国法院不对原判决的事实认定和法律适用进行审查，而仅审查外国法院的判决是否符合本国法律或有关条约中规定的承认与执行外国法院判决的条件。由于实质性审查过分强调本国法律，忽视了外国法律与本国法律存在差异以及外国法院进行审判活动的权威性，因而一直受到人们的批判。目前除普通法系国家仍对需予以承认和执行的外国法院判决进行实质性审查后重新作出判决外，大多数国家都实行或转而实行形式性审查，如德国是实行形式性审查制的典型国家。法国和卢森堡原来实行实质性审查制，但现在已改为实行形式性审查制。《海牙判决公约》第8条规定："除执行上述条文所需外，被请求当局对请求国送交的判决不应作实质性的任何审查。"

从我国《民事诉讼法》和我国对外缔结的一系列司法协助条约的规定看，对请求我国法院承认与执行的外国法院判决，我国采取的是形式审查制度。[2]

(三) 对外国法院判决的承认与执行

根据实体法规定的不同情况和权利义务应有的不同状态，以及不同当事人的不同请求，诉讼通常被分为确认之诉、给付之诉和变更之诉。这就决定了承认外国法院判决与执行外国法院判决是两个既有联系又有区别的概念。所谓联系是指执行判决要以承认判决为前提，否则判决就无法执行。所谓区别是指对某些判决，如离婚判决（只涉及夫妻关系解除而不涉及财产分割的判决），只需承认即可，无须执行；而对有些案件的判决，如有关金钱给付债务案件的判决，不仅需要承认，还要执行才能达到诉讼的目的。因此，被请求国法院在对外国法院的判决进行审查后，如果认为不具有拒绝承认与执行的情况，应裁定承认其效力；需要执行的，应予执行。

对既需承认又需执行的外国法院判决，目前国际上存在两种制度：一个是大陆法系国家的执行令程序；另一个是英美普通法程序。前者是指在执行外国法院判决之前，先对该外国法院判决进行审查，如果认为符合被请求国有关法律的规

---

[1]《中罗司法协助条约》第23条第1款。
[2] 参见我国《民事诉讼法》第289条、《中意司法协助条约》第25条第2款、《中罗司法协助条约》第23条第2款。

定，即由有关法院发给执行令，按照执行本国法院判决的程序予以执行。后者则对外国法院判决不直接执行，而是将外国法院判决作为向执行地国法院重新起诉的根据，经当地法院审理后，如果认为与当地法令并无抵触之处，则由当地法院作出与其内容相同的判决，然后根据一般的程序予以执行。因而从法律形式上来看，它执行的是本国法院的判决而非外国法院的判决。

我国对外国法院判决的承认与执行，根据2021年修正后的《民事诉讼法》第289条的规定，基本上分为两个步骤，即首先对符合承认与执行条件的外国法院的判决，裁定承认其效力；然后对需要执行的判决，发出执行令，按照我国《民事诉讼法》规定的程序执行。

学术视野

国际民事诉讼法正日益成为一个独立的法律部门。为了协调各国立法和司法管辖权方面的冲突，海牙国际私法会议从20世纪90年代就开始试图制定一项全球性的国际公约，我国一直积极参与该公约的制定和讨论过程。尽管该公约最终以失败告终，但这一问题将是各国研究和探讨的焦点。

对于国际司法协助，我国已经先后与许多国家签订了双边条约，同时也参加了一些国际公约。探讨这些条约在我国的适用规则，解决条约在实施过程中所遇到的问题，也是我国国际私法学界所面临的重要课题。

理论思考与实务应用

一、理论思考

（一）名词解释

国际民事诉讼法　诉讼费用担保　国际民事管辖权　一事两诉
不方便法院原则　国际民商事司法协助　外国法院判决的承认与执行

（二）简答题

1. 简述国际民事管辖权的意义。
2. 简述国际民事管辖权冲突的解决方法。
3. 简述国际民商事司法协助的内容及我国的有关规定。
4. 简述外国法院判决承认与执行的条件及我国的有关规定。

（三）论述题

1. 试述我国的国际民事管辖权制度，并提出你的建议。
2. 试述我国的外国法院判决的承认与执行制度，并谈谈你的看法。

二、实务应用

(一) 案例分析示范

案例一

美国籍人爱默生来到中国某大学任教,任教期间与在该大学任教的中国女教师田某结婚。婚后,因双方性格不合等因素,爱默生向上海市中级人民法院起诉要求离婚。起诉后,爱默生任教期满、准备回国。爱默生向法院提出,委托同在该校任教的美国籍教师或委托美国驻上海领事馆领事代理诉讼。

问:在本案中,爱默生委托他人代为诉讼的做法是否正当,为什么?

【评析】爱默生的做法是正当的。在我国,中国公民可以接受委托担任诉讼代理人,外国人也可以接受委托担任诉讼代理人。我国对在我国的外国人实行国民待遇,允许外国人委托与之有同一国籍的外国人担任诉讼代理人。

外国驻华使馆、领事馆官员,可以接受本国公民的委托,以个人名义担任诉讼代理人。但此时,该使馆或领事馆官员不享有豁免权。根据我国参加的《维也纳领事关系公约》第5条第9项的规定,当作为当事人的外国人不在我国境内,或由于其他原因不能适时到我国法院出庭时,该外国的驻华领事可以在没有委托的情况下,直接以领事名义担任其代表或安排代表在我国法院出庭。

案例二

中国公民王某与中国公民付某1987年在北京结婚,1989年生有一子。1990年,王某自费到美国留学,1996年获得博士学位,后在加拿大安大略省一家公司工作。1997年8月,王某以夫妻长期分居为由在加拿大安大略省多伦多提起离婚诉讼,离婚诉状由王某的代理律师邮寄送达给付某。王某在离婚诉状中隐瞒了他与付某生有一子的事实,以逃避应承担的抚养费。在王某赴美学习的六年间,付某既要工作,又要抚养孩子、伺候老人。付某还考虑到丈夫在外求学不易,节衣缩食,常给丈夫买些衣物寄去。没想到,王某学有所成,就要抛弃她们母子俩。付某在经过一番咨询后,在北京市某人民法院提起离婚诉讼。

问:(1)王某的代理律师通过邮寄的方式向付某送达传票,该传票在我国是否具有法律效力,为什么?

(2)在加拿大多伦多法院已经受理王某离婚诉讼后,我国法院能否受理付某的离婚诉讼?

【评析】

(1)我国反对外国法院采用邮寄的方式向位于我国境内的中国公民送达司法文书。和我国有司法协助关系国家的法院,可采用中央机关送达的方式送达司法文书;和我国没有司法协助关系国家的法院,可采用外交方式送达。违反我国法律规定的方式在我国境内送达的司法文书，在我国不具有法律效力。

(2) 加拿大多伦多法院受理王某离婚诉讼后，我国法院可以受理付某的离婚诉讼。对涉外离婚案件，为了最大限度地保护中国公民的利益，我国不反对一事两诉，当事人一方在外国提请离婚诉讼，不妨碍我国法院受理中国公民提请的离婚诉讼。

案例三

1990年，日本日中物产有限公司及其法定代表人甲以在中国投资的大连发日海产食品有限公司急需资金为由，向申请人乙借款15 000万日元。因到期未还，乙以日中物产有限公司及甲为被告向日本横滨地方法院起诉，要求二被告偿还借款及利息。1991年，横滨地方法院判决原告胜诉，但因二被告在日本没有可供执行的财产，判决无法执行。1993年，日本熊本县地方法院根据横滨法院判决，作出债权扣押令，追加大连发日海产食品有限公司为债务第三人，责令其对二被告在该公司的投资款人民币485万元予以扣押，不得偿还给二被告。随后，熊本县地方法院作出债权转让命令，要求大连发日海产食品有限公司将上述扣押令扣押的款项转让给乙，以代替二被告偿还债务。1994年2月，熊本县地方法院根据《海牙送达公约》之规定，将上述债权扣押令送达给大连发日海产食品有限公司。该公司认为其虽为日中物产有限公司投资成立的合资公司，但自1988年以后日中物产有限公司再无投资，其在日本国内所欠债务与合资公司无关，日本法院欲将日中物产有限公司所负债务转嫁给合资公司的指令，缺乏合理性。况且合资公司是中国法人，只受中国法律保护和管辖，没有义务履行外国法院的判决。大连发日海产食品有限公司因此拒绝履行日本法院作出的债权扣押令。

1994年5月，乙向大连市中级人民法院提出申请，请求承认日本法院的有关判决及命令并予以执行。大连市中级人民法院受案审理以后认为，中日两国之间没有共同参加的有关判决承认与执行的国际条约，亦不存在互惠关系。日本横滨地方法院所作之判决的双方当事人均系日本国民，借贷行为也发生在日本，与大连发日海产食品有限公司没有任何法律关系。日本熊本县地方法院在执行上述判决不成的情况下，没有通知中方，便追加大连发日海产食品有限公司为债务第三人，没有任何法律根据，实属侵犯中国司法主权之行为。另外，横滨地方法院的判决是在被告之一甲缺席的情况下作出的，申请人乙未向中国法院提供足以证明日本受案法院已向该被告人发出过合法传唤的证据。故对申请人请求承认和执行的上述日本法院的判决、债权扣押令和债权转让命令，我国法院不能承认。后大连市中级人民法院于1994年11月裁定驳回申请人的请求。

问：如何理解外国法院判决在中国的承认与执行？

【评析】这是一起典型的承认与执行外国法院判决的案例。我国《民事诉讼法》第288条规定："外国法院作出的发生法律效力的判决、裁定，需要中华人民共和国人民法院承认和执行的，可以由当事人直接向中华人民共和国有管辖权的中级人民法院申请承认和执行，也可以由外国法院依照该国与中华人民共和国缔结或者参加的国际条约的规定，或者按照互惠原则，请求人民法院承认和执行。"该法第289条规定："人民法院对申请或者请求承认和执行的外国法院作出的发生法律效力的判决、裁定，依照中华人民共和国缔结或者参加的国际条约，或者按照互惠原则进行审查后，认为不违反中华人民共和国法律的基本原则或者国家主权、安全、社会公共利益的，裁定承认其效力，需要执行的，发出执行令，依照本法的有关规定执行。违反中华人民共和国法律的基本原则或者国家主权、安全、社会公共利益的，不予承认和执行。"这是我国现行法律中关于承认和执行外国法院判决的基本规定。

大连市中级人民法院在本案中拒绝承认日本法院判决的主要理由是中日两国之间不存在共同参加的有关外国判决承认和执行的国际条约，同时也没有互惠关系。学理上一般认为条约或者互惠关系是承认和执行外国判决的基础，但这两者之间有着显著的区别：是否存在条约关系很容易确认，而互惠关系的存在与否则具有较大的不确定性，容易演变为拒绝承认和执行外国判决的借口。应该看到，促进国家之间的司法协助关系是有利于整个国际社会的。除非确实有悖于内国的法律制度、有损于内国的重大利益，应当鼓励判决的相互承认和执行，不应动辄以不存在互惠关系为由予以拒绝。换句话说，即便不存在条约或者互惠关系，还可以依据《民诉法解释》第544条的规定，由当事人向人民法院起诉，由有管辖权的人民法院作出判决，予以执行。我们据此认为，大连市中级人民法院以中日两国之间不存在有关判决承认和执行的条约和互惠关系为由，驳回申请人的请求是不适当的。

本案裁定的另一理由是，日本熊本县地方法院没有通知中方便追加大连发日海产食品有限公司为债务第三人。这里所谓的中方如果是指大连发日公司的话，就意味着日本法院未经过适当的送达而给该公司施加了义务。在承认和执行外国判决的各项条件中，保证各方当事人受到适当的送达、保证各方当事人在程序上的平等权利是非常重要的一项，同时保证程序公正也是公共秩序的要求。如果事实上日本法院确实未向大连发日公司送达即作出司法文书要求该公司承担义务，则可以认为日本法院的司法文书违反了程序公正的原则，违反了我国法律的基本原则以及社会公共利益，应当拒绝予以承认和执行。

(二) 案例分析实训

案例一

王某、杨某夫妻二人均为中国公民，婚后旅居阿根廷。因发生婚姻纠纷，阿根廷法律又不允许离婚，夫妻二人于 1984 年按照阿根廷法律规定的方式达成长期分居协议，并请求中国驻阿根廷大使馆领事部予以承认和协助执行。中华人民共和国最高人民法院就该案向我国驻阿根廷大使馆领事部发出的复函指出：我国驻外使馆办理中国公民间的有关事项应当执行我国法律，该分居协议不符合我国婚姻法的规定，故不能承认和协助执行。该分居协议系按照阿根廷法律允许的方式达成的，故只能按照阿根廷法律规定的程序向阿根廷有关方面申请承认。当事人要想取得在国内离婚的效力，必须向国内原婚姻登记机关或结婚登记地人民法院申办离婚手续。

问：请用国际私法理论解释我国为什么不承认和协助执行王某、杨某二人达成的分居协议。

案例二

中国公民周某与来华的德国留学生威廉相识、相爱，1996 年 5 月两人结婚，并到有关的婚姻登记机关进行了登记。1999 年 7 月，威廉回国工作，两人的感情开始淡化。2001 年 12 月，威廉在德国提起诉讼，要求与周某离婚。2002 年 2 月，周某也向中国法院提起离婚诉讼。

问：(1) 依我国法律，对不在中国境内居住的人提起的有关身份的诉讼，何地的人民法院有管辖权？

(2) 依我国现行法律规定，离婚案件的一方当事人在外国法院提起离婚诉讼，外国法院已受理，在此情况下，位于我国境内的另一方当事人向我国法院提起离婚诉讼，我国法院可否受理？

案例三

意大利某公司以担保纠纷为由在意大利米兰民事法院起诉我国某公司，诉讼标的为 3400 万美元，该法院缺席判决我国某公司败诉。意大利公司向英国法院申请承认该判决，并请求英国法院强制执行我国某公司驻伦敦代表处的财产。在意大利法院的诉讼程序中，意大利法院是以传真方式对我国当事人送达了有关诉讼文件，其所声称的采取此种送达方式的理由是：其一，中意双方之间没有任何关于司法协助的公约；其二，外交送达耗时费力。而事实上中国与意大利均是《海牙送达公约》的缔约国。

问：根据上述公约的有关规定，我国当事人可以以什么理由请求英国法院拒绝承认与执行意大利法院的判决？

主要参考文献

1. 林欣：“论国际私法中管辖权问题的新发展”，载《法学研究》1993 年第 4 期。
2. 谢石松：“论对外国法院判决的承认与执行”，载《中国社会科学》1990 年第 5 期。
3. 李双元、谢石松：《国际民事诉讼法概论》，武汉大学出版社 2001 年版。
4. 李双元、欧福永主编：《国际私法教学案例》，北京大学出版社 2007 年版。
5. 刘卫翔：《欧洲联盟国际私法》，法律出版社 2001 年版。
6. 屈广清、欧福永主编：《国际民商事诉讼程序导论》，人民法院出版社 2004 年版。
7. 徐伟功：《不方便法院原则研究》，吉林人民出版社 2002 年版。
8. 杜新丽主编：《国际民事诉讼和商事仲裁》，中国政法大学出版社 2005 年版。
9. 韩德培：《韩德培文选》，武汉大学出版社 1996 年版。
10. ［英］J. H. C. 莫里斯主编：《戴西和莫里斯论冲突法》，李双元等译，中国大百科全书出版社 1998 年版。

第十五章
国际商事仲裁法

【本章概要】 本章介绍了国际商事仲裁的概念和历史演进、国际商事仲裁协议、国际商事仲裁庭、国际商事仲裁的法律适用、国际商事仲裁裁决及其撤销、承认与执行。

【学习目标】 掌握国际商事仲裁的概念,了解国际商事仲裁的历史演进;掌握国际商事仲裁协议的概念、法律性质、法律要件、法律效力、自主性,理解国际商事仲裁协议的解释;掌握国际商事仲裁庭的组成,理解国际商事仲裁庭的权利和义务;掌握国际商事仲裁协议的法律适用、程序法的法律适用,理解国际商事仲裁实体法的法律适用;掌握国际商事仲裁裁决的概念、撤销和拒绝承认与执行的依据,理解承认与执行国际商事仲裁裁决的相关国际和国内实践。

第一节 国际商事仲裁概述

一、国际商事仲裁的概念

(一)"仲裁"的概念

1. 定义。许多学者曾经尝试对"仲裁"进行定义。

我国学者韩健认为,仲裁是解决争议的一种方法,即由双方当事人将其争议交付第三者居中评断是非并作出裁决,该裁决对双方当事人均具有拘束力。[1]

我国学者陈治东认为,仲裁是指双方当事人依据争议发生前或争议发生后所达成的仲裁协议,自愿将争议交付给独立的第三方,由其按照一定程序进行审理并作出对争议双方都有拘束力的裁决的一种非司法程序。[2]

我国学者赵秀文认为,仲裁是由争议双方共同选定的与该争议无利害关系的第三者解决他们之间争议的制度。[3]法国学者菲利普·福盖德等人认为,仲裁是一种解决争议的工具,根据两人或以上的人的(共同)意愿,委托一人或以上,

---

[1] 韩健:《现代国际商事仲裁法的理论与实践》,法律出版社2000年版,第1页。
[2] 陈治东:《国际商事仲裁法》,法律出版社1998年版,第1页。
[3] 赵秀文:《国际商事仲裁法》,中国人民大学出版社2012年版,第2页。

即通过私人协议而非国家获得授权的仲裁员,根据上述协议审理并裁决争议。[1]

英国学者艾伦·雷德芬和马丁·亨特认为,仲裁是(当事)两方或以上发生争议而无法自行解决,同意由某独立的个人来为他们处理该争议,同时,该程序将以裁决而非妥协的方式予以结案。[2]

美国学者托马斯·卡波诺认为,仲裁是一种私人的、通常是非正式的、非司法性的解决争议的程序。其作用是通过作出具有拘束力的决定的方式替代司法诉讼。[3]

由此可见,通常认为"仲裁"一词的内涵应当包括如下要件:双方或以上当事人之间存在争议,争议被共同自愿交付独立第三方进行审理和裁决,裁决对争议当事人具有拘束力。同时,虽然其裁决具有拘束力,但仲裁并不属于司法程序。

2. 分类。根据不同的划分标准,仲裁可以进行如下分类:

(1) 国家作为当事人的仲裁和非国家当事人之间的仲裁。以当事人的性质为标准,仲裁可以划分为国家作为当事人的仲裁和非国家当事人之间的仲裁。

除了国际公法意义上的国际仲裁,在国际经济法中最常见的以国家为当事人的仲裁是对外国投资者与东道国之间的争议进行的仲裁。根据1965年由世界银行主持制定的《解决国家与他国国民间投资争端公约》而设立的"解决投资争端国际中心"即为此而设的专门仲裁机构。

非国家当事人之间的仲裁最为普遍,涉及社会经济生活的方方面面,是国际商事仲裁最主要的组成部分,也是本编的主要研究对象。

(2) 友好仲裁和依法仲裁。以裁决是否必须依据法律作出为标准,仲裁可以划分为友好仲裁和依法仲裁。

友好仲裁是指经当事人授权,仲裁庭可以不依据法律规定而适用公平原则审理争议并作出裁决。友好仲裁一方面必须在当事人明确授权的前提下进行,另一方面不得违反该仲裁所适用的仲裁法的强行规定和公共政策。[4]

依法仲裁是指仲裁庭必须依据法律规定作出裁决,而不得仅适用公平原则。在当事人未授权友好仲裁时,仲裁庭只能进行依法仲裁,但依法仲裁并不意味着

---

[1] [法]菲利普·福盖德、伊曼纽尔·盖拉德、贝托尔德·戈德曼:《国际商事仲裁》,中信出版社2004年版,第9页。

[2] Alan Redfern & Martin M. Hunter, *Law and Practice of International Commercial Arbitration*, 2nd ed., Sweet & Maxwell, 1991, p. 3.

[3] Thomas E. Barbonneau, *Cases and Materials on Arbitration Law and Practice*, 4th ed., Thomson/West, 2007, p. 1.

[4] 韩健:《现代国际商事仲裁法的理论与实践》,法律出版社2000年版,第26页。

仲裁必须仿效内国法院，严格依据法律进行仲裁。事实上，相比内国法院，仲裁庭在法律适用方面往往具有更高的灵活性。[1]

（3）机构仲裁和临时仲裁。以管理仲裁的机构是否常设为标准，仲裁可以划分为机构仲裁和临时仲裁。

机构仲裁是指在常设的仲裁机构管理下进行仲裁。临时仲裁是指在非常设的仲裁庭管理下进行仲裁。但上述管理仅指对于仲裁日常的流程管理和组织工作，如发送开庭通知等。无论机构仲裁还是临时仲裁，对案件进行实体审理和裁决的都是仲裁庭，仲裁机构通常无权干涉。

目前全球知名的仲裁机构有法国国际商会仲裁院（International Chamber of Commerce, ICC）、英国伦敦国际仲裁院（The London Court of International Arbitration, LCIA）、瑞典斯德哥尔摩商会仲裁院（The Arbitration Institute of the Stockholm Chamber of Commerce, SCC）、美国仲裁协会（American Arbitration Association, AAA）、中国国际经济贸易仲裁委员会（China International Economic and Trade Arbitration Commission, CIETAC）、香港国际仲裁中心（Hong Kong International Arbitration Center, HKIAC）以及新加坡国际仲裁中心（Singapore International Arbitration Center, SIAC）等。

（二）"国际"的概念

有两个主要的标准被单独或共同使用来界定"国际"，即实质性连结因素和争议的性质。实质性连结因素主要集中于当事人，包括当事人国籍、住所或居所、法人注册地、公司中心管理地等，甚至在某些阿拉伯国家，宗教信仰也被视为实质性连结因素。[2]例如，在英国公司和法国自然人之间的仲裁就是国际仲裁。

由于在实践中，根据实质性连结因素判断国际性不足以覆盖国际商业活动的多样性，因此，当争议"涉及国际商事利益"时即具有国际性。例如国际商会1977年出版的说明中对"国际"作出如下界定：

"……仲裁的国际性不意味着当事人必然具有不同的国籍。合同仍然可以因为其标的的缘故而跨越国界。例如合同由同一个国家的两个国民签订，但在另一个国家履行，或者由一个国家和在该国从事经营的外国公司的子公司签订。"[3]

---

[1] [英]艾伦·雷德芬等：《国际商事仲裁法律与实践》，林一飞、宋连斌译，北京大学出版社2005年版，第81页。

[2] 韩健：《现代国际商事仲裁法的理论与实践》，法律出版社2000年版，第4页；[英]艾伦·雷德芬等：《国际商事仲裁法律与实践》，林一飞、宋连斌译，北京大学出版社2005年版，第14页。

[3] *The International Solution to International Business Disputes-ICC Arbitration*, ICC Publication No. 301 (1977), p. 19.

根据实践的需要，联合国国际贸易法委员会于 1985 年制定的《联合国国际商事仲裁示范法》（以下简称《示范法》）综合了上述标准，对"国际"作出了非常宽泛的解释：

"仲裁如有下列情况即为国际仲裁：

（A）仲裁协议的当事各方在缔结协议时，他们的营业地点位于不同的国家；或

（B）下列地点之一位于当事各方营业地点所在国以外：

（a）仲裁协议中确定的或根据仲裁协议而确定的仲裁地点；

（b）履行商事关系的大部分义务的任何地点或与争议标的关系最密切的地点；或

（C）当事各方明确地同意，仲裁协议的标的与一个以上的国家有关。"

据此，在客观上，当事人在不同国家具有营业地，以及仲裁地、争议标的对当事人而言具有涉外性可以构成"国际"；在主观上，当事人均同意仲裁与超过一个的国家有关，亦可构成"国际"。

（三）商事的概念

大陆法系国家对"商事"关系和非商事关系（如家事关系）作出区分。一些国家规定只有产生于商事关系的争议可以仲裁。例如两个法人之间就货物买卖合同发生的争议可以仲裁，但一对夫妻之间的财产分割争议则不可仲裁。

广义上，"商事"的外延包括所有类型的贸易或商业交易。例如，《示范法》对"商事"的界定如下，对"商事"一词应作广义解释，使其包含不论是契约性或非契约性的一切商事性质的关系所引起的事项。商事性质的关系包括但不限于下列交易：供应或交换货物或服务的任何贸易交易；销售协议；商事代表或代理；保险；租赁；建造工厂；咨询；工程；使用许可；投资；筹资；银行；保险；开发协议或特许；合营或其他形式的工业或商业合作；公众、海上、铁路或公路的客货载运。[1]

然而，考虑到《示范法》并不具有拘束力，《纽约公约》作为拥有 172 个缔约方并具有拘束力的国际条约，其对"商事"的规定更具有实践意义：

"……任何国家亦得声明，该国唯于争议起于法律关系，不论其为契约性与否，而依提出声明国家之国内法认为系属商事关系者，始适用本公约。"

根据上述规定，判定某一特定合同是否属于"商事"，仍然应当参照相关国内法。尽管总体上趋于扩大[2]，各国国内立法对"商事"外延的规定仍然存在

---

[1] 参见《示范法》第 1 条第 1 款的脚注。

[2] 韩健：《现代国际商事仲裁法的理论与实践》，法律出版社 2000 年版，第 15 页。

巨大的差异。例如美国规定，除非与婚姻、人身和雇佣有关，其他非公法性质的法律关系均可被视为"商事"关系；印度则通过判例确认，无论为完成建造工厂而提供所需要的技术设计和技术资料的转让事项，还是包含了技术转让条款的合同，均非"商事"关系。[1]

二、国际商事仲裁的演进

仲裁制度具有悠久的历史，其雏形为部落或村庄中由长者决断纠纷的惯例。

在国内立法方面，至古罗马时期，仲裁开始取得正式的法律地位。罗马法《民法大全》"论告示"第二编记载了古罗马五大法学家之一保罗的著述：

"为解决争议，正如可以进行诉讼一样，也可以进行仲裁。"[2]

14世纪中叶，地中海各港口所采用的《商事法典》中提到了以仲裁方式解决商事争议的问题，而瑞典同一时期的地方法规包含了承认商事仲裁是争议解决方法的成文条款。1697年，英国议会制定了第一个仲裁法案，正式承认仲裁制度。至19世纪中后期，现代仲裁制度逐步确立。法国、德国在1877年分别修订其《民事诉讼法典》时，均对仲裁制度作出了专章规定，瑞典于1887年制定了第一个专门的仲裁法令，英国于1889年制定了第一部仲裁的单行立法，美国于1925年颁布了《联邦仲裁法》。[3]

在国际立法方面，1958年签订的《纽约公约》、1965年签订的《解决国家与他国国民间投资争端公约》、1985年制定的《示范法》，以及欧洲国家于1961年签订的《欧洲商事仲裁公约》和美洲国家于1975年签订的《美洲国家国际商事仲裁公约》等，都对仲裁制度的进一步完善和统一产生了深远的影响。[4]

在实践方面，为了满足国际商事活动的需求，除了不计其数的临时仲裁，众多仲裁机构也应运而生。19世纪末20世纪初出现了一个常设仲裁机构成立的高峰。伦敦国际仲裁院的前身伦敦仲裁会成立于1892年，是世界上第一个常设仲裁机构。斯德哥尔摩商会仲裁院成立于1917年，国际商会仲裁院成立于1923年，美国仲裁协会成立于1926年。除了上述全球知名的仲裁机构，亚太地区主要的仲裁机构还有中国国际经济贸易仲裁委员会、香港国际仲裁中心、新加坡国际仲裁中心等。

---

[1] [法]菲利普·福盖德、伊曼纽尔·盖拉德、贝托尔德·戈德曼：《国际商事仲裁》，中信出版社2004年版，第39页。

[2] 奥古斯都执政时期，若干法学家被授予了解答法律的特权，法学家的解答成了罗马法的渊源之一。

[3] 乔欣主编：《比较商事仲裁》，法律出版社2004年版，第18~19页；谢石松主编：《商事仲裁法学》，高等教育出版社2003年版，第15~16页。

[4] 谢石松主编：《商事仲裁法学》，高等教育出版社2003年版，第17页。

三、国际商事仲裁的特征

我国学者经常将国际商事仲裁的特征总结为自主性、专业性、灵活性、经济性、保密性及独立性，或作出类似的表述。[1]本书的观点是，只有自主性是国际商事仲裁制度的本质特征，其余均为自主性在国际商事仲裁实践中的具体表现。

国际商事仲裁由当事人依据其合意签订的仲裁协议发起，并依据其在仲裁协议中明示或者默示的约定进行。在国际商事仲裁进行过程中，当事人有权自主选择专业人士担任仲裁员，从而赋予争议的审理更高的专业性；当事人有权根据需要，合意确定仲裁的程序，使之更为灵活、便捷和经济；当事人有权决定审理是否公开，除非当事人合意决定公开，否则仲裁案件的审理应当处于非公开状态。

出于对自主权的尊重和支持，各国进而在立法实践中限制了法院的管辖权，并承诺以国家强制力为后盾，确保仲裁裁决这一当事人行使自主权的结果得以执行。有效的仲裁协议限制了法院的管辖权，排除后者的审判权，使之仅行使监督权；有效的仲裁裁决与法院判决具有同等的法律效力，可以通过法定程序得以强制执行。

第二节 国际商事仲裁协议

一、国际商事仲裁协议概述

（一）定义

许多学者曾经尝试对仲裁协议进行定义。例如，我国学者韩健认为，仲裁协议是指双方当事人愿意把他们之间将来可能发生或者业已发生的争议交付仲裁的协议。[2]美国学者维尔纳等认为，仲裁协议是当事人之间就通过仲裁方式解决他们之间可能发生的特定合同关系争议或已经存在的争议而达成的约定。[3]

立法实践中，对仲裁协议定义较为明确的是《纽约公约》和《示范法》。[4]

《纽约公约》在规定缔约国承认仲裁协议效力的义务时，对仲裁协议界定如下：

---

[1] 乔欣主编：《比较商事仲裁》，法律出版社2004年版，第3~4页；邓杰：《伦敦海事仲裁制度研究》，法律出版社2002年版，第2~3页；韩健：《现代国际商事仲裁法的理论与实践》，法律出版社2000年版，第23~25页。
[2] 韩健：《现代国际商事仲裁法的理论与实践》，法律出版社2000年版，第42页。
[3] Gabriel M. Wilner, *Domke on Commercial Arbitration*: *The Law and Practice of Commercial Arbitration*, 3rd. ed., Thomson/West, 2003, p. 48.
[4] 刘晓红：《国际商事仲裁协议的法理与实证》，商务印书馆2005年版，第2~3页。

"当事人以书面协定承允彼此间所发生或可能发生之一切或任何争议,如关涉可以仲裁解决事项之确定法律关系,不论为契约性质与否,应提交仲裁时,各缔约国应承认此项协定。"

《示范法》对仲裁协议的界定如下:

"'仲裁协议'是指当事各方同意将他们之间确定的不论是契约性或非契约性的法律关系上已经发生或可以发生的一切或某些争议提交仲裁的协议……"

考虑到多数国家均为《纽约公约》缔约国并受其约束,本书采用《纽约公约》对仲裁协议的定义,即当事人承允彼此间所发生或可能发生的一切或任何争议,如涉及可以仲裁解决事项的特定法律关系,不论为契约性质与否,应当提交仲裁的书面协议。

(二) 分类

以仲裁协议书面表现形式为标准,仲裁协议分为仲裁协议书和仲裁条款。前者为自成一体的协议书,独立于当事各方涉及该仲裁协议的商事交易的基础法律文件,通常用于将商事活动现存争议提交仲裁;后者被并入当事各方涉及该仲裁协议的商事交易的基础法律文件,成为上述法律文件的条款,通常用于约定将未来争议提交仲裁。[1]

在19世纪初,许多国家只允许将现有争议提交仲裁,当事各方是否可以事先约定将未来争议提交仲裁,各国则存在不同规定。[2]因此,区分仲裁协议书和仲裁条款在当时的法律环境下是有意义的。但随着国际及多数国内立法对未来争议提交仲裁的认可,上述区别不再具有法律意义,无论仲裁协议书或是仲裁条款,都是仲裁协议的表现形式。

(三) 法律特征及性质

我国学者刘晓红教授将仲裁协议的法律特征恰如其分地总结如下:

成立方面,仲裁协议是当事各方一致、真实的意思表示;内容方面,仲裁协议约定了当事各方以仲裁方式解决争议的权利和不向法院提起诉讼的义务;作用方面,仲裁协议仅当发生争议时方显示其实际作用;效力方面,仲裁协议不仅约束当事各方,同时约束第三方,包括仲裁协议指定的仲裁机构、仲裁员,以及被仲裁机构排除了司法管辖权的法院和承认与执行仲裁裁决的法院;形式方面,仲裁协议具有严格的形式要求,几乎所有国际和国内立法都对仲裁协议作了严格的

---

[1] [英]艾伦·雷德芬等:《国际商事仲裁法律与实践》,林一飞、宋连斌译,北京大学出版社2005年版,第139页。

[2] 刘晓红:《国际商事仲裁协议的法理与实证》,商务印书馆2005年版,第11页。

书面形式要求。[1]

二、国际商事仲裁协议的要件

(一) 当事各方的行为能力

仲裁协议作为合同，其有效的前提是签订合同的人具有行为能力。因此，当事各方具有行为能力是国际商事仲裁协议的有效要件。

无论自然人、法人还是国家，其行为能力均应当依据其所适用的准据法予以判断。

《纽约公约》规定，在如下情形下，仲裁协议无效：

"……协定之当事人依对其产生适用之法律有某种无行为能力情形者……"[2]

当事人为自然人的，一般可以以属人法为原则、行为地法为补充，决定其行为能力。当事人为法人的，确定其行为能力的主要法律依据是属人法，包括以登记地、住所地、资本控制等为连结点的国籍国法和以管理中心所在地、主事务所所在地、营业中心所在地及章程规定为连结点的住所地法。此外，外国法人的行为能力还同时受到仲裁协议签订地国，即行为地国的内国规定的约束。

国家作为仲裁协议当事人仅指国家以自己的名义参加商事活动并签订仲裁协议的情形。许多国家原则上允许将有关国家的争议提交仲裁，如奥地利、丹麦、日本、荷兰、挪威、瑞典、瑞士、英国、德国、希腊、意大利、印度、巴基斯坦、叙利亚、埃及、阿尔及利亚、玻利维亚和美国等。[3] 根据一国国内法成立的独立法人，即便与该国国家具有千丝万缕的联系，如国有企业，其活动效果不直接及于国家，国家不承担其债务，由其签订的仲裁协议，国家不是当事人。

(二) 仲裁事项的可仲裁性

可仲裁性涉及确定何种类型的争议可以通过仲裁解决，何种类型的争议专属于法院诉讼的范围。

原则上，属于公共领域的争议不具有可仲裁性。例如，征税行为属于国家管理公共事务的公权力行为，由此产生的争议不具有可仲裁性。又如，离婚问题虽然属于家事争议，但因其宣告及效力的确认均依赖于国家的管理行为，因此同样不具有可仲裁性。

但针对一些复杂的法律关系，则需要运用分割法判断哪一部分争议具有可仲裁性，哪一部分不可仲裁。例如注册专利或商标，在实质上是国家同意给予权利

---

[1] 刘晓红:《国际商事仲裁协议的法理与实证》，商务印书馆 2005 年版，第 13~14 页。
[2] 参见《纽约公约》第 5 条第 1 款第 1 项。
[3] 韩健:《现代国际商事仲裁法的理论与实践》，法律出版社 2000 年版，第 74 页。

人以垄断的权利,显然属于国家管理公共事务的范畴,因此不具有可仲裁性。但专利或商标所有人许可他人开发利用该专利或商标则属于商事活动,由此产生的争议可以提交仲裁解决。

(三) 仲裁协议的基本内容

1. 提交仲裁的合意。仲裁协议应当表达当事各方提交仲裁的合意,且该合意应当是真实的意思表示。若在协议中当事各方并无仲裁的合意,仅有争议发生后寻求第三方斡旋、调解的意思表示,则不能构成有效的仲裁协议。除非有相反的证据,仲裁协议中表达的提交仲裁的合意应当被视为当事各方真实的意思表示。

2. 提交仲裁的争议范围。仲裁协议应当明确当事各方准备提交仲裁的争议范围,仲裁庭只能在该授权范围内进行仲裁、作出裁决。

《纽约公约》规定,如果存在下列情况,仲裁裁决可被拒绝承认和执行:

"裁决所处理之争议非为交付仲裁之标的或不在其条款之列,或裁决载有关于交付仲裁范围以外事项之决定者……"[1]

《示范法》的规定如出一辙:

"……处理了不是提交仲裁的条款所考虑的或不是其范围以内的争议,或裁决包括有对提交仲裁以外的事项作出的决定……"[2]例如,一个合同包括了货物买卖和安装服务两部分内容且均发生争议,仲裁协议约定由货物买卖发生的争议可以提交仲裁,但仲裁庭最终同时就两部分的争议作出了裁决,则关于安装服务部分争议的裁决可被拒绝承认和执行。

3. 仲裁地点。由于仲裁地点往往直接影响到缺乏当事各方约定时仲裁程序法的选择,因此仲裁协议应当明确选定仲裁地点。仲裁地点的选定可以通过选定仲裁机构来实现。在多数情况下,选定某仲裁机构被视为选定该仲裁机构所在地为仲裁地,除非当事各方存在相反的意思表示。[3]但需要注意的是,在实践中,出于方便的考虑,开庭地与仲裁地未必一致。一个仲裁案件可能进行若干次开庭,从而出现若干个开庭地,但仲裁地只有一个。

(四) 仲裁协议的书面形式

仲裁协议与普通合同不同,只有具备书面形式的仲裁协议才有效,口头的仲裁协议对当事各方不具有拘束力。

对于"书面"一词的定义,《纽约公约》和《示范法》的规定反映了科学技

---

[1] 参见《纽约公约》第5条第1款第3项。
[2] 参见《示范法》第34条第2款第1项第3目,第36条第1款第1项第3目。
[3] 韩健:《现代国际商事仲裁法的理论与实践》,法律出版社2000年版,第85页。

术的发展和各国对仲裁的态度更为开放和善意的转变。

《纽约公约》对"书面"界定如下：

"称'书面协定'者，谓当事人所签订或在互换函电中所载明之契约仲裁条款或仲裁协定。"[1]

《示范法》对"书面"界定如下：

"仲裁协议应是书面的。协议如载于当事各方签字的文件中，或载于往来的书信、电传、电报或提供协议记录的其他电讯手段中，或在申诉书和答辩书的交换中当事一方声称有协议而当事他方不否认即为书面协议。在合同中提出参照载有仲裁条款的一项文件即构成仲裁协议，如果该合同是书面的而且这种参照足以使该仲裁条款构成该合同的一部分的话。"[2]

伴随着这种转变，各国国内立法对"书面形式"甚至作出了更为宽松的规定。例如，1996 年《英国仲裁法》规定，书面形式包括"其得以记录之任何方式"，甚至只要存在书面证据证实仲裁协议的存在，如不被当事他方否认的单方电话记录，仲裁协议即可被认定为有效。[3]

三、国际商事仲裁协议的效力

（一）对当事各方的效力

仲裁协议一旦有效订立，即直接约束当事各方。当事各方由此承担的义务主要包括三方面，即发生争议后将该争议提交仲裁的义务、参加仲裁的义务和履行仲裁裁决的义务。首先，当事各方在发生争议后，不得将其提交法院诉讼解决，只能通过仲裁解决。倘若一方违反仲裁协议提起诉讼，对方有权依据仲裁协议要求法院中止诉讼程序。其次，当事各方应当根据仲裁协议约定的程序参加仲裁。倘若一方拒绝参加仲裁，仲裁庭仍可根据仲裁协议的授权作出缺席裁决，且该裁决对缺席的当事人具有约束力。最后，当事各方应当履行仲裁庭根据仲裁协议授权作出的仲裁裁决。倘若一方拒绝履行，对方可以向法院申请强制执行。

（二）对仲裁机构、仲裁庭的效力

有效的仲裁协议在临时仲裁中赋予仲裁庭审理实体争议并管理仲裁案件流程的权利（力）；在机构仲裁中赋予仲裁庭实体审理争议的权力，赋予仲裁机构管理仲裁案件流程的权利。无论仲裁机构还是仲裁庭，都必须严格根据仲裁协议的有效授权范围管理或审理案件。无效的仲裁协议，例如在争议事项不具有可仲裁性的情形下，仲裁机构和仲裁庭无权管理或审理案件。

---

[1] 参见《纽约公约》第 2 条第 2 款。
[2] 参见《示范法》第 7 条第 2 款。
[3] 参见 1996 年《英国仲裁法》第 5 条第 2 款。

(三) 对法院的效力

仲裁协议对法院的效力表现为限制法院的管辖权，具体而言，即排除法院对争议的实体审理权，但保留法院对仲裁案件的监督权。

《纽约公约》对此具体规定如下：

"当事人就诉讼事项订有本条所称之协定者，缔约国法院受理诉讼时应依当事人一造之请求，命当事人提交仲裁，但前述协定经法院认定无效、失效或不能实行者不在此限。"[1]

(四) 对仲裁裁决的效力

仲裁协议是强制执行仲裁裁决的依据，使仲裁裁决具有强制执行力。[2]一方当事人不履行仲裁裁决，对方可以向有关法院提交有效的仲裁协议和裁决书，申请强制执行。

《纽约公约》对此具体规定如下，为了使裁决能在另一缔约国得到承认和执行，申请人应当在申请时提供：①经正式认证的裁决书正本或经正式证明的副本；②仲裁协议正本或经正式证明的副本。[3]

相应地，《纽约公约》同时规定，不履行仲裁裁决的当事人可以以不存在有效的仲裁协议或仲裁协议无效作为抗辩理由。[4]

四、国际商事仲裁协议的解释

(一) 有瑕疵的仲裁协议

仲裁协议中可能出现的主要瑕疵包括不一致、不确定和不可实行等。一旦出现上述瑕疵，需要考量与仲裁协议有关的各方面因素，判断在仲裁协议背后当事各方真实的意思，从而决定仲裁协议是否存在及有效。目前在实践中，各国多对国际商事仲裁持支持态度，因此尽可能作出使仲裁协议有效的解释。

例如，英国的 Smith Ltd. v. H & S International [5] 一案所涉及的合同中包含了两个互不一致的争议解决条款。

合同第 13 条约定，发生争议应当提交国际商会仲裁院仲裁解决：

"If any dispute or difference shall arise between the parties… the dispute or difference shall be adjudicated upon under the Rules of Conciliation and Arbitration of the International Chamber of Commerce by one or more arbitrators appointed in accordance

---

[1] 参见《纽约公约》第 2 条第 3 款。
[2] 刘晓红：《国际商事仲裁协议的法理与实证》，商务印书馆 2005 年版，第 28 页。
[3] 参见《纽约公约》第 4 条第 1 款。
[4] 参见《纽约公约》第 5 条第 1 款第 1 项。
[5] Smith Ltd. v. H & S International 2 Lloyd's Rep. 127 (1991).

with those rules."

合同第 14 条约定,合同适用英国法且英国法院拥有排他性的管辖权:

"This agreement is written in the English language and shall be interpreted according to English law. The Court of England shall have exclusive jurisdiction over it to which jurisdiction the parties hereby submit."英国上议院[1]斯坦恩(Steyn)大法官通过对上述条文的解释认为,第 13 条是严谨的仲裁协议,应当被遵循;第 14 条的第一部分可以解释为仲裁适用的法律是英国法,第二部分则表明英国法院对该 ICC 仲裁具有排他性的监督权,从而避免了两个条款之间的冲突,确认了仲裁协议的有效性。

又如,我国的齐鲁制药厂诉美国安泰国际贸易公司一案所涉及的合同中包含了同时选择两个仲裁机构的仲裁协议,从而造成了仲裁协议的不确定性。对此,我国最高人民法院在对山东省高级人民法院的复函中认为:

"……当事人订立的合同仲裁条款中约定'合同争议应提交中国国际贸易促进委员会对外经济贸易仲裁委员会,或瑞典斯德哥尔摩商会仲裁院仲裁',该仲裁条款对仲裁机构的约定是明确的,亦是可以执行的。当事人只要选择约定的仲裁机构之一即可进行仲裁……本案纠纷应由当事人提交仲裁解决,人民法院对本案没有管辖权。"[2]

最高人民法院通过上述复函确认了"浮动仲裁协议",即选择两个以上仲裁机构的仲裁协议的有效性。但上述态度在最高人民法院《仲裁法解释》中发生了细微的调整,其第 5 条规定,仲裁协议约定两个以上仲裁机构的,当事人可以协议选择其中的一个仲裁机构申请仲裁;当事人不能就仲裁机构选择达成一致的,仲裁协议无效。

再如,香港的 *Lucky-Goldstar International (HK) Limited v. Ng Moo Kee Engineering Limited*[3]一案所涉及的合同中约定,争议应当提交"International Commercial Arbitration Association"仲裁解决,但"International Commercial Arbitration Association"实际并不存在,仲裁协议因而面临无法实现的状况。香港高等法院判决认为:对"International Commercial Arbitration Association"的选择因其不存在而无效,但仲裁协议本身有效,当事各方可以根据其选择的准据法将争议交付临时仲裁或另行选择他们接受的仲裁机构仲裁。

---

[1] 英国于 2009 年 10 月 1 日正式成立了英国最高法院,此前英国上议院是最高审级法院。
[2] 参见 1996 年 12 月 12 日发布的《最高人民法院关于同时选择两个仲裁机构的仲裁条款效力问题的函》(法函〔1996〕176 号)。
[3] *Lucky-Goldstar International (HK) Limited v. Ng Moo Kee Engineering Limited*, 2HKLR 73.

(二) 仲裁协议效力的扩张

仲裁协议效力的扩张是指仲裁协议对未签署人产生拘束力。基于法律的特别规定以及法律运行的某些结果，如"禁止反言""揭开公司面纱"等，仲裁协议对未签署该协议的特定第三方可能产生效力。

例如，美国的 Hughes Masonry Co. v. Greater Clark County School Bldg. Co.[1]一案中，前者是业主，后者是建筑公司，二者签订的建筑合同中包含了仲裁协议；案外人 J. A. 公司是承包商，与前者并未签署合同或仲裁协议。争议发生后，前者对案外人提起侵权之诉，但法院最终判决该争议应当提交仲裁解决。法院的理由是，前者对案外人提起的虽是侵权之诉，但其基础是案外人违反了建筑合同项下的责任和义务。既然诉求最终必须立足于建筑合同，前者被禁止反言以否认建筑合同的效力应当及于案外人，因此，建筑合同中仲裁协议的效力同样应当及于案外人。

又如，我国的香港某石油公司诉大陆某市石油化工集团股份有限公司一案[2]中，由于申请人既是被申请人绝对控股的子公司，又是被申请人公司集团内的一个下属公司，同时申请人与被申请人法定代表人、注册地址、主要经营地和实际办公地完全相同，并且还存在申请人有时代表其本人对外签署文件等事实，从而构成母子公司存在混同管理或统一管理的典型情况。仲裁庭因此根据"揭开公司面纱"原则裁决，在没有被申请人书面委托或指示的情况下，其所控股的子公司即申请人的收货和付款行为可以认定为被申请人的行为。

五、国际商事仲裁协议的自主性

(一) 仲裁协议的独立性

国际商事仲裁协议自主性的直接结果是仲裁协议的独立性[3]，即基础合同[4]中的仲裁协议（仲裁条款）是可分的。后者虽然附属于前者，但与前者形成了两项分离或独立的契约，从而具有相对独立性，其有效性不受前者有效性的影响。即使前者无效、撤销、终止或者变更，后者作为当事各方约定的解决前者争

---

[1] Hughes Masonry Co. v. Greater Clark County School Bldg. Corp. 659F. 2d, 836, 7th Cir. (1981).

[2] 案件详情参见《仲裁与法律》2002 年第 1 期。转引自刘晓红：《国际商事仲裁协议的法理与实证》，商务印书馆 2005 年版，第 192 页。

[3] [法] 菲利普·福盖德、伊曼纽尔·盖德、贝托尔德·戈德曼：《国际商事仲裁》，中信出版社 2004 年版，第 209 页。

[4] 本书将约定交易实体权利义务并最终发生实体争议的合同称为"基础合同"，而非其他我国国际商事仲裁法律著作通常所使用的"主合同"一词，是因为在我国法律体系中，主、从合同是一对具有特殊法律意义的相对应的法律概念，并与仲裁协议的独立性存在冲突。原则上主合同消灭导致从合同自然消灭，而仲裁协议独立性要求仲裁协议效力独立存在，因此基础合同与仲裁协议的关系并非主、从合同的关系。为法律用语精确起见，不宜将二者混淆。

议的条款仍然独立存在，不因前者的无效、撤销、终止或者变更而当然无效或者失效。[1]

《示范法》对仲裁协议独立性的规定如下：

"……为此目的，构成合同的一部分的仲裁条款应视为独立于其他合同条款以外的一项协议。仲裁庭作出关于合同无效的决定，不应在法律上导致仲裁条款的无效。"[2]

实践中，早在1942年，英国法院在 *Heyman v. Darwins Ltd.*[3] 一案中就确立了仲裁协议的独立性原则：

"其为衡量产生于违约的请求而继续有效，并且，仲裁条款为了确定争议解决模式而继续有效。合同的目的已经无法实现，但是仲裁条款并非合同的目的之一。"

1963年，法国最高法院在 *Societe Gosset v. Societe Carapelli*[4] 一案中对仲裁协议的独立性作出了更为完整和广泛的论述：

"在国际仲裁中，进行仲裁的约定，无论是单独达成或是包括在相关合同之中，除了特殊情况之外，均……在法律上完全独立，这就排除了其受'基础'合同可能无效影响的可能性。"

5年后，美国联邦最高法院在 *Prima Paint Co. v. Flood & Conklin Mtg. Co.*[5] 一案中进一步指出，以欺诈作为理由对含有仲裁条款的合同的有效性提起的诉讼，不应由联邦法院解决而应提交仲裁。[6] 此后，仲裁协议独立性原则逐步为各国法院所接受，成为国际商事仲裁的重要基石之一。

（二）仲裁庭的自裁管辖权

国际商事仲裁协议自主性的间接结果是仲裁庭的自裁管辖权，[7] 又称"管辖权/管辖权原则"，即仲裁庭享有对其自身的管辖权，包括仲裁协议的存在或效力等问题作出裁定的权力，无需事先通过司法决定。

仲裁庭的自裁管辖权在逻辑上存在难以克服的障碍。仲裁协议有效在先、仲

---

[1] 刘晓红：《国际商事仲裁协议的法理与实证》，商务印书馆2005年版，第129页。
[2] 参见《示范法》第16条第1款。
[3] *Heyman & Another v. Darwins Ltd.* 72 Lloyd's Rep. 65HL (1942).
[4] *Societe Gosset v. Societe Carapelli*, 1st Civil Chamber (1963).
[5] *Prima Paint Corporation v. Flood & Conklin Manufacturing Company*, 388 U.S.395, 87 S.Ct.1801, 18L.Ed.2d 1270 (1967).
[6] 刘晓红：《国际商事仲裁协议的法理与实证》，商务印书馆2005年版，第133页。
[7] [法]菲利普·福盖德、伊曼纽尔·盖拉德、贝托尔德·戈德曼：《国际商事仲裁》，中信出版社2004年版，第209页。

裁庭成立在后，仲裁庭是否成立取决于仲裁协议是否有效，由尚未确定是否成立的仲裁庭决定仲裁协议是否有效，颠倒了二者之间的因果关系。

然而，正如我国学者李双元教授精辟论述的：

"这一学说是有很大优越性的，它至少可以保证在有初步证据表明当事人之间已有仲裁协议并经最后确认这个仲裁协议有效时，不至于导致先发生一个司法程序解决仲裁协议的效力，然后再移送仲裁发生仲裁程序解决实体争议而拖延争议解决的时间。"[1]

仲裁主要体现当事人将其约定的一切争议提交仲裁的合意，赋予仲裁庭自裁管辖权更有利于上述目标的实现，同时具有良好的实践效果，因此赋予仲裁庭自裁管辖权已经成为国际商事仲裁的基本原则之一，并为多数国家所接受。

《示范法》对仲裁庭自裁管辖权的规定如下：

"仲裁庭可以对它自己的管辖权包括对仲裁协议的存在或效力的任何异议，作出裁定……"[2]

此外，《法国民事诉讼法典》第 1466 条、《瑞士联邦国际私法法规》第 86 条、《德国民事诉讼法典》第 1040 条、1996 年《英国仲裁法》第 30 条等国内法对仲裁庭的自裁管辖权也作出了明确的确认。

第三节 国际商事仲裁庭

一、国际商事仲裁庭的组成

（一）国际商事仲裁庭成员的资格

国际商事仲裁庭成员即仲裁员。仲裁员审理、裁决仲裁案件只忠实于法律、公平与正义，不受任何机构（包括有关的常设仲裁机构，甚至其所在的国际商事仲裁庭）、任何单位、任何部门以及任何个人（包括其所在仲裁庭的其他仲裁员）的干预、控制和影响。[3]上述原则一方面保障了仲裁员独立审理、裁决案件的权力，但在另一方面，对仲裁员的素质，包括道德素质和专业素质提出了更高的要求。

然而，出于对当事人选择仲裁员的意思自治的保护，除了少数国家在法律中严格规定了仲裁员的任职资格要求之外，其他多数国家只作了简单的规定，为仲

---

[1] 李双元主编：《国际经济贸易法律与实务新论》，湖南大学出版社 1996 年版，第 396 页。
[2] 参见《示范法》第 16 条第 1 款。
[3] 谢石松主编：《商事仲裁法学》，高等教育出版社 2003 年版，第 187 页。

裁员的准入设立了较低的门槛，允许当事各方通过选择适用不同的仲裁规则或进行特别约定，从而选定仲裁庭的成员。

例如，1986 年《荷兰仲裁法》第 1023 条对仲裁员的资格规定如下：

"任何有法律行为能力的自然人可被指定为仲裁员。除非当事人另有约定，任何人不应由于其国籍原因而妨碍指定。"

意大利对仲裁员的资格的立法采取排除式：

"仲裁员可以是意大利公民或他国国民。未成年人、无民事行为能力人和限制民事行为能力人、破产者及被开除公职的人不能担任仲裁员。"[1]

立法采取排除式规定仲裁员资格的还有韩国，其国内法规定，具有下列情形之一的人没有资格担任仲裁员：①无行为能力或限制行为能力的人；②尚未复权的破产人；③被处以监禁以上的刑罚且该刑罚执行完毕或不执行该刑罚的决定作出后不满 3 年的人；④任何被处以监禁以上刑罚且刑期未满的人；⑤任何被处以监禁以上刑罚而缓刑的人，其缓刑期未满的人；⑥任何被限制民事权利或停止其资格的人。[2]

少数国家和地区对仲裁员资格规定得较为细致。例如，我国台湾地区对仲裁员资格的规定如下：

具有法律或其他各业专门知识或经验，信望素孚之公正人士，具备下列资格之一者，得为仲裁人：①曾任实任推事、法官或检察官者；②曾执行律师、会计师、建筑师、技师或其他与商务有关之专门职业人员业务 5 年以上者；③曾任台湾地区内、外仲裁机构仲裁事件之仲裁人者；④曾任"教育部"认可之内、外大专院校助理教授以上职务 5 年以上者；⑤具有特殊领域之专门知识或技术，并在该特殊领域服务 5 年以上者。

有下列各款情形之一者，不得为仲裁人：①犯贪污、渎职之罪，经判刑确定者；②犯前款以外之罪，经判处有期徒刑 1 年以上之刑确定者；③经褫夺公权宣告尚未复权者；④破产宣告尚未复权者；⑤受禁治产宣告尚未撤销者；⑥未成年人。

具有上述规定所定得为仲裁人资格者，除有下列情形之一者外，应经训练并取得合格证书，始得向仲裁机构申请登记为仲裁人：①曾任实任推事、法官或检察官者；②曾执行律师职务 3 年以上者；③曾在"教育部"认可之台湾地区内、外大专院校法律学系或法律研究所专任教授 2 年、副教授 3 年，讲授主要法律科

---

[1] 参见 1970 年生效的《意大利民事诉讼法典》第 812 条。
[2] 参见 1966 年颁布的《韩国仲裁法》第 5 条。

目 3 年以上者。[1]

西班牙规定，只有执业律师才能被选为仲裁员。[2]哥伦比亚规定，在依法裁决的情形下，仲裁员必须由法学专家担任；在依技术原则裁决的情形下，仲裁员必须是对争议客体具有专业知识的人士。[3]

《示范法》对仲裁员的资格没有作出规定，而是将选择仲裁员的权利完全赋予了当事各方。

(二) 国际商事仲裁庭成员的人数

国际商事仲裁庭可以由一名或多名仲裁员组成。除非仲裁法作出了明确的规定，仲裁庭成员人数根据当事各方的合意确定。通常情况下，仲裁庭组成人数为奇数，以一人庭和三人庭居多，根据当事各方的合意也可能由更多奇数个的仲裁员组成。实践中，也存在两名仲裁员组成仲裁庭的情形。

英美法系国家的商事仲裁立法多数规定，除非当事人另有约定，否则仲裁庭由一名仲裁员组成。[4]常设机构仲裁的实践中，一般对争议金额低于一定数字的仲裁案件适用所谓的"简易程序"或"快速低费程序"，由一名仲裁员组成仲裁庭进行审理和裁决。

《示范法》对仲裁庭成员人数规定如下：①当事各方可以自由确定仲裁员的人数；②如未作此确定，则仲裁员的人数应为 3 名。[5]

(三) 国际商事仲裁庭成员的确定

纵观各国的商事仲裁制度，确定仲裁员的方式多种多样，但核心问题主要集中于对一人仲裁庭的独任仲裁员和三人仲裁庭的首席仲裁员的确定，其方式主要有五种：

1. 当事各方合意选定。国际商事仲裁以当事人意思自治为基石，当事各方自然有权合意选定仲裁员。然而，考虑到仲裁发生时，当事各方处于争议状态，正面的利益冲突使就选定仲裁员达成合意的可能性直线下降。因此，在实践中，当事各方合意选定仲裁员的情形并不常见。

2. 由现有的仲裁员选定，即先由双方当事人各自选定一名仲裁员，然后由两名已被选定的仲裁员共同选定第三名仲裁员担任首席仲裁员。由此产生的首席仲裁员，其学识、经验和能力一般都较容易为双方当事人所信任和接受。我国台

---

[1] 参见我国台湾地区 2002 年修正的"仲裁法"第 6~8 条。
[2] 参见 1998 年《西班牙仲裁法》第 12 条第 2 款。
[3] 参见《哥伦比亚 1991 年第 23 号法律》第 7 条。
[4] 谢石松主编：《商事仲裁法学》，高等教育出版社 2003 年版，第 195 页。
[5] 参见《示范法》第 10 条。

湾地区"仲裁协会仲裁规则"对仲裁员的选定规定如下：

"双方当事人已约定仲裁人者，从其约定。未约定仲裁人及其选定方法者，应由双方当事人各选任一仲裁人，再由双方选定之仲裁人共推第三仲裁人为主任仲裁人，并由本会以书面通知当事人。"〔1〕

3. 仲裁机构指定。在机构仲裁中，各常设仲裁机构的仲裁规则往往规定，在一定条件下，由该仲裁机构依据其仲裁规则指定仲裁员。

ICC 仲裁规则对仲裁员选定的规定如下：

如果当事人约定由一名独任仲裁员解决争议，未能提名一名独任仲裁员，仲裁院将任命一名独任仲裁员处理案件。如果当事人约定由三人仲裁庭解决争议，每一方当事人均应各自在其申请书或答辩书中提名一名仲裁员以供确认。当事人未提名仲裁员的，由仲裁院任命。如果争议由三人仲裁庭审理，担任首席仲裁员的第三名仲裁员由仲裁院任命，除非当事人约定另一种任命程序。〔2〕

4. 国内法院指定。若仲裁庭的组成未涉及任何仲裁机构，当事人又无法就仲裁员的任命达成协议，且未明确授权某机构或某人作出这一任命，则需由仲裁地内国法院行使指定仲裁员的权利。

1969 年颁布的《瑞士联邦仲裁协约》第 12 条对此规定如下：

"双方当事人对于选任独任仲裁员不能取得一致意见，或者一方当事人不选任应该由他指定的仲裁员，或者仲裁员对于选出公断人意见不一致时，如仲裁协议中也没有规定另一种机构，由第三条所定司法官厅依一方当事人的请求指派之。"

5. 仲裁员名册制度。仲裁员名册制度即将备选仲裁员的姓名、专长及其经验、阅历等要点编辑成册，提供给当事人、仲裁机构或其他指定机构选择，以确定仲裁员的制度，可分为直接指定和间接指定。前者指由当事人或相关机构直接或径直从名册中确定仲裁员；后者指当事人或有关机构从仲裁院名册中选择若干名人选，从而缩小备选仲裁员范围，提高双方当事人共同选定的概率，然后交由双方当事人再行选择，最终确定仲裁员。

（四）国际商事仲裁庭成员的回避

国际商事仲裁中仲裁院的回避制度是指作为国际商事仲裁庭成员的仲裁员，如果存在不能参与特定案件审理的情况，应该主动或根据当事一方或各方提出的异议，退出对特定案件的审理。

仲裁员回避的理由主要分为两大类：一类与法官回避的理由相同；另一类则

---

〔1〕 参见我国台湾地区"仲裁协会仲裁规则"第 16 条。
〔2〕 参见《国际商事调解与仲裁规则》（ICC 仲裁规则）第 2 条第 3、4 款。

可进一步细分为单方接触、主体资格或行为能力不合法以及未尽到勤勉义务。

1986年《荷兰仲裁法》第1033条第1款对仲裁员的回避规定为：
"如果存在对仲裁员的公正和独立产生合理疑问的情况下，可对仲裁员提出异议……"

1996年《英国仲裁法》第24条第1款对仲裁员的回避规定为，仲裁程序的一方当事人，经通知另一方当事人、相关仲裁员和其他仲裁员，可以基于以下理由申请法院撤换仲裁员：①存在导致当事人对该仲裁员的公正性产生具有正当理由的怀疑的事由；②该仲裁员不具备仲裁协议所要求的资格；③该仲裁员在体力上或精神上无力进行仲裁程序，或对其进行仲裁程序的能力存在具有正当理由的怀疑；④该仲裁员拒绝或没有适当地进行仲裁程序，或合理迅捷地进行仲裁程序或作出裁决，且已经或将对申请方产生实质性的不公正。

《示范法》对仲裁员的回避规定如下：①在被询及有关其可能被委任为仲裁员之事时，其应该披露可能对其公正性或独立性引起正当的怀疑的任何情况。仲裁员从被指定之时起直至在整个仲裁程序进行期间，应不迟延地向当事各方披露任何此类情况，除非其已将此情况告知当事各方。②仅因存在对仲裁员的公正性或独立性引起正当的怀疑的情况或他不具备当事各方商定的资格时，才可以对仲裁员提出异议。当事一方只有根据其作出委任之后知悉的理由才可以对其所委任的或参加委任的仲裁员提出异议。[1]

各国对当事各方提出仲裁员回避申请的期限之规定不尽相同，但一般都要求当事各方在获知存在回避事由后立即或在较短期限内尽快提出回避申请。如《示范法》规定的期限为15日，[2] 1998年《德国民事诉讼法典》规定的期限为两周。[3]

无论仲裁员自行提出的回避请求，抑或是当事人提出的回避申请，均应由一定的机构或人员予以审查，并决定是否回避。各国商事仲裁立法对此的规定大致分为两种，即由仲裁庭或仲裁机构决定，或在当事人向上述机构提出异议遭否决后，可以进而向有管辖权的法院起诉，并由法院作出最终决定。[4]

二、国际商事仲裁庭的权力和义务

（一）国际商事仲裁庭的权力

在国际商事仲裁中，仲裁庭的主要权力包括：决定自身管辖权限、决定仲裁

---

[1] 参见《示范法》第12条。
[2] 参见《示范法》第13条第2款。
[3] 参见1998年《德国民事诉讼法典》第1037条第2款。
[4] 谢石松主编：《商事仲裁法学》，高等教育出版社2003年版，第203页。

程序和证据事项、作出保全措施和令一方当事人提供费用担保的决定、决定仲裁应当适用的法律和作出裁决。

仲裁庭决定自身管辖权限即仲裁庭的自裁管辖权，此处不再赘述。

仲裁庭决定仲裁程序和证据事项、作出保全措施和令一方当事人提供费用担保的决定均为程序性权力，其目的在于保障仲裁程序合法、有效地进行。例如，《示范法》规定，在仲裁审理过程中，仲裁庭有权作出关于委任专家证人的决定，①除非当事各方另有协议，仲裁庭：可委任一名或数名专家就仲裁庭待决之特定问题向仲裁庭提出报告；可要求当事人一方向专家提供任何有关资料，或出示或让他接触任何有关的文件、货物或其他财产以供检验。②除非当事各方另有协议，如当事一方有此要求或仲裁庭认为有此必要，专家在提出其书面或口头报告后，应参加开庭，使当事各方有机会向其提问并委派专家证人就争议点作证。[1]

在当事人未约定仲裁所适用的法律时，仲裁庭应当决定包括仲裁协议应当适用的法律、仲裁程序应当适用的法律以及解决争议的实体问题应当适用的法律。

仲裁庭有权作出裁决，从而最终解决争议。在裁决中，仲裁庭有权就仲裁费用及其分担作出裁决。此外，仲裁庭也可以在规定的期限内改正裁决书中的计算、打印、抄写等类似性质的错误。

（二）国际商事仲裁庭的义务

在国际商事仲裁中，仲裁庭的义务与权力是相对应的，主要包括确定审理范围、独立公正地审理案件、在当事人约定或仲裁规则规定的期限内作出裁决。

根据仲裁协议确定审理范围是仲裁庭组成后的首要任务。在仲裁庭自裁管辖权原则下，仲裁庭应当确定自身有权审理的争议的范围。

独立、公正地审理案件是仲裁庭最重要的义务。仲裁庭在审理过程中，应当确保程序公正，使当事各方均获得同等和充分的表达其立场的机会；这同时也是"自然公正"原则的要求。

《示范法》对上述原则规定如下：

"应对当事各方平等相待，应给予当事每一方充分的机会陈述其案情。"[2]

仲裁庭应当在当事人约定或仲裁规则规定的期限内作出裁决。同时，仲裁裁决一般应当附具裁决所依据的理由，除非当事各方另有约定。

---

[1] 参见《示范法》第26条。
[2] 参见《示范法》第18条。

第四节　国际商事仲裁的法律适用

国际商事仲裁过程中可能出现的法律适用问题包括：仲裁协议的法律适用、国际商事仲裁程序的法律适用以及国际商事仲裁实体问题的法律适用。

一、仲裁协议的法律适用

（一）依当事人选择的法律

国际商事仲裁以当事人意思自治为基石，因此仲裁协议同样应当适用当事人选择的法律。例如，《纽约公约》规定，当仲裁协议依据当事人所约定之准据法系属无效时，仲裁裁决可得拒绝承认、执行。[1]

（二）依仲裁地法

若当事各方对仲裁协议的适用法律未作约定，则通常以仲裁地法作为仲裁协议的准据法。例如，1999 年《瑞典仲裁法》第 48 条规定，如果仲裁协议含有国际因素，它将受双方当事人约定法律的约束。如果双方当事人没有对适用法律作出选择，仲裁协议将受依据协议仲裁程序已进行或将进行的国家的法律的制约。

（三）依一般冲突规范

若当事一方以仲裁协议无效为由对仲裁提出异议，而彼时仲裁地未定，则应当以一般冲突规范确定仲裁协议的适用法律。例如，1961 年《欧洲国际商事仲裁公约》规定：

"如无当事人的仲裁协议所依据的法律，而在向法院提出问题时，还不能确定将在哪一国作出裁决，就根据受理争议的法院的冲突规则所决定的法律。"[2]

（四）依基础合同准据法

若当事各方对仲裁协议的适用法律未作约定，亦有一些国家规定以基础合同的准据法作为仲裁协议的准据法予以适用。例如，1987 年《瑞士联邦国际私法法规》规定：

"在实质上，仲裁协议如果符合当事人所选择的法律或支配争议标的的法律尤其是适用于主合同的法律或瑞士的法律所规定的条件，即为有效。"[3]

---

[1] 参见《纽约公约》第 5 条第 1 款第 1 项。
[2] 参见 1961 年签订的《欧洲国际商事仲裁公约》第 6 条第 2 款第 3 项。
[3] 参见 1987 年通过的《瑞士联邦国际私法法规》第 178 条第 2 款。

二、国际商事仲裁中的程序法

(一) 国际商事仲裁程序法的范围

广义上的国际商事仲裁程序法可包括仲裁法与仲裁规则,用于区别仲裁中对争议适用的实体法。但在严格意义上,仲裁程序法仅指仲裁法,与仲裁规则有一定的区别。

仲裁规则通常由当事各方自行约定,或由仲裁机构或国际机构制定并供当事各方选择适用,而仲裁程序法仅指国家立法机关制定和颁布的法律、法规。前者规范仲裁程序的内部运行,仅适用于仲裁程序运行过程中所涉及的仲裁当事人、仲裁庭及仲裁机构;后者不仅规范仲裁程序的内部运作,还调整在仲裁程序中与其发生各种联系的其他主体和其他程序,如规定法院代为指定仲裁员、撤销或拒绝承认与执行仲裁裁决等。就效力而言,在仲裁程序法未作规定或作出规定但不构成强行法时,仲裁规则作为当事人意思自治的产物具有更高效力;但若仲裁程序法的规定构成强行法,则当事人约定的仲裁规则不应与该强行法相抵触,否则无效。值得注意的是,仲裁程序法与仲裁地法既密切联系又互相区分。各国一般规定仲裁地法对仲裁具有监督作用,当事人没有对仲裁程序法作出明确选择的情况下,仲裁庭往往会适用仲裁地法。但是,这并不意味着仲裁程序法等同于仲裁地法。[1]

(二) 国际商事仲裁程序法的独立性

国际商事仲裁实践中,适用于仲裁程序的程序法和适用于实体争议的实体法可以是属于不同法域的法律。

1970 年,英国法院在 James Miller & Partners Ltd. v. Withworth Street Estates (Manchester) Ltd. [2]一案中首次从法律冲突的角度确认,国际商事仲裁中的仲裁法所属的法律体系可以独立于实体法所属的法律体系。[3]在 20 世纪 70 年代,法国巴黎上诉法院作出了相似的判决。[4]将仲裁程序适用的法律与实体争议适用的法律分离是一次重要的突破,因为它承认了当事人可以基于不同的考虑分别选择程序法和实体法。[5]

(三) 国际商事仲裁程序法的确定

若当事各方选择了仲裁程序法,仲裁庭一般应当尊重当事人的意思自治。若

---

[1] 刘晓红、袁发强主编:《国际商事仲裁》,北京大学出版社 2010 年版,第 95 页。
[2] James Miller & Partners Ltd. v. Withworth Street Estates (Manchester) Ltd. , 1970, A. C. 583.
[3] 韩健:《现代国际商事仲裁法的理论与实践》,法律出版社 2000 年版,第 252 页。
[4] 转引自韩健:《现代国际商事仲裁法的理论与实践》,法律出版社 2000 年版,第 254 页。
[5] 韩健:《现代国际商事仲裁法的理论与实践》,法律出版社 2000 年版,第 254 页。

当事各方未能选择仲裁程序法，仲裁庭则一般应当适用仲裁地法。

当事人可以选择适用于仲裁程序的法律是为多数国家所接受的国际商事仲裁法原则，并在国际条约中得以体现。例如，《纽约公约》规定，仲裁庭的组成或仲裁程序不符合当事人间的协议，构成拒绝承认执行仲裁裁决的依据。[1]再例如，《示范法》规定：

"以服从本法的规定为准，当事各方可以自由地就仲裁庭进行仲裁所应遵循的程序达成协议。"[2]

若当事各方未能选择仲裁程序法，仲裁庭一般应当适用仲裁地法。例如，《纽约公约》规定，若当事各方对仲裁程序法的适用未达成协议，则应适用仲裁地法，否则构成拒绝承认与执行仲裁裁决的依据。[3]

三、国际商事仲裁中的实体法

（一）当事各方选择实体法

国际商事仲裁以当事人意思自治为基石，承认并尊重当事各方选择的适用于争议的实体法。例如，1996年《英国仲裁法》、1998年《德国民事诉讼法典》均规定，仲裁庭应当依照当事人选择的解决实体问题所应适用的法律对争议作出裁决。[4]《示范法》采取了同样的立场：

"仲裁庭应按照当事各方选定的适用于争议实体的法律规则对争议作出决定……"[5]

就当事各方选择法律的时间而言，在许多国际商事仲裁判例中，仲裁庭对当事人协议选择实体法的时间均未提出要求。例如，在ICC的多个裁决中，仲裁庭均承认了当事各方在仲裁程序进行中选择实体法的权利。[6]

就当事各方选择法律的限制而言，通常需要遵循两个原则，即不得违反特定国家的强行法和所选择的实体法一般应当与争议存在联系。前一个原则含义明确并至今仍然得到执行；后一个原则随着国际商事仲裁的发展，正被逐渐淡化。例如，在1964年作出的一个裁决中，ICC确认当事人不必选择与合同有联系的法律作为审理争议的实体法。[7]在另一个1971年作出的裁决中，争议本身与瑞士并无关联，但ICC仲裁员支持当事各方将瑞士法作为仲裁实体法的选择：

---

[1] 参见《纽约公约》第5条第1款第4项。
[2] 参见《示范法》第19条第1款。
[3] 参见《纽约公约》第5条第1款第4项。
[4] 参见1996年《英国仲裁法》第46条第1款；1998年《德国民事诉讼法典》第1051条第1款。
[5] 参见《示范法》第28条第1款。
[6] 韩健：《现代国际商事仲裁法的理论与实践》，法律出版社2000年版，第278页。
[7] ICC Award, No. 1140, Doc. No. 410/1129, Jan. 16, 1964.

"在本案中,需要重视当事人是不同社会制度国家的国民以及合同标的物位于一个第三世界国家这一事实。当事人通过约定适用瑞士法避免了这一状况下可能出现的冲突。合理的利益关系证明将瑞士作为仲裁庭所在地的选择是正确的,在这些条件下,适用瑞士法不会引起任何争议。"[1]

(二) 当事各方未选择实体法

根据我国学者宋连斌的总结,在国际商事仲裁实践中,当事各方未选择实体法时,至少存在以下四种处理方式:①在传统上,仲裁员以法官为榜样,依照仲裁地的冲突规范确定准据法。②随着国际商事仲裁契约性、国际性的日益彰显,仲裁员不再受制于仲裁地的冲突规范,转而适用其认为适当的冲突规范。[2]例如,《示范法》规定:"如当事各方没有任何选择,仲裁庭应适用其认为可以适用的法律冲突规范所确定的法律。"[3]③《示范法》实施之后,一些国家的立法确认仲裁庭可以径直适用最密切联系原则来确定仲裁实体问题的准据法。[4]④至20世纪80年代,仲裁庭逐步开始在当事各方未选定实体法时,径直适用其认为适当的法律。例如,ICC仲裁规则规定:"当事人有权自由约定仲裁庭处理案件实体问题所应适用的法律规则。当事人对此没有约定的,仲裁庭将决定适用其认为适当的法律规则。"[5]

鉴于在第四种做法中,仲裁员被赋予了过大的权力,稳健的第二和第三种做法在实践中的运用更为普遍。

需要注意的是:国际商事仲裁庭所适用的实体法与法院所适用的实体法在外延上有所区别。法院适用的实体法通常为一国国内的立法及被纳入国内立法的外国法、国际条约、国际惯例,并参照贸易惯例。国际商事仲裁庭所适用的实体法不仅包括国家立法,还包括其他规范,尤其是现代商人法。[6]此外,在仲裁实践中,无论何种情形,仲裁庭作出决定时,均应充分考虑适用于该项交易的贸易惯例。

---

[1] *ICC Award*, No. 1598, Doc. No. 410/1999, Sept. 22, 1971. 转引自韩健:《现代国际商事仲裁法的理论与实践》,法律出版社 2000 年版,第 286~287 页。
[2] 宋连斌:"比照适用抑或特别规定:从国际商事仲裁的法律适用谈起——兼及中国国际私法立法及研究的'诉讼中心主义'",载《时代法学》2004 年第 5 期。
[3] 参见《示范法》第 28 条第 2 款。
[4] 参见 1987 年通过的《瑞士联邦国际私法法规》第 187 条。
[5] 参见 ICC 仲裁规则第 21 条第 1 款。
[6] 宋连斌:"比照适用抑或特别规定:从国际商事仲裁的法律适用谈起——兼及中国国际私法立法及研究的'诉讼中心主义'",载《时代法学》2004 年第 5 期。

第五节　国际商事仲裁裁决及其撤销、承认与执行

一、国际商事仲裁裁决

（一）国际商事仲裁裁决的类别

国际商事仲裁裁决大体可分为两种：临时裁决与最终裁决。此外，根据裁决作出的不同情形，还存在合意裁决和缺席裁决。

最终裁决，顾名思义，系仲裁庭所作的最终处理当事人之间争议的裁决，裁决一旦作出即对当事各方发生拘束力。临时裁决并非与最终裁决相对的概念，即并非仲裁庭作出临时性的决定，留待最终裁决予以确认；而是针对某些仲裁过程中的具体问题，为保证或推进仲裁程序的顺利进行所作出的裁决，并具有最终效力，一旦作出，对当事各方同样发生拘束力。仲裁庭依据自裁管辖权原则，对自身管辖权先行作出的裁决即为临时裁决。

国际商事仲裁中，当事各方可以在仲裁过程中就其争议达成和解。一旦达成和解，为使和解协议获得强制执行力，当事各方仍可能要求仲裁庭依据其和解协议内容制作裁决书。仲裁庭由此作出的裁决为合意裁决。

例如，《示范法》第30条对合意裁决规定如下：①在仲裁程序中，如果当事各方就争议达成和解，仲裁庭应终止仲裁程序，而且如果当事各方提出请求而仲裁庭又无异议，则应按和解的条件以仲裁裁决的形式记录和解。②关于和解的条件的裁决应按照《示范法》第31条（裁决的形式和内容）的规定作出，并应说明它是一项裁决。此种裁决应与根据案情作出的任何其他裁决具有同等的地位和效力。

若一方当事人未参加或拒绝参加仲裁审理，根据当事各方事先选定的仲裁规则，国际商事仲裁可能继续进行，直至作出裁决。仲裁庭此时作出的裁决为缺席裁决。在作出缺席裁决的过程中，仲裁庭必须注意为缺席一方提供充分和适当的申辩机会，并将出席仲裁的当事人的申辩情况及时转达缺席一方，从而确保缺席一方申辩的权利，否则一旦缺席裁决不利于缺席一方，缺席一方即得以程序瑕疵为由要求撤销或不承认、执行仲裁裁决。

（二）国际商事仲裁裁决的作出

各国仲裁立法一般规定，除非当事人另有约定，仲裁裁决应当以书面形式作出。[1]裁决书的内容通常应当包括当事各方、仲裁庭以及仲裁机构的基本信息

---

[1]　韩健：《现代国际商事仲裁法的理论与实践》，法律出版社2000年版，第335页。

(如名称、地址等)、查明的事实、法律分析及裁决理由,以及当事人对仲裁费用的分摊。最后,仲裁员需要在裁决书上签名,从而使裁决书发生效力。

多数立法规定,仲裁裁决中应当附裁决理由。例如,1961年《欧洲国际商事仲裁公约》第8条规定,应当推定双方当事人已经约定裁决须附具理由,除非双方当事人明确宣布裁决不须附具理由,或双方当事人同意采用某一仲裁程序,而根据该程序,裁决通常是不附理由的,并且在这种情况下,任何一方在审理结束前,或在没有审理的情况下于作出裁决前,都未请求附具理由。

若仲裁庭系独任仲裁庭,则仲裁裁决由独任仲裁员独自作出决定。但在多人仲裁庭中,裁决一般遵循的原则为:①少数服从多数;②不能形成多数意见时,以首席仲裁员意见为准。[1]无论何种情形,持少数意见或不同意见的仲裁员均有权拒绝签署裁决书,但其不签署裁决书的行为并不影响裁决书的生效。仲裁裁决一经作出即对当事人而言是终局的并有约束力的。一裁终局体现了仲裁制度效率本位的价值取向。[2]一裁终局制度被认为是仲裁的基本制度之一,是仲裁区别于其他争端解决方式的明显标志。

二、国际商事仲裁裁决的撤销

(一) 概述

尽管国际商事仲裁系一裁终局,并不允许当事人向仲裁庭、仲裁机构或法院上诉,但为了至少确保其程序的正当性,保证当事各方在国际商事仲裁中合法的程序权利得到保护,相当多国家仍然允许当事各方通过裁决的撤销程序向法院进行申诉。例如,1981年《法国民事诉讼法典》规定,撤销国际仲裁裁决的理由为不存在仲裁协议或仲裁协议无效或过期、仲裁庭组成不适当或独任仲裁员指定不适当、仲裁员未按照授予他的使命作出决定、未尊重正当程序、违反公共政策。[3]澳大利亚规定,当仲裁员在某些方面存在行为不端,如受贿、欺诈、偏袒及违反自然公正或对程序处理不当以及仲裁或裁决是不适当地取得的时,当事人可以申请法院撤销裁决。[4]

(二) 国际商事仲裁裁决撤销的理由

导致国际商事仲裁裁决被撤销的理由可以归纳为裁决本身的问题、管辖权问题、程序问题以及公共政策问题。

1. 裁决本身的问题主要是指仲裁裁决本身不符合仲裁地法的正式要求,包

---

[1] 参见ICC仲裁规则第32条第19条、LCIA仲裁规则第26条第3款。
[2] 刘晓红主编:《仲裁"一裁终局"制度之困境及本位回归》,法律出版社2016年版,第30页。
[3] 参见1981年《法国民事诉讼法典》第1484条。
[4] 参见1984年《澳大利亚仲裁法》第42条第1款。

括不满足形式要求以及涉及某些法律或事实上的错误。但除了少数国家在较严格的条件下允许当事人对仲裁裁决的法律或事实问题提出异议外，多数国家只允许当事人对裁决的形式问题提出异议，并以此为理由申请撤销仲裁裁决。[1]

2. 管辖权问题主要指当仲裁庭根据仲裁协议，对其所裁决的争议不具有管辖权时，当事各方可以据此向法院申请撤销仲裁裁决。在仲裁庭完全不具有管辖权的情形下，法院可以撤销全部裁决。但若仲裁庭只是超出其管辖权范围作出裁决，则未超出管辖权所作的裁决仍属有效，法院只得撤销超裁部分的裁决。

例如，《示范法》第 34 条第 2 款第 1 项第 3 目对超裁裁决的撤销规定如下，裁决所处理之争议非为提交仲裁之标的或不在其条款之列，或裁决载有关于交付仲裁范围以外事项之决定，但交付仲裁事项之决定可与未交付仲裁事项之决定划分时，仅可撤销对未交付仲裁事项所作决定之部分裁决。

3. 仲裁庭审理案件并作出裁决的过程中，必须遵循一些最低的程序标准，如适当地组成仲裁庭，仲裁程序依从当事人的约定并依从可适用法律的强制性规则，包括给予当事人适当的开庭和听审通知，平等对待当事人，公正聆讯，并使当事各方享有充分和适当的机会提出申辩。[2]若违反这些基本的程序规范，当事各方可以请求法院撤销仲裁裁决。

4. 若仲裁裁决违反了仲裁地法的可仲裁性要求或公共政策要求，仲裁地国法院将撤销该裁决。

三、国际商事仲裁裁决的承认与执行

（一）概述

虽然承认与执行在国际商事仲裁中经常被联系在一起，但二者存在一定的区别。国际商事仲裁裁决的承认系确认之诉，如在仲裁裁决作出后，通过承认程序，反对法院再次受理或审理该争议。执行仲裁裁决以承认该裁决为前提，系指仲裁裁决作出后，一方或数方当事人不主动执行仲裁裁决，因而申请内国法院强制执行。

执行内国仲裁裁决一般依据内国法，承认、执行外国仲裁裁决的依据则主要为《纽约公约》。

在《纽约公约》下，缔约国有义务承认、执行对该缔约国而言构成外国裁决的仲裁裁决。其具体标准有二：

标准一为地域标准，即裁决在被申请承认、执行国以外作出；标准二为非内

---

[1] 韩健：《现代国际商事仲裁法的理论与实践》，法律出版社 2000 年版，第 364 页。
[2] 韩健：《现代国际商事仲裁法的理论与实践》，法律出版社 2000 年版，第 368 页。

国标准,即根据被申请承认、执行国的国内法,裁决并非其内国裁决。[1]

在标准一下,任何在被申请承认、执行国以外作出的裁决,《纽约公约》缔约国均应予以承认、执行。在标准二下,即便裁决在被申请承认、执行国领域内作出,但由于种种原因,根据该国国内法,该裁决不具有该国"国籍",则被申请承认、执行国仍然应当承认、执行该裁决。

标准二主要由法国和德国倡导,并为一些大陆法系国家所支持。[2]根据德国法,即便仲裁裁决在德国境内作出,只要其依据的程序法并非德国法,则该裁决仍然被视为外国裁决。反之,若仲裁裁决在德国境外以德国法为程序法作出,则该裁决被视为德国的内国裁决。在《纽约公约》中增加标准二,解决了标准一与大陆法系国家国内立法存在的冲突,从而扩大了《纽约公约》的适用范围。

(二) 拒绝承认与执行外国仲裁裁决的理由

根据《纽约公约》,拒绝承认与执行外国仲裁裁决的理由可以分为两大类,共七种。第一类以当事人向法院申请拒绝承认与执行为触发条件,以当事人证明存在可以拒绝承认、执行的事由为必要条件;第二类则由法院主动审查,无需当事人申请。

1. 第一大类包括五项拒绝承认与执行的理由:仲裁协议无效或当事人无行为能力、违反正当程序、仲裁员超越权限、仲裁庭的组成或仲裁程序不当、裁决不具拘束力或已被撤销。

(1)《纽约公约》第5条第1款第1项规定拒绝承认与执行外国仲裁裁决的条件为:

"第二条所称协定之当事人依对其适用之法律有某种无行为能力情形者,或该项协定依当事人作为协定准据之法律系属无效,或未指明以何法律为准时,依裁决地所在国法律系属无效者。"

在此条款下,根据相应准据法,当事人在签订仲裁协议时无行为能力或仲裁协议无效,则法院有权拒绝承认、执行仲裁裁决。值得注意的是,若相关缔约国法律规定无行为能力人有权签署合同,则无行为能力人亦可签订有效的仲裁协议。但在此情形下,即便仲裁协议有效,基于该仲裁协议作出的仲裁裁决,仍属《纽约公约》所规定的缔约国法院可得拒绝承认执行之列。[3]

---

[1] 参见《纽约公约》第1条第1款。
[2] 韩健:《现代国际商事仲裁法的理论与实践》,法律出版社2000年版,第377页。
[3] 范铭超:"《承认和执行外国仲裁裁决公约》若干争议问题评述",载《求索》2008年第6期。

(2)《纽约公约》第5条第1款第2项规定拒绝承认、执行外国仲裁裁决的条件为：

"受裁决援用之一造未接获关于指派仲裁员或仲裁程序之适当通知，或因他故，致未能申辩者。"

该条款目的在于确保"正当程序"得到遵守，给予当事人公平的聆讯机会。在 *Paklito Inc. Ltd. v. Klock-ner East Asia Ltd.* [1] 一案中，中国国际经济贸易仲裁委员会的仲裁庭征求了相关专家证人的意见，但该意见未经质证即被作为裁决依据，从而剥夺了当事人陈述意见的权利。该裁决书为香港高等法院所拒绝承认、执行。

(3)《纽约公约》第5条第1款第3项规定拒绝承认、执行外国仲裁裁决的条件为：

"裁决所处理之争议非为交付仲裁之标的或不在其条款之列，或裁决载有关于交付仲裁范围以外事项之决定者，但交付仲裁事项之决定可与未交付仲裁之事项划分时，裁决中关于交付仲裁事项之决定部分得予承认及执行。"

该条款针对仲裁庭超越权限作出的裁决。此类抗辩日益普遍[2]，但成功的概率似乎并不很高。[3]如德国法院驳回了当事人针对仲裁庭适用商人法，使裁决的利息高于请求的利息提出的异议，认为这不构成仲裁庭越权。[4]

(4)《纽约公约》第5条第1款第4项规定拒绝承认、执行外国仲裁裁决的条件为：

"仲裁机关之组成或仲裁程序与各造间之协议不符，或无协议而与仲裁地所在国法律不符者。"

该条款针对仲裁庭组成及仲裁程序违背当事人协议或仲裁地法律的情形。二者存在先后顺序，以当事人协议为主，在当事人未就仲裁庭组成、仲裁程序达成协议时，则以仲裁地法律为补充。

在 *China Nanhai Oil Joint Service Corporation v. Gee Tai Holdings Co. Ltd.* 一案中，当事人选定中国国际经济贸易仲裁委员会北京总会仲裁，但仲裁员却出自其深圳分会的仲裁员名单，因此被视为仲裁庭的组成不符合当事人的约定。然而凯

---

[1] *Paklito Inc. Ltd. v. Klockner East Asia Ltd.*, Supreme Court of Hong Kong High Court, Jan 15, 1993.

[2] [英]艾伦·雷德芬等：《国际商事仲裁法律与实践》，林一飞、宋连斌译，北京大学出版社2005年版，第482页。

[3] [英]艾伦·雷德芬等：《国际商事仲裁法律与实践》，林一飞、宋连斌译，北京大学出版社2005年版，第483页。

[4] See the Decision of the Regional Court of Hamburg of Sept. 18, 1997, (2000) *XXV Yearbook Commercial Arbitration*, p. 710.

普兰法官最终基于禁反言原则，认为当事人既然在明知仲裁员并非选自正确名册的情况下，仍然参加审理并进行实体答辩，且未对此问题作出保留，则不应在事后从此错误中获利。[1]

(5)《纽约公约》第 5 条第 1 款第 5 项规定拒绝承认、执行外国仲裁裁决的条件为：

"裁决对各造尚无拘束力，或业经裁决地所在国或裁决所依据法律之国家之主管机关撤销或停止执行者。"

该条款针对无效或失效的仲裁裁决，即缔约国法院只有义务执行已生效且效力确定的外国仲裁裁决。

2. 第二大类包括两项拒绝承认执行的理由：争议事项不具有可仲裁性和承认、执行外国仲裁裁决违背承认、执行国公共政策。

(1)《纽约公约》第 5 条第 2 款第 1 项规定拒绝承认、执行外国仲裁裁决的条件为：

"依该国法律，争议事项系不能以仲裁解决者。"

该条款针对争议的可仲裁性问题。对于被申请承认、执行国而言，基于其公共政策考虑，一些争议是不可以以仲裁方式解决的。针对这些争议，即便裁决作出地国法律允许通过仲裁解决，其裁决亦可被拒绝承认、执行。

(2)《纽约公约》第 5 条第 2 款第 2 项规定拒绝承认、执行外国仲裁裁决的条件为：

"承认或执行裁决有违该国公共政策者。"

该条款针对外国仲裁裁决违背被申请承认、执行地国公共政策的情形。在国际私法领域内，公共政策向来是各国维护本国公共利益、排除外国法律适用的阀门。根据该条款的规定，当外国仲裁裁决的承认、执行与本国公共政策相悖时，法院可以拒绝承认、执行该裁决。

就对援引公共政策为理由拒绝承认、执行外国仲裁裁决的态度而言，各缔约国法院，如美国、德国、瑞士、印度等，大多采取狭义解释上的公共政策，即只有当外国仲裁裁决的"执行将违反法院地国最基本的道德和公正观念"时方可拒绝。[2]

缔约国法院可以援引以上七项理由从而获得拒绝承认、执行外国仲裁裁决的

---

[1] China Nanhai Oil Joint Service Corporation v. Gee Tai Holdings Co. Ltd., (1995) XX Yearbook Commercial Arbitration, p. 671.

[2] [英]艾伦·雷德芬等：《国际商事仲裁法律与实践》，林一飞、宋连斌译，北京大学出版社 2005 年版，第 490~492 页。

权利。但值得再次强调的是，公约并未将拒绝承认、执行规定为缔约国法院的义务，即便满足上述七种条件，缔约国法院仍有权自由裁量是否拒绝承认、执行。

第六节 中国的立法与实践

一、概述

我国调整国际商事仲裁法律关系的基本国内法为1994年颁布的《仲裁法》。此外，有关仲裁的规定亦散见于《民事诉讼法》和其他一些法律。2006年，我国最高人民法院公布了《仲裁法解释》，并于2008年进行了调整，对各级人民法院适用《仲裁法》作出了更为具体、细致的规定。在国际条约方面，除了散见于多个双边条约中的有关仲裁的规定，我国还于1986年批准加入了《纽约公约》，从而开始了我国逐步融入国际商事仲裁法律体系的进程。

整体而言，我国现行仲裁立法符合国际通行做法，包括遵循尊重当事人意思自治原则、仲裁独立原则、法院监督和支持仲裁原则。但在细节上，由于国际商事仲裁发展一日千里，而《仲裁法》立法时间已经较为久远，因而存在一些不能完全满足目前实践需要的情形。《仲裁法解释》固然解决了一些问题，但其法律效力毕竟不能与立法等量齐观。

二、仲裁协议

《仲裁法》第3~5、16~20条对仲裁协议作出了具体的规定。与之相配套的是《仲裁法解释》第1~16条。此外，《民法典》第469条和《纽约公约》第2条同时对仲裁协议的有效性问题作出了具体的规定。

（一）仲裁协议的形式要件

《仲裁法》与《纽约公约》均规定，当事各方应当依据其合意达成仲裁协议，且仲裁协议为将争议交付仲裁的依据。[1]《仲裁法》与《纽约公约》均要求仲裁协议以书面形式体现，[2]《民法典》与《仲裁法解释》对书面形式界定如下：

"……书面形式是合同书、信件、电报、电传、传真等可以有形地表现所载内容的形式。以电子数据交换、电子邮件等方式能够有形地表现所载内容，并可以随时调取查用的数据电文，视为书面形式。"[3] "……包括以合同书、信件和

---

[1] 参见《仲裁法》第4条、《纽约公约》第2条。
[2] 参见《仲裁法》第16条第1款、《纽约公约》第2条。
[3] 参见《民法典》第469条第2款、第3款。

数据电文（包括电报、电传、传真、电子数据交换和电子邮件）等形式达成的请求仲裁的协议。"[1]

（二）仲裁协议的实质要件

《仲裁法》规定，有效的仲裁协议除了应当包括请求仲裁的意思表示和仲裁事项，还应当有选定的仲裁委员会。[2]该规定被认为确立了在中国只有机构仲裁是合法的这一法律制度。无论在理论上还是实践中，该制度均受到了诸多质疑。[3]但从宪法的角度来看，该制度确实成立并且不能被突破，除非更新立法。根据《立法法》的规定，诉讼、仲裁等基本制度并非普通民事行为，必须由全国人大及其常委会立法确立。[4]所谓"法无明文规定即许可"，只能适用于普通的民事行为，而不能套用于仲裁制度。因此，在新的立法确认临时仲裁有效之前，中国只承认机构仲裁的有效性。

《仲裁法》规定，在仲裁协议对仲裁事项或仲裁机构约定不明确时，当事各方可以达成补充协议，从而将争议提交仲裁。但若不能达成补充协议，则仲裁协议无效。[5]

仲裁事项涉及可仲裁性的问题，《仲裁法》第3条以排除式的立法方式界定如下，下列纠纷不能仲裁：①婚姻、收养、监护、扶养、继承纠纷；②依法应当由行政机关处理的行政争议。

《仲裁法解释》进一步明确，在当事各方用词较为模糊的情形下，如只约定"合同争议"提交仲裁时，基于合同成立、效力、变更、转让、履行、违约责任、解释、解除等产生的纠纷，都可以认定为仲裁事项。[6]

仲裁机构约定不明确在实践中经常发生，基于支持仲裁的态度，《仲裁法解释》的规定使多数约定模糊的仲裁协议的效力得以肯定。[7]然而，针对浮动仲裁条款，即当事人在仲裁协议中约定了两个以上的仲裁机构的情形，《仲裁法解释》的态度体现了某种程度上的倒退。

最高人民法院在对山东省高级人民法院的批复中曾确认此类仲裁协议的有效性，并允许申请人在此情形下择一仲裁机构提起仲裁，被申请人应当接受受理申

---

[1] 参见《仲裁法解释》第1条。
[2] 参见《仲裁法》第16条。
[3] 赵秀文："21世纪中国国际仲裁法律制度现代化与国际化的发展方向"，载万鄂湘主编：《中国涉外商事海事审判指导与研究（总第1卷）》，人民法院出版社2001年版，第266~270页。
[4] 参见《立法法》第8条第10项。
[5] 参见《仲裁法》第18条。
[6] 参见《仲裁法解释》第2条。
[7] 参见《仲裁法解释》第3、6条。

请的仲裁机构的管辖。[1]《仲裁法解释》废止了上述做法，要求当事人就此达成补充协议，选定唯一的仲裁机构，否则仲裁协议将视为无效，从而在一定程度上否定了浮动仲裁协议的有效性。

（三）仲裁协议的"或裁或审"原则

《仲裁法》规定隐含了"或裁或审"的原则，即争议只能选择诉讼和仲裁两种途径之一解决，对一种途径的选择意味着对另一种途径的排除；同时，若当事各方未选择争议解决途径，则默认其选择诉讼。[2]

《仲裁法解释》对此作出了更明确的界定：

"当事人约定争议可以向仲裁机构申请仲裁也可以向人民法院起诉的，仲裁协议无效。但一方向仲裁机构申请仲裁，另一方未在仲裁法第20条第2款规定期间内提出异议的除外。"[3]

该规定一方面确认了"或裁或审"的基本原则，但同时肯定了当事各方默示提交仲裁的意思表示的效力。然而，这种默示提交仲裁的意思表示是否能够构成"书面形式"，仍然存在疑问。如上文所述，我国对仲裁协议书面形式的要求仍为具备一定形式要件且包含了仲裁协议的书面文件，而非简单的可以证明当事各方提交仲裁的合意的书面证据。当事一方的仲裁申请书和另一方的仲裁答辩书无疑可以作为书面证据，但未必构成载有仲裁协议的书面文件。

（四）仲裁协议的继承和转让

《仲裁法》对仲裁协议的继受、继承和转让并无规定。《仲裁法解释》则规定，除非当事各方另有约定，否则仲裁协议对相关权利义务的继受人、继承人和受让人有效。[4]

（五）仲裁协议的独立性

我国立法确认仲裁协议的独立性。[5]

（六）仲裁协议的法律适用

《法律适用法解释（一）》第12条明确规定，当事人没有选择涉外仲裁协议适用的法律，也没有约定仲裁机构或者仲裁地，或者约定不明的，人民法院可以适用中华人民共和国法律认定该仲裁协议的效力。

---

[1] 参见《最高人民法院关于同时选择两个仲裁机构的仲裁条款效力问题的函》（法函〔1996〕176号）。

[2] 参见《仲裁法》第5条。

[3] 参见《仲裁法解释》第7条。

[4] 参见《仲裁法解释》第8、9条。

[5] 参见《仲裁法》第19条、《仲裁法解释》第10条。

三、仲裁员、仲裁庭与仲裁机构

（一）仲裁员

《仲裁法》第13条对仲裁员的资格界定如下：仲裁委员会应当从公道正派的人员中聘任仲裁员。仲裁员应当符合下列条件之一：①通过国家统一法律职业资格考试取得法律职业资格，从事仲裁工作满8年的；②从事律师工作满8年的；③曾任法官满8年的；④从事法律研究、教学工作并具有高级职称的；⑤具有法律知识、从事经济贸易等专业工作并具有高级职称或者具有同等专业水平的。

此外，《仲裁法》对仲裁员的回避作出了与法官回避类似的规定。[1]

（二）仲裁庭

《仲裁法》规定，仲裁庭可以由1名或3名仲裁员组成，[2]且仲裁应当依法独立进行，不受行政机关、社会团体和个人的干涉。[3]然而，与国际通行做法存在差异的是，我国仲裁庭的自裁管辖权是不完整的。《仲裁法》规定，当事人对仲裁庭管辖权提出异议的，应当由仲裁委员会或法院作出决定，仲裁庭自身则无缘置喙。[4]

（三）仲裁机构

《仲裁法》规定，仲裁委员会由直辖市和省、自治区人民政府所在地的市、其他设区的市的人民政府组织有关部门和商会统一组建，不按照行政区划层层设立，[5]并独立于行政机关，与行政机关没有隶属关系，且仲裁委员会之间也没有隶属关系。[6]

四、仲裁程序

除了一裁终局[7]且以仲裁规则为其主要程序规范，我国仲裁程序与诉讼程序大致相同。但在法律适用方面，诉讼采取的原则是"以事实为依据，以法律为准绳"，[8]而仲裁采取的原则是"根据事实，符合法律规定，公平合理地解决纠纷"（《仲裁法》第7条），从而使交易惯例、现代商人法得到更多的考虑和重视。

---

[1] 参见《仲裁法》第34条。
[2] 参见《仲裁法》第30条。
[3] 参见《仲裁法》第8条。
[4] 参见《仲裁法》第20条。
[5] 参见《仲裁法》第10条。
[6] 参见《仲裁法》第14条。
[7] 参见《仲裁法》第9条。
[8] 参见《民事诉讼法》第7条。

五、法院对仲裁的监督和支持

（一）仲裁协议

《仲裁法》规定，当事各方对仲裁协议效力有异议时，仲裁委员会应当作出决定；但若一方当事人要求仲裁委员会作出决定，另一方诉诸法院，则法院拥有最终决定权。[1]《仲裁法解释》进一步规定了决定仲裁协议效力的法院的审级为中级人民法院，[2]且法院仅在仲裁委员会未作出决定且当事人确未参加仲裁时方可受理对仲裁协议的异议。[3]

（二）保全

《仲裁法》规定，仲裁当事方可以向仲裁机构申请财产保全与证据保全，并由后者将当事人的申请依照《民事诉讼法》的规定提交人民法院。[4]

（三）内国裁决的执行与撤销

根据《民事诉讼法》和《仲裁法》的规定，我国法院针对已生效内国裁决存在两套并行的监督体系，即不予执行和撤销。前者由执行地法院对已生效内国裁决进行审查，[5]后者由裁决作出地法院进行审查。[6]

根据《仲裁法》和《仲裁法解释》，进行不予执行审查和撤销审查的法院的审级均为中级人民法院。[7]与国际通行做法存在差异的是：无论不予执行还是撤销，我国法院均可对仲裁裁决进行实体审查。

《民事诉讼法》第244条第2、3款对不予执行已生效仲裁裁决的依据界定如下：

被申请人提出证据证明仲裁裁决有下列情形之一的，经人民法院组成合议庭审查核实，裁定不予执行：①当事人在合同中没有订有仲裁条款或者事后没有达成书面仲裁协议的；②裁决的事项不属于仲裁协议的范围或者仲裁机构无权仲裁的；③仲裁庭的组成或者仲裁的程序违反法定程序的；④裁决所根据的证据是伪造的；⑤对方当事人向仲裁机构隐瞒了足以影响公正裁决的证据的；⑥仲裁员在仲裁该案时有贪污受贿，徇私舞弊，枉法裁决行为的。人民法院认定执行该裁决违背社会公共利益的，裁定不予执行。

《仲裁法》第58条对撤销已生效仲裁裁决的依据界定如下：①没有仲裁协议

---

[1] 参见《仲裁法》第20条。
[2] 参见《仲裁法解释》第12条。
[3] 参见《仲裁法解释》第13条。
[4] 参见《仲裁法》第28、45条。
[5] 参见《民事诉讼法》第244条。
[6] 参见《仲裁法》第58条。
[7] 参见《仲裁法》第58条、《仲裁法解释》第29条。

的；②裁决的事项不属于仲裁协议的范围或者仲裁委员会无权仲裁的；③仲裁庭的组成或者仲裁的程序违反法定程序的；④裁决所根据的证据是伪造的；⑤对方当事人向仲裁机构隐瞒了足以影响公正裁决的证据的；⑥仲裁员在仲裁该案时有索贿受贿，徇私舞弊，枉法裁决行为的。人民法院经组成合议庭审查核实裁决有上述情形之一的，应当裁定撤销。人民法院认定该裁决违背社会公共利益的，应当裁定撤销。

（四）外国裁决的承认与执行

根据1987年发布的《最高人民法院关于执行我国加入的〈承认及执行外国仲裁裁决公约〉的通知》（以下简称《执行公约的通知》），我国对《纽约公约》作出了互惠保留和商事保留，[1]即我国对在另一缔约国领土内作出的仲裁裁决的承认和执行适用该公约，对于在非缔约国领土内作出的仲裁裁决，需要我国法院承认和执行的，应按《民事诉讼法》的有关规定办理，同时我国仅对按照我国法律属于契约性和非契约性商事法律关系所引起的争议适用该公约。

《执行公约的通知》进一步界定了所谓"契约性和非契约性商事法律关系"的外延：

"……所谓'契约性和非契约性商事法律关系'，具体的是指由于合同、侵权或者根据有关法律规定而产生的经济上的权利义务关系，例如货物买卖、财产租赁、工程承包、加工承揽、技术转让、合资经营、合作经营、勘探开发自然资源、保险、信贷、劳务、代理、咨询服务和海上、民用航空、铁路、公路的客货运输以及产品责任、环境污染、海上事故和所有权争议等，但不包括外国投资者与东道国政府之间的争端。"[2]

此外，与《纽约公约》措辞略有不同的是：当外国仲裁裁决存在不予承认、执行的事由时，我国法院应当裁定不予承认、执行，[3]而《纽约公约》则规定法院仍然拥有自由裁量权以决定是否承认、执行。[4]

学术视野

关于国际商事仲裁的学术争论目前主要集中在国际商事仲裁的法律性质、仲裁庭的权利与义务、国际商事仲裁裁决的"国籍"。就国际商事仲裁的法律性质

---

[1] 参见《执行公约的通知》第1、2条。
[2] 参见《执行公约的通知》第2条。
[3] 参见《执行公约的通知》第4条。
[4] 参见《纽约公约》第5条。

而言，一般存在四种看法，即"司法权理论""契约理论""混合理论"以及"自主理论"。就国际商事仲裁的权力来源而言，"司法权理论"认为是国家司法权，"契约理论"认为是当事人契约，"混合理论"认为兼而有之，"自主理论"认为国际商事仲裁是一种特殊的、独立的法律程序，具有独特的权力来源。就仲裁庭的权利与义务而言，上述理论在一定程度上根植于对国际商事仲裁权力来源的认识而存在差异。我国《刑法修正案（六）》中规定了枉法仲裁罪，即从事仲裁工作的人员可因其违背法律、事实作出裁决的行为而受刑罚，且罪名归类为渎职罪。据此可以认为，我国立法者认定国际商事仲裁庭权力来源于国家司法权，但对于这种认定是否恰当则争论不断。就国际商事仲裁裁决的"国籍"而言，国际社会的普遍认知是：在机构仲裁的情形下，机构所在地一般为仲裁地，亦即国际商事仲裁裁决的"国籍国"。但上述观点是否为我国立法、司法机关及仲裁机构、法律工作者所接受，尚存争议。

理论思考与实务应用

一、理论思考

（一）名词解释

国际商事仲裁　国际商事仲裁协议　《纽约公约》

（二）简答题

《纽约公约》关于拒绝承认、执行外国仲裁裁决的规定是怎样的？

（三）论述题

国际商事仲裁作为争端解决方式，与国际民事诉讼程序相比，其利弊何在？

二、实务应用

（一）案例分析示范

原告：香港三菱商事会社有限公司。

第一被告：三峡投资有限公司。

第二被告：葛洲坝三联实业公司。

第三被告：湖北三联机械化工工程有限公司。

原告与第一被告签订了ML001-A和ML002-B两份购销合同，约定前者向后者出售机械设备，第三被告为最终用户。

两份合同均约定："Any dispute, controversy or difference arising out of or in relation to or in connection with this contract or for the breach thereof, shall be settled by arbitration in Hong Kong, pursuant to the rules of International Chamber of Commerce. The award of such arbitration shall be final and binding upon the parties hereto."

两份合同均进一步约定"Governing law: The People's Republic of China"。对上述两份合同，第二被告向原告出具了保函。

后两份合同在履行中发生纠纷，原告向湖北省高级人民法院提起诉讼。

问：本案的法律问题是什么？在合同中未规定仲裁协议适用法律时，仲裁协议如何确定准据法？本案应如何处理？

【评析】本案的法律问题为：上述两份合同中的仲裁条款是否有效。

本案当事人涉港，因此本案为涉港案件，应当比照涉外案件处理。根据《仲裁法解释》第16条的规定，对涉外仲裁协议的效力审查，适用当事人约定的法律；当事人没有约定适用的法律但约定了仲裁地的，适用仲裁地法律；没有约定适用的法律也没有约定仲裁地或者仲裁地约定不明的，适用法院地法律。

虽然当事人约定"Governing law: The People's Republic of China"，但并未明确中国法律同样适用于仲裁协议，因此应当视为当事人没有约定仲裁协议适用的法律。当事人约定了仲裁地点为香港，因此应当适用香港法律。因为香港法律认定上述仲裁协议有效，因此应当认定上述仲裁协议有效，并应驳回原告的诉讼请求。

(二) 案例分析实训

案例一

仲裁申请人：A公司。

仲裁被申请人：B公司。

A为注册地在中国上海的进出口贸易公司，主要营业地在中国上海。

B为注册地在巴拿马的船舶货运公司，主要营业地在中国上海。

A与B于2009年5月1日以电子邮件方式约定：2009年10月1日前后3日内在上海以B的货船MV DREAM装运货物。

A与B在电子邮件中进一步约定：①B可以根据实际情况更换同等级别的货船以取代MV DREAM执行货运任务；②本合同应由A在2009年7月1日前确认生效。

此外，A与B还约定："本合同项下及与本合同有关事宜，一旦发生争议，提交新加坡国际仲裁中心仲裁解决。"

虽然A始终未予确认合同生效，但B仍然派出与MV DREAM同等级别的货船MV DAWN，MV DAWN于2010年9月27日到达上海港。

A于2010年9月15日得知MV DAWN将于2010年9月27日到达上海港，并表示将尽力安排装运，但直至2010年10月5日，始终未能安排装运，MV DAWN遂驶离上海港。

B以A为仲裁被申请人向新加坡国际仲裁中心提起仲裁，A以自己并未确认合同生效，合同尚未生效，因此仲裁条款无效为由要求仲裁庭裁决对案件无管辖权。

问：本案是否应当进行仲裁？

案例二

仲裁申请人：C 公司。

仲裁被申请人：D 公司。

C 公司系注册于中国上海的进出口贸易公司。

D 公司系注册于香港的私人公司。

C 与 D 签订合资合同，约定在上海开设合资公司，约定一旦合资合同履行发生争议，"香港仲裁，适用英国法"。

后合资合同履行发生争议，C 向上海市第一中级人民法院起诉，请求确认仲裁协议无效。

问：本案的仲裁协议是否有效？

主要参考文献

1. 陈治东：《国际商事仲裁法》，法律出版社 1998 年版。
2. 韩健：《现代国际商事仲裁法的理论与实践》，法律出版社 2000 年版。
3. 乔欣主编：《比较商事仲裁》，法律出版社 2004 年版。
4. 谢石松主编：《商事仲裁法学》，高等教育出版社 2003 年版。
5. 邓杰：《伦敦海事仲裁制度研究》，法律出版社 2002 年版。
6. 刘晓红：《国际商事仲裁协议的法理与实证》，商务印书馆 2005 年版。
7. 李双元主编：《国际经济贸易法律与实务新论》，湖南大学出版社 1996 年版。
8. [法] 菲利普·福盖德、伊曼纽尔·盖拉德、贝托尔德·戈德曼：《国际商事仲裁》，中信出版社 2004 年版。
9. [英] 艾伦·雷德芬等：《国际商事仲裁法律与实践》，林一飞、宋连斌译，北京大学出版社 2005 年版。
10. 赵秀文：《国际商事仲裁法》，中国人民大学出版社 2012 年版。
11. 刘晓红、袁发强主编：《国际商事仲裁》，北京大学出版社 2010 年版。
12. 刘晓红主编：《仲裁"一裁终局"制度之困境及本位回归》，法律出版社 2016 年版。

第十六章

区际私法

【本章概要】区际私法是用于解决一个主权国家内部具有独特法律制度的不同地区之间的民商事法律冲突的法律适用法,同时还包括管辖权冲突的协调以及区际司法协助的规则。区际民商事法律冲突的发生主要基于一个国家内部不同法域之间民商事法律的冲突。解决区际法律冲突的途径主要有制定区际冲突法和制定统一实体法两种。中国实行一国两制,有三个法系、四个法域,有着非常具有特色且复杂的区际法律冲突。目前我国尚未就区际法律冲突的解决进行系统的立法,基本依赖于国际私法的有关规则。本章将在阐述法域、区际法律冲突、区际私法的基本含义和特征的基础上,着重分析中国解决区际法律冲突的途径以及区际司法协助的实践。

【学习目标】通过本章的学习,要了解法域的含义及其形成的原因,深入理解区际法律冲突的特点及基本解决途径;理解中国区际法律冲突形成的背景,结合实际探讨中国目前在区际私法方面的立法与实践所存在的问题及未来发展的模式。

第一节 区际法律冲突

一、法域的基本概念

(一)法域的含义和特征

在述及区际法律冲突之前,需要先阐明一个非常重要的法律概念——法域(legal region),它特指一个主权国家内部实行独特法律制度和享有独立司法管辖权的地理区域。法域的特征在于:①法律制度的独特性;②法律实施的区域性;③法域的非主权性;④法域的相对独立性。

(二)一国内部多法域的形成原因

1. 国家的联合与合并,即两个或两个以上的国家结合成为一个新的国家,常常由于被联合或合并的国家各自的法律被保留下来,从而使得新国家内部各区域的法律不统一。

2. 国家的复活,即一个国家被列强或殖民瓜分,后在特定的历史条件下,该被瓜分的国家得以复活,由于被瓜分的各地区曾分别置于各列强国家的法治之下,从而复活后成为一个多法域的国家。

3. 国家领土的割让，即一国的领土依条约转移给他国，无论是以和平方式还是因战争结果而导致的割让，并不一定使被割让地区原来适用的法律随着割让的事实而废弃。

4. 国家领土的回归，即一国领土由于他国的侵占、割让或租借而一度被他国治理，后来该国恢复对其领土行使主权。在回归领土内适用的原有法律仍可能被保留下来，从而使回归领土成为主权国家内一个独特的法域。

5. 殖民地的取得。一般来说，殖民国在取得殖民地后会将本国法律施行于后者，但各殖民地原有的特殊法律习惯，仍不能不允许其继续存在，这样在殖民国内就可能形成不同的法域。

二、区际法律冲突的含义和特征

区际法律冲突（inter-regional conflict of laws）就是指在一个国家内部不同法域之间的法律冲突。具体而言，是指一个国家内部各个法域存在着独特的民商事法律制度，当某一跨区域的民商事关系，涉及两个或两个以上区域的法律制度时产生的，所涉各区域法律竞相要求支配或不支配该民商事关系的法律适用的冲突。区际法律冲突的特征如下：

1. 区际法律冲突是具有国内性质的法律冲突。它是发生在主权国家领土范围之内不同法域之间的法律冲突，例如美国各州法律之间的冲突以及加拿大各省法律之间的冲突。如果某一法律冲突是一种跨越国界的法律冲突，那么它就不是区际法律冲突。

2. 区际法律冲突是空间上的法律冲突。

3. 区际法律冲突是民商法律效力上的冲突。区际法律冲突是一种私法方面的冲突。

4. 区际法律冲突是不同法域之间的横向冲突，或称平面冲突。由于主权国家内的各法域之间是平等的，而并非中央与地方或上下级之间的关系，因此它们之间的冲突应该是一种横向冲突。

三、区际法律冲突的种类及其产生的原因

（一）种类

1. 以国家结构形式为标准，区际法律冲突可以划分为：单一制国家内的区际法律冲突和联邦制国家内的区际法律冲突。前者是实行单一制国家内的区际法律冲突，单一制国家如中国、西班牙、英国等；后者是实行联邦制国家内存在的区际法律冲突。二者的不同之处在于产生区际法律冲突的范围不同，冲突的解决办法也不同。联邦制国家一般是通过宪法对区际法律冲突从产生到解决加以规定、限制；单一制国家如西班牙是以一项普通法律对之加以规定，而英国却是适用习惯加以约束。

2. 以社会制度为标准，区际法律冲突可以划分为：相同社会制度的各法域之间的区际法律冲突和不同社会制度的各法域之间的区际法律冲突。前者是指一个国家只有一个社会制度下的区际法律冲突，如美国、澳大利亚、加拿大等；后者是指一个国家存在两种或两种以上不同社会制度的区际法律冲突，如中国。

3. 以法系为标准，区际法律冲突还可以划分为：同法系的不同法域之间的区际法律冲突和不同法系法域之间的区际法律冲突。同法系的法律冲突是指一国内各法域都为同一法系的区际法律冲突，如英国、瑞士、澳大利亚等；不同法系的区际法律冲突是指一国内各法域属于不同法系的区际法律冲突，如中国、美国、加拿大等。

（二）产生的原因

区际法律冲突是伴随不同地区的人们进行民商事活动逐渐发展起来的，直到12、13世纪，各城邦才开始承认其他城市"法则"的域外效力，在一定程度上适用其他城邦的"法则"来解决各城邦之间的民商事纠纷，这时严格意义上的区际法律冲突才算产生。一般而言，一国内部区际法律冲突产生的条件有：①一国之内存在不同的法域；②各法域人们之间的交往致使产生众多的区域或跨地区的民商事关系；③各法域相互承认外法域人的民商事法律地位；④各法域相互承认外法域法律在本区域内的效力。

四、区际法律冲突的解决途径

总体来说，区际法律冲突的解决方法与国际法律冲突的解决方法类似，主要是两种解决途径：一个是冲突法的解决方式；另一个是统一实体法的解决方式。具体来说，区际法律冲突的解决方式主要包括：

（一）区际冲突法的解决方式

所谓区际冲突法的解决方式，是指具有多个法域的主权国家或者其各个法域通过制定区际冲突规范来解决区际法律冲突的方式。

区际冲突规范就是确定涉及一国内多个法域的区际民事法律关系应该适用什么法律的规范。由此可见，区际冲突法的解决方式也是一种间接的解决法律冲突的方法，它本身并不直接确定当事人的权利义务，其性质是该国的国内法。目前国际上没有关于采用区际冲突法解决区际法律冲突的统一模式，按照目前有关国家的理论与实践，采用区际冲突法的解决方式主要有以下几种形式：

1. 制定全国统一的区际冲突法解决区际法律冲突。全国统一的区际冲突法在一国各个法域适用，可以有效避免各个法域之间产生区际冲突法之间的冲突，是区际冲突法中最简捷清晰的方式，有利于提高区际法律关系中适用法律的可预见性，推动区际民事交往的发展。

2. 各个法域分别制定各自的区际冲突法。各个法域分别制定各自的区际冲突法来解决本法域与其他法域之间的区际法律冲突，这种解决方式容易在各个法域之间产生区际冲突法之间的冲突，不利于区际民事法律关系纠纷的顺利解决，但是由于立法上比较容易操作，所以在实践中也比较普遍，而且许多国家都是先产生各个法域自己的区际冲突法，再逐渐发展成全国统一的区际冲突法的。

3. 类推适用国际私法解决。采用这种方式解决区际法律冲突的国家，既认为区际冲突法与国际私法有不同之处，又强调二者之间的相似之处，因此并不单独制定区际冲突法，只是通过将本国的国际私法的相关规定类推适用于国际私法规范来解决区际法律冲突。

4. 对区际法律冲突和国际法律冲突不加区分，统一适用本国国际私法的基本规则解决区际法律冲突。在英美法系国家，一法域的法院把本国的其他法域视为同其他主权国家一样的外法域，因此在解决区际法律冲突的时候，适用的区际冲突法与国际私法的基本规则是一致的。但是由于国际法律冲突与区际法律冲突之间的区别，这些国家一般只适用国际私法的基本规则和原则，在具体的适用上并不完全一致。

(二) 统一实体法的解决方式

由于区际冲突法只是间接解决区际法律冲突，并不能避免和消除法律冲突，因此，与解决国际法律冲突一样，多法域的国家也寻求统一实体法的方式来解决区际法律冲突，也就是通过采用和制定一国内统一的民商事实体法，从而避免不同的法律冲突，从根本上消除区际法律冲突，而且由于区际法律冲突毕竟是一国国内的法律冲突，相对于国际社会，各个法域之间有更多的共同利益，法律之间的共性也相对较多，所以利用统一实体法解决区际法律冲突有着现实的可能性和可行性。其主要有以下几种：

1. 制定全国统一的实体法。制定全国适用的统一民商事实体法能够从根本上解决区际法律冲突。

2. 制定适用于部分法域的统一实体法。仅适用于国内部分法域的统一实体法仍然是由中央立法机关制定的，但是可能由于该国的宪法限制了中央立法机关的某些权限，因而该立法机关制定的统一实体法只能在一些法域内有效，对于其他的法域则没有直接的约束力。

3. 各法域采用相同或者类似的实体法以达到实际意义上的统一。

4. 司法实践推动实体法的统一。

5. 将一个法域的实体法扩大适用到其他法域，从而统一实体法。

总之，目前的复合法域国家主要通过以上方式解决区际法律冲突，一般既有区际冲突法，也有统一实体法。虽然区际冲突法只是间接解决法律冲突，但是通过统一实体法解决的法律障碍较多，不能一下子解决，所以仍然需要区际冲突法调整区际法律关系。随着实践的发展，区际冲突法的统一和各个法域实体法的统一已经成为解决区际法律冲突的趋势。

第二节　区际私法概述

一、区际私法的概念和特点

（一）概念

区际私法（private interregional law）指的是用于解决一个主权国家内部具有独特法律制度的不同地区之间的民商事法律冲突的法律适用法，通常被称为区际冲突法，由于本章还论述区际司法协助的内容，因此将其称为区际私法。区际私法起源于"法则区别说"时代，该学说理论的实质就是以解决国内不同法域之间的法律冲突为核心的区际私法学说。区际私法的具体表现形式包括全国统一的区际私法和各法域自有的区际私法。

（二）特点

1. 区际私法调整一种特定的法律关系。区际私法所调整的法律关系亦是一种具有涉外因素的民商事法律关系，只不过这里所指的"涉外"是指在一国范围内超越某一法域界限的因素。

2. 区际私法主要是民商事法律适用法。除管辖权、区际司法协助之外，区际私法的主要内容是指明涉及一国内部不同法域的民商事关系应如何适用法律。

3. 区际私法是国内法的组成部分。区际私法由多法域国家及其法域制定，且仅在该国境内施行和发生效力，其表现形式或者是全国统一的区际私法，或者是国内各法域自有的区际私法，因而区际私法只可能是多法域国家的国内法。

二、区际私法与国际私法的关系

区际私法和国际私法既有联系，又有区别：

1. 其联系表现在：①国际私法的产生和发展是以区际私法的产生和发展为先导；②区际私法和国际私法都是以解决法律冲突为目的；③区际私法和国际私法在发展过程中形成了一系列相同的基本理论和基本制度，如识别、反致、公共秩序保留等；④区际私法和国际私法都是以冲突规范为核心，采用间接调整方法；⑤实际运用中的联系，当一国冲突规范确定某一多法域国家的法律为准据法时，对该准据法的确定就需要借助该多法域国家的区际私法的规定。

2. 其区别表现在：①调整对象有所不同。区际私法调整的是一个国家内部不同法域之间的区际民商事关系；而国际私法调整的是主权国家之间的民商事关系。②法律渊源有所不同。区际私法的法律渊源是多法域国家的国内法或判例法；而国际私法的渊源除了国内法和判例法外，还有国际条约和国际惯例。③制约因素有所不同。区际私法很少受国际因素的影响，也不受国际公法的原则、规则和制度的制约，只受所属多法域国家的宪法和宪法性法律及国内其他具体情况的制约；而国际私法则不得不考虑国际因素，受制于国际公法的原则、规则和制度。④具体制度上存在差异。首先，国籍作为冲突规范的连结点对区际私法而言往往不起作用，但国籍却是国际私法中重要的连结点。其次，公共秩序保留在区际私法中往往不予适用或适用的范围很小，在国际私法中却被广泛地适用；识别、外国法查明、反致等制度一般不适用于区际私法，而这些制度却在国际私法中被广泛应用；在区际私法的实践中，一般都会相互承认与执行外法域法院的判决，而在国际私法中承认与执行外国法院的判决则要困难得多。

第三节 中国区际法律冲突和解决原则

一、中国区际法律冲突的产生和特征

所谓中国的区际法律冲突，不仅是内地（大陆）与香港、澳门、台湾地区之间的冲突，也包括香港、澳门、台湾三个地区相互之间的冲突。在1997年和1999年以前，内地与香港、澳门之间的冲突仍属于国际法律冲突的性质。伴随着香港和澳门先后回归祖国，成为中国境内两个新的独立法域，内地与香港、澳门之间的区际法律冲突才成为现实。加之目前大陆与台湾在政治上尚未统一，然而自两岸开放至今，两岸之间始终存在着频繁的交往关系，因此，我国作为一个单一制国家，目前并存着两种社会制度、三大法系、四大法域。这种特殊的社会结构，使我国的区际法律冲突成为世界上最复杂的区际法律冲突，同时也呈现出其他任何国家所不具备的区际法律冲突的特征。这些特征是：

1. 我国的区际法律冲突是"一国两制"条件下的法律冲突，它既包括相同社会制度之间的法律冲突，也包括不同社会制度之间的法律冲突。我国内地（大陆）与香港、澳门、台湾地区之间的法律冲突是社会主义制度下的法律与资本主义制度下的法律的冲突；而港澳台地区之间的法律冲突，虽然都是资本主义制度下的法律冲突，但同多法域的资本主义国家的区际法律冲突又有所不同。

2. 我国的区际法律冲突是三大法系之间的法律冲突。在我国，内地（大陆）地区属于中华法系，现行法律是具有中国特色的社会主义法律制度；香港地区属英美法系；澳门、台湾地区属大陆法系，这些法域之间的法律冲突可谓是三大法系之间的法律冲突。而世界其他各国的区际法律冲突，除美国路易斯安那州和加拿大魁北克省属大陆法系而存在两大法系之间的法律冲突外，其余各州或省均属

同一法系内的法律冲突。

3. 我国的区际法律冲突还包括在国际条约适用上的冲突。由于实行"一国两制",香港、澳门特别行政区政府可以以自己的名义同世界各国、各地区及有关的国际组织签订经济、贸易等方面的条约,这些条约可以单独地在香港、澳门地区得以适用。而我国中央政府缔结或加入的国际条约也需要在征求特别行政区的意见后,才能决定是否适用于特别行政区。这样一来,涉港澳的案件不仅会发生内地与港澳的法律冲突,而且可能发生是否适用国际条约的冲突。

4. 我国的区际法律冲突是单一制国家中特别行政区享有高度自治权情况下的法律冲突。港澳台地区所享有的自治权不仅远远超过我国各民族自治地方,也超过其他联邦国家内部的州或省。世界上的其他多法域国家,其全国性的法律对国内各法域的法律都有不同程度的约束力,且司法方面的终审权一般也归中央的最高法院。但我国港澳台地区的情况则不然,除了特别行政区基本法之外,其原来的法律及其立法机关制定的法律,几乎与内地的法律处于完全平行的地位,并享有司法上的终审权,这大大增加了中国区际法律冲突的复杂性和解决这些冲突的艰巨性。

二、解决中国区际法律冲突的原则

1. 促进和维护国家统一原则。促进和维护国家的统一既是我国解决香港、澳门和台湾地区问题的出发点,也是我国解决香港、澳门和台湾地区问题的最终目标。我们在解决区际法律冲突的问题时,首先要认识到香港、澳门和台湾地区是中华人民共和国不可分割的重要组成部分,国家虽然为了保持这些地区的稳定和繁荣,并考虑到这些地区的历史和现实情况,依据宪法和法律在或将在这些地区设立特别行政区,但是这些地区的一切政治、经济活动以及其制定的法律法规都不得有碍于国家的统一和民族的团结。在解释我国区际法律冲突问题和进行区际司法协助时,必须坚持这一原则。

2. "一国两制"原则。"一国两制"原则是我国处理与香港、澳门和台湾地区的关系方面的一项基本国策,在解决我国区际法律冲突时,同样要坚持"一国两制"原则。应当认识到各个法域的法律是平等适用的,要看到两地的法律制度的差异,要互相尊重。因此,在解决区际法律冲突时,一定要照顾到各个法域的差异,在适用法律时要慎重,不应该操之过急一概采取统一两个地方的实体法的做法来解决或消除法律冲突,而应以冲突规范为主的途径和方法来解决区际法律冲突。

3. 平等互利原则。在区际私法中,平等互利原则要求我们在解决区际法律冲突时,应当首先承认我国各个不同法域的民商事法律处于平等的地位,彼此承认对方法域的民商事法律在本法域的域外效力,在需要时可以适用其他法域的民商事法律，并保护依其他法域的民商事法律产生的合法权利。其次，应当承认各法域的自然人和法人在法律上一律平等，都享有平等的民事法律地位，他们的合法权益受到平等的法律保护。最后，互利原则还要求不同法域间相互给予协助，并最大限度地便利各法域司法机关对有关案件的审理。

4. 促进和保障正常的区际民商事交往原则。这一原则要求在确定解决区际冲突的立法时，我们既要考虑到立法的公平性和稳定性，也要考虑到有关解决区际冲突的立法必须有助于司法机关迅速解决当事人之间的争议。必须妥善解决区际民商事案件的管辖权冲突和司法协助问题，这样才有助于我国区际民商事的正常交往。

三、中国区际法律冲突法律适用原则的探讨

中国解决区际法律冲突的基本途径有两种，即区际私法途径和统一实体法途径。

（一）区际私法途径

该种途径就是多法域国家内的各法域通过制定冲突规范确定各种区际民商事关系应当适用的法律，从而解决区际法律冲突。

1. 各法域分别制定各自的区际私法，用来解决自己的法律与其他法域的法律之间的冲突。这种模式在历史上曾被有些多法域国家采用，如原捷克斯洛伐克在1948年国际私法和区际私法颁布之前的一段时间，国内的区际法律冲突问题都是依靠各法域各自的区际私法解决的。我国大陆尚没有统一的区际私法，我国台湾地区作为中国的一个法域针对我国其他法域制定了不同的区际私法，如1992年7月31日实行的"台湾地区与大陆地区人民关系条例"（以下简称"两岸人民关系条例"）专门用于调整对大陆的区际法律冲突；1997年4月通过的台湾"香港澳门关系条例"专门调整台湾地区与港、澳地区之间的区际法律冲突。这种方法虽然在立法时较为简单，但操作起来就较复杂，而且容易产生冲突规范之间的冲突，无法从根本上避免挑选法院、法律规避等弊端。

2. 各法域有自己的冲突法，既用以解决区际法律冲突，又用以解决国际法律冲突。比较典型的是英美普通法系国家，它们没有国际私法和区际私法之分，在冲突法上，法院将本国内的其他法域都认定为与其他主权国家一样的"外国"，因而在解决涉及其他法域的法律冲突时，仍然适用与解决国际法律冲突基本相同的规则。例如，英国主要由三个不同的法域组成，分别适用不同的法律，在解决国内区际法律冲突问题时，英国各个法域都把对方法域看作单独的国家，都适用各自用于解决国际法律冲突的冲突法来解决区际之间的法律冲突。其实我国目前各个法域，除台湾地区外，实际上采用的也正是这种方法。香港地区的冲突法和英国的冲突法一样，对国际冲突或区际冲突不加区分，既用于解决国际法

律冲突，也用于解决区际民商事法律冲突。澳门地区在 1999 年 8 月 2 日开始实施的《澳门民法典》继续沿用葡萄牙民法典的传统，将冲突法规则不加区分地适用于国际或区际法律冲突中。我国大陆也没有专门用于调整区际法律冲突的法律，也未明确规定用调整涉外民商事法律冲突的法律调整区际法律冲突问题，只是在个别司法解释中和司法实践中采用这种做法。采用这种方法应当说有利也有弊，尽管可以在立法上省去许多麻烦，但国际法律冲突毕竟与区际法律冲突具有不同的特征，完全用国际私法来解决区际法律冲突会有局限性，无法发挥国家的整体优势、在各个法域之间迅速便捷地处理区际法律冲突问题。

3. 制定全国统一的区际私法。这是运用冲突法解决区际法律冲突的最佳模式。在历史上，有的国家颁布过专门的全国统一的区际冲突法，如 1926 年《波兰区际私法典》；有的国家则颁布了全国统一的解决某些方面的区际法律冲突的区际冲突法，如 1979 年前南斯拉夫联邦颁布的《解决关于民事地位、家庭关系法及继承法的法律冲突、管辖权冲突的法律》。其实，美国解决区际法律冲突的模式也与此相似。美国是一个典型的多法域国家，由于判例法的作用，尽管各个州都有自己的冲突法，但它们的冲突法基本一致，州际冲突法之间的冲突问题并不常见，再加上《美国宪法》中的"充分信任和尊重条款"，使区际法律适用和区际判决的承认与执行简便易行，所以其作用并不亚于一部统一冲突法，具有统一区际冲突法在调整区际民商事法律冲突时的优势。但是，按照《香港特别行政区基本法》和《澳门特别行政区基本法》的规定，中央立法机关无权制定全国统一的区际私法，且中国区际法律冲突的特点也决定了各法域的法律差异相当大，短期内难以协调，因此，目前直接通过中央立法机关制定全国统一的区际冲突法来解决区际法律冲突的可能性不大。

（二）统一实体法途径

通过统一实体法途径解决区际法律冲突，就是由多法域国家制定或由多法域国家内的法域联合起来采用统一的民商事实体法，直接适用于有关跨地区的民商事法律关系，从而避免选择不同法域的法律，最终消除区际法律冲突。各多法域国家在寻求这种途径的过程中所采用的方式是多种多样的，主要有以下几种方式：

1. 通过中央立法机关制定全国统一的实体法。这是解决区际法律冲突的理想的模式。例如，瑞士原来是一个联邦制的多法域国家，各个州拥有自己的法律制度。1912 年瑞士颁布了《瑞士民法典》，以全国统一的实体法的形式基本消除了瑞士国内的区际法律冲突问题。

2. 通过中央立法机关制定仅适用于部分法域的统一实体法，用来解决有关法域之间在某一领域的区际法律冲突。例如，英国 1882 年《票据法》和 1963 年

《遗嘱法》只适用于英格兰、苏格兰和北爱尔兰，不适用于海峡群岛和马恩岛；而其 1844 年《公司法》和 1968 年《收养法》只适用于英格兰和苏格兰，不适用于北爱尔兰等地。

3. 通过制定"示范法"供各法域共同采用的方式，求得各法域民商事实体法的相似或类似，从而解决其相互之间的区际法律冲突。例如，美国通过美国统一州法委员会、美国法学会和美国律师协会等非官方的民间机构起草统一法草案，其中最具影响力的是《美国统一商法典》，除路易斯安那州部分采用外，其他各州都已采用。

4. 通过多法域国家的最高司法机关，特别是普通法国家的法院"遵循先例"的原则，在审判实践中可由最高法院通过判例确立统一的规则，推动各法域之间实体法的统一，从而促进其国内区际法律冲突的解决。

采用统一实体法途径来解决中国的区际法律冲突是最为理想的，但是目前的中国尚不具备统一各法域民商事法律的条件。首先，我国各法域之间的法律差异太大；其次，急于统一各法域的民商法与"一国两制"的精神相抵触；最后，我国的各法域都有自己的终审法院，无法通过最高司法机关的审判来推动各法域民商事法律的统一。但是，上述这些困难并不会阻碍各法域开始在局部领域有所作为，各法域可以通过共同参加一些国际条约，或者在某些法律统一或协调较高的领域谋求合作，诸如国际贸易、支付、知识产权等领域。总之，统一实体法状态的实现对中国而言是一个渐进的过程。

从长远来看，最好的解决办法是先制定全国统一的区际私法，再以此为基础逐步走向实体法的统一。但是从我国区际法律冲突的复杂性以及已经公布的香港和澳门的基本法的情况来看，短期之内，这种想法的实现难度很高。那么较为可行的办法应该是：先确立一些根本原则，各法域以其为准则对现行的区际冲突规范等作出一定的修改，尽量就同一法律体系、同一问题制定相同的规定，这样可以为以后制定统一的区际私法奠定基础。中国国际私法学会于 1991 年起草的《大陆地区与台湾、香港、澳门地区民事法律适用示范条例》就是一次有益的尝试。该法规定：①有关人的身份关系的准据法是当事人的住所地法。②有关物权关系的准据法是物之所在地法，同时适用于动产与不动产。③合同之债的准据法确定应遵循有限制的意思自治原则和最密切联系原则。④侵权行为之债重叠适用侵权行为地法和法院地法。⑤婚姻关系的法律适用原则：结婚的实质要件适用当事人属人法，形式要件适用婚姻举行地法；夫妻身份关系适用当事人住所地法；夫妻财产关系，不动产适用不动产所在地法，动产适用当事人住所地法；离婚适用法院地法。⑥继承关系的法律适用：法定继承，动产适用被继承人死亡时住所地法，不动产适用不动产所在地法；遗嘱继承实质要件，动产适用被继承人立遗嘱时的住所地法，不动产适用不动产所在地法；遗嘱继承形式要件适用有限制的意思自治原则。

第四节　中国的区际司法协助问题

一、区际司法协助的概述

（一）概念

区际司法协助是指一个国家内部不同法域的主管机关之间，根据该法域的法律或彼此之间所订立的协议，在民事领域进行相互委托，代为履行或实施某些司法行为或与司法密切相关的行为，如送达诉讼文书、调查取证以及承认与执行法院判决和仲裁裁决等。

（二）区际司法协助与国际司法协助的区别

1. 两者的法律依据不同。国际司法协助的法律依据主要是一国国内法中有关司法协助的规定，以及一国缔结或参加的司法协助条约或国与国之间的互惠关系。区际司法协助的法律依据则包括：①一国国家的宪法和法律中规定的国内各法域间相互提供司法协助的条款；②各法域自己制定的有关区际司法协助的法律；③一国内各法域之间签订的司法协助协议。

2. 区际司法协助是一国内部不同法域之间的司法协助。

3. 区际司法协助一般具有一定的强制性。

二、中国区际司法协助的特点

1. 中国的区际司法协助是"一国两制"基础上的司法协助，而其他多法域国家的区际司法协助都是"一国一制"基础上的司法协助。不同的社会制度使得其间所产生的矛盾较为尖锐，对其协调的难度也是较大的。

2. 中国的区际司法协助是不同法系并存条件下的司法协助，而其他多法域国家的区际司法协助一般是同一法系间的司法协助。中国的区际司法协助是一国、两制、三法系、四法域条件下的最为特殊、最为复杂的区际司法协助。

3. 中国的区际司法协助虽是单一制国家的区际司法协助，但各法域都拥有独立的立法权、司法权和终审权，各法域之间没有一个最高的司法机关来协调区际司法协助关系。

三、中国区际司法协助的实践

（一）大陆与港澳台地区之间的文书送达

区际文书送达是指某一法域的司法机关依据法律或协议将有关文书送交给居住在另一法域的诉讼当事人或其他诉讼参与人的活动，包括司法文书和司法外文书的送达。

1. 内地与香港。1999 年，根据《香港特别行政区基本法》第 95 条的规定，香港特别行政区代表和内地最高人民法院经过平等协商，就两地法院相互委托送达民商事司法文书问题达成共识，内地以司法解释的方式发布《香港文书送达安排》，香港则以 1999 年第 39 号法令公告方式将两地达成的共识体现在《香港高等法院规则》第 11 号令中。

《香港文书送达安排》的公布为两地之间通过区际司法协助的途径相互代为送达司法文书提供了明确的法律依据，明确了送达机关、委托送达诉讼文书的范围、送达诉讼文书的要求、送达的执行以及送达的依据等问题，便利了两地的送达。但是我们不能不看到其中存在的一些问题：送达的范围过于狭窄，只是包括司法文书，排除了司法外文书的送达；只是规定了委托送达的方式而没有对于其他方式的规定；等等。

2. 内地与澳门。内地与澳门于 2000 年根据《澳门特别行政区基本法》第 93 条的规定，最高人民法院与澳门特别行政区代表经过平等协商达成了《澳门送达取证安排》。

此安排与上述香港的安排最大的不同在于：在送达文书的范围中的"民商事案件"，明确地规定了在内地包括劳动争议案件，在澳门包括民事劳工案件。究其原因是法律制度的差异，内地与澳门同属大陆法系，而香港则是普通法系，所以，内地与澳门在相同法系基础上的法律制度容易达成统一，而和香港则存在着较大的差异，较难达成统一。另外在此安排中还多了一项"对请求的不予执行"的规定。

内地与香港和澳门之间通过协商讨论达成了两个安排已经是区际司法协助的一大进步，但是我们也看到了上述安排存在的问题是亟待解决、完善的，因为送达问题会直接影响到法院行使审判权，影响案件的解决。学者们针对这些问题也提出了各自的建议，如在安排中规定多途径送达方式，提倡添加个人送达、直接送达、电子通讯送达（如电话送达、传真送达、电子邮件送达等）等，来减少送达过程中的烦琐程序和费用，以期可以高效地完成区际送达，也区别于国际司法协助中的送达制度。为此，最高人民法院于 2009 年制定了《最高人民法院关于涉港澳民商事案件司法文书送达问题若干规定》的司法解释，该司法解释明确规定，人民法院向受送达人送达司法文书，可以邮寄送达。人民法院可以通过传真、电子邮件等能够确认收悉的其他适当方式向受送达人送达。人民法院不能依照上述方式送达的，可以公告送达。公告内容应当在内地和受送达人住所地公开发行的报刊上刊登，自公告之日起满 3 个月即视为送达。除公告送达方式外，人民法院可以同时采取多种法定方式向受送达人送达。采取多种方式送达的，应当根据最先实现送达的方式确定送达日期。

3. 大陆与台湾地区。大陆与台湾地区并没有在送达文书方面达成任何协议。概括地来讲，由于两岸间特别的政治关系，在相互送达文书的问题上尚缺乏官方的正式接触。实践中的司法协助均是通过单向立法或官方授权的民间途径开展的，即双方均依照各自的域内法规定进行送达。在大陆主要依据 2008 年《最高人民法院关于涉台民事诉讼文书送达的若干规定》的司法解释进行，在我国台湾地区则主要依据"两岸人民关系条例"进行。根据 2008 年《最高人民法院关于涉台民事诉讼文书送达的若干规定》第 3 条的规定，涉及台湾地区当事人的民事诉讼文书，受送达人居住在大陆的，直接送达；受送达人在大陆有诉讼代理人的，可以向诉讼代理人送达；受送达人有指定代收人的，可以向代收人送达；受送达人在台湾地区的地址明确的，可以邮寄送达；受送达人有明确的传真号码、电子信箱地址的，可以通过传真、电子邮件方式向受送达人送达；采用上述方式不能送达或台湾地区的当事人下落不明的，还可以公告送达。

(二) 大陆与港澳台地区之间的调查取证

调查取证是指法院受理案件以后，为查明纷争的事实而进行调查、搜集证据的活动，也是司法协助活动的重要内容之一。

1. 内地与香港。两地之间还没有达成这方面的协议，两地之间的调查取证一直没有正式的途径，各自依照本地的域内法的规定进行域外取证，各自规定了自己的域外取证制度。香港属于普通法系，其证据制度无论是对证据的界定、证据种类以及法官在调取证据中的作用均与我国内地有较大差别，特别是对于民商事案件，香港采取的是"完全当事人主义"，调查取证由当事人或者代理律师进行，法官一般不从事调查取证工作。如果当事人主张的法律事实发生在香港，内地法院到香港特区调查取证时，调查取证工作异常困难。正是由于两法域之间在证据规则以及调取证据方面的巨大分歧，导致两地之间要达成一致意见是比较困难的，内地与香港之间的调查取证基本是采取单向的民间途径进行。鉴于内地与香港都是 1970 年《海牙取证公约》的成员，二者之间可以借鉴其规定以及内地与澳门的有关规定，总结实践经验签订协议，适用于两地。

2. 内地与澳门。于 2001 年达成的最高人民法院《澳门送达取证安排》，为两地的调查取证确立了法律依据。该《澳门送达取证安排》由内地最高人民法院以司法解释的方式予以公布，澳门将相互调取证据的途径与手续在官方网站上予以公布，《澳门送达取证安排》规定了内地各高级人民法院和澳门特别行政区终审法院为调取证据的主体，以及允许一方法域的司法人员赴另一法域调查取证，并充分体现了法域平等原则，内容上较好地借鉴了 1970 年的《海牙取证公约》，积极地吸收了其中一些务实有效的做法，最明显的就是《澳门送达取证安排》中规定的互派司法人员调查取证。由于两地之间在诉讼证据方面的规定上的差异微小，所以较易达成一致意见。我们也要看到其中的不足，应当扩大调取证据主体的范围和灵活运用取证方式。从内地与澳门之间协助调取证据的主体和方式上看，采取的是由司法机关间接取证的形式，由受委托方法院协助委托方法院调取证据。这种方式不但程序复杂，而且增加诉讼成本，不利于保护当事人合法权益。还有学者提出仅在这个层次上是不够的，应该借鉴《海牙取证公约》的模式，建立两地之间的"双边协议模式"，也就是以协议的方式而不是安排的方式确定司法协助领域的具体权利义务。

3. 大陆与台湾地区。早期两岸并没有在这方面达成协议，各自依据自己的域内法进行。虽然两岸各自立法对相互取证作出一定规范，但这些规定是单向的、不稳定的，缺乏两岸司法协助关系创立的必要法律共识。1993年4月，大陆海协会、中国公证员协会和台湾海基会在新加坡进行的"汪辜会谈"上签订了《两岸公证书使用查证协议》等四项协议，基本上解决了两岸之间在文书送达和取证方面协作的问题，但是该协议的适用范围比较有限，仅涉及有关民事公证书的相互送达和查证，而未包括两岸之间的其他民商事司法文书的相互送达和查证。更何况这样一个民间性的海基会与海协会间的协议，缺乏官方法律协议的强制性，并且这类协议容易受到两岸政治关系的影响，使相互调查取证处于不稳定状态。这一状态于2011年得到改变，最高人民法院审判委员会发布了《最高人民法院关于人民法院办理海峡两岸送达文书和调查取证司法互助案件的规定》，该规定自2011年6月25日开始实施。根据该规定，人民法院可以办理海峡两岸民、刑事、行政诉讼案件中的送达文书和调查取证司法互助业务。

（三）大陆与港澳台地区相互执行法院判决

1. 内地与香港。由于香港与内地在法制和法律传统上的差异，内地和香港在承认和执行其他法域的判决方面存在着很大的差异。两地于2002年便开始了相互承认和执行民商事司法判决的磋商。在经过长时间的详细讨论后，于2006年7月14日签署了《香港法院判决安排》，在内地由最高人民法院以司法解释的形式公布，在香港完成修改《内地判决（交互强制执行）条例》的有关法律程序后公布生效。

根据《香港法院判决安排》的规定，一个内地或香港民商事判决想要在对方法域得到认可和执行，就必须满足一系列实体和程序上的条件，其中包括在当事人之间达成有效的排他的管辖权协议；原审判决必须是"具有执行力的终审判决"；判决必须具有款项给付性质；判决事项必须是在《香港法院判决安排》设定的"特定法律关系"即民商事合同范围之内，排除了家庭、侵权、雇佣合同、法律规定的专属管辖案件以及违反当地公序良俗案件等；对判决认可和执行的申请必须在规定的时限内提出；原审判决没有因规定的理由而被执行地法院拒绝认可和执行。在这些条件的限定下，案件种类就已经非常少了，这必将大大降低《香港法院判决安排》的实际适用价值，在推动实现两地判决的自由流动和具有区际特色方面的作用还发挥得很不充分，还需要进一步完善。鉴于两地之间法律制度的差异较大，我们应本着先易后难、循序渐进的方式不断完善安排，例如将判决的范围扩大至婚姻案件，进一步作出规定以避免管辖权冲突等。

2. 内地与澳门。《澳门法院判决安排》于 2006 年 2 月由最高人民法院通过，并于 2006 年 4 月 1 日起生效。《香港法院判决安排》最终确定的适用范围仅限于"具有书面管辖协议的民商事案件中作出的须支付款项的具有执行力的终审判决"（第 1 条），而《澳门法院判决安排》不仅涵盖了《香港法院判决安排》认可和执行的民商事判决的范围，还包括了劳动争议案件和刑事案件中的民事损害赔偿等领域，并对没有给付内容判决的单独认可及作为证据在对方法院诉讼程序中的使用作出了规定。为最大限度地认可和执行对方判决，《澳门法院判决安排》允许在不能对判决所确认的所有请求予以认可和执行时，对原审判决给予部分的认可和执行，而这些条文都没有在《香港法院判决安排》中出现。另外，《澳门法院判决安排》更具体地建立了一个双边合作机制，被请求法院对当事人提供的判决书的真实性有疑问时，可以请求作出生效判决的法院予以确认。为执行安排，内地最高人民法院和澳门特别行政区终审法院应当相互提供相关法律资料，而且两院还要每年相互通报执行安排的情况。

上述《澳门法院判决安排》里的这些措施可以尝试用来弥合两地的法律差异，加强两地的了解和信任，但却没有被《香港法院判决安排》采用。《香港法院判决安排》在正式文本中对时效问题作了统一规定，而《澳门法院判决安排》对时效问题未作明文规定，只是在第 20 条笼统地规定："对民商事判决的认可和执行，除本安排有规定的以外，适用被请求方的法律规定"。这符合程序问题适用法院地法的国际惯例，其结果是在内地法院申请认可和执行澳门法院判决的，按照内地民事诉讼法的时效规定；在澳门法院申请认可和执行内地法院判决的，依据澳门法的时效规定。

两个安排总体上对申请认可和执行的民商事判决持形式审查的态度，这无疑大大提高了其获得认可和执行的概率。

3. 大陆与台湾地区。2015 年 6 月 2 日，最高人民法院审判委员会通过了《最高人民法院关于认可和执行台湾地区法院民事判决的规定》，并自 2015 年 7 月 1 日起开始施行。该法规已成为大陆法院承认台湾地区民事判决的基础。台湾地区承认与执行大陆法院判决的限制性条件只有两个，即公共秩序保留和互惠对等原则。在实践中，由于两岸政治关系的对立，台湾方面拒绝承认与执行大陆判决的最为经常的理由一般是公共秩序保留，公共秩序保留的灵活性赋予了限制理由的广泛性。因此，大陆判决能否在台湾地区被认可取决于两岸关系的紧张与否，带有不可预见性。

（四）大陆与港澳台地区相互执行仲裁裁决

1. 内地与香港于 1999 年 6 月就《关于内地与香港特别行政区相互执行仲裁裁决的安排》（以下简称《香港仲裁裁决安排》）达成一致意见，该安排于 2000 年 2 月 1 日起实施。该安排基本采纳了《纽约公约》的内容，同香港回归以前两地之间适用的做法基本上是一致的，只是在承认和执行的法律依据上，以区际民事司法协助协议的方式转换了《纽约公约》的形式要件，为两地认可和执行彼此仲裁裁决奠定了法律基础。《香港仲裁裁决安排》第 9 条规定，1997 年 7 月 1 日香港回归后，内地或者香港地区在认可和执行彼此仲裁裁决时应当以《香港仲裁裁决安排》的具体内容为依据。体现出了安排的溯及力，填补了在香港回归后和《香港仲裁裁决安排》生效前的一段空白。

关于是否仅限于商事仲裁的问题。香港回归之前，内地与香港关于仲裁裁决的承认和执行问题的法律依据是《纽约公约》，我国在加入该公约时作出了对外国仲裁裁决的承认和执行限于"商事争议"的保留。《香港仲裁裁决安排》出台的目的在于代替《纽约公约》，而《香港仲裁裁决安排》并没有明确规定仲裁裁决仅限于商事裁决，那么是否可以理解为《香港仲裁裁决安排》不能适用于非商事裁决呢？对此，张望平、徐晟作了以下的分析：①《香港仲裁裁决安排》属于一国之内解决缺乏法律依据问题的区际司法协议，与《纽约公约》性质不相同，不能笼统地认为对公约的保留可以自然而然地适用于该协议；②《仲裁法》与《香港仲裁条例》均未限制民事仲裁，《香港仲裁裁决安排》本身也未限制民事仲裁。基于此，可以认为《香港仲裁裁决安排》的适用并不限于商事裁决，许多民事裁决也应该得到两地相关法院的执行。在《香港仲裁裁决安排》中没有规定的时候，是适用《纽约公约》还是适用各自的域内法，这是《香港仲裁裁决安排》要完善的一点。

2. 内地与澳门。《澳门仲裁裁决安排》于 2008 年 1 月 1 日开始生效，使两地在仲裁裁决的认可和执行上有了法律依据。与《香港仲裁裁决安排》不同的是，《澳门仲裁裁决安排》明确规定了仲裁裁决的范围为"民商事仲裁裁决"，并且还规定了适用认可和执行地的程序法律，而《香港仲裁裁决安排》中没有此类规定。

《澳门仲裁裁决安排》共有 13 条，主要内容包括适用范围、受理申请法院的级别规定、拒绝承认和执行仲裁裁决的理由等。

3. 大陆与台湾地区。最高人民法院审判委员会于 2015 年 6 月 2 日通过了

《最高人民法院关于认可和执行台湾地区仲裁裁决的规定》，并于 2015 年 7 月 1 日开始施行。该规定也成为内地法院承认台湾地区仲裁裁决的基础。

（五）港澳台之间的区际司法协助

1. 港澳与台之间。台湾地区为了规范在港澳回归之后与港澳之间的关系，通过了"香港澳门关系条例"。其中关涉司法协助的条款是第 42、56 条。第 42 条规定，在香港或澳门作成之民事确定裁判，其效力、管辖及得为强制执行之要件，准用"民事诉讼法"第 402 条及"强制执行法"第 4 条之一之规定。在香港或澳门作成之民事仲裁判断，其效力、声请法院承认及停止执行，准用"商务仲裁条例"第 30 条至第 34 条之规定。第 56 条规定了互惠原则："台湾地区与香港或澳门司法之相互协助，得依互惠原则处理。"香港和澳门域内法甚至没有这方面的规定。这也就是说，只存在一个台湾地区的单方面规范，所以香港、澳门和台湾地区的民事司法协助主要依据互惠原则处理。

2. 港澳之间。两地之间不存在民事司法协助协议，但是二者同时都是 1970 年签订的《海牙取证公约》的成员，所以在调查取证上可以借鉴《海牙取证公约》，同时结合其域内法进行。在仲裁方面，澳门没有加入《纽约公约》，但是因为澳门和内地同属大陆法系，在法律制度上存在着很大的相似性，所以二者可以借鉴《香港仲裁裁决安排》，结合《纽约公约》中的一些务实规定进行协商，制定适用于两地的协助制度。至于在送达和法院判决的认可和执行方面，两地也可以参照上述仲裁的方式，通过协商订立制度，进而在两地之间建立一个民事司法协助制度体系。

学术视野

区际法律冲突包含的范围非常广泛，其中，区际民商事管辖权冲突的解决对中国而言是一个非常现实、亟待解决的问题。管辖权的确定可以影响到法律的适用和判决的承认与执行，进而影响到当事人之间的权利义务。当前司法实践中摆在法官面前的一个难题就是涉港、涉澳或涉台的案件，当事人已经在其他法域的法院提起诉讼，而当事人又在内地法院就相同诉因起诉，内地法官应当如何解决这类案件的管辖权冲突呢？以香港为例，香港确立管辖权的基础是"实际控制原则"，而该原则在内地并不适用，因此实践中很有可能产生平行诉讼、对抗诉讼的问题。为此，是否应当适用"一事不再理"的原则或者"不方便管辖"的原则？在缺乏同一立法协调的前提下，一些学者提出了自己的观点：首先，有约定从约定，尊重当事人的协议管辖；其次，在两地均有管辖权的情况下，从与案件的密切联系程度以及有利于判决承认、执行的角度确定管辖的法院；最后，由先受理案件的法院管辖。考虑到内地和香港同属于一个主权国家,因此在解决管辖权冲突的时候,是否应当类推适用那些解决国际管辖权冲突的原则呢?你是否认同这些观点呢?

理论思考与实务应用

一、理论思考
（一）名词解释
法域　区际法律冲突　区际私法　区际司法协助
（二）简答题
1. 简述中国的区际法律冲突的特点以及解决区际法律冲突的途径。
2. 目前我国内地（大陆）与港澳台地区在送达法律文书、调查取证、法院判决和仲裁裁决的承认和执行等司法协助方面有何规定？如果没有规定，应当如何处理？
（三）论述题
试论区际私法与国际私法的关系。

二、实务应用
（一）案例分析示范

案例一

刘某某原籍宁波，1942年在当地与林某某结为夫妻，婚后无子女。1962年，刘某某独居在香港的伯伯去世，刘某某以继承财产的名义只身来到香港。他靠裁缝起家，积累了巨额财产。刘某某后来结识了离异多年的陈某某。1971年，两人按照香港传统习俗正式结为夫妻，仪式非常隆重，以致在港的亲友及邻里无不认为他们是正式夫妻。陈某某与前夫生有二子一女，虽均已成年，但也都改为刘姓，随刘某某、陈某某一起生活。20世纪80年代初，刘某某返沪探亲与林某某团聚，并为林某某在上海购置了高档寓所。1998年初，刘某某将公司转让给他人，自己回上海定居。1998年9月间，刘某某与林某某在上海家中因煤气中毒而双双身亡。刘某某在上海银行存有近千万港元，另有高档住宅。刘某某生前未留遗嘱。对于刘某某的遗产，陈某某的二子一女以及林某某之兄、妹和侄子均向上海某法院提起诉讼。同时，刘某某的两位兄弟也向法院提出继承刘某某遗产的主张。一审中，案件的争议焦点落到了陈某某与刘某某之间是否存在合法的夫妻关系这一点上。如果是，那么陈某某就是刘某某遗产的第一顺序继承人，她可以依法继承刘某某的遗产，这对于各位继承人利害关系十分重大。各方当事人分别向法院提供证据。其中，刘、林两家认为，陈某某与刘某某仅是姘居关系，陈某某根本无权继承遗产。而陈某某的子女则认为，刘某某虽然在内地有妻子，但他与自己母亲陈某某的结合也系明媒正娶，他们拿出香港的法律《婚姻条例》，证明凡港地居民在 1971 年 10 月前所存在的旧式华人习俗婚姻可按照《大清民律草案》中的规定，男子纳妾及兼祧再娶，皆为合法婚姻，其权利义务受香港法律保护。在诉讼期间，陈某某因病逝世。

一审法院在查清事实后认为，刘某某与陈某某的婚姻关系适用香港法律，陈某某依法可以继承刘某某的遗产。一审认定刘某某名下在上海银行的存款以及高档公寓房屋为刘某某、林某某、陈某某的共同财产。其中 1/3 是刘某某的遗产，应由其第一继承人陈某某继承。由于陈某某在诉讼中去世，她应得的继承的份额，加上她本身所应有的份额，全部由她的三位子女继承，因而以上三位继承人可共同分得上述款项的 2/3；而林某某之兄妹可各分得上述款项的 1/15；林某某侄子可分得 1/5；对于刘某某的两位兄弟主张分得遗产的诉讼请求，则不予支持；刘某某名下的公寓房屋归林某某侄子所有。刘某某的兄弟和林某某的兄妹、侄子均不服，于 2002 年向上海市高级人民法院提起上诉。

二审合议庭认为，我国尚未对本国不同地区法律制度发生冲突时如何适用法律作出规定，本案只能参照国际私法处理法律冲突的一般规则以及我国处理涉外案件的有关规定进行审理。根据原《民通意见》第 188 条，我国法院受理的涉外离婚案件，离婚以及离婚而引起的财产分割，适用我国法律。认定其婚姻是否有效，适用婚姻缔结地的法律。因此，一审中对刘某某与陈某某之间夫妻关系的确定似乎并没有错。但二审法院注意到原《民法通则》第 150 条又规定："依照本章规定适用外国法律或者国际惯例的，不得违背中华人民共和国的社会公共利益。"合议庭认为，刘某某在内地与林某某存在合法夫妻关系，又在香港与陈某某以夫妻名义同居生活，这就违反了我国"一夫一妻"的法律规定。我国内地法院可以根据公共秩序保留原则和法律规避行为无效原则，排除香港地区法律对本案中刘、陈之间婚姻效力的适用，对他们之间的婚姻关系效力不予确认。法院最后判决刘某某的近千万存款及其名下的上海公寓房屋应属刘某某、林某某夫妻共同财产，并依据我国婚姻法和继承法对遗产作了分配。

问：本案涉及哪些国际私法问题？

【评析】本案涉及的是区际私法中的"公共秩序保留"问题。公共秩序保留或称为公共政策保留，是指法院在适用外国法时，如果该法律的适用会违背法院地法的基本政策、道德观念、国家根本利益或法律基本原则，则可以排除该外国法的适用。

我国原《民法通则》第 150 条规定："依照本章规定适用外国法律或者国际惯例的，不得违背中华人民共和国的社会公共利益。"《海商法》第 276 条、《民用航空法》第 190 条也有相同的规定。我国《民事诉讼法》第 266 条（现为第 289 条）也规定，在承认和执行外国判决和裁决时，应当审查该判决或裁决是否违反我国法律的基本原则和我国国家、社会利益；如果违反，则可以拒绝承认与执行该判决或裁决。

我们认为，应当区别国际私法上研究的"公共秩序"与国内民法上的一般公共秩序。在各国国内私法中，都有任意性规范和强行性规范之分。强行性规范仅依法定事实的发生而适用，其内容不因当事人的意志而改变。这种一般强行性规范也可以称为"公共秩序规范"，它们在民法中是无处不在的。通常，物权法、亲属法及继承法上的大部分规范都是强行性的，只有合同法中的任意性规范较多。比如，关于自然人行为能力的规定（18 岁为成年人），物权法上关于物权登记的规定，婚姻法上有关结婚登记的规定，等等，都属于私法中的公共秩序。在国内合同中，当事人不得通过约定排除这些公共秩序的适用。但是在涉外案件中，这些所谓的公共秩序规范通常仍然要受冲突规范的约束，并不具有排除外国法适用的效力。例如，一个中国人与一个 19 岁的外国人在中国签订一份合同。中国法律规定 18 岁为成年，该外国法律规定为 20 岁为成年。虽然该外国法律关于成年年龄的规定在该外国属于国内民法上的公共秩序，但并不具有排除我国法律适用的效力。根据我国冲突法，当事人在我国缔结合同的，当事人的行为能力可以依照我国法律判断。

所以，国内民法上的这种强行性规范并非都是国际私法上的公共秩序。我们所说的在涉外案件中可以排除外国法适用的"公共秩序"主要是指那些由国家专门制定的、用于维护国家根本利益的强制性规范，而不是一般意义上的民法中的公共秩序。这种"公共秩序"通常是与一国社会、经济利益有重大关系的实体法律。它反映了当今社会对公共利益的关注已经渗透到法律选择中来。比如国家颁布的进出口限制规范、外汇管制规范、文物贸易限制规范、限制野生动植物贸易的规范等。为了将这些规范与民法上的"公共秩序"相区别，有些国家的学者才使用了"警察法""干预规范"或"直接适用的法"等名称。具体来讲，我国原《民法通则》（2009 年修正）第 7 条规定："民事活动应当尊重社会公德，不得损害社会公共利益，扰乱社会经济秩序。"本条规定的"社会公共利益"，就是我国国内法上的公共秩序。而原《民法通则》第 150 条规定的"社会公共利益"，则属于国际私法上的公共秩序。

上述案例涉及的问题是，关于一夫一妻制的规定是否属于国际私法上的公共秩序规范，即可以排除外国（地区）法适用的公共秩序。如果一夫一妻制只是国内法上的公共秩序规范，则它不具有排除外国法的功能。相反，如果认为它是国际私法上的公共秩序规范，则它可以排除外国（地区）法的适用。我们认为，我国原《婚姻法》中的一夫一妻制的规定只是国内法上的公共秩序规范（强行规范），而非国际私法上的公共秩序规范。因此，二审法院引用我国原《民法通则》第150条的规定来排除香港《婚姻条例》的适用的做法并不公正。

案例二

原告美达多财务有限公司（以下简称"美达多公司"）与被告瑞昌置业有限公司（以下简称"瑞昌公司"）、聚龙集团有限公司（以下简称"聚龙公司"），均是在香港注册成立的公司，被告黎某、温某也都是香港居民。1996年11月22日，美达多公司与瑞昌公司在香港签订了一份《贷款协议》，约定由原告贷款1.13亿港元给瑞昌公司，利率为年息15%，期限为24个月。同日，聚龙公司、黎某、温某签署《不可撤销保证书》，并以保证人身份出具《承诺书》。瑞昌公司以其香港金钟夏悫道××号远东金融中心××层物业作为上述贷款之抵押，并办理了抵押登记。1997年1月31日，原告与四名被告又签订了一份《补充契约协议》，约定由原告再次向瑞昌公司贷款1300万港元，此补充协议作为上述《贷款协议》不可分割的一部分，并作为上述保证债务的一部分纳入保证范围内。瑞昌公司的上述抵押物亦作为补充贷款的抵押担保，并再次办理了抵押登记。当事人之间签署的上述协议等均表明受香港法律监督和解释。

原告提供了1.26亿港元的贷款后，被告未依约偿付本息给原告。1998年3月，原告于香港特别行政区高等法院提起诉讼。诉讼期间，原告与四名被告达成和解协议。四名被告按照和解协议中的《安排表》向原告偿付131 489 618.40港元，包括支付本金1.26亿港元及1998年3月19日起至欠款全部还清之日止的利息，以15%的年息计算；被告同时还应支付应付而未付利息金额的利息，以20%的年利率计算。后被告又未依期还款。原告于1998年12月15日公开拍卖瑞昌公司用作抵押的物业，拍得价款6150万港元。瑞昌公司仍欠原告约8729.2万港元（其中本金约为7186.6万港元）。此后，被告未再还款，亦未提供在香港可供执行的其他财产。原告查得被告聚龙公司、黎某、温某在广州有多处房产和地产，遂以被告在内地有可供执行财产为由，向广州市中级人民法院提起诉讼，要求四名被告偿还尚欠借款本息。

广州市中级人民法院经审理认为：原告与被告瑞昌公司签订的《贷款协议》和《补充契约协议》，以及与被告聚龙公司、黎某、温某为瑞昌公司所作的保证承诺均为当事人的真实意思表示，应认定当事人的借款合同和担保协议有效。瑞昌公司逾期未如数偿还贷款本息属违约。原告在其权益未得到充分保障的情况下，向可供执行财产所在地的内地法院起诉请求保护其合法权益，本院对本案有司法管辖权，原告的请求应予支持。因本案合同当事人约定适用香港法律，依照香港《放债人条例》第23、24条及我国《民事诉讼法》的有关规定，判决：瑞昌公司偿付原告 87 292 073.19 港元（其中本金为 71 866 151 港元）及自 1998 年 12 月 15 日起至还清款日止的利息和罚息（以所欠本金按年息 15% 计息并加收 20% 的罚息）。被告聚龙公司、黎某、温某对此项债务承担连带清偿责任。

问：本案应如何适用法律？

【评析】 本案涉及司法管辖权的冲突和区际法律冲突的问题。本书仅就第二个问题进行评析。香港的法律制度属英美法系，其法律渊源包括成文法、判例法、衡平法、习惯法等。香港回归后仍享有立法权、行政管理权、独立的司法权和终审权。香港的法律和司法制度与内地不同，是属于同一主权国家的不同法域。当两个不同法域之间进行各种交往活动时，在法律方面不可避免地会发生各种冲突，该冲突即区际法律冲突。在本案中，这一冲突表现为两地对借贷的法律规定不同从而导致对借贷合同效力的认定不同。根据内地有关法律，该合同由于借贷利率过高而无效，但根据《香港特别行政区基本法》的规定，双方借贷的约定并不违反香港《放债人条例》有关放债业务的限制及过高利率之禁止，该协议合法有效。

国际上解决区际法律冲突的方法一般有三种：①直接以法院地冲突规范中的连结点确定准据法。只不过把连结点指向更加细化，不仅仅指向某国法，更指向该国具体地区的法律，以该地区法律作为准据法。②按照多法域国家的区际私法确定准据法。依据这种方法确定准据法的顺序是：首先根据法院地法的冲突规范指向适用的法律，当指向国属于多法域国家时，再根据该国的区际私法确定以何地的法律为准据法。③法院地冲突规范专门针对多法域国家的法律适用，确定以其哪一个法域的法律作为准据法。这是一个补充规则。当多法域国家没有区际私法，而有些连结点又无法具体到某一地区时，则依照法院地法的冲突规范特殊条款予以适用。如我国原《民通意见》第 192 条规定："依法应当适用的外国法律，如果该外国不同地区实施不同的法律的，依据该国法律关于调整国内法律冲突的规定，确定应适用的法律。该国法律未作规定的，直接适用与该民事关系有最密切联系的地区的法律。"我国目前还没有统一的区际私法，只能依据上述规定找出与本案有最密切联系的地区的法律。2010 年颁布的《法律适用法》第 6 条规定："涉外民事关系适用外国法律，该国不同区域实施不同法律的，适用与该涉外民事关系有最密切联系区域的法律。"

本案与香港的联系因素有：是主合同和从合同的签订地；是原告公司和被告公司的注册成立地，是自然人被告的居所地；是被告瑞昌公司合同义务部分履行地；更为重要的是，香港法是当事人合意选择的法律。本案与内地的联系因素有：是法院地；是部分财产执行地。根据解决法律冲突的一般原则，对冲突所涉及的多个法域的法律应平等地进行选择，可能是外域法，也可能是内域法。我国解决区际冲突的实践中也适用这一原则。原《民法通则》第145条第1款规定："涉外合同的当事人可以选择处理合同争议所适用的法律，法律另有规定的除外。"既然本案当事人在合同中选择了处理争议所适用的准据法，就应当充分尊重当事人的意愿。尤其在香港回归祖国后，区际法律冲突更应该规范地解决。比较两地的联系因素，显然香港比内地更具有密切联系，因此香港法应作为处理本案的准据法。

原告与被告瑞昌公司签订的借贷合同以及与被告之间的担保协议是当事人的真实意思表示，又与现行香港法律无悖，应认定合同有效。法院判决被告瑞昌公司履行还款义务，被告聚龙公司、黎某、温某对上述债务承担约定的连带清偿责任，在法律适用的技巧上无疑是正确和成功的。

案例三

申请人香港利登利公司、香港富华公司与被申请人香港耀声公司合同纠纷一案，经香港特别行政区高等法院原讼法庭于1998年第A15726号判决书判决，被申请人耀声公司应向利登利公司支付港币13 897 153.80元，应向富华公司支付港币2 941 840.82元，并支付相应的利息及诉讼费和律师费。由于被申请人在香港的资产不能满足按法院判决确定的给付义务，而被申请人在厦门地区有可供执行的财产，申请人参照1991年《民事诉讼法》第267、268条的规定，于1999年3月8日向厦门市中级人民法院申请承认和执行该判决。申请人在申请的同时向该院提交了香港特别行政区高等法院原讼法庭1998年第A15726号判决书复印件、该判决书的中文译本、中国法律服务（香港）有限公司的认证材料以及有关被申请人在厦门的财产资料等。厦门市中级人民法院对申请人提交的申请书及有关材料进行审查后认为：申请人与被申请人的公司注册、商业登记及涉诉合同纠纷均发生在香港，适用的是香港特别行政区的法律。香港特别行政区的司法机关与内地司法机关互不隶属，双方按各自的司法制度独立进行活动。根据《香港特别行政区基本法》第95条的规定，内地法院与香港特别行政区法院之间依法进行司法方面的联系和相互提供协助事项，必须通过两地的主管机关协商作出安排后才能进行。目前，内地法院与香港特别行政区法院尚未就相互承认和执行判决事项作出安排，因此内地法院受理此类申请没有依据。据此，厦门市中级人民法院于2000年2月23日决定依法对本案申请不予立案受理，并向申请人说明了理由，告知其有权就本案向内地有管辖权的人民法院重新起诉。

问：如何评价本案的处理结果？

【评析】本案涉及申请承认和执行香港特别行政区高等法院原讼法庭民事判

决。申请人参照1991年《民事诉讼法》第267、268条（现为第288、289条）之规定，向内地法院申请承认和执行香港特别行政区高等法院原讼法庭民事判决。对此申请是否受理，关系到"一国两制"的原则。法院认为，香港回归后，虽实行了"一国两制"的原则，但内地与香港特别行政区是一个主权国家内不同法律制度和司法体制下两个相互独立的法律区域，内地法院与香港特别行政区法院是两个相互独立的司法体系，内地法院与香港地区有关法院的民事判决的相互承认与执行是两地司法协助关系，与国家之间的相互承认判决有着本质的不同。根据《香港特别行政区基本法》第95条的规定，内地法院与香港特别行政区法院之间依法进行司法方面的联系和相互提供协助事项，必须通过两地的主管机关协商作出安排后才能进行。目前，两地法院之间尚未就相互承认和执行民事判决问题作出安排，因此内地法院受理此类申请没有法律依据。但申请人有权就本案向内地有管辖权的人民法院重新起诉。

需要说明的一点是：无论两地之间是否已就某类司法协助事项达成安排，均不应妨碍法院对当事人请求的受理。在案件受理后，才发生根据不同的理由提供或拒绝协助的问题。两地之间还未达成该类司法协助事项的安排，应是拒绝提供协助、驳回请求的理由，而不是不予受理的理由。同时，提供或者拒绝均应以裁定的方式表示。如果当事人请求执行香港判决的申请被驳回，当事人如何寻求自己权利的保护呢？此时，当事人应当另行向我国内地有管辖权的人民法院起诉，获得我国内地法院判决，再请求人民法院予以执行。但是这种方式非常不利于内地与香港、澳门地区的民商事交往。因此，我国内地与香港有关部门应当尽快达成有关协议安排，以方便内地与港澳之间的司法协助。

（二）案例分析实训

案例一

1981年，蔡某与王某在晋江市登记结婚，1992年，王某被获准赴港定居，1994年12月，蔡某向晋江市人民法院提起离婚诉讼。王某提出管辖权异议称："蔡某与王某及子女均在香港，夫妻共有的大部分财产在香港，而且其已经向香港法援署申请离婚，且案件被受理并交法院进行排期，所以本案由香港法院审理较为合适。"晋江市人民法院认为双方婚姻缔结地在晋江市，裁定该院有管辖权。王某向泉州市中级人民法院上诉，该院审查后裁定撤销了原审裁定，理由是：上诉人与被上诉人除婚姻缔结地在晋江市以外，其他包括子女、大部分夫妻共同财产都在香港，为便利当事人诉讼和判决执行，本案应由香港法院管辖为宜。

问：（1）本案中，内地法院适用了什么原则来解决管辖权冲突？

（2）内地法院适用上述原则的依据何在？

案例二

香港高等法院在 New Link 顾问公司诉中国国际航空公司等一案中作出了根据被告方申请采用内地法院的司法管辖权而暂停香港法院聆讯的裁定。在该案中，各被告方是在内地运营的航空公司。第二和第三被告在香港设有代表处。各被告方通过其从事采购的全资子公司，与原告方就航空部件供应进行合资。合资方式是在香港设立一间合资公司，各被告方及它们的子公司随后与该合资公司签订了各种协议。随后，合资失败，合资公司进入了清算。原告主张受让合资公司的权利，并在香港对各被告方提起诉讼，称被告违反了协议。各被告申请北京的法院管辖本案。香港高等法院经过听取原告的举证，认为北京法院提供了一个可供选择的裁判法庭，而且履行地、证人所在地以及文件所在地的指向均有利于北京，主要是本案所涉的分立协议是受内地政策影响的法律文书，应受内地法律管辖，北京的法官更能准确地解释相关政策，因此香港高等法院暂停香港法院聆讯。

问：(1) 本案中，香港法院适用了什么原则来解决管辖权冲突？
(2) 香港法院适用上述原则的依据何在？

主要参考文献

1. 冯霞："我国内地区际民商事送达制度的司法探索"，载《人民司法》2006 年第 8 期。
2. 朴银实："论内地与港、澳、台区际民商事司法协助"，大连海事大学 2006 年硕士学位论文。
3. 宫玉静、李龙、于忠翔："中国区际民事司法协助"，载《山东审判》2006 年第 2 期。
4. 张望平、徐晟："试析 2000 年后内地与香港仲裁裁决的承认执行问题"，载《台声（新视角）》2005 年第 7 期。
5. 解丽莉："中国内地与香港法律冲突问题研究"，大连海事大学 2001 年硕士学位论文。
6. 李双元主编：《国际私法》，北京大学出版社 2007 年版。
7. 谭兵主编：《民事诉讼法学》，法律出版社 2004 年版。
8. 肖建华主编：《中国区际民事司法协助研究》，中国人民公安大学出版社 2006 年版。
9. 肖永平：《肖永平论冲突法》，武汉大学出版社 2002 年版。